PARA DEVOCIONAIS INDIVIDUAIS e em FAMÍLIA DESDE 1956

Pão Diário

EDIÇÃO ANUAL

De: _____

CB074219

Para: _____

TEMOS UM PRESENTE PARA VOCÊ

Agora que você adquiriu o seu exemplar do *Pão Diário*, escaneie o QR Code, registre-se e baixe gratuitamente o livreto *Coração, Alma e Mente*.

Conheça a sabedoria bíblica para educar e instruir os filhos em situações complicadas.

PD28

Tradução: João Ricardo Morais, Marília P. Lara, Rita Rosário, Giovana Caetano
Revisão: Adolfo Hickmann, João Ricardo Ribeiro, Marília P. Lara, Rita Rosário
Adaptação e edição: Rita Rosário
Coordenação gráfica: Audrey Novac Ribeiro
Capas: Audrey Novac Ribeiro, Rebeka Werner
Diagramação: Lucila Lis

Fotos das capas:
Família: © Shutterstock
Paisagem: © Shutterstock
Flores: © Shutterstock
Israel: *Cânion do deserto da Judeia, Israel* © Shutterstock
Cruz: © Shutterstock
Leão: © Freepik
Mateus 7:7: © Freepik

Referências bíblicas:
Exceto se indicado o contrário, as citações bíblicas são extraídas da Bíblia Sagrada: Nova Versão Transformadora © Editora Mundo Cristão, 2016

Proibida a reprodução total ou parcial sem prévia autorização, por escrito, da editora. Todos os direitos reservados e protegidos pela Lei 9.610 de 19/02/1998.

Pedidos de permissão para usar citações deste devocional devem ser direcionados a: permissao@paodiario.org

PUBLICAÇÕES PÃO DIÁRIO
Caixa Postal 9740, 82620-981 Curitiba/PR, Brasil
E-mail: publicacoes@paodiario.org • Internet: www.paodiario.org
Telefone: (41) 3257-4028

YK077 978-65-5350-568-1	B3943 978-65-5350-565-0	WQ894 978-65-5350-545-2
SX249 978-65-5350-567-4	VT085 978-65-5350-566-7	JX522 978-65-5350-543-8
RV010 978-65-5350-569-8	EE718 978-65-5350-561-2	A4569 978-65-5350-546-9
NN654 978-65-5350-564-3	NJ919 978-65-5350-562-9	W7176 978-65-5350-541-4
	JR184 978-65-5350-563-6	

© 2024 Ministérios Pão Diário. Todos os direitos reservados.
Impresso no Brasil

Portuguese ODB Edition

SUMÁRIO

CONTEÚDO	PÁGINA

Introdução 4

Temas mensais e artigos em destaque

- JANEIRO — **Jesus, Sua Pessoa e obra:** *Eu sou o Caminho* 5
- FEVEREIRO — **O caráter de Cristo:** *Jesus, nosso verdadeiro Pastor* 37
- MARÇO — **Estudo bíblico:** *Como estudar a Bíblia* 66
- ABRIL — **Amor pelos outros:** *O que é amor* 98
- MAIO — **A união com Cristo:** *Unidos a Deus por meio de Cristo* 129
- JUNHO — **O caráter de Deus:** *O maravilhoso amor de Deus* 161
- JULHO — **Oração:** *O momento da oração* 192
- AGOSTO — **Misericórdia e justiça:** *Quando a misericórdia se encontra com a justiça* 224
- SETEMBRO — **A Trindade:** *Três deuses ou somente um Deus?* 256
- OUTUBRO — **Identidade em Cristo:** *O nome acima de todos os nomes* 287
- NOVEMBRO — **Adoração:** *Os benefícios da adoração* 319
- DEZEMBRO — **Participação na igreja:** *Igreja: comunidade dos que creem em Cristo* 350

Índice temático *382–384*

INTRODUÇÃO

A leitura dos textos e das Escrituras
transforma a vida de milhares de pessoas

Estamos felizes e gratos a Deus por colocar em suas mãos e em seu lar um exemplar desta edição anual do devocional *Pão Diário*, volume 28. Nosso objetivo é encorajá-lo a crer em Jesus, buscar o Senhor diariamente e receber dele as instruções práticas para a caminhada cristã.

Preparamos os devocionais e artigos de destaque para incentivá-lo em sua jornada diária. A cada mês, os artigos abordam um tópico específico que o ajudarão a crescer em seu entendimento sobre a Palavra de Deus e em sua comunhão com Cristo. Os artigos iniciam o conteúdo de cada mês e direcionam o leitor a concentrar a atenção no tema abordado mensalmente.

Por favor, compartilhe-os com pessoas que precisam saber sobre a esperança que encontramos por meio da fé em Jesus Cristo.

Se pudermos servi-lo com outros recursos bíblicos para o seu crescimento no evangelismo, não hesite em conhecer o que podemos lhe oferecer em materiais impressos e mídia eletrônica.

—*dos editores do Pão Diário*

f /paodiariooficial   ⊙ /paodiariooficial

▶ /paodiariobrasil   🏠 www.publicacoespaodiario.com.br

★ TÓPICO DE JANEIRO / **Jesus, Sua Pessoa e obra**

EU SOU O CAMINHO

Jesus disse: "Eu sou o caminho, a verdade e a vida. Ninguém pode vir ao Pai senão por mim" (JOÃO 14:6). O que devemos fazer com essa afirmação? Ele disse também: "Quem não está comigo opõe-se a mim"(MATEUS 12:30). Em outras palavras, a neutralidade é impossível. Sheldon Vanauken teve de confrontar essa simples verdade depois de ter mantido uma longa correspondência sobre o cristianismo com C. S. Lewis, o sábio professor da Universidade de Oxford, na Inglaterra.

No livro *Uma misericórdia severa* (Ultimato, 2019), Vanauken escreveu sobre a sua terrível constatação de que "não poderia voltar atrás":

"Eu considerava o cristianismo como uma espécie de conto de fadas; e não tinha aceitado nem rejeitado Jesus, uma vez que nunca o tinha encontrado. Mas agora eu o encontrara. A posição não era uma simples questão de aceitar ou não o Messias. Era uma questão de o aceitar ou o rejeitar. Meu Deus! Havia um vazio que me perseguia. Talvez a transição para a aceitação fosse uma aposta horrível, mas o que dizer da transição à rejeição? Se eu o rejeitasse, certamente enfrentaria o assombroso e terrível pensamento: 'Talvez seja verdade e rejeitei o meu Deus!'" (tradução livre).

Vanauken decidiu que só havia uma coisa que poderia fazer: ele escolheu "crer no Pai, no Filho, e no Espírito Santo — em Cristo, meu Senhor e meu Deus. O cristianismo tem a vinculação, o sentimento [...] da verdade essencial. Pela fé em Cristo, a vida se torna plena, em vez de vazia; significativa, em vez de sem sentido" (tradução livre).

Jesus nos desafia com a Sua afirmação de que Ele é Deus em forma humana, o Salvador do mundo e a fonte da vida, tanto agora como para sempre. Como você responderá a Jesus?

***EXTRAÍDO DE* I AM THE WAY: THE AMAZING CLAIMS OF JESUS**
("EU SOU O CAMINHO": AS INCRÍVEIS AFIRMAÇÕES DE JESUS), DE JACK KUHATSCHEK.

Além deste artigo, o tema *Jesus, Sua Pessoa e obra*
é abordado nos devocionais dos dias **1**, **9**, **16** e **23** de **janeiro**.

1º DE JANEIRO   🌿 **FILIPENSES 1:12-21**

★ *TÓPICO DE JANEIRO: JESUS, SUA PESSOA E OBRA*

ESCOLHENDO A ALEGRIA

Alegrem-se sempre no Senhor. Repito:
alegrem-se! 4:4

Pedro andava triste pelo corredor do supermercado e suas mãos trêmulas demonstravam o início do parkinsonismo. *Por quanto tempo ele ainda teria boa qualidade de vida? Como ficaria a sua família?* Uma gargalhada cortou seus pensamentos sombrios. Um homem conduzia um menino numa cadeira de rodas: ele se inclinava e sussurrava-lhe algo; o garoto não conseguia segurar o riso. Sem dúvida, a criança estava numa situação mais complicada que a de Pedro, mas ele e seu pai aprenderam a ser alegres.

Em prisão domiciliar, enquanto aguardava sua sentença, o apóstolo Paulo não tinha, aparentemente, motivos para estar contente (FILIPENSES 1:12-13). O perverso imperador Nero era cada vez mais conhecido como violento e cruel, portanto, Paulo tinha motivos para se preocupar. Ele sabia que alguns pregadores aproveitavam sua ausência para se promoverem, "com o objetivo de aumentar" o sofrimento do apóstolo durante a prisão (v.17).

Ainda assim, Paulo escolheu a alegria (vv.18-21) e disse aos filipenses que o imitassem: "Alegrem-se sempre no Senhor. Repito: alegrem-se!" (4:4). Nossa situação pode parecer tenebrosa, mas Jesus está conosco agora e já nos garantiu um futuro glorioso. Cristo, que saiu de Seu túmulo, voltará para levar Seus seguidores para morar com Ele. Alegremo-nos neste ano que se inicia!   MIKE WITTMER

O amor e a verdade de Jesus podem lhe trazer alegria em meio às dificuldades?

Pai, ajuda-me a olhar além das circunstâncias e a buscar
o contentamento somente em ti.

Leia outros textos sobre "dor e sofrimento à luz da Palavra", acesse: paodiario.org

A BÍBLIA EM UM ANO: GÊNESIS 1–3; MATEUS 1

2 DE JANEIRO — **MIQUEIAS 5:2-4**

UM INÍCIO HUMILDE

Mas você, ó Belém Efrata, é apenas uma pequena vila [...] um governante [...] sairá de você. v.2

A ponte do Brooklyn foi considerada "a oitava maravilha do mundo", ao ser entregue em 1883. Mas, para que a estrutura ficasse estável, foi necessário ligar as duas torres da ponte por um único fio de arame. Com o tempo, mais fios foram adicionados até formarem três cabos imensos. Por fim, a "maior ponte suspensa" da época passou a ser sustentada por cabos compostos por mais de 5.000 arames galvanizados. O que começou como algo pequeno tornou-se uma parte enorme da ponte do Brooklyn.

A vida de Jesus também começou de forma humilde: num vilarejo, um recém-nascido foi colocado numa manjedoura (LUCAS 2:7). O profeta Miqueias profetizara sobre seu nascimento: "Mas você, ó Belém Efrata, é apenas uma pequena vila [...] E, no entanto, um governante de Israel [...] sairá de você em meu favor" (MIQUEIAS 5:2; MATEUS 2:6). Um começo simples, mas este pastor e governante veria Seu nome e missão ser "...exaltado em todo o mundo" (v.4).

Jesus nasceu humildemente num lugar pequeno, e Sua vida na Terra terminou quando Ele "humilhou-se" e recebeu a pena de morte, a "morte de cruz" (FILIPENSES 2:8). Mas, com Seu imenso sacrifício, Ele nos conectou a Deus, concedendo salvação a todos que creem nele. Receba o presente de Deus por meio da fé em Jesus! E, se você crê de fato, louve-o humildemente por tudo o que Ele tem feito por você!

TOM FELTEN

Como responder com humildade ao que Deus realizou em seu coração?

Jesus, obrigado por teres vindo tão humildemente para me salvar por meio do Teu grande sacrifício.

Saiba mais sobre "a vida de Cristo", acesse: universidadecrista.org

---

A BÍBLIA EM UM ANO: GÊNESIS 4–6; MATEUS 2

3 DE JANEIRO  SALMO 38:11-22

PLANO DE RESGATE

*Pois espero por ti, ó SENHOR; responde
por mim, Senhor, meu Deus.* v.15

Alguns voluntários de uma organização de resgate animal encontraram uma ovelha vagando perdida com um peso de mais 34 quilos de lã emaranhada e imunda. Os resgatadores estimavam que aquela ovelha tivesse se afastado do rebanho e andasse pelas matas há pelo menos cinco anos. A tosa foi desconfortável, mas aliviou o peso sobre o carneiro Baraque, que pôde comer e, aos poucos, tornar-se um animal mais forte e confiante ao conviver com outros animais resgatados e os voluntários.

O salmista Davi compreendia a dor de ser sobrecarregado com fardos pesados, sentir-se cansado e perdido, precisar desesperadamente de um resgate. Davi clamou a Deus. Ele havia passado por isolamento, traição e desamparo (SALMO 38:11-14). Ainda assim, ele orou com confiança: "Pois espero por ti, ó SENHOR; responde por mim, Senhor, meu Deus" (v.15). Davi não negou sua provação, não minimizou sua turbulência interior ou seu sofrimento físico (vv.16-20). Pelo contrário, ele confiou que Deus estaria próximo e o responderia no tempo certo e no momento adequado (vv.21-22).

Quando carregamos pesados fardos físicos, mentais ou emocionais, Deus continua firme no Seu plano de resgate escrito no dia que Ele nos criou. Podemos contar com Sua presença ao clamarmos a Ele: "Vem depressa me ajudar, ó Senhor, meu salvador!" (v.22).

XOCHITL DIXON

Deus já lhe demonstrou Sua fidelidade quando você se sentia sobrecarregado?

Deus da graça, ajuda-me a encorajar aqueles que se sentem sobrecarregados, perdidos ou abandonados.

A BÍBLIA EM UM ANO: GÊNESIS 7–9; MATEUS 3

4 DE JANEIRO — ISAÍAS 43:18-21

UMA NOVA VISÃO

Abrirei um caminho no meio do deserto,
farei rios na terra seca. v.19

Cheguei à igreja usando meus óculos novos, sentei-me e vi uma amiga do outro lado do salão. Acenei para ela e reparei como ela parecia estar mais próxima, mais nítida! Parecia que eu poderia tocá-la se esticasse o braço, mesmo ela estando a vários metros de distância. Quando conversamos depois do culto, percebi que ela estivera no mesmo lugar de sempre; era eu que estava usando óculos no grau correto, de forma que conseguia enxergá-la melhor.

Deus, ao falar por meio do profeta Isaías, sabia que os israelitas no cativeiro babilônico também precisavam de uma correção de grau: uma nova visão. Ele disse: "Pois estou prestes a realizar algo novo [...]. Abrirei um caminho no meio do deserto..." (ISAÍAS 43:19). Essa nova mensagem de esperança lembrava ao povo que eles haviam sido criados e redimidos por Deus que estaria com eles. Deus encorajou o povo, dizendo: "...você é meu" (v.1).

Seja o que for que você esteja passando, o Espírito Santo pode dar-lhe uma perspectiva melhor para que o velho fique para trás e você busque por algo novo. Veja o que Deus faz florescer para você por amá-lo (v.4)! Você enxerga o que Ele está fazendo em meio à sua dor e escravidão? Vamos usar os nossos novos óculos espirituais para ver o novo que Deus está fazendo até mesmo em nossos momentos em meio aos desertos.

KATARA PATTON

Como você pode ajustar a sua visão,
olhando para o que Deus fará e não para o passado?

Deus de recomeços, agradeço por todas as Tuas promessas.
Ajuda-me a buscar-te nos momentos de deserto.

Leia sobre "respostas às orações", acesse: paodiario.org

A BÍBLIA EM UM ANO: GÊNESIS 10–12; MATEUS 4

5 DE JANEIRO **JOÃO 14:1-4**

UM ABRIGO ACONCHEGANTE

Vou preparar lugar para vocês. v.2

As andorinhas-do-barranco são pequenas aves que cavam seus ninhos em margens de rios. A modificação nas paisagens naturais tem reduzido seu habitat, e a cada ano estes pássaros têm mais dificuldade para construir seus ninhos quando regressam da migração de inverno. Alguns ativistas construíram um enorme banco de areia artificial para que eles pudessem fazer seus ninhos e, com o apoio de uma empresa especializada em esculturas feitas na areia, eles moldaram espaços na areia para onde as andorinhas pudessem se abrigar por muitos anos.

Este adorável ato de compaixão ilustra com clareza as palavras de Jesus aos Seus discípulos. Após dizer que iria para o Pai e que os discípulos ainda não poderiam ir com Ele por um tempo (JOÃO 13:36), Ele lhes garantiu que iria lhes "preparar lugar" no Céu (14:2). Apesar de estarem naturalmente tristes, já que Jesus partiria, e eles não poderiam segui-lo, Ele os encorajou a ver esta jornada santa como parte de Sua preparação para recebê-los no Céu — e também a nós.

Sem a obra sacrificial de Jesus na cruz, não poderíamos entrar nas "muitas moradas" da casa do Pai (v.2). Por Jesus ter ido antes preparar tudo, podemos ter a confiança de que retornará e levará os que confiam em Seu sacrifício para estarem com Ele. No Céu, viveremos com Ele em eterna felicidade. *KIRSTEN HOLMBERG*

Você já se sentiu deslocado nesta vida? O que você mais anseia quanto ao Céu?

Obrigado, Jesus, por preparares um lugar para mim no Céu, ao Teu lado.

A BÍBLIA EM UM ANO: GÊNESIS 13–15; MATEUS 5:1-26

6 DE JANEIRO — **GÊNESIS 1:21-28**

FEITOS PARA A AVENTURA

Sejam férteis e multipliquem-se.
Encham e governem a terra. v.28

Descobri recentemente algo incrível: perto de minha casa, um vizinho construiu um parquinho infantil secreto. Lá há uma escada de gravetos que leva até uma torre, balanços feitos de grandes carretéis pendurados nos galhos e até mesmo uma ponte suspensa entre as árvores. Alguém transformou um pouco de corda e de madeira numa aventura muito criativa!

O físico suíço Paul Tournier acreditava que nós temos uma inclinação às façanhas porque fomos feitos à imagem de Deus (GÊNESIS 1:26-27). Deus aventurou-se a criar um Universo (vv.1-25), arriscou-se a criar pessoas livres para escolher o bem ou o mal (3:5-6) e chamou-nos a sermos férteis e a nos multiplicar, enchendo e governando a Terra (1:28); nós também tendemos a ser criativos, assumir riscos e inventar coisas novas ao frutificar e governar este mundo de forma útil. Essas façanhas podem ser grandes ou pequenas, mas são melhores quando beneficiam os outros. Aposto que os construtores do parquinho perto da minha casa ficariam muito satisfeitos em saber que as pessoas o descobriram e se divertem nele.

Seja ao compor músicas, explorar novas formas de evangelismo ou reavivar um casamento morno, qualquer forma de aventura nos mantém vivos. Qual nova tarefa ou projeto requer a sua atenção agora? Talvez Deus o esteja conduzindo a uma nova aventura.

SHERIDAN VOYSEY

Como os atos divinos relatados nas Escrituras o inspiram a ser mais criativo?

Deus venturoso, conduz-me a novas descobertas
por amor a ti e aos outros!

Para estudar sobre o livro de Gênesis ao Apocalipse,

acesse: paodiario.org

A BÍBLIA EM UM ANO: GÊNESIS 16–17; MATEUS 5:27-48

7 DE JANEIRO

 ATOS 9:1-9

QUEM ÉS TU, SENHOR?

"Quem és tu, Senhor?",
perguntou Saulo. (v.5)

Luís já havia sido preso quando adolescente por vender crack, mas agora ele estava encarcerado para sempre, por tentativa de homicídio. Deus falou com ele em meio à sua culpa, e o jovem Luís lembrou-se de quando era pequeno e sua mãe o levava fielmente à igreja. Ele sentiu Deus insistindo à porta de seu coração e, por fim, arrependeu-se de seus pecados e aceitou Jesus.

Em Atos, lemos sobre um judeu zeloso chamado Saulo (também chamado de Paulo). Ele havia perseguido violentamente os seguidores de Jesus, carregando uma fúria assassina no coração (ATOS 9:1). Tudo indica que ele era como um líder de gangue, tendo feito parte da multidão que executou Estevão (7:58). Mas Deus falou com Saulo em meio à sua culpa. No caminho para a cidade de Damasco, ele foi cegado por um clarão, e Jesus lhe perguntou "...por que você me persegue?" (9:4). Saulo perguntou "Quem és tu, Senhor? (v.5), e assim começou sua nova vida. Ele aceitou Jesus.

Luís foi preso, mas acabou recebendo liberdade condicional; desde então, ele serve a Deus, nas capelanias carcerárias dos Estados Unidos e em países da América Central. Deus é especialista em resgatar os piores de nós. Ele toca nosso coração e fala conosco, mesmo se nossa vida está inundada pela culpa. Talvez essa seja a hora de nos arrependermos de nossos pecados e nos entregarmos a Jesus.

KENNETH PETERSEN

Deus já lhe chamou
para retornar para perto dele?

Jesus, andei distante de ti, mas sinto Tua presença.
Perdoa os meus pecados!

Leia mais sobre "o perdão de Deus", acesse: paodiario.org

A BÍBLIA EM UM ANO: GÊNESIS 18–19; MATEUS 6:1-18

8 DE JANEIRO — **ROMANOS 8:31-39**

MAIS QUE VENCEDORES

Mas, apesar de tudo isso, somos mais que vencedores por meio daquele que nos amou. v.37

Quando meu esposo treinava um time infantil, ele recompensava os meninos elogiando sua melhora ao longo do ano e fazendo uma festa ao final do campeonato. No dia do evento, um dos jogadores mais novos, Danilo, perguntou-me: "Nós não perdemos o jogo hoje?". "Sim, mas estamos orgulhosos por vocês terem feito o seu melhor", eu respondi. "Sim, mas nós perdemos. Por que eu me sinto um campeão?" Eu sorri e disse: "Porque você é um vencedor!".

Danilo pensava que perder um jogo indicava que ele era um fracasso, mesmo tendo feito seu melhor. Como seguidores de Jesus, nossas batalhas não se restringem aos esportes, mas muitas vezes vemos uma temporada difícil da vida como se não tivéssemos valor.

O apóstolo Paulo falou sobre como nossos sofrimentos presentes se relacionam à nossa glória futura como filhos de Deus. Tendo entregado a si mesmo por nós, Jesus continua agindo em nosso favor durante nossa batalha constante com o pecado, transformando-nos à Sua imagem (ROMANOS 8:31-34). Embora todos nós enfrentemos dificuldades e perseguições, o amor inabalável de Deus nos ajuda a perseverar (vv.33-34).

Como Seus filhos, podemos estar propensos a permitir que as batalhas determinem o nosso valor, mas nossa vitória final já está garantida. Podemos tropeçar ao longo do caminho, mas sempre seremos "mais que vencedores..." (vv.35-37)

XOCHITL DIXON

Quando a sua confiança no amor de Deus o ajudou a prosseguir?

Pai, agradeço por me sustentares em meio às provações, permitindo que eu te louve.

A BÍBLIA EM UM ANO: GÊNESIS 20–22; MATEUS 6:19-34

9 DE JANEIRO — **2 CORÍNTIOS 11:1-4, 12-15**

★ *TÓPICO DE JANEIRO: JESUS, SUA PESSOA E OBRA*

O JESUS CERTO

Vocês aceitam de boa vontade o que qualquer um lhes diz, mesmo que anuncie um [falso] Jesus... v.4

O burburinho deu lugar a um silêncio tranquilo e o líder do clube do livro começou a resumir o enredo da obra que o grupo discutiria. Minha amiga Joana ouvia com atenção, mas não reconheceu nenhum ponto da história. Finalmente ela percebeu que havia lido outro livro, com o título parecido. Apesar de ter gostado bastante do livro "errado", ela não pôde juntar-se aos colegas na conversa sobre o livro "certo".

O apóstolo Paulo não queria que os cristãos de Corinto acreditassem em um Jesus "errado". Ele os alertou quanto aos falsos mestres que haviam se infiltrado na igreja e que apresentavam um outro "Jesus", uma mentira que vários tinham aceitado (2 CORÍNTIOS 11:3-4).

Paulo expôs a heresia destes mestres mentirosos. Ele já havia apresentado a verdade sobre Jesus, segundo as Escrituras, na sua outra carta a essa igreja: Jesus foi o Messias que "morreu por nossos pecados [...] ressuscitou no terceiro dia [...] [apareceu] aos Doze" e, finalmente, ao próprio Paulo (1 CORÍNTIOS 15:3-8). Jesus veio à Terra por uma virgem chamada Maria e foi chamado Emanuel (Deus conosco), para afirmar Sua natureza divina (MATEUS 1:20-23).

Este é o Jesus que você conhece? Compreender e aceitar a verdade escrita na Bíblia sobre Ele nos assegura de estarmos no caminho espiritual que leva ao Céu. — JENNIFER BENSON SCHULDT

Você ainda precisa compreender algo para ter a certeza do que a Bíblia diz sobre Ele?

Querido Deus, ajuda-me a caminhar sob a luz de Tua verdade.

Leia os textos sobre o verdadeiro Cristo em nossas mídias sociais.

A BÍBLIA EM UM ANO: GÊNESIS 23–24; MATEUS 7

10 DE JANEIRO ISAÍAS 43:1-7

DEUS REDENTOR

Não tema, pois eu o resgatei... v.1

Enquanto eu pregava no púlpito uma artista pintava um lindo quadro à frente de todos no salão. De repente, fiz um longo traço escuro bem no meio da pintura dela. A congregação ficou horrorizada. A artista simplesmente me observou desfigurando a sua criação, pegou outro pincel e transformou lindamente a pintura destruída numa bela obra de arte.

Uma restauração assim nos lembra do que Deus pode fazer mesmo quando bagunçamos nossa vida. O profeta Isaías repreendeu o povo de Israel por sua cegueira e surdez espiritual (ISAÍAS 42:18-19), mas depois lhes deu esperança na libertação e redenção de Deus: "Não tema, pois eu o resgatei" (43:1). O Senhor pode fazer o mesmo por nós. Mesmo após pecarmos, se confessamos e voltamo-nos a Deus, Ele nos perdoa e restaura (vv.5-7, 1 JOÃO 1:9). Não podemos criar beleza a partir do caos, mas Jesus pode. A boa notícia do evangelho é que Ele nos redimiu por Seu sangue. A Bíblia nos garante que, no final, Cristo "enxugará dos olhos toda lágrima," redimirá o nosso passado e fará "novas todas as coisas" (APOCALIPSE 21:4-5).

Temos uma visão limitada da nossa história. Mas Deus que nos conhece pelo nome (ISAÍAS 43:1) tornará nossa vida mais bela do que jamais poderíamos imaginar. Se você foi redimido pela fé em Jesus, a sua história é como aquele quadro e terá um glorioso final.

GLENN PACKIAM

Como Deus proveu a sua restauração e redenção?

Jesus, obrigado por nunca desistires de mim.
Rendo-me a ti e peço-te que consertes o que estraguei.

A BÍBLIA EM UM ANO: GÊNESIS 25–26; MATEUS 8:1-17

11 DE JANEIRO 🌿 **DANIEL 6:10-23**

SAINDO DA COVA DOS LEÕES

Meu Deus enviou seu anjo para fechar
a boca dos leões de modo que não me
fizessem mal... v.22

Quando Taher e Donya se tornaram cristãos, sabiam que poderiam ser perseguidos em seu país natal. De fato, um dia Taher foi vendado, algemado, preso e acusado de apostasia. Antes de ser julgado, ele e sua esposa comprometeram-se um com o outro a não trair Jesus.

O que aconteceu no julgamento foi impressionante. O juiz disse: "Não sei porquê, mas quero livrá-lo da boca do leão e da baleia". Foi assim que Taher teve a certeza de que Deus estava agindo. Haveria outro motivo para o juiz mencionar duas passagens da Bíblia (JONAS 2, DANIEL 6)? Taher foi libertado e sua família exilou-se em outro país.

A libertação dele lembra a história de Daniel, um administrador capaz que estava prestes a ser promovido, deixando os seus colegas com inveja (DANIEL 6:3-5). Tentando prejudicá-lo, eles convenceram o rei Dario a proibir que se fizessem orações a qualquer um que não fosse ele próprio; Daniel ignorou essa lei. O rei não teve escolha, a não ser lançá-lo aos leões (v.16), mas Deus livrou Daniel da morte, assim como salvou Taher com sua surpreendente libertação.

Muitos cristãos sofrem e até mesmo são mortos por seguirem a Jesus. Quando enfrentarmos perseguição, que a nossa fé se aprofunde ao compreendermos que os caminhos de Deus vão além da nossa imaginação. Saiba que Ele está com você em qualquer batalha que enfrentar.

AMY BOUCHER PYE

**De que maneira você pode confiar
no poder ilimitado de Deus?**

*Deus Salvador, ajuda-me a confiar em ti
quando os obstáculos parecerem insuperáveis.*

Outros textos sobre compaixão, acesse: paodiario.org

A BÍBLIA EM UM ANO: GÊNESIS 27–28; MATEUS 8:18-34

12 DE JANEIRO   🍃 **APOCALIPSE 5:1-10**

O FINAL DA NOSSA HISTÓRIA

Não chore! Veja, o Leão da tribo de Judá,
o herdeiro do trono de Davi, conquistou
a vitória. v.5

Por mais de sessenta anos, o jornalista Paul Harvey foi uma voz frequente nos rádios dos EUA. Quase todos os dias, ele dizia com um tom animado: "Você já sabe qual é a notícia, em um minuto, você vai saber *o final da história*". Após um breve comercial, ele contaria uma história pouco conhecida de alguma pessoa famosa, mas não revelaria seu nome até o final do programa. Então, ele faria uma pausa dramática e diria seu bordão: "E agora você sabe... o final da história".

A visão do apóstolo João quanto às coisas passadas e futuras apresenta uma promessa parecida. Entretanto, a história dele começa numa nota triste: João não conseguia parar de chorar porque vira que nenhum ser criado na Terra ou no Céu poderia dizer para onde a história caminha (APOCALIPSE 4:1;5:1-4). No entanto, ele ouviu uma voz oferecendo esperança no leão da tribo de Judá (5:5). Quando João olhou, não viu um leão vencedor, porém, ele viu um cordeiro que parecia ter sido sacrificado (vv.5-6). Esta visão improvável gerou ondas de celebração em volta do trono de Deus: 24 anciãos começaram a cantar, acompanhados depois por inúmeros anjos e, finalmente, por todas as criaturas do Céu e da Terra (vv.8-14).

Quem imaginaria que um Salvador crucificado seria a esperança de toda a criação, a glória de nosso Deus, e o final de nossa história!
MART DEHAAN

Quais os seus medos e tristezas que precisam da esperança encontrada em Jesus?

Deus Todo-Poderoso, Tu mereces
todo o poder, louvor e amor.

Saiba mais sobre "o final da história". Acesse: Pão Diário universidadecrista/apocalipse

---

A BÍBLIA EM UM ANO: GÊNESIS 29–30; MATEUS 9:1-17

13 DE JANEIRO — **ROMANOS 9:1-5**

A MULTIDÃO

Eu estaria disposto a ser amaldiçoado para sempre, separado de Cristo, se isso pudesse salvá-los. v.3

A filósofa e autora Hannah Arendt (1906–75) observou: "Houve pessoas que resistiram aos monarcas mais poderosos, recusando-se a prostrar-se diante deles. Mas poucos resistiram à multidão, solitárias diante do povo mal orientado, encarando desarmadas sua fúria implacável". Sendo alemã de origem judia, Arendt observou de perto, no início do século 20, o pavor que as pessoas têm de serem rejeitadas pelo grupo.

O apóstolo Paulo vivenciou tal rejeição. Ele havia estudado para ser rabino e fariseu, mas sua vida virou de cabeça para baixo quando ele encontrou o Cristo ressurreto. Paulo estava a caminho de Damasco para perseguir aqueles que criam em Cristo (ATOS 9). Após sua conversão, Paulo foi rejeitado pelo seu próprio povo. Na carta de 2 Coríntios, o apóstolo comenta sobre alguns dos sofrimentos que eles lhe causaram, como espancamentos e prisões (6:5).

Ao invés de reagir com raiva ou amargura, Paulo desejava que os seus também conhecessem a Jesus. Ele escreveu: "Meu coração está cheio de amarga tristeza e angústia sem fim por meu povo, meus irmãos judeus. Eu estaria disposto a ser amaldiçoado para sempre, separado de Cristo, se isso pudesse salvá-los" (ROMANOS 9:2-3). Que nós, que já fomos aceitos na família de Deus, possamos convidar até os nossos adversários para conhecerem o Senhor.

BILL CROWDER

**Como você reage quando é excluído?
Por que é tão difícil lidar com a rejeição?**

Deus de amor, ajuda-me a levar outros a ti, mostrando Teu reino, apesar de minha mágoa ou frustração.

Conheça mais sobre "a vida e ministério de Paulo", acesse: universidadecrista.org

---

A BÍBLIA EM UM ANO: GÊNESIS 31–32; MATEUS 9:18-38

14 DE JANEIRO — SALMOS 120:1–121:2

RECOMEÇO

*Livra-me, SENHOR, dos mentirosos
e dos enganadores.* 120:2

Refletindo sobre o Salmo 120, Eugene Peterson afirmou algo poderoso: "A consciência cristã começa com a dolorosa constatação de que aquilo que pensávamos ser verdadeiro é, na realidade, uma mentira". Os salmos de 120 a 134 são chamados de "Salmos de Romagem", e eram cantados pelos peregrinos que subiam a Jerusalém. Peterson apresenta, no livro *Uma longa obediência na mesma direção* (Ed. Cultura Cristã 2019), como esses salmos nos ajudam a compreender nossa jornada espiritual em direção a Deus.

Ele afirma que esta jornada só se inicia após percebermos que precisamos de algo novo: "uma pessoa precisa estar plenamente enojada com a forma como as coisas são para encontrar a motivação necessária para buscar o caminho cristão [...], farta da maneira do mundo antes de ter apetite para o mundo da graça".

É fácil desanimar com o sofrimento que vemos ao nosso redor. Muitas vezes, a nossa cultura dissemina a insensibilidade pelo mal que é feito aos outros. O salmo 120 traz um lamento sincero: "Procuro a paz, mas, quando falo de paz, eles querem guerra!" (v.7).

A dor pode nos despertar para um recomeço, com cura e liberdade. Somente o Salvador pode nos tirar de caminhos destrutivos de mentiras, levando-nos por rotas de paz e plenitude (121:2). Ao iniciarmos este novo ano, busquemos os caminhos de Deus.

MONICA LA ROSE

Você se acomodou numa situação destrutiva? O evangelho pode trazer-lhe paz?

*Deus amoroso, ajuda-me a desejar Teus caminhos de paz
e a buscá-los pelo poder do Teu Espírito.*

A BÍBLIA EM UM ANO: GÊNESIS 33–35; MATEUS 10:1-20

15 DE JANEIRO **HABACUQUE 3:17-19**

DO CHORO PARA O LOUVOR

Mesmo assim me alegrarei no Senhor;
exultarei no Deus de minha salvação! v.18

Mônica orava fervorosamente para que seu filho retornasse a Deus. Ela chorava pelas más escolhas dele e até mesmo o encontrou em outras cidades onde ele escolhera morar. A situação parecia não ter saída. Mas, um belo dia isto aconteceu: o filho dela teve um encontro radical com Deus e tornou-se um dos maiores teólogos da Igreja. Nós o conhecemos como Agostinho, bispo de Hipona.

"Até quando, Senhor?..." (HABACUQUE 1:2). O profeta lamentou por Deus não ter punido os que pervertiam a justiça (v.4). Lembre-se das vezes em que nós também já nos voltamos a Deus em desespero, expressando nosso lamento quanto à injustiça quanto a uma jornada médica com poucas perspectivas positivas, a dificuldades financeiras constantes ou a filhos que se distanciaram de Deus.

Deus ouviu cada lamento de Habacuque. Enquanto esperamos com fé, podemos aprender com o exemplo do profeta e trocarmos nosso lamento por louvor: "mesmo assim me alegrarei no Senhor; exultarei no Deus de minha salvação!" (3:18). Ele não compreendia os desígnios de Deus, mas confiou nele. A súplica e o louvor são atos de fé, demonstram confiança. Lamentamos como um apelo a Deus, fundamentados em Seu caráter; nós o louvamos alicerçados em quem Ele é: nosso maravilhoso e onipotente Deus. Um dia, por Sua graça, todo lamento se transformará em louvor.

GLENN PACKIAM

Quais os motivos do seu choro hoje?
Como transformar o seu lamento
em motivo de louvor?

Querido Jesus, por favor, lembra-me de quem és
e do que já fizeste em minha vida.

Leia sobre "a adoração", acesse: paodiario.org

A BÍBLIA EM UM ANO: GÊNESIS 36–38; MATEUS 10:21-42

16 DE JANEIRO ISAÍAS 58:6-12

★ *TÓPICO DE JANEIRO: JESUS, SUA PESSOA E OBRA*

FELIZES E SACIADOS

Felizes os que têm fome e sede de justiça,
pois serão saciados. MATEUS 5:6

No auge do movimento pelos direitos civis nos EUA, na década de 1960, o Dr. Martin Luther King Jr. foi tragicamente assassinado. Apenas quatro dias depois, porém, sua esposa Coretta Scott King assumiu corajosamente o lugar do seu marido na liderança de uma marcha pacífica de protesto. Coretta tinha profunda paixão pela justiça e foi vitoriosa em muitas causas.

Jesus disse: "Felizes os que têm fome e sede de justiça, pois serão saciados" (MATEUS 5:6). Sabemos que um dia Deus virá, trazendo justiça e corrigindo todo mal; no entanto, até lá, como Coretta o fez, também temos a oportunidade de promover a justiça de Deus e torná-la real neste mundo. Isaías ilustra com clareza o chamado de Deus para o Seu povo: soltar os que foram injustamente presos, libertar os oprimidos, repartir o alimento com os famintos, oferecer abrigo a quem não tem, dar roupas a quem precisa e não se esconder de quem carece de ajuda (58:6-7).

Buscando justiça para os oprimidos e marginalizados, demonstramos a presença de Deus em nós. Isaías escreveu que o povo de Deus, quando busca justiça, é como a luz da aurora e traz cura para si e para os outros (v.8).

Que Deus nos ajude hoje a cultivar a fome e a sede de Sua justiça neste mundo. A Bíblia nos diz que, ao buscarmos a justiça de Deus, em Sua maneira e poder, seremos satisfeitos.   KAREN PIMPO.

Qual injustiça chama sua atenção?
Como você pode praticar
o que é justo e correto hoje?

Dá-me fome de justiça, Deus.
Ajuda-me a ser parte de Tua obra
ao fazer o que é certo.

A BÍBLIA EM UM ANO: GÊNESIS 39–40; MATEUS 11

17 DE JANEIRO   JOÃO 11:17-27

ATRASADO, JAMAIS

Jesus lhe disse: "Seu irmão vai ressuscitar". v.23

Ao visitar uma vila no oeste da África, meu pastor chegou pontualmente para o culto das dez horas, mas encontrou o humilde salão da igreja vazio. Passaram-se duas horas e meia até que o pastor local chegasse, vindo de uma longa caminhada desde sua casa, acompanhado pelos membros do coral e pelo povo alegre da cidade. Meu pastor percebeu que o culto começou "na plenitude do tempo", dizendo que "o Espírito nos recebeu ali, e que Deus não se atrasa". Ele aprendeu que a cultura ali era diferente e por motivos muito justos.

O tempo parece relativo, mas vemos nas Escrituras o tempo perfeito e bem-ajustado de Deus. Assim, depois que Lázaro adoeceu e morreu, Jesus ainda demorou quatro dias para chegar, deixando as irmãs do falecido confusas. "Marta disse a Jesus: 'Se o Senhor estivesse aqui, meu irmão não teria morrido'" (JOÃO 11:21). Nós também pensamos assim, questionando-o por Deus não se apressar e resolver os nossos problemas. Melhor seria esperarmos por Suas respostas confiantes em Seu poder.

Como o teólogo Howard Thurman escreveu, "esperamos, Pai nosso, até que finalmente algo de Tua força torne-se nossa força; algo de Teu coração, nosso coração; algo de Teu perdão, nosso perdão. Esperamos, ó Deus, esperamos". E quando Deus responder seremos milagrosamente abençoados pelo que, no fim das contas, não foi um atraso.

PATRICIA RAYBON

O que você espera, com fé, que Deus faça em seu favor?

Espero por ti, ó Pai. Concede-me Tua força e esperança fiel durante a minha espera.

A BÍBLIA EM UM ANO: GÊNESIS 41–42; MATEUS 12:1-23

18 DE JANEIRO ❦ **EZEQUIEL 14:1-8**

PROBLEMA NO CORAÇÃO

Arrependam-se e afastem-se de seus ídolos; parem de cometer pecados detestáveis! v.6

"Está vendo, irmão Timóteo?" Meu amigo Samuel, um pastor ganês, apontou a lanterna para um objeto entalhado numa cabana de barro, e sussurrou: "É o ídolo da vila". Toda terça-feira à noite, Samuel viajava pelas matas até aquela vila remota para ensinar a Bíblia.

A Bíblia mostra como a idolatria assolava o povo de Judá. Quando os líderes de Jerusalém procuraram o profeta Ezequiel, Deus disse a ele: "...esses homens levantaram ídolos em seu coração..." (14:3). O Senhor não falava apenas sobre ídolos entalhados em madeira ou pedra, mas alertava-os que a idolatria é um problema do *coração*. Todos nós lutamos com ela. O professor de ensino bíblico, Alistair Begg, definiu um ídolo como "qualquer coisa, além de Deus, que julgamos ser essencial para nossa paz, autoimagem, contentamento ou aceitabilidade". Mesmo algo nobre pode se tornar um ídolo. Quando buscamos nosso valor ou conforto em algo além do Deus vivo, cometemos idolatria.

"Arrependam-se! e afastem-se de seus ídolos; parem de cometer pecados detestáveis!", diz o Senhor (v.6). Israel não foi capaz de obedecer, mas Deus tinha a solução. Ainda bem! Antecipando a vinda de Cristo e a dádiva do Espírito Santo, Ele prometeu: "Eu lhes darei um novo coração e colocarei em vocês um novo espírito..." (36:26). É impossível fazer isto por conta própria.

TIM GUSTAFSON

Em situações sob forte pressão, onde você busca por conforto? O que é preciso abandonar?

Pai, revela-me os ídolos em meu coração, para que eles sejam destruídos e eu viva em Teu amor.

Jesus compreende a nossa dor. Acesse: paodiario.org

A BÍBLIA EM UM ANO: GÊNESIS 43–45; MATEUS 12:24-50

19 DE JANEIRO — MATEUS 5:43-48

MAS EU ESTOU DIZENDO

*Eu, porém, lhes digo: amem
os seus inimigos e orem por
quem os persegue.* (v.44)

"**E**u sei o que os outros dizem. Mas eu estou dizendo que...", na minha infância, ouvi milhares de discursos da minha mãe começarem assim quando ela falava sobre a influência dos amigos. Mamãe queria me ensinar a não seguir a multidão. Não sou mais um menino, mas a mentalidade de rebanho ainda existe e é perigosa. Um exemplo claro é a frase: "cerque-se apenas de pessoas positivas". Apesar de este ser um conselho muito comum, precisamos nos perguntar se isso agrada a Cristo.

Jesus iniciou vários dos Seus conselhos em Mateus 5 com a frase: "Eu, porém, lhes digo...". Ele sabe muito bem o que o mundo nos diz, mas deseja que vivamos de forma diferente. Neste caso, Ele disse "amem os seus inimigos e orem por quem os persegue" (v.44). Mais à frente no Novo Testamento, o apóstolo Paulo usa esta mesma palavra... para nos descrever! Ele escreveu: "...quando ainda éramos inimigos de Deus..." (ROMANOS 5:10). Jesus não é dos que dizem "faça o que eu falo, não o que eu faço"; pelo contrário, Ele sustentou cada palavra dita com Suas ações. Ele nos amou e entregou Sua vida por nós.

E se Jesus só aceitasse em Sua vida as "pessoas positivas"? Haveria espaço para nós? Graças a Deus por Seu amor que não faz distinção entre as pessoas! É porque Deus amou tanto o mundo que nós somos chamados a fazer o mesmo na força que vem dele.

JOHN BLASE

Como você pode demonstrar amor
de forma evidente a um inimigo hoje?

*Pai, é fácil amar apenas quem me ama,
mas peço-te que me ajudes a amar até os meus inimigos.*

A BÍBLIA EM UM ANO: GÊNESIS 46–48; MATEUS 13:1-30

20 DE JANEIRO   🌱 **CÂNTICO DOS CÂNTICOS 8:5-7**

LABAREDAS DE AMOR

...O amor arde como fogo, como
as labaredas mais intensas. v.6

O poeta, pintor e gravurista William Blake viveu 45 anos com sua esposa Catherine. Eles trabalharam lado a lado desde o dia do casamento até a morte dele em 1827. Catherine coloria os rascunhos de William, e a dedicação mútua deles resistiu aos anos de pobreza e outros desafios. Mesmo em suas últimas semanas, com a saúde debilitada, Blake continuou trabalhando e seu último desenho foi a face de sua esposa. Quatro anos mais tarde, Catherine morreu segurando nas suas mãos um dos lápis do marido.

O amor vibrante dos Blake nos lembra do amor revelado no Cântico dos Cânticos. Além do Cântico se aplicar ao casamento, desde o início da Igreja ele foi também interpretado como falando do amor irrefreável de Jesus por cada um de Seus seguidores. O amor é descrito como "forte como a morte", o que é uma metáfora impressionante já que a morte é a realidade final, inescapável de todo ser humano (8.6). Este forte amor "...arde como fogo, como as labaredas mais intensas". Mas, diferentemente do fogo comum, "as muitas águas não podem apagar o amor, nem os rios podem afogá-lo" (v.7).

Quem de nós não deseja o amor verdadeiro? O Cântico nos lembra que, onde quer que encontremos amor genuíno, Deus é a sua verdadeira fonte. Em Jesus, cada um de nós pode experimentar um amor profundo e imortal que brilha como intensas labaredas.

WINN COLLIER

Você conhece este "forte amor"?
Como o amor de Jesus o encoraja?

Querido Deus, ajuda-me a receber Teu amor
e a compartilhá-lo com os outros ao meu redor.

Acesse: paodiario.org e leia os textos sobre o amor de Deus.

A BÍBLIA EM UM ANO: GÊNESIS 49–50; MATEUS 13:31-58

21 DE JANEIRO — **EFÉSIOS 4:1-5,25-31**

CHEIRO DE CAFÉ

Sejam sempre humildes e amáveis,
tolerando pacientemente uns aos
outros em amor. v.2

Certa manhã, há muitos anos, eu estava sentado em minha poltrona quando minha filha caçula veio diretamente para mim e pulou no meu colo. Eu a abracei e dei-lhe um beijo na testa, e ela riu satisfeita. Mas logo depois franziu a testa, torceu o nariz e olhou acusadoramente para minha caneca de café. "Papai", ela disse solenemente, "Eu amo e gosto de você, mas não gosto do seu cheiro".

Minha filha não sabia disso, mas ela estava falando com graça e sinceridade: ela não queria me magoar, mas precisou ser franca comigo. Às vezes, precisamos fazer exatamente o mesmo em nossos relacionamentos.

Paulo é muito claro sobre como nos relacionamos uns com os outros, especialmente sobre como falar verdades difíceis. "Sejam sempre humildes e amáveis, tolerando pacientemente uns aos outros em amor" (EFÉSIOS 4:2). Humildade, gentileza e paciência são as bases de nossos relacionamentos. Cultivar essas qualidades de caráter como Deus nos orienta nos ajudará a falar "a verdade em amor" (V.15) e a buscar nos comunicarmos para que "...todas as [nossas] palavras sejam boas e úteis, a fim de dar ânimo àqueles que as ouvirem" (v.29).

Não gostamos de ser confrontados nas nossas fraquezas e pontos cegos. Mas quando algo "cheira mal" em nós, Deus pode nos alertar por meio de amigos fiéis com graça, sinceridade, humildade e gentileza.

ADAM R. HOLZ

O que você considera como mais importante ao expor a fraqueza de alguém?

Pai, ajuda-me a receber as correções com humildade
e a oferecê-las com amor, graça e gentileza.

22 DE JANEIRO   🌿 **SALMO 18:16-19**

UMA MÃO ESTENDIDA

Dos céus [Deus] estendeu a mão e me resgatou; tirou-me de águas profundas. v.16

Uma blogueira escreveu em seu site sobre um momento em que uma tristeza esmagadora começou a invadir seus pensamentos. Ela publicou o seguinte: "Sem aviso e na fase mais feliz de minha vida, comecei subitamente a ter ataques de pânico e depressão". Ela tentou lidar com a sua dor de várias formas, mas logo percebeu que ela não tinha forças suficientes para resolver isso sozinha. "Eu não queria que ninguém questionasse a minha fé, então fui discreta e orei para que minha depressão fosse embora. Mas Deus quer nos curar, não nos envergonhar ou nos fazer esconder a nossa dor". Ela recebeu a cura no conforto da presença do Senhor, e Ele foi a sua âncora em meio às ondas que ameaçavam esmagá-la.

Quando passarmos por momentos difíceis e desesperadores, Deus estará conosco e nos susterá. O rei Davi louvou a Deus por salvá-lo após ele quase ter sido derrotado pelos seus inimigos, dizendo: "[Deus] dos céus estendeu a mão e me resgatou; tirou-me de águas profundas" (SALMO 18:16). Mesmo em momentos quando o desespero parece nos consumir como fortes ondas no mar, Deus nos ama tanto que Ele se estende a nós, trazendo-nos "a um lugar seguro" (v.19) de paz e segurança. Que olhemos para Ele como nosso refúgio quando nos sentirmos sobrecarregados pelos desafios da vida.

KIMYA LODER

Você já se sentiu sobrecarregado pelas provações? Como o Senhor Deus o amparou em meio a situações desafiadoras?

Pai celeste, obrigado por me ergueres e sustentares quando meu fardo é pesado demais.

Leia textos sobre "a paz e a alegria em meio às provações", acesse: paodiario.org

A BÍBLIA EM UM ANO: ÊXODO 4–6; MATEUS 14:22-36

23 DE JANEIRO  LUCAS 15:1-10

★ *TÓPICO DE JANEIRO: JESUS, SUA PESSOA E OBRA*

PERDAS, REENCONTROS E ALEGRIA

*Alegrem-se comigo, pois encontrei
minha ovelha perdida!* v.6

"Eles me chamam de 'senhor dos anéis', pois já encontrei 167 anéis perdidos."

Ao caminhar à beira-mar com a minha esposa, conversamos com um senhor que rastreava a areia com um detector de metais. "Às vezes, os anéis têm nomes gravados e gosto de ver a cara dos donos quando os devolvo. Eu os anuncio na internet e vejo se há buscas nas listas de achados e perdidos e encontro anéis que foram perdidos há muitos anos." Contei-lhe que também gostava de fazer isso, mas com menos frequência, ele me respondeu: "Você só sabe se tentar!"

Noutro tipo de caça ao tesouro, Jesus foi criticado por se importar com pessoas que estavam distantes de Deus (LUCAS 15:1-2). Ele respondeu com três histórias sobre coisas perdidas: uma ovelha, uma moeda e um filho. Ao final da primeira, o dono ao achar sua ovelha perdida "...a carregará alegremente nos ombros e a levará para casa. Quando chegar, reunirá os amigos e vizinhos e dirá: 'Alegrem-se comigo, pois encontrei minha ovelha perdida!'" (vv.5-6). As três histórias são, no fundo, sobre encontrar pessoas perdidas e levá-las a Cristo, e sobre a alegria quando o encontram.

Jesus "...veio buscar e salvar os perdidos" (19:10), e Ele nos chama a imitá-lo, amando quem retorna a Deus (MATEUS 28:19). A alegria de ver pessoas retornando a Ele o aguarda; mas jamais saberemos se não o fizermos.

JAMES BANKS

**Como você pode auxiliar outras pessoas
a conhecer o amor de Jesus hoje?**

*Jesus, envia-me hoje para, em Tua alegria,
achar os que necessitam de ti neste dia.*

A BÍBLIA EM UM ANO: ÊXODO 7–8; MATEUS 15:1-20

24 DE JANEIRO 🌿 **MATEUS 13:44-46**

SEM PREJUÍZO

O reino dos céus é como
um tesouro... v.44

Um amigo meu foi a um reencontro da turma do colégio na casa de um ex-colega. Era uma mansão de frente para o mar, onde cabiam 200 pessoas, e meu amigo se sentiu diminuído.

Em seguida, ele me disse: "Eu sou muito feliz pastoreando igrejas rurais há tantos anos, e sei que não deveria, mas não pude evitar de sentir inveja da riqueza material daquele colega. Fiquei pensando como minha vida poderia ser diferente se eu tivesse optado pelo caminho dos negócios. Mas depois me lembrei de que não precisava invejar nada". Ele sorriu e completou: "Investi minha vida servindo ao Senhor e os resultados são eternos". Jamais esquecerei seu olhar tranquilo ao dizer essas palavras.

Esta tranquilidade vem da lição das parábolas de Jesus em Mateus 13:44-46: reconhecer que o reino de Deus é o grande tesouro. Buscar e viver pelo Seu reino pode assumir várias formas. Uns são chamados para um ministério de tempo integral; outros, para viver o evangelho em um ambiente de trabalho secular. Independentemente de como Deus escolhe nos usar, podemos confiar e obedecer à Sua direção e, assim como as pessoas nas parábolas, saber o valor do tesouro eterno que recebemos. Qualquer bem neste mundo tem valor infinitamente menor do que o que recebemos ao seguir a Deus (1 PEDRO 1:4-5).

Nossa vida, colocada nas mãos de Deus, pode gerar frutos eternos.

KAREN HUANG

Do que você precisa abrir mão
para seguir a Deus?

Pai, que cada dia de minha vida seja
uma celebração do tesouro que encontrei em ti.

Leia sobre "o que fazer nas horas difíceis", acesse: paodiario.org

A BÍBLIA EM UM ANO: ÊXODO 9–11; MATEUS 15:21-29

25 DE JANEIRO **PROVÉRBIOS 22:1-6**

BRILHO INÚTIL

Ensine seus filhos no caminho certo, e, mesmo quando envelhecerem, não se desviarão dele. v.6

Alguém disse a André que ele deveria deixar seu pequeno filho Miguel decidir como queria viver, ao que ele respondeu: "Você não pode deixar um rapazinho decidir por conta própria. Ele agarrará a primeira coisinha brilhante que reluzir e perceberá tarde demais que, na verdade, era um anzol disfarçado. As ideias erradas vêm em embalagens tão bonitas que é difícil convencer as crianças de que aquilo não é bom". André terminou dizendo que os pais devem ser modelos do comportamento correto e ajudar a manter as tentações longe.

As palavras de André refletem a sabedoria descrita no livro de Provérbios: "Ensine seus filhos no caminho certo, e, mesmo quando envelhecerem, não se desviarão dele" (22:6). Muitos pensam que esse versículo é uma promessa, mas na verdade é uma orientação. Cada um de nós deve tomar a própria decisão por Jesus. Mas podemos ajudar as crianças a construírem uma base bíblica ao observarem o nosso amor por Deus e pela Palavra. Podemos orar para que os nossos pequenos, ao crescerem, escolham receber Jesus como seu Salvador, seguir Seus caminhos e *não* o caminho dos perversos, "...cheio de espinhos e perigos..." (v.5).

Testemunhamos corretamente quando, pelo poder do Espírito Santo, Ele nos capacita a resistir ao que não nos convém. O Espírito nos ajuda a vencer a tentação e nos molda para refletirmos a Sua presença.

ALYSON KIEDA

Quem você pode ajudar a se desenvolver na fé?

Querido Pai, ajuda-me a inculcar os Teus valores no coração dos pequenos que puseste em minha vida.

A BÍBLIA EM UM ANO: ÊXODO 12–13; MATEUS 16

26 DE JANEIRO 🌱 **COLOSSENSES 3:12-14**

AMOR QUE PERDOA

Sejam compreensivos uns com os outros
e perdoem quem os ofender... v.13

Oitenta anos de casamento! Os tios-avôs de meu marido, Pedro e Rute, celebraram essa marca incrível em 31 de maio de 2021. Após se encontrarem por acaso em 1941, o jovem casal queria tanto se casar que o fizeram no dia seguinte à formatura de Rute no colégio. Eles creem que Deus os uniu e os tem guiado por todos estes anos. Refletindo sobre essas oito décadas de matrimônio, Pedro e Rute concordam que uma base de seu relacionamento foi a decisão de escolher o perdão. Qualquer um que tenha um relacionamento saudável compreende que todos nós precisamos de perdão com frequência pelas formas que magoamos um ao outro, seja por palavras duras, promessas quebradas ou tarefas esquecidas.

Visando ajudar os seguidores de Jesus a viver em unidade, o apóstolo Paulo lhes escreveu sobre o papel essencial do perdão. Ele insistiu que escolhessem "...compaixão, bondade, humildade, mansidão e paciência" (COLOSSENSES 3:12), e sugeriu ainda: "...perdoem quem os ofender..." (v.13). Acima de tudo, todas as suas ações individuais deveriam ser orientadas pelo amor (v.14).

Os relacionamentos alicerçados nestas características destacadas por Paulo são uma bênção. Que Deus nos ajude a cultivar relacionamentos saudáveis caracterizados pelo amor e perdão.

LISA SAMRA

Você já foi curado por perdoar ou ser perdoado?
Como os relacionamentos podem ser fortalecidos
pela prática do perdão e da responsabilidade?

Jesus, ajuda-me a perdoar os outros
assim como Tu me perdoaste.

A BÍBLIA EM UM ANO: ÊXODO 14–15; MATEUS 17

27 DE JANEIRO — **SALMO 103:8-12**

MISERICÓRDIA PARA TODOS

Não nos acusará o tempo todo, nem permanecerá irado para sempre. v.9

Devido à pandemia de COVID-19, os navios de cruzeiro foram ancorados e os passageiros fizeram quarentena antes do desembarque. Alguns relatos destes turistas foram divulgados. Num deles, comentando sobre como tinham tempo para longas conversas, um homem disse que sua esposa possuía excelente memória e lembrou de cada erro que ele já havia cometido; e parecia que ela ainda não tinha conseguido comentar todos!

Casos assim nos fazer rir, lembram-nos da nossa humanidade e servem como alerta se tendemos a nos apegar demais a coisas que deveríamos deixar para lá. Mas o que nos move a sermos gentis com quem nos fere? São os vislumbres do nosso maravilhoso Deus como é revelado em passagens como o Salmo 103:8-12. A tradução contemporânea desse texto é digna de atenção: "O Eterno é pura misericórdia e graça; não se irrita facilmente, é rico em amor. Ele não implica nem repreende sem motivo, nem guarda rancor para sempre. Ele não nos trata como nossos pecados merecem, nem nos paga de acordo com os nossos erros" (vv.8-10, A MENSAGEM, ED. VIDA, 2011).

Ler as Escrituras em atitude de oração pode nos fazer rever e afastar os maus pensamentos de vingança. Pode nos instigar a orarmos por nós mesmos e por aqueles que queremos prejudicar por meio da retenção da graça, da misericórdia e do perdão.

ARTHUR JACKSON

Você já quis "dar o troco" em quem lhe fez mal?
Você pode pedir que alguém ore por você?

Deus de misericórdia, perdão e bondade,
que eu seja como Tu és,
mesmo aos que me causaram dor.

A BÍBLIA EM UM ANO: ÊXODO 16–18; MATEUS 18:1-20

28 DE JANEIRO — **2 CORÍNTIOS 9:6-9**

A BLUSA COR-DE-ROSA

Cada um deve decidir em seu coração quanto dar [...]. Pois Deus ama quem dá com alegria v.7

Brenda estava caminhando em direção a saída do shopping quando algo rosa na vitrine chamou sua atenção. Ela voltou e ficou fascinada diante de uma "blusa cor de algodão-doce". Ah, ela sabia que a Elen adoraria aquela roupa! Sua colega de trabalho, que era mãe solo, estava com as finanças apertadas e precisava de um casaco novo, mas Brenda sabia que ela jamais gastaria numa compra dessa para si mesma. Após pensar um pouco, Brenda sorriu, comprou e pediu que a blusa fosse entregue na casa de Elen com um bilhete anônimo e os seguintes dizeres: "Você é muito amada". Brenda saiu da loja quase dançando.

A alegria é um efeito colateral quando doamos em obediência a Deus. Paulo ensinou sobre a generosidade: "Cada um deve decidir em seu coração quanto dar. Não contribuam com relutância ou por obrigação. 'Pois Deus ama quem dá com alegria'" (2 CORÍNTIOS 9:7). Ele também observou que "...quem semeia com fartura obtém uma colheita farta" (v.6).

Às vezes entregamos uma oferta durante um culto. Outras, fazemos uma doação *on-line* para um ministério específico. E há momentos em que Deus nos orienta a atender à necessidade de um amigo com uma expressão concreta do Seu amor: uma compra no mercado, um tanque de combustível ou ainda um casaco rosa de presente.

ELISA MORGAN

Para quem você pode demonstrar o amor de Deus hoje? Como a sua generosidade pode transformar-se em alegria a você e aos outros?

Amado Pai, Tu me presenteaste com Teu Filho; quero também ser generoso com os outros ao meu redor.

A BÍBLIA EM UM ANO: ÊXODO 19–20; MATEUS 18:21-35

29 DE JANEIRO | **JOÃO 11:38-43**

SETE MINUTOS DE TERROR

Assim, aproximemo-nos com toda confiança do trono da graça, onde receberemos misericórdia... HEBREUS 4:16

Quando a sonda *Perseverance* (Perseverança) chegou em Marte em 2021, a equipe técnica passou por "sete minutos de terror". Após a jornada de 470 milhões de quilômetros, os complexos procedimentos de pouso não podiam ser operados da Terra. Os sinais entre os dois planetas demoravam vários minutos, de forma que a NASA não pôde escutar a sonda por um tempo. Perder o contato era terrível para aquela equipe que havia dedicado tanto esforço e recursos na missão.

Às vezes passamos por períodos de medo ao sentirmos que Deus está em silêncio; oramos, mas sem resposta. Na Palavra, vemos algumas orações sendo respondidas logo (DANIEL 9:20-23) e outras sem resposta por muitos anos (1 SAMUEL 1:10-20). Talvez o exemplo mais marcante de uma resposta tardia seja o caso de Lázaro, irmão de Marta e Maria (JOÃO 11:3-44). Suas irmãs certamente sofreram muito, porque pediram ajuda a Jesus quando seu irmão adoeceu, mas o Senhor demorou a chegar, e o jovem morreu. Porém, após quatro dias, Jesus ressuscitou Lázaro.

Esperar por respostas às nossas orações pode ser difícil. Mas Deus pode nos consolar e sustentar enquanto aproximamo-nos "...com toda confiança do trono da graça, onde receberemos misericórdia e encontraremos graça para nos ajudar quando for preciso" (HEBREUS 4:16).

DAVE BRANON

Você tem feito alguma oração que ainda não obteve resposta? De que maneira Deus pode aumentar a sua fé enquanto você espera?

Deus, Tu sabes o que há em meu coração. Ajuda-me a confiar em ti enquanto aguardo a Tua resposta.

A BÍBLIA EM UM ANO: ÊXODO 21–22; MATEUS 19

30 DE JANEIRO — ISAÍAS 40:28-31

COM O TANQUE VAZIO

...Correm e não se cansam, caminham e não desfalecem. v.31

"Eu não aguento mais," minha amiga me disse chorando enquanto explicava o esmagador sentimento de desesperança que encarava sendo enfermeira durante uma crise de saúde global. "Sei que Deus me chamou para a enfermagem, mas estou sobrecarregada e emocionalmente esgotada." Vendo que uma nuvem de exaustão estava sobre ela, respondi: "Sei que você se sente sem chão agora, mas peça a Deus que lhe dê direcionamento e força para perseverar". Naquele momento, ela decidiu buscar intencionalmente a Deus em oração. Algum tempo depois, minha amiga foi revigorada com um senso de propósito. Não apenas ela foi fortalecida para continuar atuando, mas Deus lhe deu a energia para servir a mais pessoas, trabalhando em diferentes hospitais pelo país.

Como seguidores de Jesus, podemos sempre buscar ajuda e encorajamento em Deus se nos sentimos sob um pesado fardo, porque "...Ele nunca perde as forças nem se cansa..." (ISAÍAS 40:28). O profeta afirma que nosso Pai "dá forças aos cansados e vigor aos fracos" (v.29). Apesar de Deus ter força inesgotável, Ele sabe que há dias que estamos emocional e fisicamente esgotados (v.30). Mas ao buscarmos força em Deus, ao invés de tentarmos vencer as corridas da vida sozinhos, Ele nos restaurará e renovará, dando-nos firmeza para mantermos a fé.

KIMYA LODER

Você já tentou resolver situações pesadas por conta própria? Como você pode buscar o auxílio de Deus?

Querido Deus, obrigado por me ajudares quando os desafios da vida parecem insuportáveis.

Assista o vídeo "Por que Deus não me responde?", acesse: paodiario.org

A BÍBLIA EM UM ANO: ÊXODO 23–24; MATEUS 20:1-16

31 DE JANEIRO   **DEUTERONÔMIO 8:10-18**

A FONTE DAS BÊNÇÃOS

*Lembrem-se do S*ENHOR*,*
seu Deus... (v.18)

Em 1919, um imenso tanque de melado rompeu-se em Boston, EUA, formando uma onda de mais de 7,5 milhões de litros que varreu as ruas da cidade a quase 50km/h, levando bondes, prédios, pessoas e animais. O melado é algo inofensivo, mas tornou-se mortal: 21 pessoas morreram e mais de 150 se feriram.

Até algo bom (como o melado) pode tornar-se um problema em pouco tempo. Antes de os israelitas entrarem na terra prometida por Deus, Moisés alertou o povo para serem cuidadosos e não ficar com os louros do bem que haviam recebido: "Quando ficarem satisfeitos e forem prósperos, quando tiverem construído belas casas onde morar, e quando seus rebanhos tiverem se tornado numerosos e sua prata e seu ouro tiverem se multiplicado junto com todos os seus bens, tenham cuidado! Não se tornem orgulhosos e não se esqueçam do SENHOR, seu Deus, que os libertou da escravidão na terra do Egito". Eles não deveriam pensar que tinham riquezas por sua própria força ou capacidades, mas "[lembrar-se] do SENHOR, seu Deus. [...] que lhes dá força para serem bem-sucedidos" (DEUTERONÔMIO 8:12-14, 17-18).

Todas as coisas boas, inclusive saúde e as habilidades necessárias para ganhar a vida, são bênçãos da mão do nosso amoroso Deus. Mesmo quando trabalhamos bastante, é Ele quem nos sustenta. Ao receber as bênçãos dos Céus, que louvemos a Deus por sua bondade!

JAMES BANKS

Por qual dádiva do Senhor você é grato hoje?

Obrigado, Pai, por me sustentares sempre.
Ajuda-me a reconhecer e a partilhar a Tua bondade.

Ouça sobre a "Compaixão — Maior que tudo", acesse: paodiário.org.

A BÍBLIA EM UM ANO: ÊXODO 25–26; MATEUS 20:17-34

★ TÓPICO DE FEVEREIRO / **O caráter de Cristo**

JESUS, NOSSO VERDADEIRO PASTOR

As primeiras pessoas que creram em Jesus entenderam que o Salmo 23 apontava para Jesus, o verdadeiro Pastor. Não temos de nos limitar a ler os escritores antigos para fazer esta conexão. O próprio Jesus já ligou esses pontos. Ele disse: "Eu sou o bom pastor" (JOÃO 10:11). Tudo o que o pastor é no Salmo 23, Jesus é para nós agora. Por Ele ser o nosso Bom Pastor, temos tudo o que precisamos. Jesus nos leva ao descanso. Ele restaura o nosso coração despedaçado. Ele nos transporta pelo meio do escuro vale da morte (não ao redor dele, mas *pelo meio* dele). Quando nos desviamos do caminho, Jesus é gentil, amável e terno. Quando o inimigo ronda, mostrando seus dentes devoradores, o nosso Pastor é poderoso e incansável.

Podemos saber como é Jesus pelo pastor retratado no salmo. Jesus é fiel, nunca nos abandona. É generoso, sempre supre as nossas necessidades. É sábio, sabe sempre o que realmente precisamos. Jesus é terno e cuida do nosso trêmulo coração. Ele é poderoso e defende-nos de tudo o que ameaça (mesmo as coisas que dentro de nós ameaçam desmontar-nos). Jesus é persistente e busca-nos com amor até ao nosso último suspiro.

Atualmente, em Israel, os pastores dormem muitas vezes perto das suas ovelhas, velando por elas durante a noite. Muitas vezes, eles ainda carregam um cajado para afastar os predadores. Os pastores têm um modo de chamar as ovelhas que lhes é muito singular, um sinal que permite que as ovelhas saibam que eles estão por perto. Certa vez, em Israel, observei esses trabalhadores com admiração. A sua habilidade, a sua rapidez, o conhecimento que tinham sobre as ovelhas e os campos foram fonte de inspiração para mim. O cuidado em relação às suas ovelhas e sua prontidão em defendê-las do perigo iminente eram reconfortantes. As ovelhas estavam em paz, seguras sob os cuidados do seu pastor. E nós também estamos.

WINN COLLIER

Além deste artigo, o tema *O caráter de Cristo* é abordado nos devocionais dos dias **1**, **9**, **16** e **23** de **fevereiro**.

1º DE FEVEREIRO · **MATEUS 5:1-12**

★ *TÓPICO DE FEVEREIRO: O CARÁTER DE CRISTO*

BÊNÇÃOS NAS LÁGRIMAS

Felizes os que choram... v.4

Certo jovem enviou-me um e-mail informando que o seu pai, 63, estava no hospital com a vida por um fio. Apesar de nunca havermos nos encontrado, o trabalho de seu pai e o meu tinha várias áreas em comum. O filho, querendo animar o pai, pediu-me que enviasse um vídeo com uma mensagem de encorajamento e oração. Muito comovido, gravei uma mensagem curta e uma oração por sua cura. Fiquei sabendo que o pai assistiu ao vídeo e fez um gesto animado com a mão. Infelizmente, alguns dias depois, recebi outro e-mail dizendo que ele havia falecido, segurando a mão de sua esposa ao dar o último suspiro.

Meu coração se partiu. Quanto amor e quanta devastação! Aquela família perdeu um marido e pai cedo demais. Apesar disto, é surpreendente pensar em Jesus insistindo que precisamente os que sofrem é que são felizes: "Felizes os que choram..." (MATEUS 5:4). Jesus não está dizendo que a dor e o sofrimento são bons, mas que a misericórdia e a bondade de Deus são concedidas em abundância para os que mais necessitam delas. Os que estão derrubados pelo sofrimento causado por uma morte ou por sua própria pecaminosidade são os que mais precisam da atenção e consolação divinas; Jesus promete que "...serão consolados" (v.4).

Deus vem ao nosso encontro, somos Seus filhos amados (v.9). Ele nos abençoa em meio às nossas lágrimas.

WINN COLLIER

A promessa de consolo e felicidade em Cristo muda o seu sentimento de tristeza?

Deus, estou coberto de dor e sofrimento. Ajuda-me a experimentar a Tua bênção mesmo em meio às lagrimas.

Para saber mais sobre "como lidar com a perda", acesse: paodiario.org

---

A BÍBLIA EM UM ANO: ÊXODO 27–28; MATEUS 21:1-22

2 DE FEVEREIRO • **LUCAS 6:37-42**

SENDO COMO O NOSSO MESTRE

Os discípulos não são maiores que seu mestre. Mas o aluno bem instruído será como o mestre. v.40

Um vídeo na internet mostra uma garota de apenas 3 anos, imitando a sua professora de caratê. Com convicção e emoção, ela fez o juramento do estudante e com atenção e graciosidade, a enérgica bolinha de fofura imitou a professora no que disse e fez, ou pelo menos tentou!

Jesus disse: "Os discípulos não são maiores que seu mestre. Mas o aluno bem instruído será como o mestre" (LUCAS 6:40). Ele disse a Seus discípulos que para imitá-lo não deveriam julgar os outros, mas serem generosos e amorosos (vv.37-38). Também os aconselhou a serem cautelosos quanto a quem seguiriam: "É possível um cego guiar outro cego? Não cairão os dois num buraco?" (v.39). Seus discípulos precisavam discernir que o padrão do Mestre desqualificava os fariseus; guias cegos que levavam o povo ao desastre (MATEUS 15:14). Os discípulos precisavam entender a importância de seguir seu Mestre. Considerando que o objetivo dos discípulos era se tornarem como o próprio Jesus, era importantíssimo que prestassem muita atenção ao Seu ensino quanto à generosidade e ao amor, e o aplicassem na vida diária.

Como cristãos que se empenham para imitar Jesus hoje, entreguemos a nossa vida ao nosso Mestre, para que possamos nos tornar como Ele em conhecimento, sabedoria e atitudes. Ele é o único que pode nos ajudar a refletir Seu jeito cheio de amor e gencrosidade

MARVIN WILLIAMS

**Em que momento
é mais difícil imitar a Cristo?**

*Meu Mestre Jesus, que a
minha atenção e disciplina sejam dignas
e tragam honra a ti!*

A BÍBLIA EM UM ANO: ÊXODO 29–30; MATEUS 21:23-46

3 DE FEVEREIRO · **LEVÍTICO 19:32-37**

SOMOS ESTRANGEIROS E PEREGRINOS

Tratem [os estrangeiros]
como se fossem israelitas
de nascimento... v.34

Tudo era drasticamente diferente naquele novo país: língua, escola, costumes, trânsito e clima. A família se perguntava como eles se adaptariam. As pessoas de uma igreja próxima se reuniram para ajudá-los em seu novo país. Patrícia levou o casal a um supermercado para lhes mostrar quais produtos estavam disponíveis e como comprá-los. De repente, seus olhos se iluminaram e eles deram um belo sorriso ao avistar as romãs, a fruta preferida deles em sua terra natal. Eles compraram uma para cada um dos filhos e até a presentearam com uma delas, em sinal de gratidão. A pequena fruta e os novos amigos foram muito importantes na acolhida naquela terra nova e estranha.

Deus, por meio de Moisés, concedeu leis para o Seu povo, incluindo uma ordem para que tratassem os estrangeiros como se fossem nativos e, ainda, que os amassem "como a si mesmos" (LEVÍTICO 19:34). Jesus disse que este era o segundo maior mandamento, após amar a Deus (MATEUS 22:39). O próprio "SENHOR protege os estrangeiros..." (SALMO 146:9).

Além de obedecermos a Deus, ao ajudarmos nossos novos amigos a se adaptarem à vida em nosso país, podemos nos lembrar que nós também somos "...estrangeiros e peregrinos neste mundo" (HEBREUS 11:13). Assim, aguardamos com expectativa pela pátria celestial onde viveremos.

ANNE CETAS

Quem Deus colocou em sua vida
para que você o ajudasse e cuidasse? De que maneira
você pode mostrar o amor do Senhor?

Deus compassivo, sei que sou peregrino neste mundo.
Quero abençoar os estrangeiros em meu país.

Para saber mais sobre "a caminhada com Cristo", acesse: paodiario.org

A BÍBLIA EM UM ANO: ÊXODO 31–33; MATEUS 22:1-22

4 DE FEVEREIRO   🕊 **RUTE 1:3-8, 15-21**

QUAL É O SEU NOME?

Não me chamem de Noemi [...]
Chamem-me de Mara, pois
[Deus] tornou minha vida
muito amarga. v.20

Jenifer era viúva, mas casou-se novamente. Os filhos do seu novo marido nunca a aceitaram e, agora que ele também tinha falecido, eles a odeiam por morar na casa onde cresceram. O marido lhe deixou uma quantia modesta para seu sustento, ainda assim os filhos dizem que ela está lhes roubando a herança. É compreensível que ela esteja desencorajada e se tornando uma mulher amarga.

O marido de Noemi levou toda a família para a terra de Moabe, onde ele e seus dois filhos morreram. Anos depois, Noemi retornou a Belém de mãos vazias e com sua nora Rute. As pessoas se alvoroçaram e perguntavam: "Será que é mesmo Noemi?" (RUTE 1:19). Ela lhes pediu para não a chamarem por este nome, que significa "agradável", mas sim de Mara, que significa "amarga", porque "Cheia eu parti, mas o SENHOR me trouxe de volta vazia" (vv.20-21).

O seu nome também poderia ser Amargurado? Talvez você tenha se frustrado com amigos, familiares ou com sua saúde declinando. Você merecia algo melhor, mas não o recebeu, e agora está amargurado. Noemi voltou a Belém, mesmo sofrida — voltou. Você também pode voltar ao lar. Aproxime-se de Jesus, descendente de Noemi, nascido em Belém. Descanse em Seu amor.

No tempo certo, Deus retirou a amargura de Noemi ao cumprir o Seu plano perfeito (4:13-22). Ele pode mudar o seu coração também. Aproxime-se de Deus!

MIKE WITTMER

Quem é você, em uma palavra?
Esta é a forma como Jesus o vê?

Pai, estou voltando para casa,
para encontrar o descanso em Teu Filho.

A BÍBLIA EM UM ANO: ÊXODO 34–35; MATEUS 22:23-46

5 DE FEVEREIRO — **2 CORÍNTIOS 5:1-10**

EU SÓ POSSO IMAGINAR

*Pois, então, o pó voltará à terra e o
espírito voltará a Deus, que o deu.*
ECLESIASTES 12:7

Na igreja, sentei-me no banco atrás de Luísa e cantamos a canção "Eu só posso imaginar". Com mãos levantadas, louvei a Deus enquanto harmonizava o suave soprano dela ao meu. Quando ela me contou sobre os desafios com sua saúde, decidimos orar juntas durante o seu tratamento de câncer. Meses depois, num leito de hospital, Luísa me contou sobre o seu medo de morrer. Inclinei minha cabeça próxima à dela, sussurrei uma oração e cantei baixinho a nossa canção. Posso apenas imaginar como deve ter sido para ela adorar a Jesus face a face, poucos dias depois.

O apóstolo Paulo ofereceu conforto consolador para seus leitores que estavam enfrentando a morte (2 CORÍNTIOS 5:1). O sofrimento experimentado neste lado da eternidade pode causar lamentos, mas nossa esperança permanece ancorada em nosso lar celestial — nossa existência eterna com Jesus (vv.2-4). Apesar de Deus nos ter criado com um anseio pela vida eterna com Ele (vv.5-6), as Suas promessas devem impactar a maneira como vivemos para Ele agora (vv.7-10).

À medida que agradamos a Jesus enquanto aguardamos Seu retorno ou que nos leve ao lar eterno, alegremo-nos com a paz que vem de Sua companhia fiel. O que experimentaremos quando deixarmos o nosso corpo terreno e nos encontrarmos com Jesus na eternidade? Só podemos imaginar!

XOCHITL DIXON

**Diante da morte ou da perda de alguém amado,
a promessa da vida eterna o fortalece?**

*Deus amoroso, agradeço-te por teres prometido
estar comigo hoje e por toda a eternidade.*

Leia textos sobre "o sofrimento à luz da Palavra", acesse: paodiario.org

A BÍBLIA EM UM ANO: ÊXODO 36–38; MATEUS 23:1-22

6 DE FEVEREIRO GÊNESIS 39:11-22

O HOMEM MAIS SOLITÁRIO

*Mas o S*ENHOR *estava com [José] na*
prisão e o tratou com bondade. v.21

Em 20 de julho de 1969, os astronautas Neil Armstrong e Buzz Aldrin saíram do módulo lunar e se tornaram as primeiras pessoas a andar na superfície da Lua. Pouco nos lembramos do terceiro membro da equipe, Michael Collins, que permaneceu operando o módulo de comando da *Apollo 11* e ficou sozinho na face oculta da Lua, depois que seus companheiros desceram à superfície. Estava sem comunicação com Armstrong, Aldrin ou qualquer outra pessoa na Terra. A base de comando da NASA comentou: "Desde Adão, nenhum humano conheceu tamanho isolamento como Mike Collins".

Há momentos em que nos sentimos completamente sozinhos. Imagine por um instante como José, filho de Jacó, sentiu-se ao ser vendido por seus irmãos e levado para o Egito (GÊNESIS 37:23-28). Ele ficou ainda mais isolado quando foi lançado na prisão sob falsas acusações (39:19-20). Como José sobreviveu na prisão, numa terra estrangeira e sem nenhum familiar por perto? Preste atenção: "Mas o SENHOR estava com ele na prisão…" (v.21). Somos lembrados dessa verdade reconfortante 4 vezes em Gênesis 39.

Você se sente sozinho ou isolado dos demais? Apegue-se à verdade da presença de Deus, prometida pelo próprio Jesus: "…estou sempre com vocês, até o fim dos tempos" (MATEUS 28:20). Tendo Jesus como seu Salvador, você nunca está só. *DAVE BRANON*

Em que momentos você se sente mais só?
De que maneira Deus o lembra de Sua presença?

Amado Pai celeste, ajuda-me, como José,
a reconhecer a Tua presença
como prometestes nas Escrituras.

A BÍBLIA EM UM ANO: ÊXODO 39–40; MATEUS 23:23-39

7 DE FEVEREIRO — EZEQUIEL 34:11-16

O BOM PASTOR

*Serei como o pastor que busca
o rebanho espalhado...* v.12

Quando o pastor Wilson soube que um homem em sua igreja havia abandonado a família, ele pediu a Deus que o fizesse encontrar o tal homem como que por acaso, para que eles pudessem conversar. E Deus assim o fez! Quando Wilson entrou num restaurante, viu-o numa mesa próxima e perguntou: "Tem espaço para mais um aí?". Em pouco tempo, eles já conversavam sobre assuntos profundos e oravam juntos.

Como ministro, Wilson estava realmente pastoreando sua comunidade de fé ali, assim como Deus disse, pelo profeta Ezequiel, que Ele faria com Seu rebanho. Deus é zeloso com suas ovelhas espalhadas, livrando-as e agrupando-as sob o Seu cuidado (EZEQUIEL 34:12-13). Ele falou que as conduziria por "bons pastos" e que procuraria "as perdidas que se desgarraram e as [traria] de volta", prometendo: "Enfaixarei as ovelhas feridas e fortalecerei as fracas" (vv.14-16). O amor de Deus pelo Seu povo transparece nessas imagens. As palavras de Ezequiel antecipam as ações futuras de Deus e refletem o eterno anseio do Senhor e Pastor que um dia se revelaria em Jesus.

Qualquer que seja nossa situação, Deus se aproxima de cada um de nós para nos resgatar e abrigar em pastos abundantes. Ele deseja que sigamos o Bom Pastor, que entrega Sua vida pelas ovelhas (JOÃO 10:14-15).

AMY BOUCHER PYE

**Você percebe o cuidado de Jesus,
o Bom Pastor, sobre a sua vida? Você tem
alguma fragilidade que precisa ser tratada por Ele?**

*Deus, ajuda-me a permanecer continuamente
em Teu rebanho, para que eu possa
receber Teu amor e cuidado.*

A BÍBLIA EM UM ANO: LEVÍTICO 1–3; MATEUS 24:1-28

8 DE FEVEREIRO 1 JOÃO 1:5-10

OS BRAÇOS DE DEUS ESTÃO ABERTOS

Mas, se confessamos nossos pecados,
ele é fiel e justo para perdoar nossos
pecados... v.9

Olhei para meu celular, franzi a testa preocupada e suspirei. Eu havia discutido e discordado seriamente de uma amiga quanto a um assunto envolvendo os nossos filhos, e eu sabia que precisava ligar para ela e pedir perdão. Eu não queria fazer isto, porque ainda tínhamos opiniões conflitantes; no entanto, eu sabia que não tinha sido gentil, nem humilde na última conversa que tivéramos sobre o assunto.

Preocupei-me sobre como seria a ligação. *E se ela não me perdoar? E se ela não quiser manter nossa amizade?* Lembrei-me então do momento em que confessei o meu pecado a Deus sobre tal situação. Fiquei aliviada porque sabia que Deus havia me perdoado e liberado da minha culpa.

Não podemos controlar como as pessoas reagirão quando tentamos resolver nossos problemas de relacionamento. Se admitirmos nosso erro, humildemente pedirmos perdão e fizermos as mudanças necessárias, podemos deixar que Deus providencie a cura. Mas mesmo se tivermos que suportar a dor de problemas não resolvidos com as pessoas, sempre é possível ter paz com Deus. Os braços de Deus estão abertos e Ele está aguardando para nos mostrar a graça e a misericórdia de que precisamos. "Mas, se confessamos nossos pecados, ele é fiel e justo para perdoar nossos pecados e nos purificar de toda injustiça" (1 JOÃO 1:9).

JENNIFER BENSON SCHULDT

O que você fará esta semana para,
no poder de Deus, buscar
paz e reconciliação com alguém?

Deus da graça, ajuda-me a ser mais humilde e a levar todos
meus relacionamentos diante de ti.

Leia sobre "relacionamentos reconstruídos", acesse: paodiario.com

A BÍBLIA EM UM ANO: LEVÍTICO 4–5; MATEUS 24:29-51

9 DE FEVEREIRO · **JOÃO 14:1-11**

★ *TÓPICO DE FEVEREIRO: O CARÁTER DE CRISTO*

VER JESUS

*Quem me vê,
vê o Pai!* v.9

Léo já tinha quatro meses, e nunca havia visto seus pais. Ele nasceu com uma condição rara que deixava sua visão turva, como se ele vivesse em meio à densa neblina. Mas os oftalmologistas providenciaram óculos especiais para o bebê. O pai dele compartilhou um vídeo em que a mãe colocava os óculos no rosto do bebê pela primeira vez. Nele podemos ver os olhos de Léo focarem lentamente até ele ver sua mãe pela primeira vez, e um sorriso se abriu em seu rosto. Incrível! Naquele momento, o pequeno Léo viu com clareza.

João relata uma conversa entre Jesus e Seus discípulos. Filipe pediu: "Senhor, mostre-nos o Pai" (JOÃO 14:8). Mesmo após tanto tempo de convívio, os discípulos não conseguiram reconhecer quem estava diante deles. Jesus respondeu: "Você não crê que eu estou no Pai e o Pai está em mim?" (v.10). Ele já havia dito: "Eu sou o caminho, a verdade e a vida" (v.6). Esta é a sexta das sete afirmações de Jesus sobre Ele mesmo que iniciam com "Eu sou…". Ele está mostrando-nos as lentes pelas quais devemos olhar e perceber quem Ele realmente é: o próprio Deus.

Somos como os discípulos: em tempos difíceis, enfrentamos lutas e desenvolvemos uma visão turva. Falhamos em focar naquilo que Deus fez e pode fazer. Talvez precisemos colocar os óculos divinos para ver claramente quem Jesus é. KENNETH PETERSEN

**De que maneira você pode
olhar para Jesus novamente
e com bastante clareza?**

*Ajuda-me, Jesus, a ver claramente o Teu caminho
e a sempre olhar para ti.*

A BÍBLIA EM UM ANO: LEVÍTICO 6–7; MATEUS 25:1-30

10 DE FEVEREIRO   🌿 **SALMO 91:1-2,14-16**

ABRIGAR-SE EM DEUS

Ele é meu refúgio, meu lugar
seguro, ele é meu Deus e
nele confio. v.2

Certa manhã, enquanto eu estava correndo em meu bairro, passei por uma construção e vi um gatinho magro e sujo que miou olhando-me tristemente. Ele me seguiu até a minha casa, e tornou-se um gato lindo e saudável chamado Mickey, tendo uma vida confortável em nossa casa e recebendo muito amor de minha família. Sempre que passo naquela rua onde o encontrei, agradeço a Deus porque Mickey foi poupado de viver nas ruas. Ele agora tem um lar.

A Palavra de Deus fala sobre aqueles que "[habitam] no abrigo do Altíssimo" (SALMO 91:1) e fazem dele o seu lar. A palavra hebraica para *habitar* significa "permanecer, ficar definitivamente em algum lugar". Quando permanecemos em Deus, Ele nos ajuda a viver de acordo com a Sua sabedoria e a amá-lo acima de tudo (v.14; JOÃO 15:10). O Senhor nos promete a consolação de estarmos com Ele eternamente, assim como a segurança de que Ele estará conosco em qualquer dificuldade terrena. Apesar das provações que virão, podemos descansar em Sua soberania, sabedoria e amor, confiando em Suas promessas de proteção e redenção.

Ao permitirmos que Deus seja o nosso refúgio, vivemos "à sombra do Todo-poderoso" (SALMO 91:1). Nenhum mal poderá nos tocar, a não ser que Deus, em sua sabedoria e amor infinitos, permita. Esta é a segurança que temos quando Deus é o nosso lugar seguro.

KAREN HUANG

Como você reage às dificuldades,
tendo escolhido viver
no abrigo do Deus Altíssimo?

Pai celestial, obrigado
por seres um refúgio para mim.

Saiba mais sobre "permanecer firme em união com Cristo", acesse: paodiario.org

A BÍBLIA EM UM ANO: LEVÍTICO 8–10; MATEUS 25:31-46

11 DE FEVEREIRO — **1 TIMÓTEO 1:12-16**

UM PRESENTE IMERECIDO

"Cristo Jesus veio ao mundo para salvar os pecadores", e eu sou o pior de todos. v.15

Fui surpreendida recentemente ao ganhar um presente de uma amiga, pois não acho que merecia a gentileza. Ela me presenteou depois de eu ter contado sobre uma situação estressante que estava acontecendo no trabalho. Mas ela mesma estava enfrentando o mesmo tanto de estresse, ou até mais, lidando com um pai idoso, filhos desafiadores, transtornos no trabalho e tensões em seu casamento. Não pude sequer acreditar que ela tivesse pensado em mim antes de pensar em si mesma, e seu singelo presente me levou às lágrimas.

Na verdade, todos nós recebemos um presente que jamais merecemos. Paulo explica desta forma: "'Cristo Jesus veio ao mundo para salvar os pecadores', e eu sou o pior de todos" (1 TIMÓTEO 1:15). Embora ele "fosse blasfemo, perseguidor e violento [...] O Senhor fez sua graça transbordar" sobre sua vida (vv.13-14). O Cristo ressurreto deu a Paulo um profundo entendimento do presente da graça e, por isso, Paulo soube o que era receber algo imerecido. Paulo tornou-se um poderoso instrumento do amor de Deus, contando a muitos o que Deus tinha feito por ele.

Apenas pela graça de Deus podemos receber amor e misericórdia, ao invés da condenação e julgamento. Vamos celebrar hoje a graça imerecida que Deus nos concedeu, procurando por formas de demonstrar esta graça aos demais.

KAREN PIMPO

O presente imerecido da graça faz com que você se sinta motivado para os desafios cotidianos?

Amado Deus, ajuda-me a apresentar melhor a Tua graça às outras pessoas.

A BÍBLIA EM UM ANO: LEVÍTICO 11–12; MATEUS 26:1-25

12 DE FEVEREIRO JOÃO 20:26-31

FATOS E EVIDÊNCIAS

Estes, porém, estão registrados para que vocês creiam que Jesus é o Cristo, o Filho de Deus. v.31

Quando Doris Kearns Goodwin decidiu escrever sobre Abraham Lincoln, sentiu-se intimidada por haver uns 14.000 livros sobre este importante e amado estadista. O que mais poderia ser dito? Determinada, ela produziu a obra *A team of Rivals: The Political Genius of Abraham Lincoln* (Equipe de rivais: O gênio político de Abraham Lincoln), que em pouco tempo tornou-se bem aceita por crítica e público, trazendo uma nova visão sobre o estilo de liderança desse líder.

O apóstolo João encarou um desafio diferente ao escrever seu relato sobre o ministério e paixão de Cristo. O verso final de seu evangelho diz: "Jesus também fez muitas outras coisas. Se todas fossem registradas, suponho que nem o mundo inteiro poderia conter todos os livros que seriam escritos" (JOÃO 21:25). João tinha mais material do que poderia usar!

Sendo assim, a estratégia de João foi concentrar-se apenas nos poucos milagres de Jesus que embasassem as afirmações sobre a Sua divindade quando disse; "Eu Sou". O propósito eterno por trás desta estratégia era claro: "Estes [milagres], porém, estão registrados para que vocês creiam que Jesus é o Cristo, o Filho de Deus, e para que, crendo nele, tenham vida pelo poder do seu nome" (JOÃO 20:31). João nos trouxe razões suficientes para crermos em Jesus, dentre a montanha de provas que Cristo deixou. Para quem você pode falar do Seu amor hoje?

BILL CROWDER

As evidências sobre a vida e o ministério de Jesus apresentadas na Bíblia reforçam a sua fé nele?

Pai celeste, fortalece a minha fé com evidências sólidas, para que eu viva para Jesus de fato.

Para aprender mais sobre "como defender a sua fé", acesse: paodiario.org

---

A BÍBLIA EM UM ANO: LEVÍTICO 13; MATEUS 26:26-50

13 DE FEVEREIRO

🌿 **SALMO 118:5-14**

NA ANGÚSTIA

O Senhor está comigo, portanto não temerei; o que me podem fazer os simples mortais? v.6

Há muitos anos, uma amiga me contou o quanto ela se sentia intimidada ao tentar atravessar um grande cruzamento de várias avenidas. "Nunca havia visto algo assim; todas as regras que eu conhecia para atravessar a rua pareciam inúteis. Fiquei tão assustada que esperei o ônibus na esquina e pedi ao motorista que me desse uma carona até o outro lado. Demorou bastante até conseguir usar este cruzamento primeiro como pedestre e depois como motorista."

Por mais complicado que um perigoso cruzamento no trânsito possa ser, passar pela complexidade da vida pode ser ainda mais ameaçador. Embora a situação específica do autor do Salmo 118 nos seja incerta, sabemos que era difícil e o levava a clamar: "Em minha angústia, orei ao Senhor" (v.5). Sua confiança em Deus era inconfundível: "O Senhor está comigo, portanto não temerei [...] Sim, o Senhor está comigo, e ele me ajudará" (vv.6-7)

Não é incomum ficar temeroso quando precisamos mudar de emprego, de escola ou casa. Sentimo-nos ansiosos quando a saúde piora, os relacionamentos se transformam ou o dinheiro desaparece. Mas esses desafios não precisam ser interpretados como se Deus nos tivesse abandonado. Quando nos sentirmos angustiados, que possamos entrar na presença do Senhor e buscá--lo em fervorosa oração.

ARTHUR JACKSON

**Qual dificuldade o aproximou de Deus?
Com quem você pode compartilhar
sobre o auxílio que vem do Senhor?**

*Pai gracioso, por favor, ajuda-me
a confiar em ti quando estiver angustiado.*

A BÍBLIA EM UM ANO: LEVÍTICO 14; MATEUS 26:51-75

ISAÍAS 62:1-5

AMOR E FELICIDADE

Então Deus se alegrará por você, como
o noivo se alegra por sua noiva. v.5

Bruno e Kátia estavam radiantes; e pela alegria estampada em seus rostos, você jamais adivinharia o quanto seus planos de casamento tinham sido dramaticamente alterados pelas restrições da pandemia da COVID-19. Mesmo cercados de apenas 25 familiares, os dois irradiavam paz e alegria ao recitar seus votos de mútuo amor e expressar a gratidão pelo amor de Deus que os sustentava.

A imagem de um casal de noivos que se deleita um no outro é a forma como Isaías descreveu o tipo de deleite e amor que Deus tem por Seu povo. Em uma linda descrição poética da libertação que Deus lhes havia prometido, Isaías lembrou os seus leitores de que a salvação que o Senhor oferecia ao Seu povo refletia a experiência de viver em um mundo caído: consolo para os de coração partido, alegria para os que choram e provisão para as necessidades do Seu povo (ISAÍAS 61:1-3). Deus ofereceu socorro ao Seu povo porque, assim como um noivo e uma noiva celebram seu amor um pelo outro, assim "Deus se alegrará por você" (62:5).

É verdadeiramente notável e digno de nota, que Deus se deleita em nós e deseja ter um relacionamento conosco. Mesmo quando enfrentamos as dificuldades devido às consequências por vivermos neste mundo decaído, temos um Deus que nos ama, sem relutância, com amor espontâneo, feliz e eterno que "dura para sempre!" (SALMO 136:1).

LISA SAMRA

De que maneira o intenso
e profundo amor de Deus lhe traz alegria?

Pai amoroso, sou grato por Teu amor
e quero demonstrar o meu amor por ti
testemunhando a Tua Palavra.

A BÍBLIA EM UM ANO: LEVÍTICO 15–16; MATEUS 27:1-26

15 DE FEVEREIRO ÊXODO 23:1-9

O OITAVO JURADO

*Não se deixe levar pela maioria
na prática do mal.* v.2

"Um homem está morto e o outro em perigo", diz o juiz no clássico filme *12 homens e uma sentença*, 1957. As evidências contra o jovem réu parecem muito fortes, mas durante as deliberações, o oitavo jurado discorda e vota "inocente", o que inicia um debate acalorado. O jurado solitário é ridicularizado, mas aponta discrepâncias no testemunho. As emoções se intensificam e as tendências assassinas e preconceituosas dos membros do júri vêm à tona. Um após o outro, os jurados mudam seus votos e o réu é inocentado.

Quando Deus instruiu a recém-formada nação de Israel, o Senhor insistiu para que fossem corajosamente honestos. "Quando o chamarem para testemunhar [...], não permita que a multidão o influencie a perverter a justiça" (ÊXODO 23:2). Observe que interessante: não se deveria favorecer "uma pessoa só porque ela é pobre" (v.3) nem negar "a justiça ao pobre em um processo legal" (v.6). Deus, o justo juiz, deseja a integridade em todo nosso proceder.

No filme, o 2º jurado a votar "inocente" disse ao 8º jurado: "Não é fácil resistir sozinho à zombaria dos outros". Mas é isto o que Deus exige. O oitavo jurado analisou corretamente as evidências e viu a humanidade do acusado. Com a orientação do Espírito Santo, nós também podemos defender a verdade de Deus e falar pelos vulneráveis.

TIM GUSTAFSON

**O que o motiva a seguir a multidão?
Deus o chama para defender
a verdade e a justiça?**

*Pai, ajuda-nos a demonstrar
o Teu amor ao mundo enquanto
defendemos a Tua verdade.*

A BÍBLIA EM UM ANO: LEVÍTICO 17–18; MATEUS 27:27-50

16 DE FEVEREIRO 🙵 **JOÃO 1:4-9**

★ *TÓPICO DE FEVEREIRO: O CARÁTER DE CRISTO*

REFLETINDO A SUA LUZ

Aquele que é a Palavra possuía a vida,
e sua vida trouxe luz a todos. v.4

O artista Armand Cabrera disse: "A luz refletida nunca é tão forte quanto a fonte de luz". Ele aplica essa técnica em suas pinturas à óleo e consegue capturar lindamente a luz nas paisagens que retrata. Ele observa que os iniciantes tendem a exagerar na forma como pintam a luz; e os orienta a fazerem o contrário: "A luz refletida faz parte das sombras, e como tal, deve apoiar, e não competir com as áreas iluminadas da sua pintura".

Na Bíblia temos uma ideia parecida ao falar de Jesus, "a luz a todos" os homens (JOÃO 1:4). João Batista foi enviado "para falar a respeito da luz, a fim de que, por meio de seu testemunho, todos cressem. Ele não era a luz, mas veio para falar da luz" (vv.7-8). Deus escolheu João e nos escolheu para refletirmos a luz de Cristo para os que vivem nas trevas de um mundo sem fé. Este é o nosso papel, como disse alguém "talvez porque os que não creem não conseguem suportar a glória intensa da luz divina de uma vez".

Cabrera ensina os seus alunos de pintura: "quando uma luz direta recai sobre algo numa cena, isto se torna a própria fonte de luz". De forma parecida, sendo Jesus "a verdadeira luz, que ilumina a todos" (v.9), podemos brilhar como testemunhas dele. Ao refletirmos o Mestre, que o mundo se maravilhe ao ver a Sua glória brilhando por nosso intermédio.

PATRICIA RAYBON

Em quais áreas sombrias deste mundo
você pode refletir a luz transformadora de Cristo?

Brilha em mim, maravilhosa Luz de Deus,
ajuda-me a iluminar com a Tua luz
as sombras deste mundo em trevas.

A BÍBLIA EM UM ANO: LEVÍTICO 19–20; MATEUS 17:51-66

17 DE FEVEREIRO   🕊 **ISAÍAS 64:1-8**

COMPLETAMENTE LIMPOS

*Estamos todos impuros por
causa de nosso pecado.* v.6

Recentemente, minha esposa e eu limpávamos a casa quando percebi manchas escuras no chão branco da cozinha, daquelas que eu precisava me ajoelhar para limpar. Logo percebi que quanto mais eu esfregava mais via *outras* manchas. Cada mancha eliminada tornava as outras mais evidentes. O chão parecia *irremediavelmente* sujo, e acabei admitindo: *Mesmo com todo meu empenho, nunca conseguirei deixar este chão completamente limpo.*

A Bíblia diz algo parecido quanto à autolimpeza: nossos melhores esforços para lidar com o pecado por conta própria estão fadados ao erro. Isaías sentia-se prestes a desistir de que o povo de Deus pudesse experimentar a Sua salvação (ISAÍAS 64:5) e escreveu: "Estamos todos impuros por causa de nosso pecado; quando mostramos nossos atos de justiça, não passam de trapos imundos" (v.6). Mas o profeta sabia que, pela bondade de Deus, sempre há esperança e; por isso, orou: "SENHOR, és nosso Pai. Nós somos o barro, e tu és o oleiro" (v.8). Isaías reconhecia que apenas Deus pode purificar o que não conseguimos, tornando as manchas mais profundas brancas "como a neve" (1:18).

Não podemos eliminar as nódoas e encardidos do pecado em nossa alma. Ainda bem que nós podemos receber a salvação por meio de Jesus Cristo cujo sacrifício nos purifica completamente (1 JOÃO 1:7)!

ADAM R. HOLZ

**Por que é difícil aceitar o perdão de Deus?
Você já tentou lidar sozinho com o seu pecado?**

*Pai, ajuda-me a confiar em Teu perdão,
em vez de tentar conquistar a dádiva
que Tu nos ofereces.*

A BÍBLIA EM UM ANO: LEVÍTICO 21–22; MATEUS 28

18 DE FEVEREIRO — EFÉSIOS 6:10-20

CARTÕES DE ORAÇÃO

Orem no Espírito em todos os momentos e ocasiões. Permaneçam atentos e sejam persistentes... v.18

Numa conferência para escritores, Tânia me entregou um cartão com uma oração escrita à mão, explicando-me que tinha lido a biografia de cada palestrante, escrito orações específicas em cartões e que orava por nós ao entregá-los. Fiquei maravilhada com os detalhes em sua mensagem dirigida a mim e agradeci a Deus por me encorajar com esse gesto dela. Orei por ela também. Quando a fatiga e a dor me afetavam durante a conferência, eu relia o cartão, e Deus renovava o meu espírito.

O apóstolo Paulo reconheceu o impacto benéfico da oração pelos outros. Insistia que os cristãos se preparassem para batalhas "contra governantes e autoridades do mundo invisível" (EFÉSIOS 6:12). Ele os encorajava a orarem contínua e especificamente, enfatizando a necessidade de cuidarmos uns dos outros por meio da oração intercessória. O apóstolo pediu também que rogassem por ele: "orem também por mim. Peçam que Deus me conceda as palavras certas, para que eu possa explicar corajosamente o segredo revelado pelas boas-novas" pelas quais estava "preso em correntes" (vv.19-20).

Ao orarmos uns pelos outros, o Espírito Santo nos conforta e fortalece nossas convicções. Ele afirma que precisamos dele e uns dos outros, garantindo-nos que Ele escuta toda oração (silenciosa, em voz alta ou escrita em um cartão) e as responde conforme a Sua perfeita vontade.

XOCHITL DIXON

Você pode encorajar alguém com uma oração hoje?

Querido Deus, ajuda-me a aproximar-me de ti com orações confiantes por mim e pelos outros.

A BÍBLIA EM UM ANO: LEVÍTICO 23–24; MARCOS 1:1-22

19 DE FEVEREIRO **2 CRÔNICAS 7:11-16**

SENHOR, TRAZ-NOS O AVIVAMENTO

Se meu povo [...] humilhar-se e orar,
[...] eu os ouvirei dos céus. v.14

Aurukun é um vilarejo no nordeste da Austrália composta por quatro clãs aborígenes. Embora o evangelho tenha chegado há 100 anos, às vezes, eles ainda praticam a tradição do olho por olho. Em 2015, a tensão entre os clãs resultou num assassinato. Exigia-se que alguém da família culpada fosse morto também. Mas, eles começaram a buscar a Deus em oração e no início do ano seguinte um avivamento varreu a cidade e houve arrependimentos e batismos em massa, Impressionante! Nas ruas, as pessoas dançavam felizes e a família ofendida perdoou a ofensora. Logo, 1.000 pessoas começaram a frequentar os cultos nessa cidade de apenas 1.300 habitantes!

Vemos avivamentos como este na Bíblia, como quando as multidões se voltaram alegres para Deus na época de Ezequias (2 CRÔNICAS 30), ou no dia de Pentecostes, quando milhares se arrependeram (ATOS 2:38-47). Embora o avivamento seja fruto da ação de Deus e em Seu tempo, a história demonstra que é sempre precedida por orações. Deus instruiu Salomão: "Se meu povo [...] humilhar-se e orar, buscar minha presença e afastar-se de seus maus caminhos, eu os ouvirei dos céus, perdoarei seus pecados e restaurarei sua terra" (2 CRÔNICAS 7:14).

Como o povo de Aurukun constatou, o avivamento traz alegria e reconciliação. Nossas cidades precisam dessa transformação! Pai, traz-nos o avivamento também!

SHERIDAN VOYSEY

Como responder ao chamado de Deus para o avivamento?

Querido Pai, que o avivamento
em nossa terra comece em mim.

Leia mais sobre "como buscar o reavivamento", acesse: paodiario.org

---

A BÍBLIA EM UM ANO: LEVÍTICO 25; MARCOS 1:23-45

20 DE FEVEREIRO 🔖 **MARCOS 7:8-13**

O QUE É REALMENTE NECESSÁRIO

*Vocês desprezam a lei de Deus
e a substituem por sua própria
tradição.* v.8

Enquanto preparava uma refeição, uma jovem cortou uma peça de carne ao meio e a colocou numa panela grande. Seu marido perguntou por que ela cortava a carne assim, e ela respondeu: "Porque era assim que a minha mãe fazia". Mas a pergunta atiçou a curiosidade da mulher, e ela perguntou à sua mãe sobre esta tradição. Chocou-se ao descobrir que a mãe cortava a carne apenas para que coubesse na *pequena* panela que possuía. Como a filha tinha várias panelas grandes, o corte da carne era desnecessário.

Muitas tradições começam a partir de uma necessidade, mas são mantidas sem questionamentos e se tornam "a forma como fazemos algo". É natural querer apegar-se às tradições humanas, algo que podemos ver nos fariseus (MARCOS 7:1-2). Eles se distraíram com algo que parecia ser uma quebra das leis religiosas. Jesus disse a eles: "Vocês desprezam a lei de Deus e a substituem por sua própria tradição" (v.8). Ele nos ensina que tradições jamais devem substituir a sabedoria das Escrituras. O desejo genuíno de seguir a Deus (vv.6-7) reflete-se na atitude do nosso coração e não em ações exteriores.

É uma boa ideia reavaliar frequentemente as tradições (qualquer coisa que nos seja importante e sigamos religiosamente). O que Deus revelou como verdadeiramente necessário deve sempre se sobrepor às tradições.

KATARA PATTON

**Avalie as tradições as quais você se apega.
Elas estão alinhadas com as Escrituras?**

*Pai celestial, ajuda-me
a seguir Teus mandamentos e a abandonar
qualquer tradição que não te agrade.*

A BÍBLIA EM UM ANO: LEVÍTICO 26–27; MARCOS 2

21 DE FEVEREIRO — **PROVÉRBIOS 4:20-27**

PROTEJA O SEU CORAÇÃO

Acima de todas as coisas, guarde seu coração, pois ele dirige o rumo de sua vida. v.23

Em 1938, o matemático húngaro Abraham Wald mudou-se para os Estados Unidos e cedeu suas habilidades às Forças Armadas deste país durante a Segunda Guerra Mundial. Wald e seus pares da equipe de pesquisa foram solicitados a pensar como proteger melhor as suas aeronaves para defender-se da artilharia inimiga. A equipe examinava as aeronaves que voltavam das batalhas para ver onde tinham sido mais afetadas; mas Wald percebeu que essa abordagem apenas revelava onde o avião era atingido e ainda *podia funcionar*. Percebeu que as partes que mais precisavam de reforços seriam evidentes apenas nos aviões abatidos. Esses aviões atingidos na parte mais vulnerável, o motor, tinham caído e não poderiam mais ser examinados.

Salomão nos ensina a protegermos a nossa parte mais vulnerável, o nosso coração. Orientou seu filho a guardar o "seu coração, pois ele dirige o rumo de sua vida" (PROVÉRBIOS 4:23). As orientações de Deus nos guiam e nos conduzem para longe de decisões ruins e nos ensinam a focar a nossa atenção no essencial.

Se protegermos nosso coração ouvindo o conselho divino ficaremos firmes em nossa jornada com Deus, sem permitir que "[nossos] pés sigam o mal" (v.27). Pisamos em território inimigo diariamente, mas com a sabedoria de Deus nos cercando, podemos continuar focados na missão de viver para a glória do Pai.

KIRSTEN HOLMBERG

**Qual a sua vulnerabilidade?
A sabedoria divina o protege?**

*Deus, por favor, protege o meu coração
contra as ameaças perigosas. Abrigo-me em ti.*

A BÍBLIA EM UM ANO: NÚMEROS 1–3; MARCOS 3

DIA DA HUMILDADE

*Humilhou-se e foi obediente até
a morte, e morte de cruz.* v.8

Sempre me surpreendo com as datas comemorativas que as pessoas inventam. Só em fevereiro há o Dia do Pão Doce, o Dia do Engolidor de Espadas e até mesmo o Dia do Biscoito Canino! Hoje celebra-se o Dia da Humildade. Sendo considerada uma virtude por todos, com certeza a humildade deve ser celebrada. Curiosamente, nem sempre foi assim.

No mundo antigo em que a *honra* era valorizada, a humildade era considerada uma fraqueza, não uma virtude. Esperava-se que as pessoas se vangloriassem de seus feitos e que buscassem elevar o *status* pessoal, jamais o rebaixar. Humildade significava inferioridade, sendo o servo inferior ao patrão. Mas segundo historiadores tudo isso mudou com a crucificação de Cristo. Ali, Aquele que "embora sendo Deus" renunciou aos seu status divinos e "assumiu a posição de escravo [...], humilhou-se e foi obediente até a morte" pelos outros (FILIPENSES 2:6-8). Uma ação tão louvável redefiniu a humildade. Ao final do século 1º, até mesmo escritores não cristãos diziam que a humildade era uma virtude, por causa da obra de Cristo.

Sempre que alguém é elogiado por ser humilde, o evangelho está sendo sutilmente pregado. Sem Jesus, a humildade não teria "valor" e o Dia da Humildade seria impensável. Cristo renunciou ao Seu status por nossa causa e em Sua história revelou a natureza humilde de Deus.

SHERIDAN VOYSEY

**Você pode imitar a humildade de Jesus
em seus relacionamentos?**

*Louvo-te, Jesus, por tanta humildade,
minha reação é o desejo de humilhar-me
diariamente diante de ti.*

A BÍBLIA EM UM ANO: NÚMEROS 4–6; MARCOS 4:1-20

23 DE FEVEREIRO — **JOÃO 4:4-14**

★ *TÓPICO DE FEVEREIRO: O CARÁTER DE CRISTO*

ÁGUA VIVA

Você me pediria e eu lhe daria água viva. v.10

A vida na casa de Andreia era instável; aos 14 anos, ela conseguiu um emprego e foi morar com alguns amigos. Sedenta por amor e apoio, ela foi morar com um homem que lhe apresentou às drogas, que se somaram ao álcool que ela já consumia regularmente. Mas o relacionamento e as substâncias não satisfizeram seu coração. Ela continuou buscando e, depois de muitos anos, conheceu alguns seguidores de Jesus que lhe estenderam a mão, oferecendo-se para orar com ela. Alguns meses depois, ela finalmente encontrou Aquele que saciaria sua sede por amor: Jesus.

Jesus se aproximou de uma mulher samaritana, à beira de um poço, para pedir água, e ela também foi saciada. Ela estava lá na hora mais quente do dia (JOÃO 4:5-7), provavelmente para evitar os olhares e comentários de outras mulheres, que sabiam de sua história com vários maridos e de seu relacionamento adúltero naquele momento (vv.17-18). Quando Jesus pediu-lhe um copo de água, Ele abandonou as convenções sociais da época, porque Ele sendo um mestre judeu não se associaria normalmente a uma mulher samaritana. Mas Jesus quis presenteá-la com a dádiva da água viva que lhe daria vida eterna (v.10). Ele quis satisfazer a sede daquela mulher.

Ao recebermos Jesus como Salvador, também bebemos desta água viva e podemos compartilhá-la e convidar outros a seguir o Mestre.

AMY BOUCHER PYE

O que significa para você receber a dádiva da água viva de Deus?

Deus Pai, Tu convidas todos os que têm sede a virem à fonte e beber. Sacia-me com a Tua água viva.

A BÍBLIA EM UM ANO: NÚMEROS 7–8; MARCOS 4:21-41

24 DE FEVEREIRO — SALMO 61

ORANDO EM TEMPOS DIFÍCEIS

Dos confins da terra clamo a ti, com meu coração sobrecarregado. v.2

O autor e teólogo Russel Moore descreveu o silêncio assustador no orfanato em que ele adotou seus dois filhos, na Rússia. Mais tarde, alguém lhe explicou que os bebês não choravam mais porque tinham aprendido que ninguém atenderia ao choro deles.

Quando enfrentamos tempos difíceis, nós também podemos sentir que ninguém nos escuta. Pior ainda: podemos sentir que o próprio Deus não ouve os nossos clamores nem vê as nossas lágrimas. Mas Ele os ouve e os vê! E é por isso que precisamos aprender a linguagem da petição e do clamor presente especialmente nos Salmos. Os salmistas pedem a ajuda divina e clamam a Ele pelas situações que enfrentam. Davi apresenta sua petição e protesto diante de seu Criador, dizendo: "...clamo a ti, com meu coração sobrecarregado. Leva-me à rocha alta e segura" (SALMO 61:2). Ele roga a Deus porque reconhece que somente o Senhor é o seu "refúgio" e "fortaleza" (v.3).

Orar as petições e os lamentos dos salmos é uma forma de afirmar a soberania de Deus e apelar à Sua bondade e fidelidade. Eles nos provam que podemos experimentar uma comunhão íntima com Deus. Em momentos difíceis, todos nós podemos nos dispor a acreditar na mentira de que Deus não se importa. Mas Ele se importa! Ele nos escuta e está conosco.

GLENN PACKIAM

Você se encoraja ao saber que Deus ouve as suas orações mais desesperadas? Quais clamores e lamentos você apresentará a Ele hoje?

Querido Jesus, ajuda-me a entregar a ti as minhas petições, clamores e o meu louvor.

A BÍBLIA EM UM ANO: NÚMEROS 9–11; MARCOS 5:1-20

25 DE FEVEREIRO — ATOS 5:17-21, 25-29, 41-42

CONTINUE FALANDO SOBRE JESUS!

E todos os dias, [...] continuavam a ensinar e anunciar que Jesus é o Cristo. v.42

Numa entrevista, um músico seguidor de Jesus mencionou que houve um momento em que foi aconselhado a "parar de falar tanto sobre Jesus". Por quê? Disseram que sua banda poderia ser mais famosa e conseguir mais dinheiro para obras de caridade, se ele parasse de dizer que seu trabalho era dedicado a Jesus. Após refletir bastante, ele decidiu: "Toda a minha música é para compartilhar minha fé em Cristo. Não posso me calar". E reafirmou que a sua "ardente vocação" era compartilhar a mensagem de Jesus.

Os apóstolos receberam uma mensagem parecida e sob circunstâncias muito mais ameaçadoras. Eles haviam sido presos e libertados milagrosamente por um anjo, que lhes disse que continuassem contando a outros sobre sua nova vida em Cristo (ATOS 5:19-20). Quando os líderes religiosos descobriram o ocorrido e que continuavam pregando, eles os reprimiram novamente dizendo: "Nós lhes ordenamos firmemente que nunca mais ensinassem em nome desse homem" (v.28).

A resposta foi: "Devemos obedecer a Deus antes de qualquer autoridade humana" (v.29). Os líderes mandaram açoitar apóstolos e ordenaram que não falassem mais em nome de Jesus (v.40), mas eles se alegraram por serem dignos de sofrer pelo nome de Jesus, e "todos os dias [...] continuavam a ensinar e anunciar que Jesus é o Cristo" (v.42). Que Deus nos ajude a seguir este exemplo!

ALYSON KIEDA

Como você pode compartilhar com alguém sobre Jesus hoje?

Deus, obrigado pela vida de Tuas corajosas testemunhas. Dá-me coragem para seguir o exemplo deles.

Leia os textos sobre "compartilhar o evangelho", acesse: paodiario.org

---

A BÍBLIA EM UM ANO: NÚMEROS 12–14; MARCOS 5:21-43

26 DE FEVEREIRO **1 SAMUEL 24:1-7**

SERÁ UM SINAL?

Tenho prazer em fazer tua vontade, meu
Deus, pois a tua lei está em meu coração.
SALMO 40:8

A oferta parecia boa e era exatamente o que Pedro precisava. Ele era o único responsável pela renda de sua jovem família e, depois de ter sido dispensado, orou desesperado por um emprego. "Com certeza, esta é a resposta de Deus para as suas orações", sugeriram seus amigos. Mas quando Pedro leu sobre o possível empregador, ele se sentiu desconfortável. A empresa investia em negócios suspeitos e havia sido denunciada por corrupção. Por fim, Pedro rejeitou a oferta com muito pesar e me disse: "Acredito que Deus quer que eu faça a coisa certa. Só preciso crer que Ele proverá".

Pedro lembrou-se do momento em que Davi encontrou Saul numa caverna. Parecia que ele havia recebido a oportunidade perfeita para matar seu perseguidor, mas Davi resistiu. "Que o SENHOR me livre de [...] atacar aquele que o SENHOR ungiu como rei" (1 SAMUEL 24:6). Davi foi cauteloso e capaz de distinguir que a sua própria interpretação dos fatos era diferente da ordem de Deus para obedecer a Suas instruções e fazer a coisa certa.

Em vez de sempre procurarmos por "sinais" em certas situações, busquemos em Deus e em Sua verdade a sabedoria e orientação para discernir o que se apresenta a nós. Ele nos ajudará a fazer o que é certo a Seus olhos.

LESLIE KOH

O que pode ajudá-lo a discernir
entre a sua interpretação particular e
a vontade de Deus para sua vida?
Quem pode lhe dar conselhos sábios?

Deus, dá-me sabedoria para discernir
as opções diante de mim e fé para seguir em Teu caminho.

Leia sobre como "fazer escolhas sábias", acesse: paodiario.org

---

A BÍBLIA EM UM ANO: NÚMEROS 15–16; MARCOS 6:1-29

PERCEBER UMA NECESSIDADE

*[As viúvas] choravam e lhe mostravam
os vestidos e outras roupas que Dorcas
havia feito...* v.39

Nos últimos dias da vida de meu pai, Raquel, uma das enfermeiras, perguntou-me se ela poderia barbeá-lo. Ela passava gentilmente a lâmina pelo rosto dele e me explicou: "Homens da geração de seu pai gostam de estar todos os dias com a barba benfeita". Raquel viu uma necessidade e agiu instintivamente para demonstrar gentileza, dignidade e respeito a outra pessoa. Seu cuidado atencioso me lembrou de minha amiga Julie que pinta as unhas de sua mãe idosa porque é importante para ela "sentir-se linda".

Lemos no Livro de Atos sobre uma discípula chamada Tabita (ou Dorcas) que demonstrava bondade ao costurar roupas para os pobres (9:36,39). Quando ela morreu, sua casa ficou repleta de amigos que choravam enlutados por aquela mulher bondosa que amava ajudar os outros.

Mas a história de Tabita não termina assim. Quando Pedro foi levado até onde seu corpo jazia, ele se ajoelhou e orou. Pelo poder de Deus, ele a chamou pelo nome, dizendo "Tabita, levante-se" (v.40). Surpreendentemente, ela abriu seus olhos e ficou de pé. Quando seus amigos perceberam que ela estava viva, a notícia se espalhou rapidamente e naquela cidade "muitos creram no Senhor" (v.42).

Como Tabita (Dorcas) passou o próximo dia de sua vida? Provavelmente da mesma forma como antes: percebendo e cuidando das necessidades das pessoas.

CINDY HESS KASPER

**Você busca auxiliar o próximo?
É possível ser mais atento à necessidade alheia?**

*Pai, abre os meus olhos para
ver a necessidade do meu próximo
e meu coração para demonstrar o Teu amor.*

A BÍBLIA EM UM ANO: NÚMEROS 17–19; MARCOS 6:30-56

28 DE FEVEREIRO — **NÚMEROS 22:21-31**

UM BABUÍNO, UM JUMENTO E EU

Então o SENHOR fez a jumenta falar... v.28

Jack sabia como deixar as coisas nos eixos, literalmente. Em nove anos de trabalho, ele nunca errara uma troca de trilhos quando as locomotivas se aproximavam da estação Uitenhage, na África do Sul, indicando a direção que seguiam por seus apitos. Ah, sim: Jack era um babuíno. Ele era cuidado pelo operador ferroviário James Wide e, em troca, ele o ajudava. Wide havia perdido as pernas numa queda entre vagões em movimento. Ele treinou Jack para ajudá-lo com as tarefas da casa e, em pouco tempo, o animal o ajudava nas tarefas, reconhecendo os sinais dos trens e puxando as alavancas adequadas a seus trajetos.

A Bíblia relata sobre um animal que ajudou alguém de forma surpreendente: a jumenta de Balaão. Balaão era um profeta pagão a serviço de um rei que desejava prejudicar Israel. Enquanto Balaão seguia para servir o rei montado em sua jumenta, "o SENHOR fez a jumenta falar" (NÚMEROS 22:28). A fala do animal foi parte da estratégia de Deus para abrir os olhos de Balaão, avisando-o do perigo iminente e impedindo-o de prejudicar o Seu povo (v.31).

Um babuíno ferroviário? Um jumento falante? Por que não? Se Deus pode usar estes animais incríveis para Seu bom propósito, não é difícil que Ele use a sua e a minha vida também. Com o olhar fixo em Deus e buscando a Sua força, podemos alcançar o impossível.

JAMES BANKS

Você se coloca à disposição do Senhor, mesmo considerando-se alguém improvável?

*Quero servir-te, Senhor!
Usa minhas mãos, pés, boca e o que quiseres.
Ajuda-me a viver para ti hoje.*

A BÍBLIA EM UM ANO: NÚMEROS 20–22; MARCOS 7:1-13

★ TÓPICO DE MARÇO / **Estudo bíblico**

COMO ESTUDAR A BÍBLIA

Uma excelente maneira de estudar a Bíblia é chamada de método indutivo. A estratégia contém três etapas: observação, interpretação e aplicação, nessa ordem.

Etapa 1. Observação

O que diz o contexto? Colete o maior número possível de fatos sobre o contexto. Não assuma algo como certo. Faça perguntas: Quem? O quê? Onde? Quando? Como? Quais indicadores lógicos podem ser assinalados com as palavras como: *portanto, então, também, mas, no entanto, contudo ou entretanto*? Quais palavras são recorrentes e indicam a ideia principal? Quais elementos, argumentos ou ilustrações o autor utiliza?

Passo 2. Interpretação

Qual o significado do texto? Só então perguntamos: "O que o autor quer dizer com essas palavras? Como elas se relacionam com as palavras que as precedem e seguem? Qual era a intenção dele?". Observe o contexto. Entende-se melhor uma palavra na forma como o autor a utilizou. Nessa fase, as Escrituras ganham vida com o pulsar e o palpitar do coração do autor e sua intenção.

Passo 3. Aplicação

O que este texto significa para a minha vida? Somente depois de descobrir o significado de um texto em seu próprio tempo e lugar é que o leitor deve perguntar: "O que isto significa para mim?". Distinga quais os fatos culturais e princípios atemporais. Concentre-se na ideia principal? Quais são os principais questionamentos em meu coração? O que isto quer dizer sobre o meu relacionamento com Deus?". À medida que respondemos tais perguntas, o significado dos textos bíblicos explode à nossa frente.

Além deste artigo, o tema *Estudo bíblico*
é abordado nos devocionais dos dias **1, 9, 16** e **23 de março**.

1º DE MARÇO — MATEUS 11:28-30

★ *TÓPICO DE MARÇO: ESTUDO BÍBLICO*

DESCANSO EM JESUS

Venham a mim todos vocês que estão cansados e sobrecarregados, e eu lhes darei descanso. v.28

"A alma inquieta nunca se satisfaz com riqueza e sucesso" poderia ser dito por um ícone da música *country*, já falecido. Ele teve quase 40 de seus álbuns entre os dez melhores nas paradas de sucesso e quase o mesmo tanto de *canções* sertanejas em primeiro lugar nas mídias. Teve também vários casamentos e esteve aprisionado por certo tempo. Apesar de suas conquistas, certa vez ele lamentou: "Tenho uma inquietação na alma que jamais superei, nem com atividades, casamentos ou busca de sentidos. Ela ainda existe em certo grau e estará lá até o meu último suspiro". Infelizmente, ele poderia ter encontrado descanso em sua alma *antes* de partir.

Jesus convida todos os que se cansaram de lutar contra o pecado e suas consequências para ir a Ele pessoalmente: "Venham a mim", diz Ele. Quando recebemos a salvação em Jesus, Ele toma os nossos fardos e nos provê o descanso. Os únicos requisitos são crer nele e aprender com Ele como viver plenamente a vida que o Senhor concede (JOÃO 10:10). Tomar o jugo do discipulado de Jesus resulta em "descanso para [nossa] alma" (MATEUS 11:29).

Quando chegamos a Jesus, Ele não diminui a nossa responsabilidade em relação a Deus. Ele concede paz às nossas almas inquietas proporcionando-nos uma maneira nova e mais leve de viver nele. Jesus nos concede o verdadeiro descanso.   *MARVIN WILLIAMS*

**Você se sente cansado e sobrecarregado?
O que significa receber o descanso que Jesus oferece?**

*Jesus, que a minha alma inquieta
encontre paz e descanse somente em ti.*

Saiba mais sobre "como podemos descansar em Cristo", acesse: paodiario.org

---

A BÍBLIA EM UM ANO: NÚMEROS 23–25; MARCOS 7:14-37

2 DE MARÇO — SALMO 1

UM OÁSIS RENOVADOR

*Feliz é aquele que [...] tem prazer na lei do
Senhor e nela medita dia e noite.* vv.1-2

Quando André e sua família foram a um safári no Quênia, tiveram o prazer de ver uma variedade de animais num pequeno lago escondido na paisagem. Girafas, antílopes, hipopótamos e aves aquáticas viajavam por essa fonte de água em busca de vida. Enquanto André observava as idas e vindas deles, pensava: "a Bíblia é como um poço de água divina" — não só é uma fonte de orientação e sabedoria, mas é um oásis renovador onde as pessoas de todas as esferas da vida podem saciar a sua sede.

A observação de André lembrou-me do salmista, que chamou de felizes as pessoas que se deleitam e meditam na Lei de Deus, um termo usado no Antigo Testamento para descrever as instruções e mandamentos de Deus. Aqueles que meditam nas Escrituras são "como a árvore plantada à margem do rio, que dá seu fruto no tempo certo" (SALMO 1:3). Assim como as raízes de uma árvore se estendem para o interior do solo para encontrar sua fonte de renovo, as pessoas que realmente creem em Deus e o amam vão se enraizar profundamente nas Escrituras e nela encontrarão a força de que precisam.

Submeter-nos à sabedoria de Deus manterá nossos alicerces enraizados nele. Não seremos "como a palha levada pelo vento" (v.4). Quando ponderamos sobre o que Deus nos deu na Bíblia, adquirimos nutrição que pode nos levar a produzir frutos duradouros.

AMY BOUCHER PYE

**De que maneira a Bíblia lhe fornece
a base para a sua vida?
Você medita nela diariamente?**

*Deus, deste-me a dádiva de Tuas palavras na Bíblia.
Ajuda-me a valorizá-las com gratidão.*

A BÍBLIA EM UM ANO: NÚMEROS 26–27; MARCOS 8:1-21

3 DE MARÇO — TITO 2:1-10

PELO BEM DO EVANGELHO

Assim, tornarão atraente em todos os sentidos o ensino a respeito de Deus, nosso Salvador. v.10

Nelson Bell, 23, tinha acabado de se formar em medicina no estado da Virgínia, EUA, em 1917. Mesmo assim, lá estava ele, em um país asiático, sendo o novo administrador do *Hospital Amor e Misericórdia*, o único numa área com pelo menos 2 milhões de residentes. Com sua família, ele viveu na região por 24 anos, administrando o hospital, realizando cirurgias e compartilhando o evangelho com milhares de pessoas. No início, era chamado de "o diabo estrangeiro" por aqueles que desconfiavam dos estrangeiros, mas o médico ficou conhecido depois como "o sino que ama o povo asiático" (*bell* significa sino). Sua filha, Rute, casou-se com o evangelista Billy Graham.

Embora Nelson fosse um brilhante cirurgião e professor de ensino bíblico, não foram suas habilidades que atraíram muitos a Jesus, e sim o seu caráter e a maneira como ele vivia o evangelho. O apóstolo Paulo escreveu a Tito, o jovem líder da igreja em Creta, que viver como Cristo é crucial, pois torna atraente "o ensino a respeito de Deus" (TITO 2:10). Porém, não fazemos isso com nossas próprias forças. A graça de Deus nos ajuda a viver de maneira sábia, justa e misericordiosa (v.12), refletindo a verdade (v.1).

Muitas pessoas não conhecem as boas-novas de Cristo, mas nos conhecem. Que o Senhor nos ajude a refletir e revelar Sua mensagem de maneira atraente.

KAREN HUANG

A sua maneira de viver atrai outros ao evangelho? O que você pode aprender com os que fazem isso bem?

Amado Deus, ajuda-me a representar bem o evangelho, tornando-o atraente para os outros.

A BÍBLIA EM UM ANO: NÚMEROS 28–30; MARCOS 8:22-38

4 DE MARÇO

2 CRÔNICAS 35:20-27

OUÇA A DEUS

Josias, porém, não deu ouvidos às palavras de Neco, que ele havia falado a mando de Deus... v.22

Era terrivelmente tedioso ir e voltar da faculdade cruzando uma área de deserto. Como a estrada era longa e reta, muitas vezes dirigi mais rápido do que deveria. Primeiro, fui advertido pela patrulha rodoviária. Depois, recebi uma multa. E na sequência, fui autuado e processado uma segunda vez exatamente por infringir a lei no mesmo lugar.

Recusar-se a ouvir pode ter péssimas consequências. Um exemplo trágico disso é a vida de Josias, um rei bom e fiel. Quando Neco, rei do Egito, marchou pelo território de Judá para ajudar a Assíria na batalha contra a Babilônia, Josias saiu para combatê-lo. Neco enviou mensageiros dizendo-lhe: "Deus ordenou que eu me apressasse! Não interfira com Deus, que está comigo..." (2 CRÔNICAS 35:21). Deus realmente enviou Neco, mas Josias "não deu ouvidos às palavras de Neco, que ele havia falado a mando de Deus [...] Em vez disso [...] levou seu exército para a batalha na planície de Megido" (v.22). Josias foi ferido fatalmente na batalha, e "todo o Judá e Jerusalém lamentaram por ele" (v.24).

Josias, que amava a Deus, descobriu que insistir em sua própria maneira, sem investir seu tempo para ouvir a Deus ou a Sua sabedoria, vinda por meio de outros, nunca termina bem. Que Deus nos dê a humildade necessária para sempre nos examinarmos e levarmos a Sua sabedoria a sério.

JAMES BANKS

**Por que você precisa da sabedoria divina?
O que você fará para ouvir o Senhor hoje?**

*Deus, ajuda-me a ser humilde e a ouvir a Tua sabedoria.
Obrigado pela sabedoria que me concedes.*

Conheça mais "sobre os reis de Israel", acesse: universidadecrista.org

---

A BÍBLIA EM UM ANO: NÚMEROS 31–33; MARCOS 9:1-29

5 DE MARÇO — JEREMIAS 12:1-3

DEUS NOS CONHECE

*Quanto a mim, Senhor,
tu me conheces...* v.3

Há pouco, vi uma fotografia da escultura *Moisés*, de Michelangelo, na qual destacava-se um pequeno músculo saliente no braço direito de Moisés. Trata-se do extensor do dedo mínimo, cuja contração só aparece quando alguém levanta seu mindinho. Michelangelo, mestre dos detalhes, prestou muita atenção aos corpos humanos que esculpiu, adicionando características que a maioria dos outros deixaria passar. Ele conhecia o corpo humano de maneira que poucos outros escultores o conhecem, mas os detalhes que esculpiu em granito foram suas tentativas de revelar algo mais profundo — a alma, o interior do ser humano. E nisso, claro, ele sempre ficou aquém.

Só Deus conhece os recônditos do coração humano. O que quer que vejamos um no outro, mesmo sendo muito atentos ou perspicazes, é apenas uma sombra da verdade. Mas Deus vê mais profundo do que as sombras. "Quanto a mim, Senhor, tu me conheces" disse o profeta Jeremias, "tu me vês" (JEREMIAS 12:3). O que Deus conhece sobre nós não é teórico ou intelectual. Ele não nos observa à distância. Ao contrário, Ele examina atentamente o nosso interior, quem somos. Deus nos conhece profundamente, até mesmo as coisas que lutamos para compreender.

A despeito de nossas lutas ou do que acontece em nosso coração, Deus nos vê e realmente nos conhece. — WINN COLLIER

**O que o faz se sentir só, isolado
ou invisível? Perceber que Deus o conhece
muda as situações?**

*Deus, este mundo pode ser
um lugar solitário, mas fico maravilhado
por saber que Tu me conheces.*

A BÍBLIA EM UM ANO: NÚMEROS 34–36; MARCOS 9:30-50

6 DE MARÇO   GÊNESIS 21:9-19

COMPLETAMENTE SÓ?

Mas Deus ouviu o choro
do menino... v.17

A família de Suzi estava desmoronando diante de seus olhos. Seu marido tinha saído de casa, e ela e seus filhos estavam confusos e com raiva. Ela pediu ao marido que fosse ao aconselhamento conjugal com ela, mas ele se recusou e disse que o problema era ela. Suzi sentiu pânico e desesperança quando percebeu que talvez ele nunca mais voltasse. Será que ela seria capaz de cuidar de si e das crianças?

Hagar, serva de Abrão e Sarai, enfrentou tais pensamentos também. Impaciente para que Deus lhes desse o filho prometido (GÊNESIS 15:4), Sarai deu Hagar ao marido, e Hagar deu à luz Ismael (16:1-4,15). Contudo, quando Deus cumpriu Sua promessa (17:15), e Sara teve Isaque, as tensões familiares eclodiram de tal forma que Abraão despediu Hagar e Ismael com apenas um pouco de água e comida (21:8-21). Você pode imaginar o desespero da serva? Logo ficaram sem provisões no deserto. Sem saber o que fazer e não querendo ver seu filho morrer, Hagar colocou Ismael debaixo de um arbusto e afastou-se. Ambos começaram a chorar. Mas Deus ouviu o menino chorar, supriu suas necessidades e estava com eles (v.17).

Tempos de desespero, quando nos sentimos sós, fazem-nos clamar a Deus. Que conforto saber que nesses momentos, e ao longo da vida, o Senhor nos ouve, provê para nós e fica conosco.

ANNE CETAS

De que maneira Deus o consolou
quando você se sentiu sozinho?
Como você lhe respondeu?

Deus, sou grato por realmente nunca andar sozinho.
Ajuda-me quando eu passar pelo desespero.

Saiba mais sobre "como conversar com Deus", acesse: universidadecrista.org

---

A BÍBLIA EM UM ANO: DEUTERONÔMIO 1–2; MARCOS 10:1-31

7 DE MARÇO 🌿 **LUCAS 22:31-34,54-62**

LONGE? JAMAIS!

Portanto, quando tiver se arrependido e voltado para mim, fortaleça seus irmãos. v.32

Raul tinha confiado em Jesus como seu Salvador quando jovem, mas logo depois, afastou-se da fé e passou a viver longe de Deus. Certo dia, tomou a decisão de renovar seu relacionamento com Jesus e voltar à igreja. Entretanto, foi repreendido por uma mulher que o censurou por ter ficado ausente por tantos anos. A bronca aumentou seu senso de vergonha e culpa por sua ausência. *Não há esperança para mim?* ele pensou. Porém, lembrou-se de como Cristo havia restaurado Pedro (JOÃO 21:15-17), mesmo após ele o ter negado (LUCAS 22:34,54-62).

Qualquer que fosse a bronca que Pedro esperava receber, o que recebeu foi perdão e restauração. Jesus nem sequer mencionou a negação de Pedro; deu-lhe a chance de reafirmar seu amor por Ele e cuidar de Seus seguidores (JOÃO 21:15-17). As palavras de Jesus antes de Pedro negá-lo estavam sendo cumpridas: tendo "voltado para mim, fortaleça seus irmãos" (LUCAS 22:32).

Raul pediu a Deus o mesmo perdão e restauração, e hoje ele não está apenas caminhando com Jesus, mas servindo-o numa igreja e apoiando outros cristãos. Não importa o quanto nos afastamos de Deus, Ele está sempre pronto a nos perdoar, receber de volta e nos restaurar para que o possamos amar, servir e glorificar. Nunca estamos longe demais de Deus: Seus braços amorosos estão sempre abertos.

LESLIE KOH

**Você receia voltar para Deus?
Reconhecer que Deus é perdoador
o ajuda a achegar-se a Ele?**

*Pai, obrigado por Tua interminável misericórdia
e paciência, e por poder confiar no Teu amor eterno.*

Para mais estudos sobre "como caminhar com Cristo", acesse: paodiario.org

---

A BÍBLIA EM UM ANO: DEUTERONÔMIO 3–4; MARCOS 10:32-52

8 DE MARÇO   **SALMO 68:4-14**

A PODEROSA PRESENÇA DE DEUS

*O Senhor dá a ordem, e um grande
exército traz boas notícias.* v.11

Em 2020, as celebrações marcaram o 100º aniversário da aprovação da Décima Nona Emenda à Constituição dos EUA, a qual permitiu às mulheres o direito a voto. As fotografias antigas mostram as manifestantes com faixas estampadas com as palavras: "O Senhor dá a ordem, e um grande exército traz boas notícias" (SALMO 68:11).

Davi descreve Deus como aquele que lidera a libertação dos presos (SALMO 68:6), revigorando Seu povo cansado com Suas riquezas abundantes (vv.9-10). Nos 35 versos deste salmo, Davi faz referência a Deus 42 vezes, revelando como Ele está constantemente com eles, resgatando-os da injustiça e do sofrimento. "O Senhor deu a palavra, e grande é o exército das mensageiras das boas-novas (v.11 NAA)".

Se as mulheres que marcharam pelos direitos de voto entenderam completamente tudo o que o Salmo 68 estava declarando, suas bandeiras proclamaram uma verdade atemporal. Deus, o "pai dos órfãos e defensor das viúvas" (v.5), segue à frente do Seu povo levando-os a lugares de bênção, refrigério e alegria.

Seja encorajado hoje, lembrando-se de que a presença de Deus sempre esteve com Seu povo, de maneira especial com os vulneráveis e com os que sofrem. Como no passado, por intermédio de Seu Espírito, Deus ainda está fortemente presente conosco.

LISA SAMRA

**Você já experimentou os cuidados de Deus
durante uma luta difícil?
Que encorajamento isso lhe traz?**

*Pai, obrigado por Tua presença,
guiando-me e lutando por mim quando
sofro e sou injustiçado.*

A BÍBLIA EM UM ANO: DEUTERONÔMIO 5–7; MARCOS 11:1-18

9 DE MARÇO DEUTERONÔMIO 6:4-9

★ *TÓPICO DE MARÇO: ESTUDO BÍBLICO*

CONSOLO NOS BATENTES DAS PORTAS

Escreva-as nos batentes das portas
de sua casa e em seus portões. v.9

Ao rolar as postagens da minha rede social, após uma grande inundação, vi as de uma amiga. Depois de entender que sua casa teria de ser demolida e reconstruída, a mãe dela a encorajou a buscar a Deus, mesmo em meio ao árduo trabalho de limpeza. Mais tarde, minha amiga postou os versos bíblicos que descobriu na estrutura das portas da casa, escritos aparentemente quando a casa foi construída. Ler versículos nos batentes de madeira lhe trouxe consolo.

A tradição de escrever versículos em batentes de portas pode vir da ordem de Deus a Israel. Deus instruiu os israelitas a postar Suas ordens nos batentes como uma forma de lembrar quem Ele é. Ao escrever os mandamentos em seus corações (DEUTERONÔMIO 6:6), ensiná-los aos seus filhos (v.7), usar símbolos e outros meios para recordar o que Deus ordena (v.8), e colocar as palavras nos batentes e portões (v.9), os israelitas tinham lembretes constantes das palavras de Deus. Eles eram encorajados a nunca esquecer o que o Senhor tinha dito ou o pacto deles com Deus.

A Bíblia nos revela que exibir as palavras de Deus em nossa casa e plantar seu significado em nosso coração pode nos ajudar a construir um alicerce que se solidifica em Sua fidelidade. E o Senhor as pode usar para nos consolar, mesmo em meio às tragédias ou perdas dolorosas.

KATARA PATTON

Você já foi consolado pelas Escrituras?
As verdades bíblicas são alicerces para sua vida?

Pai celestial, obrigado pela Tua Palavra
que guia o meu caminho. Que eu construa
minha vida sobre as Escrituras.

Descubra mais sobre "a Palavra de Deus e Sua mensagem", acesse: paodiario.org

A BÍBLIA EM UM ANO: DEUTERONÔMIO 8–10; MARCOS 11:19-33

10 DE MARÇO ❧ **1 TESSALONICENSES 5:4-11**

ÁGUAS QUE ENCORAJAM

*Portanto, animem e edifiquem uns
aos outros, como têm feito.* v.11

Eu o chamo de "milagre verde". Acontece nas primaveras há mais de 15 anos. Depois do inverno, a grama do nosso quintal fica tão empoeirada e marrom que podem achar que está morta. Há neve nas montanhas do estado onde moro, mas o clima nas planícies é seco, com meses mais quentes e vários alertas de estiagem. Mas, todos os anos, por volta do fim de maio, ligo os irrigadores para regas pequenas e consistentes. Em cerca de duas semanas, o que era seco e marrom se transforma em algo verde e exuberante.

Essa grama verde me lembra de como o encorajamento é essencial. Sem ele, nossa vida e fé podem se assemelhar a algo quase morto. Mas é incrível o que o contínuo encorajamento pode causar em nosso coração, mente e alma. Paulo enfatizou essa verdade quando escreveu para pessoas que lutavam com a ansiedade e o medo. Percebendo que precisava reforçar a fé que elas tinham, o apóstolo as motivou a manter o bom trabalho de animar e edificar uns aos outros (1 TESSALONICENSES 5:11). Ele sabia que sem esse encorajamento, a fé que tinham poderia murchar. Ele mesmo havia experimentado esse ânimo, pois os mesmos cristãos de Tessalônica tinham sido encorajamento para ele. Nós também temos a mesma oportunidade de encorajar uns aos outros a florescer e a crescer.

JOHN BLASE

**Qual foi o encorajamento mais recente
que você recebeu? De que maneira você pode encorajar
alguém hoje ou nesta semana?**

*Pai, obrigado pelo encorajamento que recebi,
e ajuda-me a animar outros a te servir.*

A BÍBLIA EM UM ANO: DEUTERONÔMIO 11–13; MARCOS 12:1-27

11 DE MARÇO · **1 SAMUEL 16:14-23**

MUSICOTERAPIA

...Davi tocava a harpa. Saul se sentia melhor... v.23

Quando Bella, 5, foi hospitalizada com câncer, a musicoterapia foi utilizada como parte do tratamento. Muitas pessoas já experimentaram o poderoso efeito da música no humor sem entender exatamente o porquê, mas os pesquisadores identificaram o seu benefício clínico recentemente. A música tem sido prescrita para pacientes com câncer e aos que sofrem de parkinsonismo, demência e trauma.

O rei Saul recebeu uma prescrição musical para quando se sentisse atribulado. Seus servos viram sua inquietação e sugeriram que alguém tocasse lira para ele, na esperança de que isso o fizesse "sentir-se melhor" (1 SAMUEL 16:16). Davi foi enviado, e Saul ficou satisfeito com ele a ponto de lhe pedir que o jovem continuasse a seu serviço (v.22). Davi tocou para Saul em seus momentos de tormento, trazendo-lhe o alívio de sua angústia.

A ciência está apenas descobrindo o que Deus sempre soube sobre como a música nos afeta. Como autor e criador de nosso corpo e da própria música, Ele forneceu uma prescrição para nossa saúde que é facilmente acessível a todos, independentemente da época em que vivemos ou de quão fácil seja consultar um médico. Mesmo quando não há como ouvir, podemos cantar para Deus em meio às alegrias e lutas, fazendo nossa própria música (SALMO 59:16; ATOS 16:25).

KIRSTEN HOLMBERG

**Deus já usou a música para acalmá-lo?
Como você pode levar a música para alguém
como Davi fez a Saul?**

*Pai, obrigado por teres criado a música
e por usá-la para acalmar meu coração
e mente em tempos de luta.*

A BÍBLIA EM UM ANO: DEUTERONÔMIO 14–16; MARCOS 12:28-44

12 DE MARÇO — **ROMANOS 12:17-21**

AMIGOS E INIMIGOS

No que depender de vocês, vivam em paz com todos. v.18

O erudito Kenneth E. Bailey narrou sobre o líder de uma nação africana que aprendera a manter uma postura incomum na comunidade internacional e estabelecera uma boa relação com Israel e com as nações ao seu redor. Ao lhe perguntarem como ele mantinha esse equilíbrio tão frágil, respondeu: "Escolhemos os nossos amigos. Não encorajamos nossos amigos a escolher os nossos inimigos [para nós]".

Isso é sábio — e realmente prático. Aquele país africano foi um modelo internacional do que o apóstolo Paulo encorajou seus leitores a fazer em nível pessoal. Em meio a uma longa descrição das características de uma vida transformada por Cristo, ele escreveu: "No que depender de vocês, vivam em paz com todos" (ROMANOS 12:18). Ele continua reforçando a importância de nossas relações com os outros, lembrando-nos de que até a maneira como tratamos os nossos inimigos (vv.20-21) reflete a nossa confiança e dependência de Deus e do Seu verdadeiro cuidado.

Viver em paz com todos nem sempre pode ser possível (afinal, Paulo diz "no que depender"). Mas nossa responsabilidade como cristãos é permitir que "a sabedoria que vem do alto" guie a nossa vida (TIAGO 3:17-18) para que lidemos com os que nos cercam como promotores da paz (MATEUS 5:9). Que melhor maneira poderia haver para honrar o Príncipe da Paz?

BILL CROWDER

Qual é a sua luta para viver em paz? Como um pacificador intencional pode agir com graça?

Amoroso Pai, eu era Teu inimigo e Tu me chamaste de amigo. Desejo mostrar a mesma graça aos outros.

Leia os estudos sobre "a caminhada com Cristo" em: paodiario.org

A BÍBLIA EM UM ANO: DEUTERONÔMIO 17–19; MARCOS 13:1-20

13 DE MARÇO 🌱 **HEBREUS 11:39–12:3**

CORRENDO PELO QUE IMPORTA

*...corramos com perseverança a corrida
que foi posta diante de nós.* 12:1

Foi impossível não se emocionar com uma atualização do *status* da minha amiga Ira. Postado em 2022, poucos dias depois de deixar sua casa em Kiev, a capital sitiada da Ucrânia, ela compartilhou uma imagem de si mesma içando a bandeira de seu país após completar uma corrida. Ela escreveu: "Estamos todos correndo o melhor que podemos na maratona chamada vida. Faremos isso hoje ainda melhor, com algo que nunca morre em nosso coração". Nos dias seguintes, vi as muitas maneiras pelas quais minha amiga continuou a correr aquela corrida, enquanto ela nos mantém atualizados sobre como orar e apoiar os que sofrem em seu país.

As palavras da Ira trouxeram novo significado ao chamado para os cristãos correrem com perseverança (HEBREUS 12:1). Esse chamado segue o relato comovente dos heróis da fé (cap.11), a "grande multidão de testemunhas" (12:1) que viveram com fé corajosa e persistente — mesmo com risco de vida (11:33-38). Mesmo avistando as promessas de Deus "de longe" (v.13), eles viviam por algo eterno, por algo que jamais perece.

Todos os que creem em Jesus são chamados a viver desse mesmo modo. Por causa do *shalom*, do esplendor e paz do reino de Deus, vale a pena nos esforçarmos sobremaneira. E também porque somos sustentados pelo exemplo e pelo poder de Cristo (12:2-3).

MONICA LA ROSE

**Quais exemplos de fé corajosa
você pode citar? Como o exemplo de Jesus
lhe traz esperança?**

*Meu Deus, fico sem palavras ao ver
a fé e a coragem do Teu povo.
Dá-me coragem para seguir-te assim.*

A BÍBLIA EM UM ANO: DEUTERONÔMIO 20–22; MARCOS 13:21-37

14 DE MARÇO ⬥ **LUCAS 6:27-31**

JOGO DA MUDANÇA

...amem os seus inimigos... v.27

Em março de 1963, um cumprimento e aperto de mãos entre dois jogadores de basquete universitário — um negro, outro branco — desafiou o ódio dos segregacionistas. Isto foi marcante na história do Estado do Mississipi, EUA: um time masculino de brancos jogou contra um time não segregado da Universidade de Loyola, em Chicago. Para competir no "jogo da mudança" contra outra universidade num torneio nacional, o time do Mississipi ignorou uma liminar que impedia os negros de cruzarem a fronteira estadual. Os jogadores negros sofreram insultos durante toda a temporada, contra eles foram arremessados pipocas e pedras de gelo e as portas lhes foram fechadas no percurso.

No entanto, Loyola venceu Mississippi por 61-51, e foi o campeão nacional. Qual foi a vitória daquela noite? Um movimento do ódio em direção ao amor. Como Jesus ensinou: "Amem seus inimigos, façam o bem a quem os odeia" (LUCAS 6:27).

A instrução de Deus gera transformação. Para amar nossos inimigos como Cristo nos ensinou, devemos obedecer a Sua revolucionária ordem de mudança. Paulo escreveu: "...todo aquele que está em Cristo se tornou nova criação. A velha vida acabou, e uma nova vida teve início!" (2 CORÍNTIOS 5:17). O novo de Deus em nós derrota o velho com amor. Então poderemos finalmente vê-lo "uns nos outros".

PATRICIA RAYBON

**O que o faz ver o outro como inimigo?
É possível confrontar
o ódio com o amor de Jesus?**

*Deus, ajuda-me a não ver
os outros como inimigos, mas como Teu povo,
para amá-los como Jesus os ama.*

A BÍBLIA EM UM ANO: DEUTERONÔMIO 23–25; MARCOS 14:1-26

15 DE MARÇO — **GÊNESIS 50:1-26**

MANTENHA A SUA ALMA LIMPA

José, porém, respondeu: 'Não tenham medo de mim. Por acaso sou Deus para castigá-los?'. v.19

Quando isso aconteceu, José e seus irmãos já eram todos avós. José foi vendido por eles quando tinha 17 anos e agora tinha 56. Haviam se passado 40 anos, mas seus irmãos ainda se sentiam culpados. Isso mostra que o tempo não cura a culpa da consciência, ela o assombrará de vez em quando. Os pecados cometidos e que nunca foram confessados diante de Deus ou do próximo precisam ser derramados diante do Senhor Jesus.

A culpa precisa ser depositada aos pés da cruz. José chorou (v.17) porque já havia perdoado seus irmãos, mas eles ainda não haviam aceitado. Cristo faz o mesmo conosco e, frequentemente, não vivemos à luz desse perdão, crendo nele. Isso não significa que os pecados serão apagados de nossa memória ou da memória dos outros. Às vezes, as pessoas nos acusarão sobre nosso passado.

Para manter nossa alma limpa, além de confessar os pecados, precisamos perdoar quem nos ofendeu. Perdoe essas pessoas para você também ficar livre. Quando amamos alguém, o maior beneficiado é quem recebe o amor; mas quando perdoamos, nós somos os maiores beneficiados porque nos tornamos livres para ir e vir com consciência tranquila.

JEREMIAS PEREIRA DA SILVA

Como seguidores de Cristo devemos voltar para a cruz e lembrar que lá foram pagos nossos pecados passados, presentes e futuros.

Pai, hoje é tempo de ser curado da culpa! Confesso o meu pecado e aceito o Teu perdão.

16 DE MARÇO   🌿 **2 TIMÓTEO 3:1-9;14-17**

★ *TÓPICO DE MARÇO: ESTUDO BÍBLICO*

TREINAMENTO NAS ESCRITURAS

Toda a Escritura é inspirada por Deus e útil para nos ensinar o que é verdadeiro... v.16

No fim do século 19, em diferentes lugares as pessoas desenvolveram recursos similares de apoio ao ministério. Em 1877, iniciou-se em Montreal, Canadá, a primeira Escola Bíblica de Férias. Em 1898, outro programa similar foi feito na cidade de Nova Iorque. No verão de 1922, havia quase 5.000 escolas bíblicas para crianças durante as férias escolares. Os pioneiros da EBF desejavam intensamente que os jovens conhecessem a Bíblia.

Paulo desejou o mesmo ao seu jovem pupilo Timóteo, ensinando-o de que "a Escritura é inspirada por Deus" e nos capacita "para toda boa obra" (2 TIMÓTEO 3:16-17). Ele não só sugeriu que "é bom ler a Bíblia"; mas ele também o advertiu de que "nos últimos dias haverá tempos muito difíceis" (v.1), com falsos mestres que "jamais conseguem entender a verdade" (v.7). É de suma importância que nos protejamos com as Escrituras, que nos aprofundemos no conhecimento de nosso Salvador, tornando-nos sábios "para receber a salvação que vem pela fé em Cristo Jesus" (v.15).

Adultos e crianças devem estudar a Bíblia, não só nas férias; mas todos os dias. Paulo escreveu a Timóteo: "Desde a infância lhe foram ensinadas as Sagradas Escrituras" (v.15). Nunca é tarde para começar. Em qualquer fase da vida, a sabedoria da Bíblia nos conecta a Jesus. Essa é a lição bíblica de Deus para nós.

KENNETH PETERSEN

Quais são suas passagens bíblicas favoritas? Como elas apontam para Cristo?

Amado Deus, obrigado pela dádiva da Bíblia e pela forma como ela me ajuda a conhecer Jesus.

Para conhecer e "estudar a Bíblia", acesse: paodiario.org

A BÍBLIA EM UM ANO: DEUTERONÔMIO 28–29; MARCOS 14:54-72

17 DE MARÇO   🍃 **APOCALIPSE 3:14-22**

NÃO ESTAMOS SOZINHOS

*Preste atenção! Estou
à porta e bato... v.20*

No conto de suspense "Batida", de Fredric Brown, lemos: "O último homem na Terra sentou-se sozinho em uma sala. Houve uma batida na porta". Puxa! Quem poderia ser, e o que quer? Que ser misterioso veio para ele? O homem não está sozinho.

Nem nós.

A igreja em Laodiceia ouviu uma batida em sua porta (APOCALIPSE 3:20). Que Ser sobrenatural tinha vindo? Seu nome era Jesus, "o Primeiro e o Último. Sou aquele que vive" (1:17-18). Seus olhos brilhavam como fogo, e Sua face "brilhava como o sol em todo o seu esplendor" (v.16). Quando o seu melhor amigo, João, teve um vislumbre de Sua glória, ele caiu "a seus pés, como morto" (v.17). A fé em Cristo começa com o temor a Deus.

Não estamos sozinhos, e isso também é reconfortante. Jesus "irradia a glória de Deus, expressa de forma exata o que Deus é e, com sua palavra poderosa, sustenta todas as coisas" (HEBREUS 1:3). No entanto, Cristo usa o Seu poder não para nos matar, mas para nos amar. Ouça o Seu convite: "Se você ouvir minha voz e abrir a porta, entrarei e, juntos, faremos uma refeição, como amigos" (APOCALIPSE 3:20). Nossa fé começa com o temor: "Quem está à porta?", e termina num acolhimento afável e seguro. Jesus promete estar sempre conosco, mesmo que sejamos a última pessoa na Terra. Graças a Deus, não estamos sozinhos.   *MIKE WITTMER*

> **Por que não podemos separar
> o poder de Cristo do Seu amor? Por que
> ambos são importantes?**
>
> *Jesus, eu te recebo
> em meu coração e em minha vida.*

A BÍBLIA EM UM ANO: DEUTERONÔMIO 30–31; MARCOS 15:1-25

EXTIRPANDO OS PECADOS

Mas, se confessamos nossos pecados, ele é fiel e justo para perdoar nossos pecados... 1:9

Ao notar um raminho ao lado da mangueira do jardim, ignorei aquela erva aparentemente inofensiva. Como um pequeno matinho poderia danificar nosso gramado? Mas com o passar das semanas, o brotinho cresceu e se tornou um pequeno arbusto, e começou a tomar conta do nosso quintal. Seus talos tomaram conta de uma parte da calçada da nossa entrada e brotaram em outras áreas. Admitindo sua existência destrutiva, pedi ao meu marido para me ajudar a extirpar o matinho pela raiz e depois proteger nosso quintal com herbicida.

Quando ignoramos ou negamos sua presença, o pecado pode invadir a nossa vida, crescer sem que queiramos e obscurecer nossa individualidade. Em Deus, não há treva alguma. Como Seus filhos, somos capacitados e cobrados a enfrentar os pecados para que possamos "[viver] na luz, como Deus está na luz" (1 JOÃO 1:7). Por meio da confissão e arrependimento, experimentamos o perdão e a libertação do pecado (vv.8-10) porque temos um grande advogado, Jesus (2:1). Ele pagou voluntariamente o preço final por nossos pecados — Seu sangue — e não somente os nossos, mas de todo o mundo (v.2).

Quando Deus traz nosso pecado à tona, podemos escolher a negação, a fuga ou o desvio da responsabilidade. Quando arrependidos os confessamos, Ele elimina os pecados que prejudicam nossa comunhão com o Senhor e com os outros.

XOCHITL DIXON

Quais pecados se enraizaram e precisam ser extirpados de sua vida?

Pai, limpa-me dos meus pecados, para que eu possa me aproximar mais de ti e dos outros.

A BÍBLIA EM UM ANO: DEUTERONÔMIO 32–34; MARCOS 15:26-47

19 DE MARÇO ATOS 9:10-19

IRMÃO SAULO

Ao impor as mãos sobre ele, [Ananias] disse: "Irmão Saulo, o Senhor Jesus [...] me enviou. v.17

"Senhor, por favor, envia-me a qualquer lugar, menos para lá". Orei assim antes de embarcar para um ano como intercambista. Não sabia para onde iria, mas sabia para onde *não* queria ir. Eu não falava a língua daquele país, e tinha preconceitos contra os costumes e as pessoas. Então pedi a Deus para me enviar a outro lugar.

Mas, em Sua infinita sabedoria, o Senhor enviou-me exatamente para o país onde pedi para não ir. Estou tão feliz que Ele o fez! Passaram-se 40 anos e ainda preservo os amigos de lá. Quando me casei, meu padrinho Estevão veio participar. Quando ele se casou, fui até lá para retribuir o favor. E estamos planejando outra visita em breve. Coisas belas acontecem quando Deus faz as mudanças! Tal transformação é ilustrada por apenas duas palavras: "Irmão Saulo" (ATOS 9:17).

Essas palavras foram de Ananias, um homem de Deus, chamado para curar a visão de Saulo logo após sua conversão (vv.10-12). Ananias resistiu, de início, por causa do violento passado de Saulo: "Senhor, ouvi muita gente falar das coisas horríveis que esse homem vem fazendo ao teu povo santo..." (v.13). Mas Ananias obedeceu a Deus. E por isso, ele ganhou um novo irmão na fé, Saulo passou a ser conhecido como Paulo, e as boas-novas de Jesus se espalharam poderosamente. A verdadeira mudança é sempre possível por meio de Deus!

JAMES BANKS

Deus o chama para uma mudança de coração? É possível encorajar alguém hoje?

Jesus, obrigado pelo Teu amor transformador. Ajuda-me para que eu o leve aos outros.

A BÍBLIA EM UM ANO: JOSUÉ 1–3; MARCOS 16

20 DE MARÇO — **SALMO 131**

ENCONTRANDO SATISFAÇÃO

Assim, como a criança desmamada
fica quieta nos braços da mãe,
assim eu estou satisfeito... v.2 *NTLH*

Numa coluna de jornal sobre o aconselhamento, um psiquiatra respondeu a uma mulher que lamentava por ela estar insatisfeita por causa de suas ambições. As palavras dele foram contundentes. As pessoas não foram criadas para serem felizes, disse ele, "apenas para sobreviver e reproduzir". Estamos amaldiçoados a perseguir a "borboleta provocante e evasiva" da satisfação, e acrescentou: "nem sempre para capturá-la".

Pergunto-me como a leitora se sentiu com as palavras niilistas do psiquiatra e como poderia ter sido diferente se, em vez disso, tivesse lido o Salmo 131. Davi nos orienta sobre como encontrar o contentamento. Ele começa com postura humilde, deixa suas ambições reais de lado, e embora as grandes questões da vida sejam importantes, ele as afasta também (v.1). Em seguida, aquieta a sua alma diante de Deus (v.2), colocando sua esperança nas mãos do Senhor (v.3). O resultado é lindo: "como a criança desmamada fica quieta nos braços da mãe", ele diz, "estou satisfeito" (v.2 NTLH).

No mundo arruinado como o nosso, a satisfação às vezes parece ilusória. Em Filipenses 4:11-13, o apóstolo Paulo disse que o contentamento é algo a ser *aprendido*. Mas se cremos que fomos criados só para "sobreviver e reproduzir", isso certamente será inalcançável. Davi nos mostra outra forma: buscar o contentamento aquietando-se na presença de Deus.

SHERIDAN VOYSEY

Você deseja encontrar
o contentamento em Deus?

Meu Deus, descanso em ti,
fonte mais profunda do meu mais
verdadeiro contentamento.

A BÍBLIA EM UM ANO: JOSUÉ 4–6; LUCAS 1:1-20

21 DE MARÇO — **2 CORÍNTIOS 4:16-18**

RENOVAÇÃO ESPIRITUAL

...Ainda que nosso exterior esteja morrendo, nosso interior está sendo renovado a cada dia. v.16

A medicina oriental pratica a esfoliação com pó de pérola há milhares de anos, usando pérolas moídas para remover células mortas da pele. Na Romênia, uma lama terapêutica tornou-se um esfoliante muito procurado, supostamente tornando a pele jovem e luminosa. Em todo o mundo, as pessoas usam práticas de cuidados corporais, acreditando que renovarão até mesmo a pele mais sem vida.

As ferramentas criadas para conservar o corpo, no entanto, só podem trazer satisfação temporária. O que mais importa é permanecermos espiritualmente saudáveis e fortes. Como cristãos, recebemos o dom da renovação espiritual por meio de Jesus. O apóstolo Paulo escreveu: "Ainda que nosso exterior esteja morrendo, nosso interior está sendo renovado a cada dia" (2 CORÍNTIOS 4:16). Os desafios diários podem nos derrubar quando nos apegamos ao medo, a dor e a ansiedade. A renovação espiritual vem quando "não olhamos para aquilo que agora podemos ver [...] fixamos o olhar naquilo que não se pode ver" (v.18). Fazemos isso ao entregarmos as nossas preocupações a Deus e orarmos para que o fruto do Espírito Santo — amor, alegria e paz — desponte em nossa vida (GÁLATAS 5:22-23). Quando entregamos os nossos problemas a Deus e permitimos que o Seu Espírito irradie por meio de nós todos os dias, Ele restaura nossa alma.

KIMYA LODER

Como pedir a Deus que renove o seu espírito? De que forma a obra do Espírito Santo pode encorajá-lo?

*Jesus, os obstáculos tentam me derrotar.
Às vezes, sinto-me derrotado,
mas Tu renovas o meu espírito.*

Leia sobre "a vida orientada pelo Espírito", acesse: paodiario.org

A BÍBLIA EM UM ANO: JOSUÉ 7–9; LUCAS 1:21-38

22 DE MARÇO **GÊNESIS 1:31–2:2**

PERMISSÃO PARA DESCANSAR

No sétimo dia, Deus havia terminado sua obra de criação e descansou de todo o seu trabalho. 2:2

Minha amiga Susy e eu sentamo-nos na praia para ver o mar. Olhando as ondas batendo nas rochas uma após a outra, Susy disse: "Amo o oceano. Ele continua se movendo, assim eu não preciso me movimentar!".

Não é interessante como alguns de nós achamos que precisamos de "permissão" para pausar nosso trabalho para descansar? É exatamente isso o que nosso bom Deus nos concede! Durante seis dias, Ele fez existir a Terra, criando luz, solo, vegetação, animais e seres humanos. Depois, no sétimo dia, Ele descansou (GÊNESIS 1:31–2:2). Nos Dez Mandamentos, Deus listou Suas regras para uma vida saudável e que o honrasse (ÊXODO 20:3-17), incluindo o mandamento de guardar o sábado como um dia de descanso (vv.8-11). No Novo Testamento, vemos Jesus curar todos os doentes da cidade (MARCOS 1:29-34) e, então, no início da manhã seguinte ir a um lugar solitário para orar (v.35). Propositalmente, nosso Deus trabalhou e descansou.

O ritmo da provisão de Deus em ação e Seu convite para descansar reverbera ao nosso redor. O plantio da primavera produz crescimento no verão, colheita no outono e descanso no inverno. Manhã, meio-dia, tarde e noite. Deus ordena a nossa vida tanto para o trabalho quanto para o descanso, oferecendo-nos permissão para fazer as duas coisas.

ELISA MORGAN

Há equilíbrio em sua vida entre trabalho e descanso? Como e quando você pausa para refletir sobre o exemplo que Deus nos oferece?

Querido Deus, obrigado por me ensinares a trabalhar e descansar para Tua glória e meu bem-estar.

A BÍBLIA EM UM ANO: JOSUÉ 10–12; LUCAS 1:39-56

23 DE MARÇO   🌿 **SALMO 19:7-11**

★ *TÓPICO DE MARÇO: ESTUDO BÍBLICO*

POR QUE FAZER ISSO?

*A lei do S<small>ENHOR</small> é perfeita
e revigora a alma.* v.7

Enquanto ajudava meu neto da sexta série, Lucas, com um dever de casa de álgebra, ele me contou sobre seu sonho de se tornar engenheiro. Depois que descobrimos o que fazer com os *x*'s e *y*'s em sua tarefa, ele disse: "Quando será que vou usar essas coisas?" Não pude deixar de sorrir, dizendo: "Bem, Lucas, esta é exatamente a coisa que você vai usar se você se tornar engenheiro!" Ele não tinha percebido a conexão entre álgebra e seu futuro.

Às vezes, vemos as Escrituras dessa maneira. Quando ouvimos os sermões e lemos certas partes da Bíblia, podemos pensar: "Quando será que vou usar isso?" O salmista Davi tinha algumas respostas. Ele afirmou que as verdades de Deus encontradas nas Escrituras são eficazes para "[revigorar] a alma", "dão sabedoria aos ingênuos" e "alegram o coração" (SALMO 19:7-8). A sabedoria das Escrituras, encontrada nos primeiros cinco livros da Bíblia como mencionado no Salmo 19 (assim como em toda a Bíblia), ajuda-nos a confiar diariamente na liderança do Espírito (PROVÉRBIOS 2:6).

Sem as Escrituras, não teríamos esse recurso essencial com a qual Deus nos concedeu a oportunidade de vivenciar e conhecer melhor o Seu amor e Seu caminho. Por que estudar a Bíblia? Porque "Os preceitos do S<small>ENHOR</small> são justos e alegram o coração" (SALMO 19:8).

DAVE BRANON

**De que maneira a sabedoria encontrada
nas Escrituras é relevante para você hoje?
Como compreendê-la mais e melhor?**

*Deus, que a Tua Palavra seja luz para o meu caminho
e que a Tua sabedoria direcione os meus passos.*

A BÍBLIA EM UM ANO: JOSUÉ 13–15; LUCAS 1:57-80

24 DE MARÇO ATOS 20:22-32

RECONHECENDO A VOZ DE DEUS

...eu os entrego a Deus e à mensagem
de sua graça que pode edificá-los e
dar-lhes uma herança... v.32

Após anos de pesquisa, os cientistas descobriram que os lobos têm vozes distintas que os ajudam a se comunicar entre si. Usando um código específico de análise sonora, uma cientista percebeu que vários volumes e elevações no uivo de um lobo permitiram a identificação de lobos específicos com 100% de precisão.

A Bíblia fornece muitos exemplos de Deus reconhecendo as distintas vozes de Suas amadas criações. Ele chamou Moisés pelo nome e falou diretamente com ele (ÊXODO 3:4-6). O salmista Davi proclamou: "Clamei ao SENHOR, e ele me respondeu..." (SALMO 3:4). O apóstolo Paulo também enfatizou o valor do povo de Deus em reconhecer a Sua voz.

Ao se despedir dos anciãos efésios, Paulo disse que o Espírito o havia "impelido" a ir a Jerusalém. Ele confirmou seu compromisso de seguir a voz de Deus, embora não soubesse o que esperar em sua chegada (ATOS 20:22). O apóstolo advertiu que "lobos ferozes" distorceriam a verdade, mesmo de dentro da igreja (vv.29-30). Então, ele encorajou os anciãos a permanecerem diligentes no discernimento da verdade de Deus (v.31).

Todos os cristãos têm o privilégio de saber que Deus nos ouve e nos responde. Também temos o poder do Espírito Santo que nos ajuda a reconhecer a voz de Deus, que está sempre alinhada com as palavras das Escrituras.

XOCHITL DIXON

Deus já usou a Bíblia para encorajá-lo ou esclarecer algum falso ensino que você tinha recebido?

Pai celestial, quando o mundo
me ameaçar a distanciar-me de ti, ajuda-me
a reconhecer e a obedecer a Tua voz.

A BÍBLIA EM UM ANO: JOSUÉ 16–18; LUCAS 2:1-24

25 DE MARÇO — **LAMENTAÇÕES 3:16-33**

UMA REINICIALIZAÇÃO GRACIOSA

*O amor do S*ENHOR *não tem fim!*
[...] Grande é sua fidelidade; suas
misericórdias se renovam... VV.22-23

Nos últimos anos, uma nova palavra entrou no vocabulário cinematográfico: *reboot*. Em linguagem cinematográfica significa refazer um filme a partir de uma velha história, mas com nova narrativa. Alguns *reboots* recontam uma história já conhecida, como a de um super-herói ou um conto de fadas. Outros utilizam uma história menos conhecida e a recontam de nova maneira. No entanto, em cada caso, uma reinicialização exige refazer "de novo". É um novo começo, uma chance de dar vida nova ao que era antigo.

Outra história repleta de reinicializações é a do evangelho. Nela, Jesus nos convida a obter o Seu perdão para termos a vida abundante e eterna (JOÃO 10:10). O profeta Jeremias nos relembra de que o amor de Deus por nós torna todos os dias uma espécie de "*reboot*": "O amor do SENHOR não tem fim! [...] suas misericórdias se renovam cada manhã" (LAMENTAÇÕES 3:22-23).

A graça de Deus nos convida a acolher cada dia como nova chance de vivenciar a Sua fidelidade. Quer estejamos lutando contra os efeitos de nossos erros ou enfrentando outras dificuldades, o Espírito de Deus pode nos conceder perdão, nova vida e esperança. Cada dia é uma espécie de reinicialização, uma oportunidade de seguir a liderança do grande Diretor, que está tecendo a nossa história em Sua maior história.

ADAM R. HOLZ

Refletir sobre a fidelidade de Deus
muda sua visão sobre as provações?
Seu perdão e graça o fizeram recomeçar?

Pai, obrigado pela chance de, diariamente, recomeçar
e ser renovado por Tua graça e perdão.

A BÍBLIA EM UM ANO: JOSUÉ 19–21; LUCAS 2:25-52

26 DE MARÇO

1 SAMUEL 18:1-4

A SALA DE CONTAGEM

Jônatas assumiu um compromisso solene com Davi, pois o amava como a si mesmo. v.3

No nordeste da Espanha criou-se uma bela maneira de expressar comunhão e amizade. Após cada colheita, os agricultores se sentavam em salas construídas em cavernas que haviam escavado e faziam o inventário dos alimentos produzidos. Com o tempo, o lugar ficou conhecido como a "sala de contagem", um espaço de comunhão onde amigos e famílias se reuniam para compartilhar suas histórias, segredos e sonhos. Se precisasse da companhia de amigos confiáveis, você iria para lá.

Se Jônatas e Davi tivessem vivido nesse local, a amizade entre eles os teria levado a criar uma dessas salas. Quando o rei Saul teve ciúmes e quis matar Davi, Jônatas, o filho mais velho de Saul o protegeu e tornou-se amigo dele. Os dois formaram "um forte laço de amizade" (1 SAMUEL 18:1). Jônatas "o amava como a si mesmo" (v.3) e — embora ele fosse o herdeiro natural do trono — reconheceu a escolha divina de Davi para ser o rei. Jônatas deu a Davi seu manto, espada, arco e cinturão (v.4). Mais tarde, Davi afirmou que o profundo vínculo de amizade de Jônatas por ele era precioso (2 SAMUEL 1:26).

Que Deus nos ajude a construir nossas próprias "salas de contagem" — amizades que reflitam o amor e o cuidado de Cristo. Separemos tempo para nossos amigos, abrindo o nosso coração, e vivendo em comunhão uns com os outros em Deus.

MARVIN WILLIAMS

**Que tipo de compromissos você fez a seus amigos?
Como você pode expressar o seu amor a eles?**

Querido Deus, ajuda-me a ter amizades valorosas e autênticas com pessoas que precisam de ti.

Leia sobre "a essência do amor de Deus", acesse: paodiario.org

A BÍBLIA EM UM ANO: JOSUÉ 22–24; LUCAS 3

27 DE MARÇO | **TIAGO 5:13-16**

DEUS NOS OUVE

*A oração de um justo tem grande poder
e produz grandes resultados.* v.16

Charles, ator e artista marcial, homenageou sua mãe em seu 100º aniversário, compartilhando a importância dela em sua transformação espiritual. "Minha mãe é um exemplo de perseverança e fé", escreveu ele. Ela criou três meninos sozinha durante a Grande Depressão, sofreu a morte de dois cônjuges, um filho, um enteado e netos, e passou por muitas cirurgias. "[Ela] orou por mim por toda a minha vida, em toda situação". Ele continuou: "Quando quase perdi minha alma para Hollywood, ela estava em casa orando pelo meu sucesso e salvação". Ele concluiu: "Agradeço [à minha mãe] por ajudar a Deus a me fazer tudo o que posso e que deveria ser".

As orações da mãe de Charles o ajudaram a encontrar a salvação e uma esposa piedosa. Ela orou fervorosamente por seu filho, e Deus a ouviu. Nem sempre as orações são respondidas como gostaríamos, portanto não podemos usar a oração como varinha mágica. Porém, Tiago nos assegura de que "a oração de um justo tem grande poder e produz grandes resultados" (5:16). Como essa mãe, devemos orar pelos doentes e pelos que estão em dificuldades (vv.13-15). Quando, em oração, temos comunhão com Deus, encontramos encorajamento e paz e a garantia de que o Espírito está agindo.

Quem precisa de salvação, cura ou ajuda? Eleve suas orações a Deus em fé. Ele está ouvindo.

ALYSON KIEDA

**Você já teve respostas
para suas orações fervorosas?
Sobre quem você conversa com Deus?**

*Querido Pai, ajuda-me a continuar a orar
e não desistir. Obrigado por Teu amor
que me ajuda a perseverar.*

A BÍBLIA EM UM ANO: JUÍZES 1–3; LUCAS 4:1-30

28 DE MARÇO FILIPENSES 4:4-8

DO ESTRESSE PARA A PAZ

Não vivam preocupados com coisa alguma; em vez disso, orem a Deus pedindo aquilo de que precisam... v.6

Mudar-se é um dos maiores motivos de estresse da vida. Nós nos mudamos para nossa casa atual depois de termos vivido por quase 20 anos na anterior. Vivi na primeira casa por oito anos antes de me casar. Então meu marido veio, trazendo as suas coisas. Quando tivemos um filho, juntamos ainda mais coisas. Nosso dia de mudança não foi sem incidentes. Cinco minutos antes do caminhão de mudanças chegar, eu ainda estava terminando o manuscrito de um livro. A nova casa tinha várias escadas, e levou o dobro do tempo e de pessoas do que o planejado.

Mas eu não estava estressada com os acontecimentos daquele dia. Então lembrei-me de que eu tinha passado muitas horas escrevendo um livro cheio de versículos e conceitos bíblicos. Pela graça de Deus, eu tinha me debruçado sobre a Bíblia, tinha orado e escrito para cumprir meu prazo. Então, creio que a chave para a paz foi minha imersão nas Escrituras e na oração.

Paulo escreveu: "Não vivam preocupados com coisa alguma [...] orem a Deus pedindo aquilo de que precisam..." (FILIPENSES 4:6). Quando oramos e nos alegramos no Senhor (v.4), retiramos o problema da mente e direcionamos a atenção ao nosso Provedor. Enquanto pedimos a Deus por Sua ajuda para lidar com algo que nos estressa, também estamos nos conectando com Ele, que pode nos conceder a paz "que excede todo o entendimento" (v.7).

KATARA PATTON

De que maneira o fato de orar com ação de graças pode transformar a sua mente?

Deus, Provedor e Protetor, entrego-te as minhas preocupações. Que a Tua paz guarde a minha mente e coração.

A BÍBLIA EM UM ANO: JUÍZES 4-6; LUCAS 4:31-44

29 DE MARÇO   ÊXODO 2:1-10

DEUS TINHA OUTROS PLANOS

A princesa o chamou de Moisés, pois disse: "Eu o tirei da água". v.10

A idade delas era desconhecida. Uma foi encontrada na escadaria de uma igreja; a outra sabia apenas que tinha sido criada por freiras. Nascidas na Polônia, durante a Segunda Guerra Mundial, por quase 80 anos, Halina e Krystyna não se conheciam. Então após um teste de DNA revelar que eram irmãs, elas se reencontraram. Ambas descobriram a sua herança judaica, e isso explicava o motivo de terem sido abandonadas. Ambas tinham sido marcadas para a morte simplesmente por causa da sua origem.

Uma mãe assustada deixando seus filhos ameaçados onde eles podem ser resgatados traz à mente a história de Moisés: um bebê hebreu que estava destinado ao genocídio (ÊXODO 1:22). Sua mãe o colocou estrategicamente no rio Nilo (2:3), dando-lhe uma chance de sobreviver. Deus tinha um plano com o qual ela não poderia ter sonhado — resgatar Seu povo por meio de Moisés. Essa história nos leva à história de Jesus. Assim como o faraó fizera no Egito, Herodes ordenou o massacre de todos os meninos em Belém (MATEUS 2:13-16).

Por trás de todo esse ódio, especialmente contra as crianças, está o nosso inimigo, o diabo. Tal violência não pega Deus de surpresa. O Senhor tinha planos para Moisés, e tem planos para nós. Por meio de Seu Filho, Jesus, Ele revelou o Seu maior plano: resgatar e restaurar aqueles que já foram Seus inimigos. *TIM GUSTAFSON*

Como você vê o plano de Deus atuando em sua vida? De que forma o Senhor o resgatou?

Pai, há tanto mal no mundo. Obrigado por Teu resgate. Ajuda-me a confiar no Teu plano perfeito.

A BÍBLIA EM UM ANO: JUÍZES 7–8; LUCAS 5:1-16

30 DE MARÇO 🌿 **ROMANOS 7:15-20**

FAZER OU NÃO FAZER

*Quero fazer o bem, mas não o faço.
Não quero fazer o que é errado,
mas, ainda assim, o faço.* v.19

Quando eu era criança, um tanque desativado da Segunda Guerra Mundial foi colocado em exibição em um parque perto da minha casa. Vários avisos alertavam para o perigo de subir no veículo, mas alguns dos meus amigos subiram imediatamente nele. Alguns de nós estavam um pouco relutantes, mas depois fizemos o mesmo. Um menino se recusou, apontando para os avisos. Outro desceu rapidamente quando um adulto se aproximou. A tentação de se divertir superou nosso desejo de seguir as regras.

Há um intenso desejo de rebelião infantil espreitando todos nós. Não gostamos que nos digam o que fazer ou não fazer. Porém, lemos que é pecado quando sabemos o que é certo e não o fazemos (TIAGO 4:17). O apóstolo Paulo escreveu: "Quero fazer o bem, mas não o faço. Não quero fazer o que é errado, mas, ainda assim, o faço. Então, se faço o que não quero, na verdade não sou eu quem o faz, mas o pecado que habita em mim" (ROMANOS 7:19-20).

Como cristãos, podemos hesitar em nossa luta contra o pecado. Entretanto, muitas vezes dependemos apenas de nossa própria força para fazer o que é certo. Um dia, quando esta vida acabar, os impulsos pecaminosos estarão verdadeiramente mortos. Até lá, no entanto, podemos confiar no poder daquele cuja morte e ressurreição conquistou a vitória sobre o pecado.

CINDY HESS KASPER

**Quais pecados são sua maior luta?
Como você pode confiar mais
no poder de Deus para superá-los?**

*Deus, ajuda-me a fazer o que é certo.
O desejo do meu coração é refletir o Teu perfeito caráter.*

A BÍBLIA EM UM ANO: JUÍZES 9–10; LUCAS 5:17-39

31 DE MARÇO — ISAÍAS 26:1-6

DESCANSE EM DEUS

Tu guardarás em perfeita paz todos que em ti confiam, aqueles cujos propósitos estão firmes em ti. v.3

Os pesquisadores queriam ajudar os pacientes da Unidade de Terapia Intensiva (UTI) a dormir melhor. Eles mediram os efeitos dos auxílios ao sono em voluntários num ambiente simulado de UTI, com intensa iluminação hospitalar, gravações de áudio de máquinas bipando e enfermeiros falando. A pesquisa mostrou que as máscaras de sono e os tampões de ouvido melhoraram o descanso dos pacientes. Mas reconheceram que o sono tranquilo ainda seria difícil para os pacientes realmente doentes numa UTI.

Quando nosso mundo está conturbado, como podemos encontrar o descanso? A Bíblia é clara: há paz para os que confiam em Deus, independentemente de suas circunstâncias. O profeta Isaías escreveu sobre um tempo futuro em que os antigos israelitas seriam restaurados após o sofrimento. Eles viveriam seguros em sua cidade, porque saberiam que Deus a tinha tornado segura (ISAÍAS 26:1). Eles confiariam que Ele estava operando ativamente no mundo ao redor deles para trazer o bem: "Ele humilha os orgulhosos", elevando os oprimidos e fazendo justiça (vv.5-6). Eles saberiam que "o Senhor Deus é a Rocha eterna", e poderiam confiar nele para sempre (v.4).

Deus pode conceder paz e descanso para nós também. Podemos descansar na certeza de Seu amor e poder, não importa o que esteja acontecendo.

KAREN PIMPO

O que ameaça sobrecarregá-lo hoje? Como você pode se lembrar do poder e do amor de Deus?

Querido Deus, confio em ti e escolho descansar em Teu amor.

Para mais reflexões sobre "o amor de Deus", acesse: paodiario.org

---

A BÍBLIA EM UM ANO: JUÍZES 11–12; LUCAS 6:1-26

★ TÓPICO DE ABRIL / **Amor pelos outros**

O QUE É AMOR

Quando um grupo de crianças pequenas foi questionado sobre o significado do amor, elas deram algumas respostas atenciosas e divertidas: "Amor significa que todos têm uma família", disse Adão, de 4 anos.

Outra criança respondeu: "A minha avó teve artrite e não pôde mais se agachar e cuidar das unhas dos pés. Por isso, o meu avô faz isso por ela, apesar de ele também ter artrite nas mãos dele".

Esse carinhoso exemplo de sacrifício do avô traz-me à mente uma maravilhosa história bíblica. Jesus, sabendo que não estaria com os Seus discípulos por muito mais tempo, devido à Sua iminente prisão e crucificação, enrolou uma toalha na cintura (JOÃO 13) e derramou água numa bacia e começou a lavar os pés deles. À vista disso, Pedro não considerou tal atitude correta e pensou: *O meu Senhor e Mestre está se inclinando e tocando os meus pés sujos?* Contudo, a fim de lhes ensinar o que significava servir aos outros, Jesus lhes disse: "Vocês entendem o que fiz? [...] uma vez que eu, seu Senhor e Mestre, lavei seus pés, vocês devem lavar os pés uns dos outros" (vv.12-14).

Depois de ensinar os Seus seguidores durante três anos, Jesus entregou a Sua vida por nossos pecados. Humildade e sacrifício — a verdadeira natureza do amor.

Então, como aprendemos a amar sacrificialmente? Comece por pedir a orientação de Deus. O Senhor o criou e lhe concedeu talentos para você usar no serviço aos outros. aos outros. Mantenha os seus olhos e o coração abertos aos que o rodeiam. Ajude alguém com um projeto ou necessidade. Prepare e doe uma refeição a estranhos ou a um vizinho. Ore por alguém que talvez você não aprecie.

Como você pode "lavar" os pés de alguém hoje?

ANNE CETAS

Além deste artigo, o tema *Amor pelos outros*
é abordado nos devocionais dos dias **1**, **9**, **16** e **23** de **abril**.

1º DE ABRIL SALMO 32

★ *TÓPICO DE ABRIL: AMOR PELOS OUTROS*

MUITO MAIS PROFUNDO

Como é feliz aquele [...] cujo pecado é coberto! v.1

José, um jovem cristão, foi visitar a igreja de seu irmão; mas, ao entrar no santuário antes do culto, seu irmão se surpreendeu ao vê-lo. As tatuagens de José nos dois braços estavam visíveis já que ele vestia uma camiseta. Seu irmão lhe disse para ir para casa e vestir uma camisa de manga longa, pois muitas de suas tatuagens refletiam o seu passado. José se sentiu sujo. Depois de ouvir a conversa dos irmãos, outro homem levou José ao pastor e contou-lhe o que havia acontecido. O pastor sorriu e desabotoou sua camisa, revelando uma grande tatuagem no peito — algo de seu próprio passado. Ele assegurou a José que, como Deus o tinha purificado de dentro para fora, ele não precisava cobrir os braços.

Davi experimentou a alegria de ser purificado por Deus e, após confessar seu pecado ao Senhor, escreveu: "Como é feliz aquele cuja desobediência é perdoada, cujo pecado é coberto!" (SALMO 32:1). Ele agora podia "[gritar] de alegria" com todos os "que têm coração íntegro!" (v.11). Paulo citou o Salmo 32:1-2, em Romanos 4:7-8, um texto que declara que a fé em Jesus leva à salvação e à pureza diante dele (ROMANOS 4:23-25).

Nossa pureza em Jesus é muito mais profunda, pois Ele conhece e purifica o nosso coração (1 SAMUEL 16:7; 1 JOÃO 1:9). Alegremo-nos com Sua obra purificadora.

TOM FELTEN

Você ainda luta contra pecados passados? O que significa ser transformado e purificado pela fé em Jesus?

Jesus, obrigado por perdoares meus pecados e tornar puro o meu interior.

Leia outros textos sobre "o perdão dos pecados", acesse: paodiario.org

---

A BÍBLIA EM UM ANO: JUÍZES 13–15; LUCAS 6:27-49

2 DE ABRIL — **LUCAS 19:37-42**

SINOS DE BASALTO AZUL

Ele [...] respondeu: "Se eles se calarem,
as próprias pedras clamarão!" v.40

O basalto azul é uma variedade fascinante de rocha. Quando atingidos, certos basaltos emitem um som musical. Maenclochog, uma vila galesa cujo nome significa "sino" ou "pedras que soam", usou o basalto como sino da igreja até o século 18. Curiosamente, as ruínas de Stonehenge, na Inglaterra, são construídas de basalto, fazendo com que alguns se perguntem se o propósito original desse marco era musical. Alguns pesquisadores afirmam que o basalto em Stonehenge foi trazido de perto de Maenclochog, a quase 320 quilômetros de distância, por causa de suas propriedades acústicas únicas.

Pedras musicais são mais uma das maravilhas da grande criação de Deus, e nos lembram de algo que Jesus disse durante Sua entrada em Jerusalém, no Domingo de Ramos. Enquanto o povo louvava a Jesus, os líderes religiosos exigiam que Ele os repreendesse. "Ele, porém, respondeu: 'Se eles se calarem, as próprias pedras clamarão!'" (LUCAS 19:40).

Se o basalto pode produzir música, e se Jesus fez menção até mesmo às pedras que testemunham o seu Criador, como podemos expressar nosso próprio louvor Àquele que nos criou, ama e resgatou? Ele é digno de toda adoração. Que o Espírito Santo nos mova a dar a Ele a honra que o Senhor merece. Toda a criação o louva.

BILL CROWDER

De quantas maneiras
a criação louva a Deus? Como você pode
adorar o nosso Criador diariamente?

Deus Criador, Tu mereces toda a adoração,
louvor e gratidão. Toda criação te louva.

Outros estudos sobre "a criação de Deus", acesse: paodiario.org

A BÍBLIA EM UM ANO: JUÍZES 16–18; LUCAS 7:1-30

3 DE ABRIL — **2 CORÍNTIOS 12:9-10**

ENCONTRE FORÇA EM DEUS

...fico feliz de me orgulhar de minhas fraquezas, para que o poder de Deus opere por meu intermédio. v.9

O jogador de futebol Christian Pulisic sofreu várias lesões que afetaram sua carreira. Depois de saber que não estaria no time titular nas semifinais da Liga dos Campeões, ficou decepcionado, mas descreveu como Deus havia se revelado a ele. "Como sempre, busco a Deus, e Ele me dá força", disse o jovem. "Sinto que sempre tenho Alguém comigo. Não sei como faria nada disso sem esse sentimento". Pulisic, por fim, teve um impacto importante quando entrou mais tarde no jogo. Ele iniciou uma jogada inteligente que levou ao chute vencedor do jogo e garantiu sua vaga no campeonato. Tais experiências lhe ensinaram uma valiosa lição: sempre é possível ver as fraquezas como oportunidades para Deus revelar Seu poder imensurável.

O mundo nos ensina a confiar em nossa própria força quando temos problemas. Entretanto, a sabedoria bíblica nos ensina que a graça e o poder de Deus nos fortalecem nas circunstâncias mais difíceis (2 CORÍNTIOS 12:9). Portanto, podemos avançar confiantes, reconhecendo que nunca enfrentamos provações sozinhos. Nossas "fraquezas" se tornam oportunidades para Deus revelar Seu poder, fortalecendo e sustentando-nos (vv.9-10). Podemos, então, usar nossas lutas para louvar a Deus, agradecer-lhe por Sua bondade e compartilhar esses encontros com os outros para que também possam experimentar o Seu amor.

KIMYA LODER

Quando você tentou vencer uma luta sozinho? Como Deus pode lhe conceder força?

Querido Pai celestial, obrigado por seres a fonte da minha força e me guiares todos os dias.

Para mais leituras como essa, acesse: paodiario.org

A BÍBLIA EM UM ANO: JUÍZES 19–21; LUCAS 7:31-50

4 DE ABRIL — JOÃO 15:1-11

JESUS, A VIDEIRA VERDADEIRA

Permaneçam em mim, e eu permanecerei em vocês... v.4

Adotamos um gato adulto chamado Juno, vindo de um abrigo de animais. Na verdade, eu só queria ajuda para diminuir a população de ratos, mas a família queria um *pet*. O abrigo nos deu instruções rigorosas sobre como estabelecer a rotina de alimentação na primeira semana para que Juno soubesse que nossa casa lhe pertencia, o lugar onde ele sempre teria comida e segurança. Assim, mesmo que Juno pudesse dar suas saídas, ele sempre voltaria para casa.

Se não conhecemos o nosso verdadeiro lar, somos sempre propensos a vagar em uma busca vã por bondade, amor e significado. Mas, se queremos encontrar nossa verdadeira vida, Jesus disse: "Permaneçam em mim" (JOÃO 15:4). O estudioso bíblico Frederick Dale Bruner destaca como *permanecer* evoca um senso de família e lar. Assim, Bruner traduz as palavras de Jesus desta maneira: "Fique em casa em mim". Para explicar essa ideia, Jesus usou a ilustração de ramos ligados a uma videira. Os ramos, se quiserem viver, devem sempre ficar apensos e fixos aos troncos (*permanecendo*) em sua fonte de sustento.

Muitas vozes nos atraem com promessas vãs para corrigir nossos problemas, conceder-nos alguma nova "sabedoria" ou um futuro emocionante. Mas, se quisermos viver de verdade, devemos permanecer em Jesus. Jesus é a nossa videira verdadeira.

WINN COLLIER

O que o afasta de permanecer na videira verdadeira? Como Jesus demonstrou que é a sua verdadeira fonte de vida?

Jesus, gosto de dar minhas saídas rumo a outras direções. Mas desejo permanecer em ti, ajuda-me!

Saiba mais sobre "como permanecer em Cristo", acesse: paodiario.org

A BÍBLIA EM UM ANO: RUTE 1–4; LUCAS 8:1-25

5 DE ABRIL — **MATEUS 16:21-28**

MAIS DO QUE APENAS UM POUCO

...Se alguém quer ser meu seguidor, negue a si mesmo, tome sua cruz e siga-me. v.24

Todos nós deixamos um pedaço de nós mesmos para trás quando nos mudamos para um novo lugar. Mas tornar-se um residente permanente de *Villas Las Estrellas*, Antártida, um lugar frio e desolado, deixar um pedaço de si para trás é literal mesmo. Com o hospital mais próximo a 1000 quilômetros de distância, uma pessoa estará em apuros se seu apêndice estourar. Assim, todos os cidadãos devem primeiro passar por uma apendicectomia antes de se mudar para lá.

Drástico? Mas não tão drástico como se tornar um residente do reino de Deus. Porque as pessoas querem seguir a Jesus de sua própria forma, e não da dele (MATEUS 16:25-27). Jesus redefine o significado de ser discípulo: "Se alguém quer ser meu seguidor, negue a si mesmo, tome sua cruz e siga-me" (v.24). Isso inclui deixar tudo que compete com Ele e Seu reino. E ao tomarmos a cruz, declaramos uma disposição de sofrer opressão social e política e até a morte por causa da devoção a Cristo. Além de *deixar* e *tomar*, também devemos *ter* a prontidão de realmente segui-lo. Essa é uma postura contínua de seguir Sua liderança enquanto Ele nos guia ao serviço e sacrifício.

Seguir a Jesus significa muito mais do que deixar um pedacinho de nossa vida para trás, trata-se de submeter e entregar nossa vida inteira — incluindo o nosso corpo — apenas a Ele.

MARVIN WILLIAMS

**O que significa seguir a Jesus?
Como Ele lhe pede para sacrificar sua vida por Ele?**

*Querido Jesus, ajuda-me a deixar para trás
o que possa competir contigo e Teu reino.*

A BÍBLIA EM UM ANO: 1 SAMUEL 1–3; LUCAS 8:26-56

6 DE ABRIL JOÃO 13:3-15

O DESAFIO PARA SERVIR

*...nem mesmo o Filho do Homem veio
para ser servido, mas para servir...*
MATEUS 20:28

O jovem Davi, 13, aceitou o desafio de servir aos outros. Ele e sua mãe ouviram a história de um homem que chamou crianças para cortar a grama de 50 quintais de graça durante as férias de verão. O objetivo era ajudar os veteranos, as mães solteiras, pessoas com deficiência — ou quem precisasse. O fundador do movimento (já havia cortado 50 gramas em 50 estados) criou o desafio para ensinar a importância da ética do trabalho e da retribuição à comunidade. Apesar do calor e de outras atividades disponíveis para um adolescente realizar no verão, Davi optou por servir aos outros e completou o desafio.

O cristão também é desafiado a servir. Na noite anterior à Sua morte por todas as pessoas, Jesus jantou com Seus amigos (JOÃO 13:1-2). O Senhor estava ciente do sofrimento e da morte que Ele logo encontraria, mas levantou-se da refeição, enrolou uma toalha em torno de si, e começou a lavar os pés de Seus discípulos (vv.3-5). Jesus nos ensinou: "uma vez que eu, seu Senhor e Mestre, lavei seus pés, vocês devem lavar os pés uns dos outros" (v.14).

Jesus, o humilde Servo e nosso exemplo, cuidou das pessoas: Ele curou cegos e doentes, ensinou as boas-novas de Seu reino, e deu Sua vida por Seus amigos. Porque Cristo o ama, pergunte-lhe quem Ele quer que você sirva nesta semana.

ANNE CETAS

**O que o amor e a compaixão de Deus
significam para você? Como você pode
servir aos outros com seus dons?**

*Meu Deus, mostra-me como amar aos outros
com o mesmo amor que Tu tens por mim.*

A BÍBLIA EM UM ANO: 1 SAMUEL 4–6; LUCAS 9:1-17

7 DE ABRIL   🌱 **JEREMIAS 32:37-44**

FIDELIDADE FUTURA

...também lhes farei todo
o bem que prometi. v.42

Sara perdeu a mãe quando tinha 14 anos. Ela e seus irmãos perderam sua casa logo depois e se tornaram sem-teto. Anos depois, Sara quis deixar a seus futuros filhos uma herança que pudesse ser passada de geração em geração. Trabalhou duro para comprar uma casa, dando à família o lar estável que ela nunca teve.

Investir numa casa para as gerações futuras é um ato de fé num futuro que você ainda não vê. Deus disse ao profeta Jeremias para comprar uma terra pouco antes do violento cerco de Jerusalém pelos babilônios (JEREMIAS 32:6-12). Para o profeta, as instruções de Deus não faziam muito sentido. Logo todos os seus bens e pertences seriam confiscados.

Mas Deus deu a Jeremias esta promessa: "...Assim como trouxe todas essas calamidades sobre eles, também lhes farei todo o bem que prometi" (v.42). O investimento do profeta na propriedade foi um sinal da fidelidade de Deus para um dia devolver os israelitas à sua terra natal. Mesmo em meio a um terrível ataque, Deus prometeu ao Seu povo que a paz voltaria, casas e propriedades seriam compradas e vendidas de novo (vv.43-44).

Hoje podemos confiar na fidelidade de Deus e escolher "investir" na fé. Embora possamos não ver uma restauração terrena de todas as situações, temos a certeza de que um dia o Senhor endireitará tudo.

KAREN PIMPO

Você já perdeu de vista a fidelidade de Deus?
Como você pode "investir"
à luz da restauração que Ele promete?

Querido Deus, ajuda-me a investir hoje
para o futuro que ainda não consigo ver.

A BÍBLIA EM UM ANO: 1 SAMUEL 7–9; LUCAS 9:18-36

8 DE ABRIL • **ECLESIASTES 4:7-12**

AMIGO DE ALUGUEL?

*...Para quem trabalho? Por que deixo
de aproveitar tantos prazeres?...* v.8

Para muitos mundo afora, a vida está ficando mais solitária. O número de americanos que não tem amigos quadruplicou desde 1990. Certos países europeus têm até 20% das pessoas se sentindo solitárias, enquanto no Japão, alguns idosos recorreram ao crime para ter companhia na cadeia.

Os empreendedores chegaram a uma "solução" para essa epidemia de solidão: amigo de aluguel. Contratados por hora, essas pessoas o encontrarão em um café para conversar ou para acompanhá-lo a uma festa. Perguntaram a uma dessas "amigas" sobre sua clientela: "São profissionais de 30 a 40 anos", disse ela, "que trabalham muito e não têm tempo para fazer amigos."

Em Eclesiastes 4, temos o relato de alguém solitário, sem "filho nem irmão". Não há "fim" para a labuta desse trabalhador, no entanto, o sucesso não o satisfaz (ECLESIASTES 4:8). "Para quem trabalho...?", ele se questiona, reconhecendo que é melhor investir em relacionamentos, o que tornará a carga de trabalho mais leve e lhe trará ajuda nas dificuldades (vv.9-12). Afinal, o sucesso desprovido de compartilhamento não "faz sentido" (v.8).

Lemos que uma corda trançada com três fios não arrebenta facilmente nem é rapidamente tecida (v.12). Os verdadeiros amigos não podem ser alugados; invistamos o tempo necessário para formá-los, com Deus sendo o terceiro fio tecendo-nos firmemente juntos.

SHERIDAN VOYSEY

**Você investe tempo em suas amizades?
Quem pode ser seu amigo?**

*Pai, ajuda-me a ser um amigo
bom e leal para os outros.*

A BÍBLIA EM UM ANO: 1 SAMUEL 10–12; LUCAS 9:37-62

9 DE ABRIL · **FILIPENSES 3:12-16**

★ *TÓPICO DE ABRIL: AMOR PELOS OUTROS*

ADIANTE, PROSSIGO COM JESUS

...esquecendo-me do passado e olhando para o que está adiante, prossigo... vv.13-14

Em uma corrida na floresta, tentei encontrar um atalho e fui por um caminho desconhecido. Imaginando estar perdido, perguntei a um corredor vindo do lado oposto se eu estava no caminho certo. "Sim", ele respondeu. Vendo meu olhar duvidoso, logo acrescentou: "Não se preocupe, testei todas as rotas erradas! Mas tudo bem, é tudo parte da corrida".

Que descrição adequada da minha jornada espiritual! Quantas vezes me afastei de Deus, cedi à tentação e me distraí com as coisas da vida? Porém, Deus me perdoou todas as vezes e me ajudou a prosseguir — sabendo que certamente tropeçarei de novo. Deus sabe que tendemos a seguir o caminho errado. Mas Ele está sempre pronto a perdoar, repetidamente, se confessarmos nossos pecados e permitirmos que o Seu Espírito nos transforme.

Paulo também reconhecia que tudo isso fazia parte da jornada da fé. Consciente de seu passado pecaminoso e de suas fraquezas, sabia que ainda não tinha obtido a perfeição de Cristo que ele desejava (FILIPENSES 3:12). "Mas concentro todos os meus esforços nisto", acrescentou, "esquecendo-me do passado e olhando para o que está adiante, prossigo" (vv.13-14). Tropeçar faz parte da nossa caminhada com Deus: é por meio de nossos erros que Ele nos refina. Sua graça nos permite prosseguir, como filhos perdoados.

LESLIE KOH

O que você quer confessar a Deus hoje?
A garantia de Seu perdão o ajuda
a prosseguir em sua caminhada de fé?

Deus, sou grato por Tua misericórdia.
Peço que o Teu Espírito me transforme à semelhança de Cristo.

Para saber mais sobre "crescimento espiritual", acesse: paodiario.org

A BÍBLIA EM UM ANO: 1 SAMUEL 13–14; LUCAS 10:1-24

10 DE ABRIL   🌱 **JUÍZES 7:1-9**

FORÇA NA FRAQUEZA

O Senhor disse a Gideão: "Você tem guerreiros demais". v.2

Quando meu filho tinha quase 3 anos, precisei de uma cirurgia que exigiu mais de 1 mês de recuperação. Antes dela, imaginava-me na cama enquanto pilhas de pratos sujos se acumulavam na pia. Não sabia como cuidaria de uma criança ativa e não conseguia me ver em pé na frente do fogão cozinhando. Temia o impacto que a minha fraqueza teria no ritmo diário.

Deus enfraqueceu Gideão antes de suas tropas confrontarem os midianitas. Primeiro, os que tinham medo puderam ir embora — 22 mil homens foram para casa (JUÍZES 7:3). Depois, dos dez mil restantes, ficaram apenas os que pegaram água para beber com as mãos. Apenas 300 homens ficaram, mas essa desvantagem impediu que os israelitas confiassem em si mesmos (vv.5-6). Eles não puderam dizer que se libertaram: "por sua própria força" (v.2).

Há momentos em que muitos de nós nos sentimos exaustos e impotentes. Quando isso aconteceu comigo, percebi o quanto precisava de Deus. Ele me encorajou internamente por meio de Seu Espírito e exteriormente por intermédio de amigos e familiares. Tive que deixar de lado minha independência, mas isso me ensinou a depender mais de Deus. Porque "[Seu] poder opera melhor na fraqueza" (2 CORÍNTIOS 12:9), podemos ter esperança quando não podemos suprir nossas necessidades por conta própria.

JENNIFER BENSON SCHULDT

O poder de Deus já operou em sua fraqueza? Como você pode ajudar alguém que está enfrentando o mesmo?

Amado Deus, ajuda-me a depender cada vez mais de ti.

A BÍBLIA EM UM ANO: 1 SAMUEL 15–16; LUCAS 10:25-42

11 DE ABRIL **2 TIMÓTEO 4:1-5**

APROVEITE A OPORTUNIDADE

*...Trabalhe para anunciar
as boas-novas...* v.5

Enquanto esperava para entrar na universidade, Sheila decidiu dedicar três meses de suas férias para servir em uma organização missionária juvenil. Parecia uma hora estranha para fazer isso, dadas as restrições da COVID-19. Mas Sheila logo encontrou uma maneira. "Não podíamos nos reunir com estudantes nas ruas, em shoppings ou lanchonetes como fazíamos", compartilhou. "Mas continuamos mantendo contato com os estudantes cristãos virtualmente para orar uns pelos outros e com os não cristãos pelo telefone".

Sheila fez o que o apóstolo Paulo encorajou Timóteo a fazer: "Trabalhe para anunciar as boas-novas" (2 TIMÓTEO 4:5). Paulo avisou que as pessoas encontrariam mestres que lhes diriam "*apenas aquilo que agrada seus ouvidos*", e não o que precisavam ouvir (v.3). No entanto, Timóteo foi chamado para ser corajoso e estar "preparado, quer a ocasião seja favorável, quer não". Ele deveria corrigir, repreender e encorajar — "com paciência e bom ensino" (v.2).

Embora nem todos nós sejamos chamados a ser evangelistas ou pregadores, cada um de nós pode fazer sua parte em compartilhar a fé com quem está ao redor. Muitos incrédulos estão perecendo sem Cristo. Os que creem em Cristo precisam de fortalecimento e encorajamento. Com a ajuda de Deus, proclamemos as Suas boas-novas quando e onde pudermos.

POH FANG CHIA

**O que o desencoraja
a compartilhar a sua fé? O retorno de Jesus
o ajuda a superar o seu medo?**

*Jesus, quero aproveitar as oportunidades
para compartilhar Tuas palavras de esperança e consolo.*

A BÍBLIA EM UM ANO: 1 SAMUEL 17-–18; LUCAS 11:1-28

12 DE ABRIL · **1 SAMUEL 3:3-10**

DEUS FALA CONOSCO

Samuel respondeu: "Fala, pois teu servo está ouvindo". v.10

Recebi um telefonema de um número desconhecido. Geralmente, deixo essas chamadas irem para a caixa postal, mas resolvi atender. Alguém me perguntou se eu tinha um minuto para ele compartilhar uma curta passagem bíblica. Citou Apocalipse 21:3-5 sobre como Deus "lhes enxugará dos olhos toda lágrima...". Falou sobre Jesus, como Ele era nossa garantia e esperança. Disse-lhe que já tinha Jesus como meu Salvador pessoal. Mas ele não queria "testemunhar" para mim. Em vez disso, ele apenas perguntou se podia orar comigo. E orou, pedindo a Deus para me dar coragem e força.

Essa chamada me lembrou de outra "chamada", quando Deus chamou o menino Samuel no meio da noite (1 SAMUEL 3:4-10). Três vezes Samuel ouviu a voz, pensando que era o sacerdote Eli. Na última vez, seguindo as instruções de Eli, Samuel percebeu que Deus o chamava: "Fala, pois teu servo está ouvindo" (v.10). Da mesma forma, Deus pode estar falando conosco. Precisamos "atender", o que pode significar investir mais tempo em Sua presença e ouvir Sua voz.

Então, pensei na "chamada" de outra forma. E se *nós* formos o mensageiro das palavras de Deus para os outros? Podemos sentir que não temos como ajudar as pessoas. Mas, conforme Deus nos guia, podemos ligar para um amigo e perguntar: "Tudo bem se eu orar com você hoje?"

KENNETH PETERSEN

Que mensagem foi compartilhada com você recentemente? Quem você pode encorajar com um telefonema hoje?

Querido Deus, faz-me pensar naqueles que posso encorajar com a Tua sabedoria.

A BÍBLIA EM UM ANO: 1 SAMUEL 19–21; LUCAS 11:29-54

13 DE ABRIL 🌿 **SALMO 30**

LÁGRIMAS DE LOUVOR

Cantem ao S<small>ENHOR</small>, todos que lhe são fiéis! Louvem seu santo nome. v.4

Anos atrás, cuidei da minha mãe numa casa de repouso para enfermos. Agradeci a Deus pelos 4 meses que fui sua cuidadora e pedi a Ele que me ajudasse no luto. Muitas vezes, é difícil louvar a Deus em meio ao sofrimento. Mas quando ela deu seu último suspiro, chorei incontrolavelmente e sussurrei: "Aleluia". Senti-me culpada por louvar a Deus naquele momento até que, anos depois, estudei o Salmo 30 mais de perto.

Na canção de Davi "pela dedicação do templo", ele adorou a Deus por Sua fidelidade e misericórdia (vv.1-3). Ele encorajou outros a "louvar Seu santo nome" (v.4). Depois, Davi explorou como Deus entrelaça as dificuldades e a esperança (v.5). Ele reconheceu tempos de luto e alegria, tempos de sentir-se seguro e estar consternado (vv.6-7). Seus clamores por socorro permaneceram entrelaçados com confiança em Deus (vv.7-10). O eco de seu louvor intercalou os momentos de choro e dança, luto e alegria (v.11). Na expectativa da fidelidade de Deus, Davi proclamou sua devoção eterna a Ele (v.12) reconhecendo o mistério e a complexidade da aflição duradoura.

Como Davi, podemos cantar: "S<small>ENHOR</small> [...] te darei graças para sempre!" (v.12). Quer estejamos felizes ou sofrendo, Deus pode nos ajudar a declarar a nossa confiança nele e nos conduzir em adoração a Ele com cânticos de alegria e lágrimas de louvor.

XOCHITL DIXON

**Como Deus o ajudou
a confiar nele? Como louvá-lo
em meio a dificuldades?**

*Senhor Deus, por favor, ajuda-me a confiar em ti
e louvar-te ao lidar com minhas emoções.*

A BÍBLIA EM UM ANO: 1 SAMUEL 22–24; LUCAS 12:1-31

14 DE ABRIL — **2 SAMUEL 15:13-14, 23-26**

MORRO ACIMA

...que faça comigo o que lhe parecer melhor. v.26

Christina Rossetti, poetisa e autora de textos devocionais, descobriu que nada lhe vinha facilmente. Ela sofreu de depressão e várias outras doenças ao longo da vida e suportou três noivados rompidos. Mais tarde, morreu de câncer.

Davi surgiu como um guerreiro triunfante na consciência nacional de Israel. No entanto, ao longo de sua vida, ele enfrentou dificuldades. No fim de seu reinado, seu próprio filho, o seu conselheiro de confiança e grande parte do país, voltou-se contra ele (2 SAMUEL 15:1-12). Nessa condição, Davi levou os sacerdotes Abiatar e Zadoque e a arca sagrada de Deus com ele e fugiu de Jerusalém (vv.14,24).

Depois que Abiatar ofereceu sacrifícios a Deus, Davi disse aos sacerdotes: "Leve a arca de Deus de volta para a cidade. Se for da vontade do SENHOR, ele me trará de volta para ver novamente a arca e o santuário" (v.25). Apesar da incerteza, Davi disse: "se ele não se agradar mais de mim, que faça comigo o que lhe parecer melhor" (v.26). Ele sabia que podia confiar em Deus.

Christina Rossetti também confiava em Deus, e sua vida terminou em esperança. A estrada pode realmente acabar morro acima, mas leva ao nosso Pai celestial, que espera por nós de braços abertos.

TIM GUSTAFSON

**A vida tem sido difícil para você?
Você quer confiar em Deus em meio
ao percurso da sua jornada?**

*Deus Soberano, às vezes a vida é tão difícil.
Mas, confio e espero em ti para fazer o que é certo.*

A BÍBLIA EM UM ANO: 1 SAMUEL 25–26; LUCAS 12:32-59

15 DE ABRIL — **EFÉSIOS 4:22-32**

RECONCILIANDO RELACIONAMENTOS

*...sejam bondosos e tenham compaixão
uns dos outros, perdoando-se como
Deus os perdoou em Cristo.* v.32

Minha irmã e eu nos confrontávamos muito quando mais jovens. Uma ocasião tem destaque especial na minha memória: Depois de muitos gritos, em que nós duas dissemos coisas dolorosas, ela disse algo que no momento pareceu imperdoável. Percebendo a animosidade crescendo entre nós, minha avó nos lembrou de nossa responsabilidade de nos amarmos: "Deus lhes deu uma irmã na vida. Vocês têm que mostrar um pouco de graça uma à outra", disse ela. Quando pedimos a Deus para nos encher de amor e compreensão, Ele nos ajudou a reconhecer como tínhamos nos ferido e a nos perdoarmos mutuamente.

Pode ser fácil manter a amargura e a raiva, mas Deus deseja que experimentemos a paz que só podemos ter quando lhe pedimos para nos ajudar a nos libertarmos dos ressentimentos (EFÉSIOS 4:31). Em vez de abrigar tais sentimentos, podemos olhar para o exemplo de perdão de Cristo que vem de um lugar de amor e graça, esforçando-nos para sermos bondosos e compassivos e perdoando-nos "como Deus [nos] perdoou em Cristo" (v.32). Quando acharmos desafiador perdoar, consideremos a graça que Ele nos estende todos os dias. Não importa quantas vezes caímos, Suas misericórdias são inesgotáveis (LAMENTAÇÕES 3:22). Deus pode nos ajudar a remover a amargura do nosso coração; por isso, somos livres para permanecer esperançosos e receptivos ao Seu amor.

KIMYA LODER

Em qual situação alguém o feriu?
O que você aprendeu com esse momento?

*Pai celestial, obrigado pelas pessoas que Tu colocaste
na minha vida. Ajuda-me a amar e a perdoar.*

A BÍBLIA EM UM ANO: 1 SAMUEL 27–29; LUCAS 13:1-22

16 DE ABRIL — JOÃO 15:9-17

★ *TÓPICO DE ABRIL: AMOR PELOS OUTROS*

AMOR MAIOR

*Não existe amor maior do que dar
a vida por seus amigos.* v.13

A poucos dias da Semana Santa, quando cristãos de todo o mundo lembram o sacrifício de Jesus e Sua ressurreição, um terrorista invadiu um supermercado na França, abrindo fogo e matando dois. Após a negociação, ele libertou todos, menos uma refém, que usou como um escudo humano. Diante do perigo, o policial Arnaud Beltrame fez o impensável: ofereceu-se para tomar o lugar da mulher. O criminoso a libertou, mas durante a briga que se seguiu, Beltrame foi ferido e morto.

Um pastor que conhecia o policial atribuiu seu heroísmo à sua fé em Jesus, apontando para Suas palavras em João 15:13: "Não existe amor maior do que dar a vida por seus amigos". Essas foram as palavras que Cristo falou aos Seus discípulos após a última refeição com eles. Ele disse a Seus amigos: "Amem uns aos outros como eu amo vocês" (v.12) e que o amor maior é dar a vida pelo outro (v.13). Foi exatamente o que Jesus fez no dia seguinte, quando foi para a cruz para nos salvar do nosso pecado — como só Ele poderia.

Talvez nunca sejamos chamados para seguir o heroísmo de Arnaud Beltrame. Mas à medida que permanecemos no amor de Deus, podemos servir aos outros sacrificialmente, estabelecendo nossos próprios planos e desejos enquanto buscamos compartilhar a história de Seu grande amor.

AMY BOUCHER PYE

**Como você reage a histórias
como a de Arnaud Beltrame? De que maneira você
pode servir alguém sacrificialmente hoje?**

*Jesus, Tu morreste para me dar vida eterna.
Que eu seja grato por esse presente e o compartilhe.*

A BÍBLIA EM UM ANO: 1 SAMUEL 30–31; LUCAS 13:23-35

17 DE ABRIL · **ISAÍAS 63:7-9**

LEMBRANDO-SE DE LOUVAR

Falarei do amor
*do S*ENHOR... v.7

Quando nossa congregação construiu nosso primeiro prédio, as pessoas escreveram lembretes de gratidão nas vigas da parede e pisos antes do interior do edifício ser concluído. É só tirar as paredes de *drywall* e você os encontrará lá. Versículo após versículo das Escrituras, escrito ao lado de orações de louvor como "Tu és tão bom!". Nós os deixamos lá como testemunho para as futuras gerações que, independentemente de nossos desafios, Deus tinha sido misericordioso e cuidado de nós.

Precisamos lembrar o que Deus fez por nós e contar aos outros. Isaías exemplificou isso quando escreveu: "Falarei do amor do SENHOR, louvarei o SENHOR por tudo que tem feito" (ISAÍAS 63:7). Mais tarde, o profeta também relata sobre a compaixão de Deus por Seu povo ao longo da história, até mesmo contando como "em todo o sofrimento deles, ele também sofreu" (v.9). Mas se você continuar lendo o capítulo, notará que Israel está novamente com problemas, e o profeta anseia pela intervenção divina.

Lembrar sobre misericórdias de Deus ajuda quando os tempos são difíceis. Os tempos desafiadores vêm e vão, mas Seu fiel caráter jamais muda. À medida que nos voltamos a Ele com o coração grato, lembrando-nos de tudo o que Ele fez, redescobrimos como Ele é sempre digno de nosso louvor. JAMES BANKS

Quais misericórdias Deus lhe concedeu?
De que maneira o fato de louvá-lo por Sua bondade o ajuda quando você enfrenta momentos desafiadores?

Pai, Tu és soberano sobre toda a criação.
Louvo-te porque Tua bondade
não muda e estás sempre comigo.

Leia sobre como "a adoração significa mais do que louvar", acesse: paodiario.org

---

A BÍBLIA EM UM ANO: 2 SAMUEL 1–2; LUCAS 14:1-24

18 DE ABRIL   🍃 **LUCAS 22:39-44**

GOTAS DE VERMELHO

...seu suor caía na terra como
gotas de sangue. v.44

Caminhando pela Galeria Nacional Escocesa, fui atraída pelas fortes pinceladas e cores vibrantes de uma das pinturas do artista holandês Vincent van Gogh: *As Oliveiras*. Muitos historiadores acreditam que a obra foi inspirada na experiência de Jesus no jardim do Getsêmani, no monte das Oliveiras. O que chamou minha atenção para a tela da pintura foram as pequenas manchas vermelhas de tinta entre as árvores antigas.

Conhecido como o monte das Oliveiras, devido às arvores de azeitonas lá localizadas, Jesus foi até esse lugar para orar na noite em que Seu discípulo Judas o trairia. Jesus sentiu-se angustiado sabendo que a traição resultaria em Sua crucificação. Enquanto orava, "seu suor caía na terra como gotas de sangue" (LUCAS 22:44). A agonia de Jesus era evidente enquanto Ele se preparava para a dor e a humilhação de uma execução pública, que resultaria no derramamento de Seu sangue naquela Sexta-feira Santa.

A tinta vermelha na pintura de Van Gogh nos lembra de que Jesus teve que sofrer muitas coisas e ser rejeitado (MARCOS 8:31). Embora o sofrimento faça parte de Sua história, não mais domina o quadro. A vitória de Jesus sobre a morte transforma até mesmo o nosso sofrimento, permitindo que se torne apenas uma parte da bela paisagem de nossa vida a qual Ele está criando.   LISA SAMRA

Qual a importância de lembrar-se do sofrimento de Jesus? O exemplo dele o ajuda em seu sofrimento?

Jesus, obrigado por estares disposto a sofrer e morrer, para que eu possa ter a vida eterna.

Para saber mais sobre "o exemplo de Jesus", acesse: paodiario.org

---

A BÍBLIA EM UM ANO: 2 SAMUEL 3–5; LUCAS 25-35

19 DE ABRIL   JOÃO 20:1-10

EM BUSCA DE JESUS

Os dois corriam, mas o outro discípulo
foi mais rápido que Pedro e chegou
primeiro ao túmulo. v.4

Em uma viagem a Paris, Beto e seus amigos se encontraram em um dos famosos museus da cidade. Embora Beto não fosse um estudante de arte, ficou admirado quando viu a pintura *Os discípulos Pedro e João correndo para o sepulcro na manhã da ressurreição*, de Eugène Burnand. Sem palavras, os olhares no rosto de Pedro e João e a posição de suas mãos expressam muito, convidando os espectadores a tomar o lugar deles e a compartilhar suas emoções.

A pintura retrata os dois correndo na direção do sepulcro vazio de Jesus (JOÃO 20:4). A obra-prima captura a intensidade do conflito emocional deles. Embora naquela conjuntura a fé que tinham não estivesse totalmente formada, eles corriam na direção certa, e mais tarde o Jesus ressurreto revelou-se a eles (vv.19-29). A busca dos discípulos não foi diferente da busca de pessoas por Jesus pelos séculos. Embora possamos estar longe da experiência de um sepulcro vazio ou de uma brilhante obra de arte, podemos ver claramente as boas-novas. As Escrituras nos impelem a esperar, buscar e correr na direção de Jesus e Seu amor — mesmo com dúvidas, perguntas e incertezas. Amanhã, ao celebrarmos a Páscoa, lembremo-nos da fidelidade de Deus: "Se me buscarem de todo o coração, me encontrarão" (JEREMIAS 29:13).

ARTHUR JACKSON

O que você fará para começar a correr
em direção a Jesus? Se já crê em Jesus como seu Salvador
pessoal, como compartilhará o Seu amor?

Jesus, acolhe-me
em Teus braços de amor hoje.

A BÍBLIA EM UM ANO: 2 SAMUEL 6–8; LUCAS 15:1-10

20 DE ABRIL — ISAÍAS 53:4-6

CURA MAIS PROFUNDA

Sofreu o castigo para que fôssemos restaurados e recebeu açoites para que fôssemos curados. v.5

No domingo de Páscoa de 2020, a estátua do Cristo Redentor no Rio de Janeiro foi iluminada de forma a parecer que Jesus trajava-se como médico. O retrato pungente de Cristo como médico foi em homenagem aos profissionais de saúde da linha de frente que lutavam contra a pandemia do coronavírus. O cenário trouxe à mente a descrição de Jesus sendo o nosso Médico dos médicos (MARCOS 2:17).

Jesus curou muitas pessoas de suas aflições físicas durante Seu ministério terreno: o cego Bartimeu (10:46-52), um leproso (LUCAS 5:12-16) e um paralítico (MATEUS 9:1-8), para citar alguns. Seu cuidado com a saúde daqueles que o seguiam também foi demonstrado em saciar a fome deles multiplicando uma refeição simples para alimentar as multidões (JOÃO 6:1-13). Cada um desses milagres revela o maravilhoso poder de Jesus e Seu amor genuíno pelas pessoas.

Entretanto, Seu maior ato de cura veio por meio de Sua morte e ressurreição, como foi anunciado pelo profeta Isaías. Jesus "Sofreu o castigo para que fôssemos restaurados e [...] curados" de nossa pior aflição: nossa separação de Deus como resultado de nossos pecados (ISAÍAS 53:5). Embora Jesus não cure todas as nossas enfermidades, podemos confiar na cura de nossa mais profunda necessidade: a cura que Ele traz para o nosso relacionamento com Deus.

KIRSTEN HOLMBERG

Você já experimentou a cura espiritual de Deus? Como isso o ajuda a suportar as doenças físicas?

Jesus, obrigado por curares a minha doença espiritual. Ajuda-me a confiar em ti na enfermidade.

A BÍBLIA EM UM ANO: 2 SAMUEL 9–11; LUCAS 15:11-32

21 DE ABRIL · **SALMO 95:1-7**

DESCOBRINDO A CRIAÇÃO

*Em suas mãos estão as
profundezas da terra...* v.4

Krubera-Voronja, Geórgia, Eurásia, é uma das cavernas mais profundas já exploradas no planeta Terra. Uma equipe de exploradores sondou as profundezas escuras e assustadoras de suas cavernas mais verticais a 2.197 metros! Cavernas semelhantes, cerca de 400 delas, existem em outras partes do país e ao redor do mundo. Mais cavernas estão sendo descobertas o tempo todo e novos recordes de profundidade são estabelecidos.

Os mistérios da criação continuam a se manifestar, adicionando e aumentando a nossa compreensão do Universo em que vivemos e maravilhando-nos com a incomparável criatividade das obras de Deus. O salmista nos convida a "cantar ao SENHOR" e "aclamar a Rocha de nossa salvação" por causa de Sua grandeza (SALMO 95:1). A criação de Deus, tudo o que existe, quer tenhamos ou não descoberto é motivo para nos prostrarmos em adoração (v.6).

Ele não conhece apenas os vastos lugares físicos de Sua criação, Ele também conhece as profundezas íntimas de nosso coração. E não muito diferente das cavernas da Geórgia, passaremos por momentos sombrios e talvez assustadores na vida. No entanto, sabemos que Deus guarda mesmo esses momentos sob Seu poderoso e terno cuidado. Nas palavras do salmista, somos Seu povo, o "rebanho sob o seu cuidado" (v.7).

KIRSTEN HOLMBERG

**De que maneira Deus o orienta
ao passar por lugares escuros? De que modo
Ele o convida a confiar nele ainda hoje?**

*Deus criador, ajuda me a
confiar no Teu cuidado para comigo
mesmo ao passar por lugares mais sombrios!*

A BÍBLIA EM UM ANO: 2 SAMUEL 12–13; LUCAS 16

22 DE ABRIL MATEUS 18:23-35

O PODER DO PERDÃO

Ó Senhor, tu és tão bom, tão pronto a perdoar, tão cheio de amor por todos que te buscam. SALMO 86:5

Uma notícia de 2021 relatou sobre 17 missionários que haviam sido raptados por uma gangue que ameaçou matar o grupo (incluindo as crianças) caso o pedido de resgate não fosse atendido. Surpreendentemente, todos os missionários foram libertos ou conseguiram escapar. Quando estavam seguros, eles enviaram uma mensagem aos seus raptores: "Jesus nos ensinou pela Palavra de Deus e pelo Seu próprio exemplo de que o poder do amor que perdoa é mais forte do que o ódio da força violenta. Portanto, estendemos o perdão a vocês".

Jesus deixou claro que o perdão é poderoso. Ele disse: "Seu Pai celestial os perdoará se perdoarem aqueles que pecam contra vocês" (MATEUS 6:14). Mais tarde, ao responder a Pedro, Cristo disse quantas vezes devemos perdoar: "Não sete vezes, mas setenta vezes sete" (18:22; vv.21-35). E na cruz, Ele demonstrou perdão divino quando orou: "Pai, perdoa-lhes, pois não sabem o que fazem" (LUCAS 23:34).

O clímax do perdão se dá quando ambas as partes se movem em direção à cura e reconciliação. Embora ele não remova os efeitos do dano causado ou a necessidade de discernir como lidar com relacionamentos dolorosos ou doentios, pode levar a relacionamentos restaurados — testemunhando o amor e o poder de Deus. Vamos buscar maneiras de "estender o perdão" para a honra de Deus.

DAVE BRANON

**Quando o perdão é mais difícil?
É possível confiar no Espírito Santo
para ajudá-lo a perdoar?**

*Jesus, aproxima-me das pessoas a quem devo perdoar
e a demonstrar o testemunho do Teu poder e bondade.*

A BÍBLIA EM UM ANO: 2 SAMUEL 14–15; LUCAS 17:1-19

23 DE ABRIL ● **1 JOÃO 3:11-18**

★ *TÓPICO DE ABRIL: AMOR PELOS OUTROS*

AMANDO COMO JESUS

…não nos limitemos a dizer que amamos […] demonstremos a verdade por meio de nossas ações. v.18

Enquanto esperava pelo trem, um jovem em traje social sentou-se em um banco. Ao vê-lo tentando colocar a gravata, uma mulher encorajou seu marido a ajudá-lo. Quando o idoso se inclinou e começou a ensiná-lo a fazer o nó, um estranho os fotografou. A foto viralizou on-line e muitos deixaram comentários sobre o poder dos atos de bondade que são aleatórios.

Para os cristãos, a bondade com os outros reflete o cuidado abnegado que Jesus demonstrou por pessoas como nós. É uma expressão do amor de Deus, e o que Ele desejava que Seus discípulos vivessem: "que *amemos* uns aos outros" (1 JOÃO 3:11). João iguala odiar um irmão ou irmã a assassinato (v.15). Na sequência, ele se refere a Cristo como um exemplo de amor em ação (v.16).

O amor altruísta não precisa ser uma exibição extravagante de sacrifício. O amor altruísta exige apenas que reconheçamos o valor de *todos* que refletem a imagem de Deus, colocando suas necessidades acima das nossas, sempre. Os momentos aparentemente comuns em que nos importamos o suficiente para perceber as necessidades do próximo e fazer o que pudermos para ajudar, quando somos motivados pelo amor são altruístas. Quando olhamos para além de nós mesmos, saímos de nossa zona de conforto para servir os outros e doar, especialmente quando não temos que o fazer, estamos amando como Jesus.

XOCHITL DIXON

**Alguém já foi altruísta com você?
É possível amar uns aos outros com altruísmo?**

Pai, ajuda-me a estender compaixão e o amor altruísta às pessoas por onde quer que me enviares.

A BÍBLIA EM UM ANO: 2 SAMUEL 16–18; LUCAS 17:20-37

24 DE ABRIL   ÊXODO 16:21-30

FIO CURTO DEMAIS PARA USAR

*...farei chover comida
do céu para vocês.* v.4

A frugalidade da tia Margarete era lendária. Depois que faleceu, suas sobrinhas começaram a separar os pertences dela. Dentro de um pequeno saco plástico, descobriram vários pequenos pedaços de fios. O rótulo dizia: "Fio curto demais para usar". O que levaria alguém a manter e categorizar algo que soubesse ser inútil? Talvez essa pessoa tivesse experimentado privação extrema.

Quando os israelitas fugiram da escravidão no Egito, deixaram atrás de si uma vida difícil. Mas logo esqueceram-se da mão milagrosa de Deus e começaram a reclamar da falta de comida. Deus queria que confiassem nele e lhes forneceu o maná no deserto, dizendo a Moisés: "Diariamente o povo sairá e recolherá a quantidade de alimento que precisar para aquele dia" (ÊXODO 16:4). Deus também os instruiu a reunir o dobro no sexto dia, porque no sábado não viria maná do céu (vv.5,25). Alguns dos israelitas deram ouvidos. Outros não, com resultados previsíveis (vv.27-28).

Em tempos de abundância ou de desespero, é tentador querer se agarrar a um esforço desesperado por controle. Não há necessidade de tomar tudo em nossas próprias mãos. Não há necessidade de "guardar restos de fios" — ou acumular qualquer coisa. Nossa fé está em Deus, que prometeu "Não o deixarei; jamais o abandonarei" (HEBREUS 13:5).

TIM GUSTAFSON

**Ao que você se apega? De que maneira
Deus lhe mostrou a Sua fidelidade?**

*Pai, ajuda-me a aceitar a Tua palavra
e confiar em ti em todos os momentos.*

A BÍBLIA EM UM ANO: 2 SAMUEL 19–20; LUCAS 18:1-23

ENTREGUE-SE

25 DE ABRIL — **ROMANOS 13:11-14**

*...não fiquem imaginando formas
de satisfazer seus desejos
pecaminosos.* v.14

O livro *Confissões* de Agostinho (Paulus, 1984) descreve sua tortuosa jornada a Jesus. Certa vez, indo ao palácio para fazer um discurso ao imperador, preocupado com aplausos ilusórios, viu um bêbado "brincando e rindo". Ele percebeu que o bêbado já tinha a felicidade fugaz que a sua vida tão instável poderia trazer, e com muito menos esforço. Diante disso, Agostinho parou de se esforçar pelo sucesso mundano, mas continuava a ser escravo da luxúria. Ele sabia que não podia voltar-se para Jesus sem se afastar *do* pecado, e ainda lutava contra a imoralidade sexual. Então orou: "Conceda-me castidade [...] mas ainda não".

Agostinho cambaleava entre a salvação e o pecado, até decidir-se. Inspirado por outros que se voltaram para Jesus, ele leu: "...vivamos com decência [...]. Não participem [...] de bebedeiras, de promiscuidade sexual [...]. Em vez disso, revistam-se do Senhor Jesus Cristo e não fiquem imaginando formas de satisfazer seus desejos pecaminosos" (ROMANOS 13:13-14).

Dessa maneira, Deus usou essas palavras para quebrar as cadeias de luxúria de Agostinho e trouxe-o "para o reino de seu Filho amado que [...] perdoou nossos pecados" (COLOSSENSES 1:13-14). Ele tornou-se um bispo que era tentado pela fama e luxúria, mas que agora sabia a quem recorrer quando pecasse. Ele voltou-se para Jesus. E você?

MIKE WITTMER

**O que o impede de entregar sua vida a Jesus?
Como sua vida mudaria se lhe entregasse?**

*Pai, que nada venha
a se interpor entre mim e ti.*

Leia mais estudos sobre: semelhança a Cristo, acesse: paodiario.org

---

A BÍBLIA EM UM ANO: 2 SAMUEL 21–22; LUCAS 18:24-43

26 DE ABRIL ✿ SALMO 118:13-14,22-29

FORTE E BOM

A pedra que os construtores rejeitaram
se tornou a pedra angular. v.22

O jovem pastor do campus estava preocupado. Mas ele pareceu perturbar-se quando me atrevi a lhe perguntar se ele orava por direção e ajuda de Deus. Orar, como Paulo nos impeliu, sem cessar. Constrangido e franzindo a testa confessou: "Não sei se acredito mais em oração ou se acredito que Deus esteja ouvindo. Basta olhar para o mundo". Aquele jovem líder estava "edificando" um ministério em sua própria força e, infelizmente, estava falhando. Por quê? Estava rejeitando a Deus.

Jesus, como a pedra angular da Igreja, sempre foi rejeitado — começando com Seu próprio povo (JOÃO 1:11). Muitos ainda o rejeitam hoje, esforçando-se para construir a sua vida, trabalho, até mesmo igrejas sobre fundações sem valor, seus próprios planos, sonhos e outros terrenos não confiáveis. Contudo, apenas o nosso bom Salvador é a nossa força e salvação (SALMO 118:14). De fato, "a pedra que os construtores rejeitaram se tornou a pedra angular" (v.22).

Situado no canto vital de nossa vida, Ele provê o único traçado certo para qualquer coisa que buscamos fazer por Ele. A Deus, portanto, oramos: "Ó SENHOR, por favor, salva-nos! […] dá-nos sucesso!" (v.25). O resultado? "Bendito é o que vem em nome do SENHOR" (v.26). Que possamos agradecer ao Senhor por Ele ser forte e bom.

PATRICIA RAYBON

Que sonhos ou planos você tem
enquanto constrói para Deus? De que maneira
Cristo é a Sua pedra angular?

Jesus, louvo-te, por seres a pedra angular.
Tua Igreja e minha vida estão alicerçadas em ti.

A BÍBLIA EM UM ANO: 2 SAMUEL 23–24; LUCAS 19:1-27

27 DE ABRIL **GÁLATAS 5:13-26**

REGANDO AS ERVAS DANINHAS

...deixem que o Espírito guie sua vida.
Assim, não satisfarão os anseios de sua
natureza humana. v.16

Nesta primavera, as ervas daninhas atacaram nosso quintal como nunca. Uma ficou tão grande que quando tentei retirá-la, fiquei com medo de me machucar. Antes de encontrar uma pá para retirá-la, notei que minha filha a regava. "Por que você está regando as ervas daninhas?", exclamei. "Quero ver até onde vão crescer!", respondeu ela com um sorriso travesso.

Não cultivamos as ervas daninhas *intencionalmente*. Mas enquanto pensava nisso, percebi que às vezes regamos as "ervas daninhas" em nossa vida espiritual, alimentando desejos que sufocam o nosso crescimento.

Paulo escreve sobre isso e contrasta o viver pela carne com o viver pelo Espírito. Ele diz que tentar seguir apenas as regras não estabelecerá o tipo de vida "livre de ervas daninhas" que desejamos. Em vez disso, para evitar regar as ervas daninhas, ele nos instrui a andar pelo Espírito. Paulo acrescenta que andar regularmente com Deus é o que nos liberta do impulso de satisfazer "desejos de [nossa] natureza humana" (GÁLATAS 5:13-26).

Levamos a vida toda para entender completamente o ensino de Paulo. Entretanto, amo a simplicidade da orientação dele: em vez de cultivar algo indesejado alimentando o nosso desejo egoísta, ao cultivar o nosso relacionamento com Deus, produzimos fruto e colhemos uma vida piedosa (vv.22-25). ADAM R. HOLZ

Que áreas de sua vida espiritual
precisam de limpeza?
Você quer submeter-se a Deus?

Pai, às vezes rego as ervas daninhas
na minha vida. Ajuda-me a cultivar o fruto do Espírito.

A BÍBLIA EM UM ANO: 1 REIS 1–2; LUCAS 19:28-48

28 DE ABRIL — **GÊNESIS 21:1-7**

RINDO ALTO

...Deus me fez sorrir. Todos que ficarem sabendo do que aconteceu vão rir comigo! v.6

O comediante John Branyan disse: "Não inventamos o riso. Não foi ideia nossa. Foi nos dado por Deus, que sabia que precisaríamos dele na vida. Porque Ele sabia que teríamos dificuldades, que teríamos lutas, sabia [...] que as coisas aconteceriam [...] o riso é uma dádiva".

Uma rápida olhada nas criaturas de Deus pode trazer risos, seja por causa de suas esquisitices (como os ornitorrincos) ou travessuras (como as lontras). Deus fez mamíferos que vivem nos oceanos e pássaros de pernas longas que não podem voar. Deus claramente tem senso de humor, e porque somos criados à sua imagem, também temos a alegria do riso.

Vemos a palavra *riso* pela primeira vez na Bíblia na história de Abraão e Sara. Deus lhes prometeu um filho, apesar da idade deles: "...você terá seu próprio filho..." (GÊNESIS 15:4). E Deus tinha dito: "Olhe para o céu e conte as estrelas [...] Este é o número de descendentes que você terá" (v.5). Quando Sara deu à luz aos 90 anos, Abraão chamou seu filho de Isaque, que significa "riso". Sara declarou: "Deus me fez sorrir. Todos que ficarem sabendo do que aconteceu vão rir comigo!" (21:6). Surpreendeu-a que ela pudesse amamentar uma criança na sua idade! Deus transformou seu riso cético, quando ela soube que daria à luz (18:12), em risos de pura alegria.

Graças a Deus pela dádiva do riso!

ALYSON KIEDA

**Rir tem sido um "bom remédio" para você?
O bom humor o ajuda nos momentos difíceis?**

*Querido Deus, obrigado
por conceder-me a dádiva do riso.*

A BÍBLIA EM UM ANO: 1 REIS 3–5; LUCAS 20:1-26

29 DE ABRIL — SALMO 145:9-13

SEMPRE FIEL

*...O Senhor sempre cumpre
suas promessas...* v.13

Sou muito ansiosa. Cedo de manhã é o pior momento porque estou sozinha com meus pensamentos. Por isso gravei esta citação de Hudson Taylor no espelho do meu banheiro, onde eu posso vê-la quando estou me sentindo vulnerável: "Existe um Deus vivo. Ele fala por meio da Bíblia. Ele é verdadeiro em Suas palavras e fará tudo o que prometeu".

As palavras de Taylor resultam de anos de caminhada com Deus e nos lembram de quem Ele é e tudo o que Ele pode fazer em nossos momentos de enfermidade, pobreza, solidão e tristeza. Taylor não apenas sabia que Deus é fiel, ele vivenciou a Sua fidelidade. E porque ele confiava nas promessas de Deus e o obedecia, milhares de pessoas entregaram a sua vida a Jesus.

Confiar em Deus e Seus caminhos ajudou Davi a reconhecer que o Senhor é fiel. Ele escreveu o Salmo 145, uma canção de louvor ao Deus que ele tinha experimentado ser bom, compassivo e fiel a todas as Suas promessas. Quando confiamos e seguimos a Deus, percebemos (ou entendemos melhor) que Ele é quem Ele diz ser e que Ele é fiel à Sua palavra (v.13). E, como Davi, respondemos louvando-o e contando aos outros sobre Ele (vv.10-12).

Quando enfrentamos tempos de ansiedade, Deus pode nos ajudar a não vacilar em nossa caminhada com Ele, pois Ele é fiel (HEBREUS 10:23).

KAREN HUANG

**Quais as suas ansiedades ultimamente
e em quais promessas de Deus você busca o alívio?**

*Querido Deus, sou grato por
cumprires as Tuas promessas. Ajuda-me
a confiar em Tua fidelidade.*

A BÍBLIA EM UM ANO: 1 REIS 6–7; LUCAS 20:27-47

30 DE ABRIL — **PROVÉRBIOS 18:1-8**

CAUDAS E LÍNGUAS ABANANDO

*Calúnias são petiscos saborosos que
descem até o íntimo de quem ouve.* v.8

O jornal declarou que Pipo matou o gato que pertencia à esposa do governador, mas isso não era verdade. A única coisa de que ele pode ter sido culpado foi mastigar o sofá na mansão do governador.

Pipo era um cão labrador pertencente ao governador da Pensilvânia, na década de 1920. O cachorro foi de fato enviado à Penitenciária Estadual, onde sua foto foi tirada com um número de identificação de prisioneiro. Quando um repórter de jornal soube disso, inventou a história do gato. Porque sua reportagem apareceu no jornal, muitos creram que Pipo era realmente um matador de gatos.

O rei Salomão conhecia bem o poder da desinformação. Ele escreveu: "Calúnias são petiscos saborosos que descem até o íntimo de quem ouve" (PROVÉRBIOS 18:8). Às vezes, nossa natureza humana nos faz querer crer em coisas sobre os outros que não são verdadeiras. Porém, mesmo quando os outros acreditam em mentiras sobre nós, Deus ainda pode nos usar para o bem. Na verdade, o governador tinha enviado Pipo para a prisão para que ele pudesse ser amigo dos encarcerados, e Pipo serviu por muitos anos como cão de terapia.

Os propósitos de Deus para a nossa vida ainda permanecem, independentemente do que os outros digam ou pensem. Quando nos caluniarem, lembremo-nos de que a opinião de Deus e o Seu amor por nós é o que mais importa.

JAMES BANKS

**Encoraja-o saber que Deus não é influenciado
pela opinião dos outros sobre você?**

*Pai, obrigado por me tornares
Teu filho. Ajuda-me a compartilhar o Teu amor
com os outros hoje.*

A BÍBLIA EM UM ANO: 1 REIS 8–9; LUCAS 21:1-19

★ TÓPICO DE MAIO / **A união com Cristo**

UNIDOS A DEUS POR MEIO DE CRISTO

Ao longo dos séculos, as pessoas lutam para compreender o surpreendente mistério que os cristãos desfrutam da união com Deus por meio de Cristo. Por exemplo, Bernard de Clairvaux, um monge francês do século 12, usou as coisas simples da vida para explicar essa maravilhosa verdade. Ele notou como uma gota de água parece desaparecer num copo de vinho, assumindo o sabor e a cor do vinho. Ou ainda, como um feixe de luz transforma o ar, iluminando-o.

Jesus prometeu habitar naqueles que o seguem. Durante a Sua última longa conversa com os Seus amigos, depois de terem jantado juntos, o Senhor lhes assegurou de que não os deixaria como órfãos, mas que voltaria para eles (JOÃO 14:18). E que, porque Ele vive, eles também viveriam: "No dia em que eu for ressuscitado, vocês saberão que eu estou em meu Pai, vocês em mim, e eu em vocês" (v.20). Tal como Jesus e o Espírito Santo habitam com o Pai, também nós estamos nele, e Ele está em nós.

Não me admira que precisemos de exemplos de coisas que nos pareçam mais comuns. É instigante e desafiador considerar que Deus, através de Cristo e do Espírito, habitaria em nós! O que isso significa na nossa vida diária? Tudo. Com Jesus vivendo em nosso interior, encontramos conforto quando enfrentamos as incertezas e paz quando nos sentimos ansiosos. Com tal certeza, podemos deixar de reagir exageradamente se, ao nosso ver, alguém cometer um deslize. Podemos falar contra a injustiça, usando as nossas vozes por aqueles que são oprimidos.

Cristo habita em você espiritualmente. Hoje, ao meditar sobre essa verdade bíblica, peça a Jesus que lhe mostre como Ele pode transformar o seu interior.

AMY BOUCHER PYE

Além deste artigo, o tema *A união com Cristo*
é abordado nos devocionais dos dias **1**, **9**, **16** e **23** de **maio**.

1º DE MAIO — **1 PEDRO 3:8-16**

★ *TÓPICO DE MAIO: A UNIÃO COM CRISTO*

SEMENTES DE FÉ

...se alguém lhes perguntar a respeito de sua esperança, estejam sempre preparados para explicá-la. v.15

Na última primavera, na véspera do dia em que eu começaria a sulcar o solo do meu quintal, uma forte ventania espalhou as sementes de uma árvore de plátano que temos ali. Quando passamos o arado para descompactar a terra, centenas de sementes de plátano foram plantadas. Em apenas 15 dias, havia uma floresta nascendo no meu gramado!

Apesar de estar frustrada com a folhagem fora do lugar, fiquei impressionada com a abundância de nova vida que uma única árvore havia gerado. Para mim, cada árvore em miniatura representava um retrato da novidade de vida em Cristo que eu, apenas uma pessoa, posso compartilhar com os outros. Cada um de nós terá incontáveis oportunidades para explicar "a respeito de [nossa] esperança" (1 PEDRO 3:15) ao longo da vida.

Quando sofremos "por fazer o que é certo" (v.14) com a esperança que Jesus dá, isso é visível para as pessoas ao nosso redor e pode chamar a atenção daqueles que ainda não conhecem a Deus pessoalmente. Se estivermos preparados para as suas perguntas, poderemos compartilhar a semente pela qual Deus trará vida nova. Não precisamos compartilhá-la com todos ao mesmo tempo, como numa "ventania espiritual". Ao invés disso, podemos gentil e respeitosamente plantar uma semente de fé no coração que estiver pronto para recebê-la.

KIRSTEN HOLMBERG

Em seu convívio, quem tem perguntado sobre a razão da sua esperança? O que você pode compartilhar?

Jesus, agradeço por cultivares a fé em minha vida. Ajuda-me a compartilhar essa semente com outros.

Para aprender mais sobre "como compartilhar e defender a sua fé", acesse: paodiario.org.

A BÍBLIA EM UM ANO: 1 REIS 10–11; LUCAS 21:20-38

2 DE MAIO — **JOÃO 17:3-12**

VIVER ETERNAMENTE

E a vida eterna é isto: conhecer a ti,
o único Deus verdadeiro, e a Jesus
Cristo, a quem enviaste ao mundo. v.3

"Não tema a morte; tema uma vida não vivida, Winnie", disse Angus Tuck. É especialmente interessante que essa fala seja de alguém que não morreria. No filme *A fonte misteriosa* (2002), a família Tuck havia se tornado imortal, e o jovem apaixonado por Winnie, implora que ela busque a imortalidade também, para que ambos vivessem juntos para sempre. Mas o sábio Angus compreendia que viver eternamente, em si, não traria contentamento.

Nossa cultura diz que a verdadeira felicidade é ser saudável, jovem e cheio de energia para sempre. Mas nada disso nos concede satisfação. Antes de ir para a cruz, Jesus orou por Seus discípulos e futuros seguidores, dizendo: "E a vida eterna é isto: conhecer a ti, o único Deus verdadeiro, e a Jesus Cristo, a quem enviaste ao mundo" (JOÃO 17:3). A nossa realização como pessoas decorre do relacionamento com Deus por meio da fé em Jesus. Ele é a nossa esperança para o futuro e a alegria para o presente.

Jesus orou para que Seus discípulos assumissem o padrão da nova vida: que obedecessem a Deus (v.6), cressem que Jesus fora enviado pelo Pai (v.8) e fossem unidos (v.11). Como seguidores de Cristo, olhamos com expectativa para o futuro em que viveremos eternamente com Ele. Mas, enquanto estamos na Terra, podemos viver a "vida plena, que satisfaz" (10:10) que Jesus prometeu, aqui e agora.

KAREN PIMPO

Há alegria e contentamento
em sua nova vida em Cristo?

Jesus, ajuda-me a apropriar-me
da vida abundante que me deste.

A BÍBLIA EM UM ANO: 1 REIS 12–13; LUCAS 22:1-20

3 DE MAIO — **2 CORÍNTIOS 4:16–5:5**

TENDAS CANSADAS

Enquanto vivemos nesta tenda que é o corpo terreno, gememos e suspiramos... 5:4

"A tenda está cansada!", disse Paulo, meu amigo que é pastor numa igreja em Nairóbi, Quênia. A congregação se reúne em uma tenda desde 2015, mas Paulo me escreveu dizendo que a tenda está desgastada e com furos e goteiras. As palavras deste meu amigo sobre o desgaste estrutural de sua tenda nos lembram do que o apóstolo Paulo disse quanto a fragilidade da existência humana. "Ainda que nosso exterior esteja morrendo [...] Enquanto vivemos nesta tenda que é o corpo terreno, gememos e suspiramos" (2 CORÍNTIOS 4:16;5:4).

Apesar de percebermos que nossa existência é frágil, relativamente cedo na vida, tornamo-nos mais conscientes ao envelhecer. De fato, o tempo está nos nossos calcanhares! A vitalidade da juventude cede, relutantemente, à realidade do envelhecimento (ECLESIASTES 12:1-7). Nosso corpo, a nossa tenda, se cansa!

Tendas cansadas, porém, não se equivalem a deixar de confiar. A esperança e coragem não precisam se enfraquecer com a idade. "Por isso, nunca desistimos..." (2 CORÍNTIOS 4:16), diz o apóstolo. Deus, que fez nosso corpo, faz morada nele pelo Seu Espírito. E, quando este corpo não nos servir mais, teremos uma habitação que jamais se desgasta ou sente dor: "teremos um corpo eterno, uma casa no céu feita para nós pelo próprio Deus" (5:1). ARTHUR JACKSON

Como você se sente sabendo que Cristo, por meio do Espírito Santo, habita em você? A oração o ajuda em momentos difíceis?

Pai, na hora da doença e da dor, ajuda-me a confiar em ti e na promessa da eternidade.

A BÍBLIA EM UM ANO: 1 REIS 14–15; LUCAS 22:21-46

4 DE MAIO · **2 CRÔNICAS 20:1-12**

ORAR ANTES DE AGIR

*Josafá [...] pediu orientação
ao SENHOR.* V.3

Quando meu filho precisou de uma cirurgia ortopédica, ficamos muito gratos pelo cirurgião que o operou. O médico, prestes a se aposentar, garantiu-nos de que havia ajudado inúmeras pessoas com o mesmo problema. Mesmo assim, ele orou a Deus antes da cirurgia, pedindo que Deus nos desse um bom resultado. E Ele nos abençoou.

Josafá, um líder experiente de Judá, também orou durante uma crise. Três nações haviam se unido contra ele e estavam vindo para guerrear. Apesar de ele ter mais de 20 anos de experiência, o rei decidiu perguntar a Deus o que fazer. Ele orou: "Clamaremos a ti em nossa angústia, e tu nos ouvirás e nos salvarás" (2 CRÔNICAS 20:9). Também pediu orientação: "Não sabemos o que fazer, mas esperamos o socorro que vem de ti" (v.12).

A atitude humilde de Josafá diante do desafio abriu seu coração para a ação de Deus, que veio em forma de encorajamento e intervenção divina (vv.15-17,22). Não importa quanta experiência tenhamos em determinada área, orar por ajuda desenvolve em nós uma santa confiança em Deus. A oração nos faz lembrar de que Ele sabe mais do que nós e está no controle de tudo. Ficamos em um lugar de humildade, uma postura que Deus se agrada em responder e nos ajudar, independentemente do que acontecerá.

JENNIFER BENSON SCHULDT

**Você está passando por algum desafio
que possa ser levado a Deus em oração?**

*Amado Deus, obrigado por ouvires
e responderes minha oração. Ajuda-me
no desafio que enfrentarei hoje.*

Saiba mais sobre a oração, acesse: universidadecrista.org.

A BÍBLIA EM UM ANO: 1 REIS 16–18; LUCAS 22:27-71

5 DE MAIO ÊXODO 2:11-15

GRAÇA E MUDANÇA

Moisés teve medo e pensou: "Com certeza todos já sabem o que aconteceu!". v.14

Um homem cometeu um crime chocante e foi condenado à prisão perpétua. Nos anos seguintes, estando preso na solitária, ele começou um processo de cura mental e espiritual, arrependeu-se e foi restaurado por Jesus. Hoje, ele tem alguns momentos de interação com outros detentos. Pela graça de Deus, alguns deles receberam Jesus como Salvador e encontraram o Seu perdão, a partir desse testemunho pessoal.

Moisés, reconhecido hoje como um grande homem de fé, também cometeu um crime chocante. Quando "viu um egípcio espancar um hebreu", ele "olhou para todos os lados e, [...] matou o egípcio" (ÊXODO 2:11-12). Apesar do seu pecado, Deus, em Sua graça, não rejeitou o Seu servo imperfeito. Ele escolheu Moisés para libertar Seu povo da opressão (3:10). Em Romanos, lemos: "Mesmo assim, do tempo de Adão até o de Moisés, todos morreram, incluindo os que não desobedeceram a uma ordem explícita de Deus" (5:14). Mas, nos versículos seguintes, Paulo afirma que a "graça de Deus" torna possível que nós, apesar de nossos pecados anteriores, sejamos transformados por Ele (vv.15-16).

Podemos pensar que os nossos erros nos impedem de conhecer o perdão de Deus e de sermos usados para Sua honra. Mas, por Sua graça, em Jesus podemos ser transformados e libertos para ajudar outros a serem transformados também. TOM FELTEN

**A graça de Deus transformou você?
Há mudanças que Ele
deseja que aconteçam em sua vida?**

*Pai celestial, obrigado por
Tua graça transformadora em nossa vida.*

A BÍBLIA EM UM ANO: 1 REIS 19–20; LUCAS 23:1-25

6 DE MAIO — LUCAS 17:11-19

CORAÇÕES GRATOS

*Ninguém voltou para dar glórias a Deus,
exceto este estrangeiro?* v.18

Hansle Parchment estava numa enrascada. Ele pegou o ônibus errado para a sua semifinal nas Olimpíadas de Tóquio e, sem dinheiro para outra passagem, ficou sem esperanças de chegar a tempo ao estádio. Ainda bem que ele encontrou Trijana Stojkovic, que era voluntária nos Jogos. Ela lhe deu dinheiro suficiente para uma corrida de táxi. Parchment chegou a tempo de competir e, alguns dias depois, conquistou o ouro na sua categoria. Depois, ele procurou por Stojkovic e agradeceu-lhe por sua gentileza.

Em Lucas 17, lemos sobre um leproso samaritano que voltou para agradecer a Jesus por sua cura (vv.15-16). O Senhor entrou num vilarejo onde encontrou dez leprosos e, atendendo ao que pediram, curou-os pela Sua graça e poder. Todos ficaram felizes com a cura, mas apenas um voltou para expressar gratidão. Ele "ao ver-se curado, voltou a Jesus, louvando a Deus em alta voz. Lançou-se a seus pés, agradecendo-lhe pelo que havia feito" (vv.15-16).

Experimentamos diariamente as bênçãos de Deus de variadas formas. Às vezes, é algo dramático, como ter uma oração atendida quanto a um sofrimento duradouro ou a ajuda oportuna de um estranho. Às vezes, as Suas bênçãos também nos alcançam de maneira comum, como quando temos uma tarefa ao ar livre e o tempo fica bom. Como o leproso samaritano, lembremo-nos de agradecer a Deus por Sua bondade sobre nós.

POH FANG CHIA

Como cultivar um coração cheio de gratidão hoje?

*Querido Deus, és tão bom para mim!
Dou-te graças hoje por _____.*

A BÍBLIA EM UM ANO: 1 REIS 21–22; LUCAS 23:26-56

7 DE MAIO — ISAÍAS 61:1-3

EM BUSCA DA CURA INTERIOR

*Ele me enviou para consolar os
de coração quebrantado...* v.1

Sempre muito ativo, Carlos caçava, pescava e praticava *motocross* e *skate*. Mas ele acidentou-se de moto e ficou paralisado do tronco para baixo. Em pouco tempo, ele ficou depressivo e sem perspectivas de futuro. Um dia, porém, alguns de seus amigos o levaram para caçar novamente. Por um tempo, ele apreciou a beleza ao seu redor e se esqueceu de sua lesão. Essa experiência trouxe-lhe cura interior e inspirou-lhe um novo propósito de vida: proporcionar a mesma experiência para outras pessoas como ele através de uma ONG. Ele diz que seu acidente foi "uma bênção disfarçada […]. Agora eu posso servir à comunidade, algo que sempre quis. Estou feliz". Ele se realiza em prover um local de cura para as pessoas com deficiências motoras graves e seus cuidadores.

O profeta Isaías anunciou a vinda daquele que traria cura para os feridos (ISAÍAS 61). Ele iria "consolar os de coração quebrantado" e "dizer aos que choram" (vv.1-2). Depois que Jesus leu essa profecia na sinagoga de sua cidade natal, disse: "Hoje se cumpriram as Escrituras que vocês acabaram de ouvir" (LUCAS 4:21). Jesus veio para nos salvar e tornar-nos completos.

Você precisa de cura interior? Volte-se para Jesus. Ele lhe dará "manto de louvor em vez de espírito deprimido" (v.3 NVI). *ANNE CETAS*

**Em qual situação você precisa ser curado
por Jesus? Com quem você pode compartilhar
a Sua salvação e a plenitude de vida que Jesus oferece?**

*Obrigado, Jesus, pela cura que trouxeste a mim e a outros.
Aguardo esperançoso a Tua cura plena.*

Leia sobre "a criação de Deus", acesse: universidadecrista.org

A BÍBLIA EM UM ANO: 2 REIS 1–3; LUCAS 24:1-35

8 DE MAIO · **LUCAS 1:1-4**

EM BUSCA DA VERDADE

Depois de investigar tudo detalhadamente [...], também decidi escrever-lhe um relato preciso... v.3

Certa igreja estava dividida. "Por qual motivo?", perguntei, e me responderam: "Se a Terra é plana". Meses depois, vi uma reportagem sobre um homem armado que invadiu um restaurante para resgatar crianças que estariam sofrendo abusos na sala dos fundos. Sequer havia sala nos fundos do local, e o homem foi preso. Nos dois casos, as pessoas agiram a partir de teorias conspiratórias tiradas da internet.

Os cristãos devem ser bons cidadãos (ROMANOS 13:1-7) e, como tais, não espalhar informações falsas. Nos dias de Lucas, muito se dizia sobre Jesus (LUCAS 1:1), e algumas falsidades. Lucas não replicou tudo o que escutava, mas agiu como um jornalista investigativo, conversando com testemunhas oculares (v.2), pesquisando "tudo detalhadamente desde o início" (v.3) e escrevendo seus achados num evangelho repleto de nomes, citações e fatos históricos baseados em informações de primeira mão, não em alegações incertas.

Façamos o mesmo! Informação falsa é algo que divide comunidades e ameaça vidas; portanto, verificar os fatos é um ato de amor ao próximo (LUCAS 10:27). Ao nos depararmos com uma história sensacional, verifiquemos as alegações com especialistas qualificados e confiáveis, buscando a verdade (sem espalhar o erro). Isso traz credibilidade ao evangelho. Afinal, adoramos aquele que é cheio de verdade (JOÃO 1:14).

SHERIDAN VOYSEY

Como você pode agir pela verdade e combater boatos e falsidades?

Pai, ajuda-me a discernir entre a verdade e a mentira, sob a orientação do Teu Espírito.

A BÍBLIA EM UM ANO: 2 REIS 4–6; LUCAS 24:36-53

9 DE MAIO — JOÃO 20:11-18

★ *TÓPICO DE MAIO: A UNIÃO COM CRISTO*

CONHECIDOS POR DEUS

[Maria] se voltou para ele e exclamou: "Rabôni!" v.16

Dois irmãos foram adotados por famílias diferentes, mas um teste de DNA possibilitou seu reencontro quase 20 anos depois. Quando Vicente leu a mensagem de Celso, ele pensou: "Quem é esse estranho?". Celso perguntou o seu nome antes da adoção, e ele disse: "Túlio". Assim, Celso teve certeza de que aquele era seu irmão. Ele foi reconhecido pelo nome!

Veja como um nome é essencial na história da Páscoa. Maria Madalena foi até o túmulo de Cristo e chorou ao perceber que Seu corpo havia sumido. Jesus lhe perguntou: "Mulher, por que está chorando?" (JOÃO 20:15). No entanto, ela não o reconheceu até que Ele dissesse seu nome: "Maria!" (v.16).

Ao ser chamada, ela "exclamou: 'Rabôni!' (que, em aramaico, quer dizer 'Mestre!')" (v.16). A reação dela expressa a alegria que os seguidores de Jesus sentem na manhã de Páscoa, reconhecendo que nosso Cristo ressurreto venceu a morte por nós e trata a cada um de nós como Seus filhos. Como Ele disse a Maria: "Eu vou subir para meu Pai e Pai de vocês, para meu Deus e Deus de vocês" (v.17).

Os dois irmãos reunidos fizeram um pacto de se reaproximarem e aprofundarem seu relacionamento. Na Páscoa, louvamos a Jesus por levar Seu sacrifício ao patamar mais elevado do amor a todos os que Ele reconhece como Seus. Ele vive, por amor a mim e a você!

PATRICIA RAYBON

Como você se sente ao saber que Jesus ressuscitou e o conhece pelo nome? Como você pode conhecê-lo melhor?

Fico tocado por me conheceres tão profundamente, Jesus. Obrigado pela dádiva do Teu amor sacrificial!

A BÍBLIA EM UM ANO: 2 REIS 7–9; JOÃO 1:1-28

10 DE MAIO ⚜ **GÊNESIS 31:19-21; 32:22-30**

DEUSES ROUBADOS

Você [...] lutou com Deus e com os homens e venceu. 32:28

Uma estatueta de madeira, um deus familiar, fora roubado e sua proprietária reportou o caso à polícia. Pensando terem encontrado o ídolo, os oficiais a chamaram para fazer o reconhecimento, perguntando-lhe: "Este é o seu deus?". Ela respondeu, tristemente: "Não, meu deus é muito maior e mais bonito do que este". Há tempos, muitos tentam dar forma ao conceito de divindade, esperando ser protegidos pelo deus que criaram.

Talvez tenha ido por isso que Raquel, esposa de Jacó, "roubou os ídolos da casa que pertenciam a seu pai" quando fugiram de Labão (GÊNESIS 31:19). Mas a mão de Deus estava sobre Jacó, apesar da idolatria oculta (v.34). Nessa mesma viagem, Jacó lutou a noite inteira com "um homem" (32:24). Ele percebeu que seu oponente não era um simples ser humano e disse, ao nascer do dia: "Não o deixarei ir enquanto não me abençoar" (v.26). O homem mudou seu nome para Israel (Deus luta) e o abençoou (vv.28-29). Jacó chamou aquele lugar de Peniel (a face de Deus), pois disse: "Vi Deus face a face e, no entanto, minha vida foi poupada" (v.30).

Este Deus, único e verdadeiro, é infinitamente maior e mais belo do que qualquer coisa que possamos imaginar. Ele não pode ser esculpido, roubado ou escondido. Porém, como Jacó descobriu, podemos nos aproximar dele! Jesus ensinou os Seus discípulos a chamar este Deus de "Pai nosso que estás no céu..." (MATEUS 6:9).

TIM GUSTAFSON

Como você descreve Deus?

Pai, perdoa-me por ver-te como alguém menor do que realmente és.
Ajuda-me a compreender como Tu és.

A BÍBLIA EM UM ANO: 2 REIS 10–12; JOÃO 1:29-51

11 DE MAIO — **1 TESSALONICENSES 2:7-12**

LIDERANÇA AMOROSA

E sabem que tratamos a cada um como um pai trata seus filhos. v.11

Assisti o vídeo viral de uma mamãe urso tentando atravessar uma rua movimentada com seus quatro agitados filhotes. Assisti e, rindo, identifiquei-me com a mamãe urso que, um a um, carregava cada filhote até o outro lado da rua, apenas para vê-los correr de volta para onde estavam. Após muitas tentativas frustradas, a mãe finalmente conseguiu encurralar todos os filhotes, e a família atravessou a estrada em segurança.

Criar filhos é um trabalho incansável e é a imagem que Paulo usou para descrever seu cuidado pela igreja de Tessalônica. Em vez de enfatizar a sua autoridade, o apóstolo comparou seu trabalho entre eles com o cuidado de um pai e uma mãe com filhos pequenos (1 TESSALONICENSES 2:7,11). Paulo foi motivado por seu profundo amor àquela igreja (v.8) e, assim, continuamente os encorajava, confortava e aconselhava para que eles vivessem "de modo que Deus[considerasse] digno" (v.12). O ardente chamado para que vivessem em santidade vinha do desejo amoroso de que eles honrassem a Deus em todas as áreas da vida deles.

O exemplo de Paulo pode nos ensinar ao exercermos liderança, especialmente quando as responsabilidades nos cansam. Empoderados pelo Espírito de Deus, podemos amar, com gentileza e persistência, os que estão sob os nossos cuidados ao encorajar e guiá-los em direção a Jesus.

LISA SAMRA

**Você já foi liderado com amor?
Como você pode encorajar
quem está sob a sua liderança?**

*Pai celestial, ajuda-me a levar a outros
o cuidado amoroso que Tu tens por mim.*

12 DE MAIO   🌸 **TIAGO 1:19-26**

COMO ESTOU DIRIGINDO?

...estejam todos prontos para ouvir,
mas não se apressem em falar nem
em se irar. v.19

Furioso, gritei quando um caminhão cortou a minha frente. Então vi um número de telefone e a mensagem: "Como estou dirigindo?". Liguei de meu celular e uma mulher me atendeu, perguntando o motivo do contato. Despejei toda a minha frustração, e ela anotou a placa do caminhão. Então, ela disse, com a voz desanimada: "Sabe, o senhor também pode ligar para registrar elogios a um bom motorista".

A voz cansada da atendente imediatamente feriu minha arrogante presunção. Senti-me totalmente constrangido. Em meu zelo por "justiça", não parei para refletir sobre como meu tom rude poderia afetar aquela mulher no seu trabalho já difícil. A desconexão entre a minha fé e o fruto que produzi foi devastadora.

O livro de Tiago aborda sobre a lacuna que há entre nossas ações e nossas convicções. "Entendam isto, meus amados irmãos: estejam todos prontos para ouvir, mas não se apressem em falar nem em se irar. A ira humana não produz a justiça divina" (TIAGO 1:19-20). Depois, o autor complementa: "Não se limitem, porém, a ouvir a palavra; ponham-na em prática" (v.22).

Nenhum de nós é perfeito. Às vezes, nossa "direção" na vida precisa de ajustes, que se iniciam pela confissão e pedidos de socorro a Deus, confiando que Ele vai continuar aperfeiçoando os detalhes do nosso caráter.   *ADAM R. HOLZ*

Por que as palavras apressadas
e raivosas podem gerar problemas? De que maneira
você pode colocar a sua fé em prática?

Pai, às vezes minha raiva se sobressai
e digo palavras duras. Ajuda-me a mudar nesta área.

A BÍBLIA EM UM ANO: 2 REIS 15–16; JOÃO 3:1-18

13 DE MAIO   🍇 **ROMANOS 12:9-18**

POR AMOR

Amem-se com amor fraternal e tenham prazer em honrar uns aos outros. v.10

Correr uma maratona significa extenuar-se ao limite, física e mentalmente. Porém, para a estudante Susana, 14, a corrida tem a ver com levar outra pessoa no percurso. Ela sempre leva seu irmão mais velho, Jessé, empurrando a cadeira de rodas dele. Quando Jessé tinha quase dois anos, ele teve uma parada cardíaca que o deixou com uma lesão neurológica grave e paralisia cerebral. Hoje, Susana renuncia os seus próprios objetivos na corrida para que Jessé possa competir com ela. Quanto amor e abnegação!

O apóstolo Paulo pensou em amor e sacrifício quando encorajou os seus leitores a amarem-se "com amor fraternal" (ROMANOS 12:10). Ele sabia que os cristãos romanos lutavam com a inveja, ira e fortes desentendimentos (v.18). Por isso, ele os encorajava a permitir que o amor divino fosse a regra no coração de cada um. Este tipo de amor, enraizado no amor de Cristo, sempre lutaria para dar o melhor possível em favor do outro. Seria sincero e levaria a um compartilhamento generoso (v.13). Quem ama dessa forma deseja considerar os outros mais dignos de honra do que eles próprios (v.10,16).

Como seguidores de Jesus, continuamos na corrida do amor ao mesmo tempo ajudando outros a finalizá-la. Isso pode ser difícil, porém honra a Jesus. Então, por amor, confiemos que Deus nos fortalece a amar e servir as pessoas.

MARVIN WILLIAMS

Como Jesus demonstrou que amar é mais do que apenas emocionar-se?

Deus de amor, ajuda-me a pensar primeiro nos outros, para Tua glória e por Teu amor.

A BÍBLIA EM UM ANO: 2 REIS 17–18; JOÃO 3:19-36

14 DE MAIO 🌿 SALMO 147:1-5

DEUS VÊ E SE IMPORTA

Nosso Senhor é grande! Seu poder é absoluto! É impossível medir seu entendimento. v.5

Às vezes, viver com dor e fadiga crônica leva-nos a ficar isolados em casa, solitários. Várias vezes, já me senti ignorada por Deus e pelos outros. Ao orar numa caminhada matinal com meu cão de serviço, eu lutava com esses sentimentos. Percebi um balão voando no céu; as pessoas nele podiam ter uma vista panorâmica do meu bairro, mas não me viam. Enquanto passava pela casa dos vizinhos, pensei e suspirei. Quantas pessoas por detrás daquelas portas se sentiam despercebidas e insignificantes? Então pedi ao Senhor que me desse oportunidades para demonstrar aos meus vizinhos que eles são vistos e têm valor para mim e para Ele.

Deus determinou o número exato das estrelas que Ele criou, nomeando-as uma a uma (SALMO 147:4); isso mostra como o Senhor é detalhista. A Sua força (Sua percepção, discernimento e conhecimento) não tem limites no passado, presente ou futuro (v.5)

Deus ouve cada lamento desesperado e vê cada lágrima silenciosa com a mesma clareza com que percebe os suspiros de alegria e as fortes gargalhadas. Ele vê quando tropeçamos e quando estamos triunfantes. Ele entende nossos medos mais profundos, nossos pensamentos mais íntimos e nossos sonhos mais selvagens. Sabe de onde viemos e para onde vamos. À medida que Deus nos ajuda a perceber e amar nosso próximo, podemos confiar que Ele nos vê, compreende e se importa conosco.

XOCHITL DIXON

Como você pode demonstrar amor ao seu próximo hoje?

Deus, ajuda-me a ver, ouvir, amar e servir aos outros de maneiras práticas.

Leia outros textos sobre o amor de Deus: acesse:paodiario.org

A BÍBLIA EM UM ANO: 2 REIS 19–21; JOÃO 4:1-30

15 DE MAIO   🌿 **SALMO 19:1-6**

EXPLORANDO AS ESTRELAS

Olhem para os céus; quem criou as estrelas? Ele as faz sair como um exército, uma após a outra... ISAÍAS 40:26

Em 2021, um esforço internacional possibilitou o lançamento do telescópio espacial James Webb para investigar profundamente o Universo, a cerca de 1,5 milhão de quilômetros da Terra. Essa incrível ferramenta de tecnologia astronômica se deslocará pelas profundezas do espaço e examinará as estrelas e outras maravilhas celestes; se tudo funcionar, o James Webb nos proverá com fotos incríveis e muita informação.

Mas a sua missão não é nova. Na verdade, o profeta Isaías contemplava as estrelas quando disse: "Olhem para os céus; quem criou as estrelas? Ele as faz sair como um exército, uma após a outra..." (ISAÍAS 40:26). "Noite após noite" elas nos falam do nosso Criador que trouxe este Universo imenso e insondável à existência (SALMO 19:2), com cada um dos incontáveis corpos celestes luminosos que silenciosamente agraciam nosso céu noturno (v.3).

Foi o próprio Deus quem decidiu quantas destas luzes existiriam: "Conta as estrelas e chama cada uma pelo nome" (SALMO 147:4). Quando a humanidade envia sondas elaboradas e fascinantes para explorar o espaço, podemos usufruir das maravilhas encantadas que elas captam, porque cada uma delas aponta para Aquele que fez o sistema solar e tudo o que existe além dele. Sim, os céus, as estrelas e tudo que existe "proclamam a glória de Deus" (19:1).

DAVE BRANON

Quais pensamentos e emoções o atingem ao pensar na grandeza do poder criativo de Deus?

Pai celeste, agradeço-te pela criação deste Universo tão fantástico para contemplarmos.

A BÍBLIA EM UM ANO: 2 REIS 22–23; JOÃO 4:31-58

16 DE MAIO · **JOÃO 1:6-13**

★ *TÓPICO DE MAIO: A UNIÃO COM CRISTO*

QUEM SOU EU?

...a todos que creram nele e o aceitaram, [Jesus]
deu o direito de se tornarem filhos de Deus. v.12

Em 1859, J. A. Norton se declarou imperador dos Estados Unidos. Tendo feito fortuna (e perdido tudo) ele queria ter uma nova identidade e ser o primeiro imperador americano. Quando um jornal publicou o seu "pronunciamento imperial", os leitores deram gargalhadas. Norton fez pronunciamentos visando corrigir os males da sociedade, imprimiu moeda própria, escreveu à rainha Vitória, propondo-lhe casamento e a união de seus reinos. Vestia-se com uniformes militares reais feitos sob medida. Alguém disse que ele parecia "um rei, cada centímetro", mas não o era. Não podemos inventar o que somos.

Passamos anos tentando descobrir quem somos e questionando sobre o nosso valor. Falhamos, na tentativa de nos definirmos. Somente Deus pode nos dizer quem somos! Ainda bem que Ele nos chama de Seus filhos e filhas quando recebemos a salvação em Seu Filho, Jesus. João escreveu: "Mas, a todos que creram nele e o aceitaram, ele deu o direito de se tornarem filhos de Deus" (JOÃO 1:12). E esta identidade que temos em Cristo é uma dádiva. Somos Seus filhos amados que "não nasceram segundo a ordem natural, nem como resultado da paixão ou da vontade humana, mas nasceram de Deus" (v.13).

Deus nos dá nova identidade em Cristo. Podemos parar de nos esforçar e nos compararmos com os outros, porque Ele nos diz quem somos.

WINN COLLIER

Ser um filho escolhido de Deus
o ajuda a compreender sua real identidade?

Deus, sei que sou Teu. Ajuda-me a viver
com confiança por ser filho do Rei.

Leia mais sobre a sua "identidade em Cristo", acesse: universidadecrista.org

A BÍBLIA EM UM ANO: 2 REIS 24–25; JOÃO 5:1-24

17 DE MAIO 🌿 **ISAÍAS 43:1-7**

DEUS SE LEMBRA DOS NOMES

Não tema, pois eu o resgatei; eu o chamei pelo nome, você é meu. v.1

No domingo, após tornar-me líder de jovens numa igreja, pude conhecer vários deles e conversei com uma adolescente sentada ao lado de sua mãe. Cumprimentei com um sorriso a tímida menina e, quando mencionei o nome dela, seus lindos olhos castanhos se iluminaram. Ela olhou para mim, sorriu também e disse em voz baixa: "Você lembrou meu nome". Apenas por chamá-la pelo nome, alguém que talvez se sentisse insignificante numa igreja cheia de adultos, começamos um relacionamento de confiança. Ela se sentiu vista e importante.

Em Isaías 43, Deus fala algo semelhante aos israelitas por meio do profeta: eles eram vistos e valorizados. Mesmo nos momentos de cativeiro e de peregrinação, Deus os via e conhecia "pelo nome" (v.1). Eles não eram desconhecidos, mas pertenciam ao Senhor. Mesmo que tivessem se sentido abandonados, eram preciosos e amados pelo Senhor (v.4). Além de reafirmar que Deus os conhecia pelo nome, o Senhor lhes assegurou de que estaria com eles, especialmente nos tempos difíceis (v.2). Eles não precisavam ficar temerosos ou preocupados, pois Deus se lembrava do nome deles.

Deus sabe o nome de cada um de Seus filhos e isso é uma ótima notícia, ainda mais quando passamos por águas profundas e atribuladas na vida.

KATARA PATTON

Quais provações você enfrenta atualmente? Reconhecer que Deus o conhece pelo seu nome o ajuda a enfrentar as provações com confiança no Senhor?

Amado Deus: sou grato por me conheceres pelo meu nome.

A BÍBLIA EM UM ANO: 1 CRÔNICAS 1–3; JOÃO 5:25-47

18 DE MAIO · **SOFONIAS 3:17-20**

A EMPATIA DAS AVÓS

...Ele se agradará de vocês com exultação [...] ele se alegrará em vocês... v.17

Os pesquisadores estudaram o cérebro de avós por meio de ressonância magnética. Eles avaliaram as respostas de empatia a fotos de seus netos, de filhos adultos e de crianças desconhecidas. O estudo demonstrou que uma avó tem maior empatia em relação a seu neto, mesmo quando comparada ao que sente por seu próprio filho adulto. Isso foi atribuído ao "efeito fofura", já que as crianças são mais "adoráveis" que os adultos. Antes de dizer "É lógico!", reflita no que disse o responsável pelo estudo: "Se o neto está sorrindo, a avó sente a sua alegria. Se está chorando, elas sentem sua dor e irritação".

Uma profecia traz uma "ressonância magnética" dos sentimentos de Deus ao ver Seu povo: "Ele se agradará de vocês com exultação [...] com amor; ele se alegrará em vocês com gritos de alegria!" (SOFONIAS 3:17). Outra tradução diz: "Deus ficará contente com vocês [...] cantará e se alegrará" (NTLH). Como uma avó empática, Deus sente nossa dor: "Em todo o sofrimento deles, ele também sofreu" (ISAÍAS 63:9), assim como nossa alegria: "Pois o SENHOR tem prazer em seu povo (SALMO 149:4).

Quando você se sentir desencorajado, lembre-se de que o amor de Deus por nós é real. Ele não é um Deus frio e distante, e sim Aquele que ama e se alegra em nós. É hora de nos aproximarmos dele, contemplar Sua face e escutar Seu riso e ouvir Suas palavras.

KENNETH PETERSEN

Você sente a alegria do Senhor?

Querido Deus, ajuda-me a perceber a Tua alegria
e a refleti-la em minha caminhada contigo.

A BÍBLIA EM UM ANO: 1 CRÔNICAS 4–6; JOÃO 6:1-21

19 DE MAIO SALMO 116:1-7

O SENHOR O OUVE

Porque ele se inclina para ouvir,
orarei enquanto viver. v.2

No livro *Physics*, Charles. R. Mann e George. R. Twiss perguntaram: "Se uma árvore cai em uma floresta distante, e nenhum animal pode ouvi-la cair, a queda faz barulho?". Ao longo dos anos, esta pergunta gerou discussões filosóficas e científicas sobre som, percepção e existência. Ainda não surgiu uma resposta definitiva para ela. Certa noite, sentindo-me solitária e triste por causa de um problema de que ninguém sabia, eu me lembrei daquela pergunta. "Quando ninguém ouve meu pedido de socorro, Deus escuta?"

Diante da ameaça de morte e sobrecarregado pelos problemas, o autor do Salmo 116 pode ter se sentido abandonado. Então ele clamou a Deus, sabendo que Ele estava à escuta e o ajudaria. "Amo o SENHOR, porque ele ouve a minha voz e as minhas orações. [...] ele se inclina para ouvir..." (vv.1-2). Quando ninguém percebe nossa dor, Deus percebe. Quando ninguém ouve nosso lamento, Ele ouve.

Sabendo que Deus nos mostrará Seu amor e proteção (vv.5-6), podemos descansar mesmo em tempos difíceis (v.7). A palavra hebraica traduzida como "descansar" (*manoakh*) descreve um lugar de calma e segurança. Podemos estar em paz, fortalecidos pela certeza da presença e auxílio de Deus.

A pergunta feita por Mann e Twiss originou muitas respostas. Mas a resposta à questão *Deus escuta?* É simplesmente: sim!

KAREN HUANG

Como você reage ao se sentir
só ou abandonado? O que pediria a Deus
que o ouve e se importa?

Pai, agradeço-te por sempre escutares o meu clamor.
Tua companhia e socorro são o meu descanso.

A BÍBLIA EM UM ANO: 1 CRÔNICAS 7–9; JOÃO 6:22-44

20 DE MAIO — **MATEUS 6:5-9**

MANTENHA O CONTATO

...ore a seu Pai... v.6

A escritora Madeleine L'Engle ligava para a sua mãe uma vez por semana, e com maior frequência à medida que esta envelhecia, "apenas pra manter contato". Ela também gostava quando seus filhos lhe telefonavam e mantinham essa conexão, fosse para ter uma longa conversa cheia de perguntas e respostas significativas ou muitas vezes apenas para dizer que o número continuava o mesmo já era o suficiente. Em seu livro *Walking on Water* (Caminhando sobre as águas) ela escreveu: "É bom que os filhos mantenham contato. É bom para todos nós filhos de Deus mantermos contato com o Pai (tradução livre)".

Muitos de nós conhecemos e estamos familiarizados com a oração do Senhor (MATEUS 6:9-13). Mas os versículos que vêm antes dela também são importantes e estabelecem o tom do que está escrito a seguir. Nossas orações não devem ser exibicionistas, para que "todos possam [nos ver]" (v.5). E, mesmo que não haja um limite para o tempo de sua duração, repetir as palavras várias vezes (v.7) não significa que a oração tenha qualidade. A ênfase parece ser em manter um contato regular com nosso Pai que "sabe exatamente do que [precisamos] antes mesmo de [pedirmos]" (v.8). Jesus reforça a importância de estarmos em contato com o nosso Pai celestial e, em seguida, ensina-nos como devemos orar (vv.9-15).

A oração é a escolha certeira e nos mantém em contato com o nosso Deus e Pai.

JOHN BLASE

É possível estar mais próximo das pessoas e de Deus?

*Pai, obrigado por conheceres
e suprires as minhas necessidades
mesmo antes que eu as fale.*

A BÍBLIA EM UM ANO: 1 CRÔNICAS 10–12; JOÃO 6:45-71

21 DE MAIO   GÊNESIS 39:1-12

ESCOLHAS IMPORTAM

José recusou... v.8

Um professor de natação viu um carro afundando nas águas escuras duma baía e ouviu o motorista gritando "Eu não sei nadar!". Uma multidão se aglomerava para observar a cena, mas Antônio correu até as pedras, removeu sua prótese de perna e mergulhou para salvar o homem de 68 anos. Graças à ação decisiva de Antônio, uma vida foi salva.

Nossas escolhas importam. Veja Jacó: pai de muitos filhos, ele abertamente tratava melhor seu caçula de 17 anos, José, e, tolamente, deu-lhe uma "linda túnica" (GÊNESIS 37:3). O resultado? Os irmãos de José "o odiavam" (v.4) e, quando a chance surgiu, venderam-no como escravo (v.28). No entanto, José foi parar no Egito, e o Senhor o usou para preservar sua família, e muitas outras, durante uma fome que durou sete anos, apesar da intenção dos irmãos de prejudicá-lo (50:20). O ponto de virada foi a decisão de José de ser honrado e fugir da esposa de seu patrão, Potifar (39:1-12). José acabou sendo preso (39:20) e, eventualmente, conheceu o faraó (41:1-57).

Antônio tinha como vantagem o fato de saber nadar, mas ainda assim, teve que tomar uma decisão ao escolher usar sua habilidade e salvar aquele homem. Quando amamos a Deus e buscamos servi-lo, Ele nos ajuda a fazer as escolhas que honram a Deus e promovem a vida. A primeira delas, se você ainda não a fez, é confiar em Jesus.

ALYSON KIEDA

**Pense nos resultados das suas escolhas.
O Espírito Santo o orientou
a decidir sabiamente?**

*Querido Deus, ajuda-me
a honrar-te com minhas escolhas.*

A BÍBLIA EM UM ANO: 1 CRÔNICAS 13–15; JOÃO 7:1-27

22 DE MAIO 1 JOÃO 1:1-4

CONTE A HISTÓRIA

*Anunciamos-lhes aquilo que nós mesmos
vimos e ouvimos, para que tenham
comunhão conosco...* v.3

Robert, o filho de Abraham Lincoln, presenciou três eventos importantes: a morte de seu próprio pai, e o assassinato de James Garfield e de William McKinley, três presidentes dos EUA. Agora considere que o apóstolo João testemunhou *quatro* eventos cruciais para a história: a última ceia de Cristo, a Sua agonia no Getsêmani, a crucificação e a ressurreição. João sabia que a sua presença nesses eventos se deu para que *ele testemunhasse* sobre a vida de Jesus. Ele escreveu: "Este é o discípulo que dá testemunho destes acontecimentos e que os registrou aqui. E sabemos que seu relato é fiel" (JOÃO 21:24).

E reafirma isso em sua carta: "Proclamamos a vocês aquele que existia desde o princípio, aquele que ouvimos e vimos com nossos próprios olhos e tocamos com nossas próprias mãos" (1 JOÃO 1:1). Ele sentia o forte compromisso de compartilhar o seu relato testemunhal de Jesus. Por quê? "Anunciamos-lhes aquilo que nós mesmos vimos e ouvimos", ele disse, "para que tenham comunhão conosco" (v.3).

Os acontecimentos de nossa vida podem ser surpreendentes ou comuns, mas em todo caso é Deus quem os coordena, para que possamos ser Suas testemunhas. Ao descansarmos na graça e na sabedoria de Cristo, falemos por Ele, mesmo nos momentos mais inesperados da vida.

BILL CROWDER

**Reflita sobre os aspectos marcantes
da sua história de fé. Você pode compartilhá-los
com alguém que precisa conhecer o amor de Deus?**

*Jesus, faz-me sensível para perceber
quando posso compartilhar sobre o Teu grande amor.*

Leia sobre a história do evangelho e como compartilhar o amor de Cristo:
acesse:paodiario.org

A BÍBLIA EM UM ANO: 1 CRÔNICAS 16–18; JOÃO 7:28-53

23 DE MAIO   **ATOS 12:1–11**

★ *TÓPICO DE MAIO: A UNIÃO COM CRISTO*

PURA REALIDADE

Desperte, você que dorme, levante-se
dentre os mortos, e Cristo o iluminará.
EFÉSIOS 5:14

É como se fosse um sonho do qual não se consegue despertar. Muitas vezes, para aqueles que lutam com a despersonalização ou desrealização, nada parece ser muito verdadeiro. Embora quem lide cronicamente com esse sentimento possa ser diagnosticado com uma desordem, acredita-se que esse seja um conflito mental comum, especialmente durante fases estressantes. Entretanto, esse sentimento pode persistir até em momentos aparentemente bons. É como se não acreditássemos que coisas boas estão realmente acontecendo.

A Bíblia mostra que, às vezes, o povo de Deus também tem dificuldade em acreditar que o Seu poder e Sua libertação são algo real, e não apenas um sonho. Em Atos 12, quando um anjo liberta Pedro da prisão e provável execução (vv.2,4), o apóstolo pensou "que era uma visão", sem ter certeza de que aquilo era real (vv.9-10). Quando o anjo o deixou do lado de fora da cadeia, "por fim, Pedro caiu em si" (v.11) e percebeu que tudo havia realmente acontecido.

Seja em tempos bons ou ruins, às vezes é difícil acreditar plenamente ou perceber que Deus está agindo em nossa vida. Porém, podemos crer que, enquanto esperamos nele, o poder da Sua ressurreição se tornará inegável e maravilhosamente perceptível. A luz de Deus nos despertará de nosso sono para a realidade da vida com Ele (EFÉSIOS 5:14).

MONICA LA ROSE

Como experimentar o amor e o poder de Deus
de forma mais palpável?

Deus, obrigado por seres verdadeiro e nos conceder
vida e esperança, quer as sintamos ou não.

A BÍBLIA EM UM ANO: 1 CRÔNICAS 19–21; JOÃO 8:1-27

24 DE MAIO   🌿 **ECLESIASTES 2:17-26**

BENDITA ROTINA

*Pois quem pode comer ou desfrutar
algo sem [Deus]?* v.25

Naquela manhã, enquanto eu observava a multidão entrando no trem, senti o desânimo da segunda-feira me atingir. Pelas expressões sonolentas e rabugentas no vagão lotado, era perceptível que ninguém ali estava empolgado em ir ao trabalho. Olhares tortos surgiam quando mais pessoas tentavam se espremer e embarcar a cada estação. *Lá vamos nós de novo, mais um dia comum no escritório.*

Subitamente, lembrei-me de que há apenas um ano, os trens estavam vazios por causa das restrições da COVID 19 que desorganizaram nossas rotinas. Não podíamos sequer sair para comer e alguns de nós até sentiram saudade de ir ao trabalho. Mas, como agora quase voltamos ao normal, muitos voltaram a trabalhar como sempre fizeram. Eu percebi que a rotina era uma boa coisa, e que o "tédio" era uma bênção!

O rei Salomão conclui o mesmo após refletir sobre a aparente falta de sentido no trabalho árduo e diário (ECLESIASTES 2:17-23). Às vezes, ele parece interminável, sem significado e sem retorno algum (v.21). Porém, ele percebeu que o fato de simplesmente poder comer, beber e trabalhar todos os dias é uma bênção divina (v.24). Quando somos privados da rotina, percebemos que estas questões tão simples são um luxo. Vamos agradecer a Deus por podermos comer, beber, encontrar significado e satisfação no cotidiano, pois isso é Seu presente para nós! (3:13).

LESLIE KOH

Por quais bençãos você pode agradecer a Deus hoje?

*Querido Deus, obrigado pelo que é
comum e rotineiro. Ajuda-me a ser grato
por Tuas bênçãos diárias.*

A BÍBLIA EM UM ANO: 1 CRÔNICAS 22–24; JOÃO 8:28-59

25 DE MAIO   🌱 **COLOSSENSES 3:15-24**

TUDO PARA JESUS

E tudo que fizerem ou disserem, façam em nome do Senhor Jesus... v.17

Quando Júlio tinha 14 anos, sua mãe o levou para o *show* de um cantor famoso. Como era muito comum na época, o artista havia se enredado em um estilo de vida autodestrutivo durante suas turnês. Todavia, quando o artista e sua esposa se tornaram seguidores de Jesus, tudo mudou radicalmente na vida deles. Na noite do concerto, a apresentação começou e o público estava empolgado. Depois de ter apresentado alguns dos seus sucessos, um homem gritou da plateia: "Ei, cante uma para Jesus!", ao que o cantor respondeu sem pestanejar: "Eu acabei de cantar quatro canções para Ele".

Isso já faz algumas décadas, mas Júlio jamais se esqueceu daquele momento em que entendeu que *tudo* o que fazemos deve ser para Jesus, mesmo o que alguns consideram "não religioso". Às vezes, sentimo-nos propensos a separar o que fazemos na vida. Ler a Bíblia, testemunhar sobre como fomos salvos por Cristo, cantar um hino como sendo *coisas sagradas*. Mas cortar a grama, correr no parque, cantar uma música comum como *coisas seculares*.

Paulo nos lembra, em Colossenses 3:16, que a mensagem de Cristo permeia as nossas atividades, como ensinar, cantar e dar graças. Mas o verso 17 vai ainda além enfatizando que, como filhos de Deus, "tudo que [fizermos] ou [dissermos], [façamos] em nome do Senhor Jesus".

Tudo o que fazemos é para Ele.   *CINDY HESS KASPER*

Você permite que Deus use suas palavras e ações para a glória dele?

Deus amoroso, ajuda-me a dedicar cada palavra e atividade a ti.

Leia mais sobre o que Deus requer de nós:acesse:paodiario.org

A BÍBLIA EM UM ANO: 1 CRÔNICAS 25–27; JOÃO 9:1-23

26 DE MAIO ● **DANIEL 3:15-28**

JESUS É A RESPOSTA

Vejo quatro homens desamarrados
andando no meio do fogo sem se
queimar!... v.25

Conta-se que, após uma turnê de palestras de Albert Einstein, seu motorista mencionou que já poderia ele mesmo proferir a palestra, de tanto que a havia escutado. Einstein sugeriu que fizessem isso na próxima cidade, já que ninguém havia visto uma foto dele e, de fato, o motorista fez uma ótima palestra. Quando se iniciaram as perguntas, alguém fez uma pergunta mais incisiva e agressiva, e o motorista respondeu: "Fico surpreso que um professor tão brilhante como o senhor me faça essa pergunta; ela é tão simples que o meu motorista pode respondê-la!", e passou a palavra ao próprio Einstein. É uma história ficcional, mas divertida.

Já para os três amigos de Daniel, a situação esquentou de verdade. O rei ameaçou lançá-los numa fornalha se não adorassem à sua imagem. E perguntou: "que deus será capaz de livrá-los (DANIEL 3:15)?". Os jovens se recusaram a prostrar-se, e o rei os lançou na fornalha sete vezes mais aquecida do que o normal. Mas eles não entraram sós. Um "anjo" (v.28), talvez o próprio Jesus, foi com eles no fogo, protegendo-os e respondendo contundentemente à pergunta do rei (vv.24-25). Nabucodonosor louvou o Deus verdadeiro e declarou: "Não há outro deus capaz de livrar dessa maneira!" (vv.28-29).

Há momentos em que nos sentimos no limite. Mas Jesus está com os que o servem. Ele nos ampara.

MIKE WITTMER

Há algo que você não consegue resolver?
Jesus pode ampará-lo!

Jesus, Tu és a resposta
quando só há incertezas.

A BÍBLIA EM UM ANO: 1 CRÔNICAS 28–29; JOÃO 9:24-41

27 DE MAIO · ZACARIAS 4:4-10

PEQUENO, MAS GRANDIOSO

Não desprezem os começos humildes... v.10

Será que chego às Olimpíadas? A jovem nadadora estava preocupada com a sua baixa velocidade. Mas quando o seu professor, Ken Ono, analisou a técnica dela, descobriu como ajudá-la a melhorar o seu tempo em seis segundos, diferença importante nesse nível de disputa. Com o sensor tecnológico colocado nas costas da atleta, ele não conseguiu identificar como melhorar a performance. Em vez disso, Ono identificou pequenas correções que, se aplicadas, tornariam a atleta mais eficiente na água e fariam a diferença para ela alcançar a vitória.

Em assuntos espirituais, pequenas correções também fazem uma grande diferença. O profeta Zacarias ensinou um princípio parecido ao grupo de judeus remanescente, que estava desencorajado e lutando para reconstruir o templo de Deus, após o exílio. O Senhor disse a Zorobabel, o líder da reconstrução: "Não por força, nem por poder, mas pelo meu Espírito, diz o SENHOR dos Exércitos" (ZACARIAS 4:6).

Como Zacarias declarou, "Não desprezem os começos humildes" (v.10). Os exilados temiam que o templo jamais atingisse a glória do templo do rei Salomão. Mas, assim como aquela atleta conseguiu ser medalhista, os construtores de Zorobabel aprenderam que seus pequenos esforços, quando glorificavam a Deus, podiam trazer a alegria da vitória com a ajuda do Senhor. Em Deus, o pequeno se torna grandioso.

PATRICIA RAYBON

Quais pequenas mudanças podem melhorar sua vida espiritual?

Mostra-me, querido Deus, as ações pequenas e corretas que Tu queres que eu faça.

A BÍBLIA EM UM ANO: 2 CRÔNICAS 1–3; JOÃO 10:1-23

28 DE MAIO ATOS 2:1-13

A AÇÃO EXCLUSIVA DO ESPÍRITO

*Todos ficaram cheios do Espírito Santo
e começaram a falar em outras línguas,
conforme o Espírito os habilitava.* v.4

O idoso teólogo alemão Jürgen Moltmann, 94, comentando sobre um livro a respeito do Espírito Santo, recebeu a seguinte pergunta do entrevistador: "Como você ativa o Espírito Santo? Existe uma 'pílula espiritual' para isso? As farmácias 'entregam' o Espírito?" As sobrancelhas do velho pastor ergueram-se. Sorrindo, ele respondeu com seu sotaque carregado: "O que posso fazer? Nada. Aguardar no Espírito, e Ele virá".

Moltmann expôs o nosso erro na crença de que podemos fazer as coisas acontecerem por nosso esforço ou habilidade. O livro de Atos revela que é Deus quem realiza. No início da Igreja, não havia nenhuma estratégia humana ou liderança impressionante. Ao invés disso, o Espírito desceu com "um som como o de um poderoso vendaval" sobre os discípulos assustados, indefesos e impressionados (2:2). Em seguida, Ele dissipou as disparidades étnicas, reunindo povos rivais em uma nova comunidade. Os discípulos ficaram chocados em ver o que Deus operava entre eles. Ninguém fez nada por conta própria, mas "o Espírito os habilitava" (v.4).

A Igreja e a sua obra no mundo não se define pelo que podemos fazer. Somos inteiramente dependentes do que somente o Espírito pode fazer. Isso nos torna ousados e sossegados. Que ao celebrarmos o Pentecostes, aguardemos pelo Espírito e respondamos a Ele. *WINN COLLIER*

**Você busca confiar em sua própria força
ou habilidade? Como esperar no Espírito?**

*Espírito Santo, fico exausto
quando tento fazer as coisas acontecerem.
Vem sobre mim e ajuda-me!*

A BÍBLIA EM UM ANO: 2 CRÔNICAS 4–6; JOÃO 10:24-42

29 DE MAIO — **HABACUQUE 3:11-19**

AGARRADO À ESPERANÇA

*Mesmo assim me alegrarei
no Senhor; exultarei no
Deus de minha salvação!* v.18

"Sei que o papai vai voltar pra casa; ele me mandou flores!", disse minha irmã no seu aniversário de sete anos, quando nosso pai estava desaparecido por causa da guerra. Ele encomendara aquele buquê antes de viajar. Mas ela estava certa: o pai realmente voltou, após um combate perturbador. Décadas depois, minha irmã ainda guarda o vaso que recebeu com aquelas flores como um lembrete para manter a esperança.

Nem sempre é fácil manter-se esperançoso num mundo falido e pecaminoso. Nem sempre acontece como queremos. Mas Deus traz esperança até nas circunstâncias mais difíceis. Em outros tempos de guerra, o profeta Habacuque predisse a invasão babilônica (1:6; 2 REIS 24); ainda assim, ele afirmou que Deus continuava sendo sempre bom (HABACUQUE 1:12-13). Lembrando da bondade divina para Seu povo no passado, ele proclamou: "Ainda que a figueira não floresça e não haja frutos nas videiras, ainda que a colheita de azeitonas não dê em nada e os campos fiquem vazios e improdutivos, ainda que os rebanhos morram nos campos e os currais fiquem vazios, mesmo assim me alegrarei no Senhor; exultarei no Deus de minha salvação!" (3:17-18).

Alguns comentaristas afirmam que Habacuque significa *apegar-se*. Apeguemo-nos a Deus como nossa sublime esperança e alegria, mesmo nas provações, porque Ele nos ampara e jamais nos abandonará.

JAMES BANKS

**Aproximar-se do Senhor
o ajuda a enfrentar as provações?**

*Pai, obrigado pela certeza
de um futuro iluminado ao Teu lado!*

30 DE MAIO — **EZEQUIEL 37:4-14**

O DEUS RESTAURADOR

*Soprarei meu espírito e os
trarei de volta à vida!* v.5

Em novembro de 1966, uma enchente desastrosa varreu Florença, na Itália, submergindo por mais de 12 horas a renomada obra de Giorgio Vasari, *A Última Ceia*, numa mistura de lama, água e óleo quente. Com sua tinta amolecida e a moldura de madeira muito danificada, pensava-se que seria impossível restaurar a peça. Entretanto, após um lento e difícil restauro que durou 50 anos, os especialistas e voluntários conseguiram o feito notável de restaurar a valiosa pintura.

Quando os babilônios conquistaram Israel, o povo ficou sem esperança, cercado pela morte e destruição, precisando de restauração (LAMENTAÇÕES 1). Nessa fase turbulenta, Deus levou Ezequiel a um vale e mostrou-lhe uma visão em que havia muitos ossos secos. "Filho do homem, acaso estes ossos podem voltar a viver?", Deus perguntou. Ezequiel respondeu: "Ó Senhor Soberano, só tu o sabes" (EZEQUIEL 37:3). O Senhor ordenou-lhe que profetizasse que os ossos viveriam e, "enquanto [Ezequiel] profetizava, ouviu-se em todo o vale o barulho de ossos batendo uns contra os outros, e os ossos de cada corpo estavam se juntando" (v.7). Deus revelou nessa visão que a restauração de Israel só poderia vir por intermédio do Senhor.

Mesmo que o dano pareça irreparável, Deus pode reconstruir-nos a partir dos nossos pedaços Ele nos dará novo fôlego e nova vida.

KIMYA LODER

**O que precisa ser restaurado em você?
Você confia na restauração de Deus?**

*Deus, parte de mim
parece incurável e não posso me restaurar sozinho.
Tu és a minha única esperança.*

A BÍBLIA EM UM ANO: 2 CRÔNICAS 10–12; JOÃO 11:30-57

31 DE MAIO — **ESDRAS 3:8–13**

LAMENTO E ALEGRIA

*Os gritos alegres e o choro
se misturavam...* v.13

A família de Ângela sofreu amargamente ao passarem por três perdas em apenas um mês. Quando ocorreu a morte repentina de seu sobrinho, Ângela e suas duas irmãs ficaram juntas ao redor da mesa da cozinha de casa, saindo apenas para comprar uma urna, receber os alimentos e ir ao funeral. Ao prantearem a morte de Márcio, elas também celebraram as imagens de ultrassom da pequena vida se desenvolvendo no ventre da irmã mais nova.

Com o tempo, Ângela encontrou o consolo e alento no livro de Esdras, do Antigo Testamento. Ele descreve o povo de Deus retornando a Jerusalém após a destruição do templo e o exílio de sua amada cidade (ESDRAS 1). Ao ver a reconstrução, Esdras ouviu gritos felizes de louvor a Deus (3:10-11). No entanto, ele também ouvia o choro dos que se lembravam da vida antes do exílio (v.12). Um verso em especial consolou Ângela: "Os gritos alegres e o choro se misturavam num barulho tão forte que se podia ouvir de muito longe" (v.13). Ela percebeu que, mesmo estando mergulhada em profunda dor, a alegria ainda poderia surgir.

Nós também podemos passar pelo luto da perda de alguém ou de algo importante. Ocorrendo tal situação, podemos expressar os nossos lamentos de dor, bem como nossos momentos de alegria com Deus, sabendo que Ele nos escuta e acolhe em Seus braços.

AMY BOUCHER PYE

**Podemos passar por sofrimentos
e alegria ao mesmo tempo? Você pode cultivar
alegria e esperança hoje?**

*Deus amoroso: neste mundo, passamos por dores.
Lança Tua alegria sobre nós, pois buscamos a ti.*

A BÍBLIA EM UM ANO: 2 CRÔNICAS 13–14; JOÃO 12:1-26

★ TÓPICO DE JUNHO / **O caráter de Deus**

O MARAVILHOSO AMOR DE DEUS

Deus é amor em Sua própria natureza e o Seu amor é revelado de muitas maneiras.

Na criação. A Sua voz está no ar que respiramos, e vemos o Senhor no nascer e no pôr do sol. A voz de Deus está presente no canto dos pássaros e no amor dos corações humanos.

Em Sua sabedoria. Deus nos criou a partir do Seu transbordante amor e bondade e nos capacitou para recebermos toda a bem-aventurança que tinha nos ordenado. Ele pensou em nós no enlevo do Seu generoso coração!

Em Seu poder. O mundo inteiro se move em direção à imensa e inescrutável vontade. "Pois, por meio dele, todas as coisas foram criadas, tanto nos céus como na terra, todas as coisas que podemos ver e as que não podemos, como os tronos, reinos, governantes e as autoridades do mundo invisível. Tudo foi criado por meio dele e para ele" (COLOSSENSES 1:16).

Em Sua santidade. Deus caminhou e falou com os seres humanos. O Senhor nos mostrou o caminho que devemos seguir para desfrutar da felicidade que Deus nos ordenou.

Em Sua justiça. Deus mostrou à humanidade que o cumprimento das Suas ordens sempre significaria a bem-aventurança eterna e a alegria indescritível, a vida e o conhecimento para sempre; o não cumprimento delas significaria a perda da vida com Deus e a morte eterna.

Na mais brilhante manhã, as estrelas cantaram e saltitaram de alegria. Depois entrou a desolação por causa da desobediência, do orgulho e do pecado, abrindo um grande abismo entre Deus e os Seus filhos. Mas Deus veio até nós. A entrega do Seu único Filho certamente revela o Seu amor num grau inigualável (ROMANOS 0.32).

OSWALD CHAMBERS

Além deste artigo, o tema *O caráter de Deus*
é abordado nos devocionais dos dias **1, 9, 16** e **23** de **junho**.

1º DE JUNHO — **1 TESSALONICENSES 5:12-28**

★ *TÓPICO DE JUNHO: O CARÁTER DE DEUS*

NAS MÃOS DE DEUS

Aquele que os chama fará isso acontecer, pois ele é fiel. v.24

Completar 18 anos inaugurou uma nova fase na vida de minha filha: maior de idade. Com o Ensino Médio completo e apta a votar, ela estava prestes a embarcar na vida adulta. Isso me trouxe-me um senso de urgência, pois agora teria pouco tempo para passar-lhe a sabedoria que ela precisaria para encarar o mundo: como cuidar das finanças, ficar alerta às questões globais e tomar decisões sábias.

Meu senso do dever em prepará-la era razoável, afinal, eu a amava e queria que ela tivesse êxito. Mas percebi que, apesar de ter um papel importante, essa tarefa não era apenas ou principalmente minha. Nas palavras de Paulo ao tessalonicenses, a quem ele considerava como seus filhos na fé, o apóstolo os aconselha a cuidarem uns dos outros (1 TESSALONICENSES 5:14-15); e finalmente confiou que era Deus quem lhes daria o crescimento. Paulo reconheceu que Deus "os [tornaria] santos em todos os aspectos" (V.23).

Paulo confiou em Deus para fazer o que ele não podia: prepará-los, "o espírito, a alma e o corpo", para a volta de Jesus (v.23). Embora suas cartas contivessem orientações, sua confiança no cuidado de Deus quanto ao bem-estar e prontidão da Igreja nos ensinam que o amadurecimento daqueles que amamos está, em última instância, nas mãos de Deus (1 CORÍNTIOS 3:6). KIRSTEN HOLMBERG

De que maneira Deus o ajuda a amadurecer o seu relacionamento com Ele? Você precisa confiar mais no amor e poder de Deus?

Pai, agradeço por Tu seres quem inicia e conclui cada fase em minha vida espiritual. Confio em ti.

Leia os textos e assista à série: *Ensinando no caminho*, acesse: paodiario.org

A BÍBLIA EM UM ANO: 2 CRÔNICAS 15–16; JOÃO 12:27-50

2 DE JUNHO   **ISAÍAS 2:1-5**

UNINDO AS NAÇÕES

O Senhor será mediador entre os povos
e resolverá os conflitos das nações... v.4

A maior fronteira internacional do mundo é a que divide o Canadá e os Estados Unidos, cobrindo incríveis 8.891 quilômetros de terra e água. As árvores que cobrem a linha são cortadas, gerando uma faixa desmatada de cerca de 6 metros; além disso, há postes de pedra marcando claramente onde fica a divisão.

Trata-se de uma amostra clara da separação entre governos e culturas. Como seguidores de Jesus, temos esperança no tempo em que Deus reverterá isso e unirá todas as nações do mundo sob a Sua mão. O profeta Isaías falou de um futuro quando o Templo do Senhor será firmemente estabelecido e exaltado (ISAÍAS 2:2). Pessoas de todas as nações se ajuntarão para aprender de Deus e andar em Seus caminhos (v.3). Não mais dependeremos de esforços humanos, falíveis, para manter a paz. Como nosso verdadeiro rei, Deus julgará as causas das nações e "resolverá os conflitos" (v.4).

Você consegue imaginar um mundo sem conflito ou divisão? É isso que Deus promete! Apesar de toda a desunião ao nosso redor, podemos "andar na luz do Senhor" (v.5) e sermos leais a Ele agora. Sabemos que Deus domina sobre todas as coisas, e um dia Ele unirá todos os povos sob a Sua bandeira.

KAREN PIMPO

A desunião do mundo pesa em nosso coração;
pensar no reino eterno de Deus lhe traz força?

Querido Deus, reconheço a Tua soberania
sobre toda autoridade deste mundo.
Tu reinas sobre todas as coisas.

A BÍBLIA EM UM ANO: 2 CRÔNICAS 17–18; JOÃO 13:1-20

3 DE JUNHO — **SALMO 139:1-12**

AO ALCANCE DE DEUS

*É impossível escapar do teu Espírito; não
há como fugir da tua presença.* v.7

Depois que a policial me revistou, entrei no presídio, assinei a lista de presença e aguardei numa sala lotada. Orei em silêncio, observando os adultos inquietos e as crianças reclamando da espera. Mais de uma hora depois, um guarda armado chamou uma lista de nomes, inclusive o meu. Quando meu enteado se sentou na cadeira do outro lado de um grosso vidro e pegou o interfone, senti a profundidade da minha impotência. Mas, enquanto eu chorava, o Senhor me garantiu de que ele ainda estava ao alcance de Deus.

No salmo 139, Davi diz a Deus: "sabes tudo que faço" (v.3). Essa declaração o leva a celebrar Sua proteção e cuidado atentos (v.5). Impressionado com a imensidão do conhecimento de Deus e a profundeza do Seu toque pessoal, Davi constata: "É impossível escapar do teu Espírito; não há como fugir da tua presença" (v.7).

Quando nós ou aqueles que amamos nos vemos presos, em situações de desesperança, e nos sentimos indefesos, a mão de Deus permanece forte e estável. Mesmo se acreditarmos que estamos muito perdidos, distantes demais de Sua redenção amorosa, sempre estaremos ao Seu alcance.

XOCHITL DIXON

**Nos momentos de desamparo
e desesperança, você busca
o conforto de Deus?**

*Pai de amor, ajuda-me a lembrar
que Tu sempre podes alcançar
a mim e meus amados.*

Para aprender sobre "a confiança em meio ao sofrimento",
acesse: paodiario.org

A BÍBLIA EM UM ANO: 2 CRÔNICAS 19–20; JOÃO 13:21-38

4 DE JUNHO **JOÃO 13:36-38; 21:18-19**

CORAGEM PARA SEGUIR JESUS

Quem se recusa a tomar sua cruz e me seguir não é digno de mim. MATEUS 10:38

No ano 155 d.C., Policarpo, um dos pais da Igreja, foi ameaçado de morte por sua fé em Cristo. "Tenho sido Seu servo por 86 anos, e Ele nunca me fez mal algum. Como eu poderia agora blasfemar meu Rei, que me salvou?", disse o ancião. Suas palavras nos inspiram quando enfrentamos perseguição pela nossa fé em Jesus, nosso Rei.

Algumas horas antes da morte de Jesus, Pedro jurou lealdade a Cristo com firmeza: "Estou disposto a morrer pelo senhor" (JOÃO 13:37). Jesus, que conhecia Pedro melhor do que ele mesmo se conhecia, respondeu: "Eu lhe digo a verdade, Pedro: antes que o galo cante, você me negará três vezes" (v.38). Entretanto, após a ressurreição de Jesus, aquele que o havia negado começou a servi-lo corajosamente e até morreu por Ele (VEJA 21:16-19).

Você é como Policarpo ou como Pedro? A maioria de nós, se formos honestos, é mais como Pedro, temos "apagões de coragem" e falhamos em falar ou agir de forma honrosa como cristãos. Essas ocasiões (numa sala de aula, no trabalho ou no intervalo) não precisam nos definir permanentemente. Quando ocorrerem, devemos sacudir a poeira em oração e nos voltarmos a Jesus, que morreu por nós e vive por nós. Deus nos ajudará a sermos fiéis a Ele e a vivermos com coragem todos os dias, mesmo quando for difícil.

ARTHUR JACKSON

Quais situações exigem uma dose extra de coragem para ser fiel a Jesus? O que o pode ajudar a testemunhar sobre Ele?

Deus, perdoa-me pelas situações em que me acovardo e nego o Senhor com palavras ou ações. Concede-me a Tua força!

A BÍBLIA EM UM ANO: 2 CRÔNICAS 21–22; JOÃO 14

5 DE JUNHO

ECLESIASTES 3:1-14

ESTAÇÕES

Há um momento certo para tudo,
um tempo para cada atividade
debaixo do céu. v.1

Descobri recentemente uma palavra muito útil: *invernar*. Assim como o inverno é um tempo quando a natureza diminui o ritmo, a autora Katherine May usa essa palavra para descrever nossa necessidade de descanso e recuperação durante as estações "geladas" da vida. Percebi isso quando meu pai faleceu de câncer, o que drenou minha energia por meses. Aborrecido com essa desaceleração forçada, lutei contra o meu inverno, orando para que o verão voltasse à minha vida. Mas eu tinha muito a aprender.

Eclesiastes diz que há "um tempo para cada atividade debaixo do céu": para plantar e para colher, para chorar e para rir, para se entristecer e para dançar (3:1-4). Li essas palavras por anos, mas só comecei a compreendê-las no meu inverno pessoal. As estações da vida, que pouco controlamos, são finitas e passam quando cumprem a sua função. Nem sempre sabemos o que, mas Deus sempre realiza algo significativo em tudo isso (v.11). Quando meu tempo de luto acabasse, viria a alegria. Como a natureza que não resiste ao inverno, eu precisava descansar e aceitar ser restaurado.

Um amigo intercedeu por mim assim: "Senhor, realiza Teu trabalho na vida deste irmão nesta temporada difícil". Essa oração foi melhor do que as minhas porque, nas mãos de Deus, cada fase tem um propósito. Vamos nos submeter ao agir de Deus em cada uma delas!

SHERIDAN VOYSEY

O que Deus espera de você nesta estação da sua vida?

Deus Pai, obrigado por usar as fases
da minha vida para a Tua glória e para o meu bem.

Leia textos sobre "quando Deus nos diz não", acesse: paodiario.org

A BÍBLIA EM UM ANO: 2 CRÔNICAS 23–24; JOÃO 15

6 DE JUNHO   ÊXODO 20:1-6

ESPAÇOS NO CORAÇÃO

*Não faça para si espécie alguma de
ídolo ou imagem de qualquer coisa
no céu, na terra ou no mar.* v.4

Veja algumas sugestões de passeios de férias: você pode conhecer o Museu Nacional da Mostarda, em Wisconsin, EUA. Se você acha que a mostarda é incrível, esse lugar vai impressioná-lo, com mais de 6.000 variedades de mostarda do mundo todo. Se você preferir, pode conhecer o Museu do Arame Farpado, no Texas, para os aficionados por... *cercas*. É curioso ver a quais tipos de coisas escolhemos dar importância. Já se disse que uma tarde no Museu da Banana não seria desperdiçada (mas confesso que eu discordo).

Nós rimos e achamos graça, mas é necessário admitirmos que nós mantemos nossos próprios museus, espaços no coração onde celebramos alguns ídolos que nós mesmos criamos. Deus nos ensina: "Não tenha outros deuses além de mim [...] Não se curve diante deles nem os adore" (ÊXODO 20:3,5). Mas nós o fazemos mesmo assim, esculpindo nossos ídolos de riqueza, luxúria, sucesso ou outro "tesouro" que adoramos em secreto.

É fácil ler essa passagem e não perceber a questão. Sim, Deus nos pedirá conta de cada museu de pecado que criarmos. Mas Ele também fala que demonstra "amor por até mil gerações dos que [o] amam" (v.6). Ele sabe quão frágeis nossos "museus" são, e que nossa satisfação verdadeira depende apenas de nosso amor por Ele.

KENNETH PETERSEN

**Você tem algum espaço no seu coração
que abriga um pecado ou ídolo secreto?**

*Querido Deus, quero que Tu sejas o centro de minha vida.
Preciso de ti para livrar-me dos ídolos que tenho.*

Leia o texto "Abrace a vida", acesse:paodiario.org

A BÍBLIA EM UM ANO: 2 CRÔNICAS 25–27; JOÃO 16

7 DE JUNHO — **MATEUS 18:15-20**

UM ALERTA AMOROSO

Se um irmão pecar contra você, fale com ele em particular e chame-lhe a atenção para o erro. v.15

Em 2010, um tsunami atingiu a ilha indonésia de Sumatra, matando mais de 400 pessoas. Essas perdas poderiam ter sido evitadas ou minimizadas se o sistema de alerta tivesse funcionado. Mas as boias que detectam essas ondas haviam se desprendido da rede e estavam à deriva.

Jesus disse que Seus discípulos eram responsáveis por avisar uns aos outros quanto a perigos espirituais, inclusive pecados sem arrependimento. Ele apresentou um processo em que um discípulo ofendido por um irmão poderia, com humildade, sigilo e em oração, "chamar a atenção" do ofensor (MATEUS 18:15). Se a pessoa se arrependesse, o conflito estaria resolvido e o relacionamento, restaurado. Se ele se recusasse a arrepender-se, duas ou três pessoas poderiam ajudar a mediação (v.16), mas se ainda não houvesse mudança, a questão seria levada "à igreja" (v.17). Se essa pessoa continuasse sem arrependimento, deveria ser removida da união dos irmãos, embora ainda pudessem orar por ele e demonstrar-lhe o amor de Cristo.

Como seguidores de Jesus, oremos pela sabedoria e coragem necessárias para cuidar com amor uns dos outros, alertando-nos mutuamente dos perigos do pecado e da alegria da restauração. Fazendo isso, Jesus estará conosco (v.20).

MARVIN WILLIAMS

Como você pode, com amor e humildade, confrontar alguém quanto ao pecado?

Querido Deus, ajuda-me a amar os outros a ponto de avisá-los do perigo do pecado.

A BÍBLIA EM UM ANO: 2 CRÔNICAS 28–29; JOÃO 17

8 DE JUNHO — **ROMANOS 5:1-5**

FORTALECIDOS PELAS LUTAS

...a tribulação produz perseverança, a perseverança produz experiência e a experiência produz esperança. vv.3-4 (NAA)

Fui inundada pelas memórias quando encontrei um adesivo que dizia: "Fiz um exame ocular". Vi na minha mente meu filho de quatro anos com aquela etiqueta colada na camisa após ter usado um colírio que ardia. Por causa dos seus músculos oculares fracos, ele precisou cobrir o olho mais forte com um tampão por algumas horas todos os dias, forçando o olho mais fraco a se desenvolver. Foi necessária uma cirurgia. E ele enfrentou cada um desses desafios com uma fé pueril, desenvolvendo resiliência.

As pessoas que passam por desafios e sofrimentos são, em geral, transformadas pela experiência. Mas o apóstolo Paulo foi além e disse que deveríamos nos alegrar pelas lutas, porque elas geram perseverança, experiência e esperança (ROMANOS 5:3-4). Paulo conhecia as lutas: não apenas naufrágio, mas também prisões por causa da fé. Ainda assim, ele escreveu aos cristãos de Roma que a "esperança não nos decepcionará, pois [...] ele nos deu o Espírito Santo para nos encher o coração com seu amor" (v.5). O apóstolo reconhecia que o Espírito de Deus mantém viva a esperança em Jesus naqueles que confiam nele.

Quaisquer que sejam as suas provações, saiba que Deus derrama a Sua graça, misericórdia e amor sobre você. *AMY BOUCHER PYE*

O que você aprendeu ao passar por provações? Como você vai se submeter aos cuidados de Deus nos seus desafios atuais?

Deus eterno, prometeste que jamais me deixarias. Ajuda-me a lembrar-me de Tuas promessas.

Leia sobre "como viver com resiliência", acesse: paodiário.org

A BÍBLIA EM UM ANO: 2 CRÔNICAS 30–31; JOÃO 18:1-18

9 DE JUNHO — **SALMO 121**

★ *TÓPICO DE JUNHO: O CARÁTER DE DEUS*

NOSSO LUGAR SEGURO

O Senhor é seu protetor! O Senhor está ao seu lado, como sombra que o abriga. v.5

Débora é uma professora aposentada cuja missão é convencer as pessoas a plantarem árvores. Por quê? O calor extremo é uma das maiores causas de morte relacionada ao clima, e a resposta que Débora encontrou está nas árvores. A copa das árvores fornece uma proteção importante contra o calor. "É uma questão de vida ou morte, não apenas de embelezar a comunidade."

O salmista que compôs o salmo 121 sabia muito bem que a sombra não é apenas refrescante, mas salva vidas. No Oriente Médio, o risco de um colapso por insolação é constante. Esse fato aprofunda nossa compreensão da descrição de Deus como nosso lugar mais seguro, que promete: "O sol não lhe fará mal de dia, nem a lua, de noite" (v.6).

Esse versículo não quer dizer que os cristãos são imunes à dor ou à perda (ou que o calor não é perigoso). Afinal, Jesus nos disse: "Aqui no mundo vocês terão aflições, mas animem-se, pois eu venci o mundo" (JOÃO 16:33). Mas essa metáfora nos relembra que, independentemente do que quer que venha pela frente, nossa vida está sob o Seu cuidado atento (SALMO 121:7-8). Podemos descansar ao confiar nele, sabendo que nada poderá nos separar do Seu amor (JOÃO 10:28; ROMANOS 8:39).

MONICA LA ROSE

Você já experimentou o refrigério do cuidado de Deus na sua vida?

Deus amoroso, obrigado por seres minha segurança e salvação. Ajuda-me a confiar mais em ti.

A BÍBLIA EM UM ANO: 2 CRÔNICAS 32–33; JOÃO 18:19-40

10 DE JUNHO **PROVÉRBIOS 3:5-8**

SALTO DE FÉ

Busque a vontade dele em tudo que fizer, e ele lhe mostrará o caminho que deve seguir. v.6

Enquanto eu me preparava para uma tirolesa em um ponto altíssimo de uma floresta, o medo brotou dentro de mim. Alguns segundos antes de eu saltar da plataforma, tudo o que poderia dar errado passou pela minha mente. Mas, com toda a coragem que consegui reunir (e sem muita opção de desistir), eu saltei. Saindo do ponto mais alto daquela região, voei pelas vibrantes copas das árvores, com o vento soprando meu cabelo e levando as minhas preocupações. Ao deixar a gravidade me levar até o local de chegada, eu consegui ver a próxima plataforma e por uma leve parada percebi que eu chegaria em segurança.

Aquela experiência ilustrou para mim o que acontece quando Deus nos coloca diante de projetos novos e desafiadores. Quando nos sentirmos inseguros, a Bíblia nos ensina: "Confie no Senhor de todo o coração; não dependa de seu próprio entendimento" (PROVÉRBIOS 3:5). Se a nossa mente está com medo e dúvidas, nossos caminhos ficam confusos. Mas, ao decidirmos dar um passo de fé e submeter a nossa vida a Deus, "ele [nos] mostrará o caminho que [devemos] seguir" (v.6). Ganhamos mais confiança para esses passos quanto mais conhecemos sobre Deus, investindo tempo em oração e leitura das Escrituras.

Podemos ter liberdade e tranquilidade até nas fases mais desafiadoras, desde que confiemos no Senhor e permitamos que Ele nos guie em meio às mudanças da vida. *KIMYA LODER*

Há alguma situação que o desafia a confiar mais em Deus? Você precisa dar algum salto de fé?

Querido Pai, por favor, dá-me a sabedoria e força de que preciso para confiar minha vida a ti.

A BÍBLIA EM UM ANO: 2 CRÔNICAS 34–36; JOÃO 19:1-22

11 DE JUNHO · **1 PEDRO 1:17-25**

O JARDIM DE DEUS

*...ele nos fez nascer de novo [...]. Agora
temos uma viva esperança...* v.3

Há um lembrete da beleza e da brevidade da vida na porta de minha casa. Na última primavera, minha esposa plantou uma variedade de dama-da-noite cujos botões florescem por uma noite e caem com o sol da manhã seguinte. Mas a planta produz muito, então a cada noite temos uma mostra diferente das lindas flores brancas e redondas. Ficamos sempre na expectativa de ver qual será a beleza do dia seguinte.

Essas flores tão frágeis me fazem pensar em uma verdade vital das Escrituras. O apóstolo Pedro, citando Isaías, escreveu: "Pois vocês nasceram de novo, não para uma vida que pode ser destruída, mas para uma vida que durará para sempre, porque vem da eterna e viva palavra de Deus. Pois, 'Os seres humanos são como o capim; sua beleza é como as flores do campo. O capim seca e as flores murcham'" (1 PEDRO 1:23-25). Temos a garantia de que Deus sempre cumpre as Suas promessas (v.25)!

Como flores em um jardim, nossa vida na Terra é curta diante da eternidade. Mas Deus instilou beleza na brevidade. Pelas boas-novas de Jesus, temos um novo começo com Deus e confiamos em Sua promessa de vida eterna em Sua presença amorosa. Quando o Sol e a Lua forem apenas uma memória, ainda o louvaremos.

JAMES BANKS

**Qual é a sua maior expectativa para a eternidade?
Qual promessa de Deus é a sua favorita?**

*Lindo Salvador, louvo-te pelo dom da salvação.
Teu amor dura para sempre, e eu te amo por isso.*

A BÍBLIA EM UM ANO: ESDRAS 1–2; JOÃO 19:23-42

12 DE JUNHO — GÊNESIS 2:15-25

OBEDIÊNCIA LIBERTADORA

Coma à vontade dos frutos de todas as árvores do jardim, exceto da árvore do conhecimento... vv.16-17

O olhar no rosto da adolescente refletia angústia e vergonha. Rumo às Olimpíadas de Inverno de 2022, seu sucesso como patinadora era sem igual, fazendo-a a favorita para a medalha de ouro. Mas, quando um teste revelou uma substância proibida em seu organismo, o imenso peso das expectativas e condenação a pressionou, e ela caiu várias vezes durante a prova. Sequer conseguiu uma medalha. A criatividade e liberdade artística tão presentes antes do escândalo foram esmagadas pela acusação de trapaça.

Desde o início da humanidade, Deus revelou a importância da obediência no exercício do livre-arbítrio. A rebeldia trouxe devastação sobre Adão, Eva e todos nós, desde que o pecado trouxe a morte e a decadência para o mundo (GÊNESIS 3:6-19). Não precisava ser assim. Deus havia dito aos dois: "Coma à vontade dos frutos de todas as árvores do jardim, exceto" uma (2:16-17). Pensando que "seus olhos se [abririam]" e seriam "como Deus", eles comeram da árvore proibida "do conhecimento do bem e do mal" (3:5;2:17). Pecado, vergonha e morte se sucederam.

Pela graça, Deus nos concede liberdade e muitas dádivas para usufruirmos (JOÃO 10:10). Ele também nos chama com amor a fim de obedecê-lo, para nosso próprio bem. Que o Senhor nos ajude a escolhermos a obediência e a vivermos cheios de alegria e livres da vergonha.

TOM FELTEN

De que maneira a obediência a Deus nos traz uma liberdade mais profunda?

Pai, obrigado pela liberdade e vida verdadeiras que encontrei ao obedecer a ti.

A BÍBLIA EM UM ANO: ESDRAS 3–5; JOÃO 20

13 DE JUNHO — **LAMENTAÇÕES 1:1,12-13,16-20**

VAZIO

*A cidade que antes era cheia de
gente agora está deserta... v.1*

Com meus irmãos e nossas famílias, passei o dia fazendo a mudança de meus pais, saindo da casa onde crescemos. No fim da tarde, pegamos os últimos objetos e, sabendo que era nossa última vez ali, fizemos uma foto na varanda. Eu segurava as lágrimas quando minha mãe me disse: "Está tudo vazio agora". Não resisti e pranteei o vazio da casa que carregava 54 anos de memórias. Até evito pensar sobre isso.

A dor em meu coração ecoa as primeiras palavras de Jeremias em Lamentações: "A cidade que antes era cheia de gente agora está deserta..." (v.1). Uma diferença importante é o fato de Jerusalém estar deserta "por seus muitos pecados" (v.5). Deus exilou Seu povo na Babilônia porque haviam se rebelado e recusavam o arrependimento (v.18). Meus pais não estavam se mudando por causa de algum pecado, embora o declínio da saúde que vem com a idade seja consequência do pecado de Adão no Éden. Não é incomum que procuremos casas menores, mais fáceis de manter, na velhice.

Sou grato pelas memórias que fizeram daquela casa simples um lar tão especial. Com o amor, vem a dor. Sei que a próxima despedida não será de um lugar, mas dos meus próprios pais, e eu choro. Clamo que Jesus venha, encerrando as despedidas e restaurando todas as coisas. Ele é a minha esperança. *MIKE WITTMER*

> **Você tem memórias especiais
> de algum lugar? Agradeça a Deus por
> cada lembrança daqueles que você ama.**
>
> *Pai, obrigado por me receberes
> no Teu lar, com a Tua família,
> por toda a eternidade.*

A BÍBLIA EM UM ANO: ESDRAS 6–8; JOÃO 21

14 DE JUNHO **HEBREUS 11:32,35-40**

LUTAS E VITÓRIAS

Mas não somos como aqueles que se afastam [...]. Somos pessoas de fé cuja alma é preservada. 10:39

Tiago não permitiu que a agitação social, o perigo ou o desconforto o impedissem de viajar a um dos países mais pobres do mundo para encorajar casais de missionários. As mensagens que recebíamos revelavam os desafios encontrados. "Pessoal, orem por nós. Em 2 horas, andamos apenas 16 quilômetros, e o carro superaqueceu dez vezes". As dificuldades com o transporte permitiram que ele chegasse ao local de pregação somente à meia-noite, e as pessoas já o esperavam há 5 horas. Recebemos depois uma mensagem com outro tom: "Que comunhão abençoada! Cerca de 12 pessoas vieram à frente para orarmos. Foi uma noite poderosa!".

Servir a Deus com fidelidade pode ser desafiador. Os homens de fé listados em Hebreus 11 concordariam. Movidos pela fé em Deus, pessoas comuns enfrentaram circunstâncias desconfortáveis e impensáveis. "Alguns foram alvo de zombaria e açoites, e outros, acorrentados em prisões" (v.36). A fé os levou a assumir riscos e confiar que Deus cuidaria dos resultados. Isso também se aplica a nós. Praticarmos nossa fé talvez não nos leve a lugares perigosos, mas pode nos levar a atravessar a rua ou o prédio onde estudamos, ou àquela mesa vazia com um colega solitário. Arriscado? Talvez. Mas, cedo ou tarde, a recompensa valerá a pena, com a ajuda de Deus.

ARTHUR JACKSON

Você está disposto a seguir a Jesus, custe o que custar?

Pai querido, concede-me força e coragem para confiar a minha vida apenas a ti.

A BÍBLIA EM UM ANO: ESDRAS 9–10; ATOS 1

15 DE JUNHO   🍞 **FILIPENSES 1:3-6**

JUNTANDO AS PEÇAS

...aquele que começou a boa obra em vocês irá completá-la até o dia em que Cristo Jesus voltar. v.6

Quando minha família estava isolada por conta da disseminação da pandemia, embarcamos em um projeto ambicioso: um quebra-cabeça de 18.000 peças! Nós trabalhávamos nele diariamente, mas várias vezes não percebíamos grande avanço. Após 5 meses, finalmente celebramos a colocação da última peça daquele enorme quebra-cabeça, que cobria quase todo o chão da nossa sala de jantar. Às vezes, minha vida parece ser assim: há muitas peças no lugar, mas muitas mais ainda estão bagunçadas e fora de lugar. Apesar de saber que Deus está agindo, tornando-me mais semelhante a Jesus, às vezes é difícil ver algum progresso.

A encorajadora carta aos filipenses me traz conforto quando leio que Paulo orava por eles com alegria pelo bom trabalho que realizavam (FILIPENSES 1:3-4). Mas a confiança de Paulo não vinha das habilidades daquela igreja, mas de Deus, pois ele sabia que "aquele que começou a boa obra [...] irá completá-la" (v.6).

Deus prometeu concluir a Sua obra em nós. Como um quebra-cabeça, podemos ter áreas que precisam de atenção, e passaremos por fases em que não veremos muito progresso. Mas estejamos confiantes de que nosso Deus fiel está arrumando as peças numa bela imagem.

LISA SAMRA

**Você crê que Deus está agindo?
Há belas áreas montadas por Ele em sua vida?**

*Pai celestial, por favor, dá-me olhos da fé,
para que eu veja o Teu agir em minha vida.*

Leia sobre a "identidade de Cristo",
série *Descobrindo a Palavra*, acesse: paodiario.org

A BÍBLIA EM UM ANO: NEEMIAS 1–3; ATOS 2:1-21

16 DE JUNHO ❧ **ISAÍAS 49:13-16**

★ *TÓPICO DE JUNHO: O CARÁTER DE DEUS*

A INFALÍVEL MEMÓRIA DE DEUS

Eu não me esqueceria de vocês! v.15

Um homem possuía mais de 400 mil dólares em *bitcoins*, mas ele não podia sacar um centavo sequer. Ele esquecera a senha para o aparelho que controlava os seus investimentos, e um desastre estava armado: após dez tentativas, o aparelho se autodestruiria. Uma fortuna se perderia para sempre. Por uma década, o homem agonizou, tentando desesperadamente relembrar a senha. Ele tentou, e falhou, oito vezes. Em 2021, ele lamentava ter apenas duas chances antes que tudo se evaporasse.

Somos esquecidos. Às vezes, esquecemo-nos de coisas pequenas, como onde estão as chaves; às vezes, algo maior, como uma senha importante. Ainda bem que Deus não é como nós! Ele nunca se esquece das coisas e pessoas importantes para Ele. Em tempos de tribulação, o povo de Israel teve medo de que Deus os tivesse esquecido. "O SENHOR nos abandonou, o Senhor se esqueceu de nós" (ISAÍAS 49:14). Isaías garantiu-lhe, porém, que Deus sempre se lembra. "Pode a mãe se esquecer do filho que ainda mama?" (v.15), perguntou o profeta. Uma mãe *sempre* se lembra do seu bebê; mas, mesmo que algo terrível assim acontecesse, sabemos que Deus nunca nos esqueceria.

"Vejam", diz Deus, "escrevi seu nome na palma de minhas mãos..." (v.16). Deus gravou nosso nome em Seu próprio ser. Lembre-se de que Ele não pode se esquecer daqueles que Ele ama.

WINN COLLIER

**Você já esqueceu de algo importante?
A boa memória divina lhe traz tranquilidade?**

*Querido Deus, sou grato por Tua memória
ser resiliente e confiável.*

A BÍBLIA EM UM ANO: NEEMIAS 4–6; ATOS 2:22-47

17 DE JUNHO **JEREMIAS 1:4-9**

O PODER DA VOZ

...o SENHOR [...] disse: "Veja, coloquei minhas palavras em sua boca!". v.9

Os oradores mais potentes da história são, normalmente, líderes que usaram a própria voz para gerar uma mudança positiva. Pense em Frederick Douglass, cujos discursos sobre abolição e liberdade incendiaram o movimento que levou ao fim da escravidão nos EUA. E se ele tivesse escolhido ficar em silêncio? Todos podemos usar nossa voz para inspirar e ajudar os outros, mas o medo de nos posicionar pode ser paralisador. Quando nos sentirmos vencidos pelo medo, podemos olhar para Deus, nossa fonte de sabedoria divina e encorajamento.

Quando Deus chamou Jeremias para ser um profeta às nações, ele imediatamente questionou suas habilidades. Ele clamou: "Ó Soberano SENHOR, não sou capaz de falar em teu nome! Sou jovem demais para isso!" (JEREMIAS 1:6). Mas Deus não permitiria que o medo de Jeremias interferisse em Seu propósito de inspirar uma geração por intermédio daquele profeta. Deus o instruiu a simplesmente confiar no Senhor e dizer as Suas palavras (v.7); Ele o encorajou e capacitou: "...coloquei minhas palavras em sua boca!" (v.9).

Se pedirmos que Deus nos mostre como Ele pretende nos usar, o Senhor nos capacitará a cumprir o nosso chamado. Com a Sua ajuda, podemos usar nossa voz com ousadia e gerar um impacto positivo naqueles ao nosso redor.

KIMYA LODER

Você já teve medo de falar em prol da justiça? Como depender da força e sabedoria de Deus ao se posicionar?

Pai celestial, concede-me a Tua força para que as minhas palavras influenciem positivamente.

A BÍBLIA EM UM ANO: NEEMIAS 7–9; ATOS 3

18 DE JUNHO   **ISAÍAS 46:4-7**

ELE É DEUS DESDE SEMPRE

Serei o seu Deus por toda a sua vida [...].
Eu os criei e cuidarei de vocês. v.4

Depois de uma cirurgia malsucedida, o médico de Joana disse que ela precisaria submeter-se a outra em cinco semanas. A ansiedade aumentou com o passar do tempo; Joana e seu marido eram idosos e sua família morava longe deles. O casal precisaria dirigir até uma cidade desconhecida e passar por todo o complexo sistema hospitalar, além de consultar-se com um novo especialista. As circunstâncias pareciam terríveis, mas Deus cuidou deles. Durante a viagem, o GPS quebrou, mas eles chegaram a tempo, pois tinham um mapa. Deus lhes proveu a sabedoria. No hospital, um pastor orou com eles e se ofereceu para ajudá-los naquele dia. Deus lhes proveu apoio. Após a operação, Joana recebeu as boas notícias: a cirurgia fora bem-sucedida.

Embora nem sempre recebamos cura ou resgate, Deus é fiel e está sempre perto das pessoas vulneráveis, sejam elas jovens, idosas ou com necessidades especiais. Quando o cativeiro na Babilônia enfraqueceu os israelitas, Isaías os lembrou de que Deus os sustentara desde o nascimento e continuaria a cuidar deles. Deus disse: "...até que seus cabelos fiquem brancos. Eu os criei e cuidarei de vocês" (ISAÍAS 46:4).

Deus não nos abandona quando precisamos dele. Ele nos supre e nos lembra de que está conosco em todos os momentos de nossa vida. Ele é Deus de todos os nossos dias.

JENNIFER BENSON SCHULDT

Como Deus o tem sustentado
durante os momentos de fraqueza? Você é o Seu
instrumento para prover aos outros?

Querido Deus, Tu és bom e gentil.
Ajuda-me a confiar em ti quando houver incerteza.

A BÍBLIA EM UM ANO: NEEMIAS 10–11; ATOS 4:1-22

19 DE JUNHO — **GÁLATAS 5:1-7,13-15**

VIVA EM LIBERDADE

Para a liberdade foi que Cristo nos libertou... v.1 (NAA)

No Texas, onde eu cresci, havia desfiles e piqueniques nas comunidades negras, todo dia 19 de junho, celebrando o *Juneteenth* (uma mistura das palavras junho e 19 em inglês). Só quando eu já era adolescente que aprendi o significado chocante dessa data. Nesse dia, em 1865, a população escravizada do Texas descobriu que o presidente Lincoln havia assinado a Declaração de Emancipação, libertando-os, *2 anos e 5 meses antes*. Eles tinham permanecido na escravidão porque não sabiam que tinham sido libertos.

É possível ser livre e continuar vivendo como escravo. Em Gálatas, Paulo escreve sobre outro tipo de escravidão: viver sob as exigências esmagadoras das regras religiosas. Neste versículo-chave, Paulo afirma a seus leitores: "Para a liberdade foi que Cristo nos libertou. Por isso, permaneçam firmes e não se submetam, de novo, a jugo de escravidão" (GÁLATAS 5:1, NAA). Os seguidores de Jesus foram libertos das regras exteriores, incluindo o que comer ou de quem ser amigo. Muitos, porém, ainda viviam como escravos.

Infelizmente, podemos fazer o mesmo hoje. Entretanto, quando cremos em Jesus, Ele nos liberta de uma vida de medo dos padrões religiosos humanos. A liberdade foi declarada. Sejamos livres em Seu poder!

LISA SAMRA

Você já sofreu as amarras das regras religiosas? Como ser livre em Cristo?

Jesus, agradeço-te por me libertares do fardo das regras opressivas.

Para saber mais sobre "o chamado de Deus", acesse: paodiario.org

A BÍBLIA EM UM ANO: NEEMIAS 12–13; ATOS 4:23-37

20 DE JUNHO — TIAGO 1:19-27

A VERDADEIRA RELIGIÃO

A religião [...] aos olhos de Deus, o Pai, é esta: cuidar dos órfãos e das viúvas... v.27

Quando eu estava na faculdade, um colega faleceu inesperadamente. Eu o vi alguns dias antes, e ele parecia estar bem. Nós éramos jovens e pensávamos estar na nossa melhor época, tornando-nos como "irmãos e irmãs" nas associações estudantis. Porém, foi após a morte daquele colega que testemunhei meus amigos expressarem o que Tiago chama de "religião pura e verdadeira" (TIAGO 1:27). Os colegas do jovem falecido se tornaram como irmãos para a irmã dele. Eles foram ao seu casamento e viajaram para participar do chá de bebê dela, muitos anos depois de terem saído da faculdade. Um deles até a presenteou com um celular, para que ela pudesse ligar para ele sempre que precisasse.

A verdadeira religião, segundo Tiago, é "cuidar dos órfãos e das viúvas em suas dificuldades..." (v.27). Apesar de aquela moça não ser órfã no sentido literal, ela perdera o seu irmão. Os novos "irmãos" preencheram aquela lacuna.

É isto o que devemos fazer todos nós que queremos ter a vida pura e verdadeira de Jesus: pôr a Palavra de Deus em prática (v.22), incluindo cuidar dos necessitados (2:14-17). Nossa fé nele nos leva a cuidar dos vulneráveis sem sermos influenciados negativamente pelo mundo, pois o Senhor nos protege. Afinal, esta é a verdadeira religião aos olhos de Deus.

KATARA PATTON

De que maneira você praticou a verdadeira religião? Como você pode demonstrar a fé genuína para as pessoas?

Pai celestial, abre meus olhos para ver como posso ajudar os mais vulneráveis. Guia-me!

A BÍBLIA EM UM ANO: ESTER 1–2; ATOS 5:1-21

21 DE JUNHO — **1 PEDRO 4:7-11**

PASSO A PASSO

*Como é bom e agradável quando os
irmãos vivem em união!* SALMO 133:1

Alinhados lado a lado e amarrados pelos joelhos e tornozelos, doze equipes de três pessoas cada, se alinharam na linha de partida. Quando foi dada a largada, as equipes se lançaram na corrida, com os olhos na linha de chegada. A maioria delas caiu e teve muita dificuldade para levantar-se novamente. Alguns decidiram saltitar ao invés de correr, e outros desistiram. Mas um trio, antes de começar, estabeleceu um plano e se comunicou bem. Eles tropeçaram, mas seguiram em frente, e logo ultrapassaram os demais. Foi pela sua disposição de cooperar que, passo a passo, chegaram juntos à linha de chegada.

Viver para Deus numa comunidade de seguidores de Jesus parece ser, muitas vezes, tão frustrante quando participar de uma "corrida de pés amarrados". É comum tropeçarmos quando interagimos com pessoas que pensam diferente de nós.

Pedro fala de oração, hospitalidade e de dedicarmos nossos dons para nos alinharmos em unidade diante da vida. Ele exorta os cristãos a "[amar] uns aos outros sinceramente" (1 PEDRO 4:8), a serem hospitaleiros sem murmurar e a "servir uns aos outros, fazendo bom uso da múltipla e variada graça divina" (v.10). Quando pedimos que Deus nos ajude a comunicar e cooperar, podemos vencer a corrida ao mostrar para o mundo como celebrar as diferenças e viver juntos em unidade.

XOCHITL DIXON

**Você já teve dificuldades ao lidar com alguém
diferente de você? Como Deus o amparou?**

*Poderoso Deus, ajuda-me
a me comunicar melhor e cooperar
com as pessoas. Quero amá-las como Tu as amas.*

A BÍBLIA EM UM ANO: ESTER 3–5; ATOS 5:22-42

22 DE JUNHO ROMANOS 10:8-17

A FÉ VEM POR OUVIR

...a fé vem por ouvir, isto é, por ouvir as boas-novas a respeito de Cristo. v.17

O pastor Beto sofreu uma lesão que afetou a sua fala, o que o levou a 15 anos de crise e depressão. Ele se perguntava: "O que um pastor que não fala pode fazer?", e lutava com essa questão, derramando seu sofrimento e confusão diante de Deus. "Só soube fazer uma coisa: buscar a Palavra de Deus." Enquanto ele investia o seu tempo lendo a Bíblia, seu amor por Deus cresceu: "Dediquei a minha vida a absorver as Escrituras, mergulhando nelas, porque a fé vem por ouvir, e ouvir a Palavra de Deus".

Encontramos a frase "a fé vem por ouvir" na carta do apóstolo Paulo aos romanos. Paulo desejava que os seus contemporâneos judeus cressem em Cristo e fossem salvos (ROMANOS 10:9). Como eles creriam? Pela fé que vem "por ouvir as boas-novas a respeito de Cristo" (v.17)

O pastor Beto busca receber e crer na mensagem de Cristo, especialmente durante as suas leituras bíblicas. Ele só consegue falar uma hora por dia, sentindo dor constante, mas ele continua a encontrar paz e contentamento em Deus durante a sua imersão nas Escrituras. Também podemos confiar que Jesus se revelará a nós nas provações. Ele aumentará nossa fé ao ouvirmos a Sua mensagem, seja qual for o desafio que enfrentarmos.

AMY BOUCHER PYE

A sua fé poderia ser fortalecida por uma imersão nas Escrituras? Você encontra contentamento quando a vida é desafiadora?

Deus de amor, Tu me concedes esperança mesmo quando sofro diante dos obstáculos. Molda-me!

A BÍBLIA EM UM ANO: ESTER 6–8; ATOS 6

23 DE JUNHO   ÊXODO 14:21-23, 26-31

★ *TÓPICO DE JUNHO: O CARÁTER DE DEUS*

O GRANDE PODER DE DEUS

Quando o povo de Israel viu o grande poder do Senhor [...] passou a confiar no Senhor... v.31

O aparentemente impossível aconteceu quando ventos de um furacão mudaram o fluxo do poderoso rio Mississippi. Em agosto de 2021, o furacão Ida atingiu a costa de Louisiana, e o chocante resultado foi um fluxo negativo, isto é, a água fluiu *rio acima*, por várias horas. Estima-se que um furacão possa, ao longo de sua vida útil, expandir energia equivalente a dez mil bombas nucleares! Essa força espetacular que chega a mudar o curso de um rio me ajuda a compreender a reação dos israelitas, diante de um "fluxo negativo" mais significativo, registrada no Êxodo.

Ao sair do Egito, onde haviam sido escravizados por séculos, os israelitas chegaram à beira do mar Vermelho. Diante deles havia muita água e atrás deles o exército egípcio. Naquela situação aparentemente impossível, "o Senhor abriu caminho no meio das águas. O vento soprou a noite toda, transformando o fundo do mar em terra seca. E o povo de Israel atravessou pelo meio do mar...". Resgatados com tal prova de força, "o povo de Israel [...] encheu-se de temor diante dele" (ÊXODO 14:21-22,31).

É natural atemorizar-se após experimentar a imensidão do poder de Deus. Mas não parou nisso: o povo israelita também "passou a confiar no Senhor" (v.31).

Ao percebermos o poder de Deus na criação, não temamos, mas também confiemos no Senhor.   *LISA SAMRA*

Você já presenciou uma demonstração do poder de Deus na criação? Como isso o levou a uma maior confiança nele?

Deus criador, ajuda-me a confiar mais em ti quando vejo as impressionantes demonstrações do Teu poder.

Leia sobre "a maravilhosa criação de Deus", acesse: paodiario.org.

A BÍBLIA EM UM ANO: ESTER 9–10; ATOS 7:1-21

24 DE JUNHO · **JOÃO 6:5-13**

ELE NOS RENOVA

Agora juntem os pedaços que sobraram,
para que nada se desperdice. v.12

Como um executivo do ramo hoteleiro, Shawn Seipler tinha uma inquietação incomum. O que acontece com o sabão que sobra nos quartos dos hotéis? Ele acreditava que milhões de barras poderiam ter uma nova vida, ao invés de serem lançados nos aterros. Assim, ele lançou a *Clean the World* ("Limpe o Mundo"), uma iniciativa de reciclagem que já ajudou mais de oito mil hotéis, cruzeiros e *resorts* a transformar milhões de quilos de sabão descartado em novas barras de sabão esterilizado e remoldado. Ao ser enviado para pessoas vulneráveis em mais de cem países, o sabão reciclado ajuda a prevenir incontáveis doenças e mortes relacionadas à limpeza. Como Shawn disse: "parece engraçado, mas a barrinha de sabão na pia do seu hotel pode literalmente salvar uma vida".

Pegar algo usado ou sujo e dar-lhe nova vida é um dos traços mais amorosos do nosso Salvador, Jesus. Foi assim que, após Ele ter alimentado uma multidão de 5.000 pessoas com cinco pãezinhos de cevada e dois peixes, Ele disse aos Seus discípulos: "Agora juntem os pedaços que sobraram, para que nada se desperdice" (JOÃO 6:12).

Em nossa vida, quando nos sentimos "gastos", Deus não nos vê como refugo, mas como Seus milagres. Nunca somos descartáveis a Seus olhos e temos um potencial divino para sermos úteis no Seu reino. "Logo, todo aquele que está em Cristo se tornou nova criação. A velha vida acabou, e uma nova vida teve início!" (2 CORÍNTIOS 5:17). O que nos renova? Cristo em nós. PATRICIA RAYBON

Você já se sentiu sem valor? Por quê?
A vida de Jesus faz você se sentir renovado?

Querido Pai, quando eu sinto que não valho nada,
ajuda-me a ver minha nova vida em ti.

A BÍBLIA EM UM ANO: JÓ 1–2; ATOS 7:22-43

25 DE JUNHO   🌱 **1 CORÍNTIOS 11:23-28**

RELEMBRANDO O SACRIFÍCIO

...cada vez que vocês comem desse pão e bebem desse cálice, anunciam a morte do Senhor até que ele venha. v.26

No domingo após o culto matinal, meu anfitrião em Moscou me levou para almoçar num restaurante em frente ao Kremlin, a sede do governo do país, onde há alguns monumentos. Ao chegar, percebemos uma fila de recém-casados se aproximando do Túmulo do Soldado Desconhecido fora dos muros do Kremlin. A alegria do dia do casamento deles incluía relembrar intencionalmente o sacrifício que outros fizeram para que aquele dia fosse possível. Fiquei refletindo sobre os casais que tiravam fotos diante do memorial antes de depositarem ali algumas flores.

Todos nós podemos ser gratos aos que beneficiaram nossa vida por meio de algum sacrifício. De fato, foram esforços importantes, mas nenhum deles foi o mais importante de todos. É somente ao pé da cruz que vemos o sacrifício que Jesus fez por nós e começamos a compreender como estamos completamente em dívida com o Salvador.

Chegar à mesa do Senhor para participar da ceia nos lembra o sacrifício de Cristo, representado no pão e no cálice. Paulo escreveu: "cada vez que vocês comem desse pão e bebem desse cálice, anunciam a morte do Senhor até que ele venha" (1 CORÍNTIOS 11:26). Que as vezes em que formos à Sua mesa nos lembrem de viver diariamente em memória e gratidão a tudo o que Jesus fez em nós e por nós.

BILL CROWDER

Ao aproximar-se da mesa do Senhor, como você a vê? Você aproveita essa ocasião para agradecer o sacrifício de Cristo em seu favor?

Deus, o amor que Jesus provou na cruz é inigualável. Quero demonstrar-te minha grande gratidão!

A BÍBLIA EM UM ANO: JÓ 3–4; ATOS 7:44-60

26 DE JUNHO · **2 REIS 5:20-27**

DINHEIRO FÁCIL

Onde seu tesouro estiver, ali também estará seu coração. MATEUS 6:21

No fim do século 18, um jovem descobriu uma misteriosa depressão numa ilha na Nova Escócia, Canadá. Desconfiado de que ali havia um tesouro escondido por piratas, quem sabe o próprio capitão Kidd, ele e alguns colegas começaram a cavar. Eles jamais encontraram qualquer tesouro, mas o rumor tomou vida própria e, nos séculos seguintes, muito tempo e recursos foram gastos em novas escavações ali. Hoje, o buraco tem mais de 30 metros de profundidade.

Buscas obsessivas assim expõem o vazio que há no coração humano. Lemos, na Bíblia, a história de Geazi, que era um servo confiável do profeta Eliseu. Mas, quando o profeta recusou os luxuosos presentes de certo comandante militar que Deus havia curado da lepra, Geazi inventou uma história para apropriar-se de parte dos bens (2 REIS 5:22). Ao retornar, ele mentiu para Eliseu, que disse: "Você não percebe que eu estava presente em espírito quando Naamã desceu da carruagem para encontrar-se com você?". No fim, Geazi conseguiu o que queria, mas perdeu o que era importante (vv.25,27).

Jesus nos ensina a não perseguir os tesouros deste mundo, mas a "[ajuntar nossos] tesouros no céu..." (MATEUS 6:20). Cuidado com os atalhos para alcançar o desejo do seu coração. Seguir a Jesus é a maneira de preencher o vazio existencial com algo real.

TIM GUSTAFSON

Qual é o seu maior anseio? Que atividades ou obsessões o deixam sentir-se sem propósito?

Querido Deus, entrego meus desejos a ti. Por favor, ajuda-me a sonhar com os teus valiosos tesouros.

Ouça o *podcast* "Compaixão" acesse: paodiario.org

A BÍBLIA EM UM ANO: JÓ 5–7; ATOS 8:1-25

27 DE JUNHO   🌿 **PROVÉRBIOS 25:18-23**

QUEIMANDO DE REMORSO

Dê [a seus inimigos] de comer [...]. Você amontoará brasas vivas sobre a cabeça deles... vv.21-22

Daniel suportava espancamentos diários sempre por um mesmo guarda prisional. Ele sentiu-se guiado por Jesus a amar aquele homem e, numa manhã, disse: "Senhor, se vamos nos ver todos os dias pelo resto da minha vida, deveríamos ser amigos". O guarda respondeu: "Jamais seremos amigos", mas Daniel insistiu e apertou a sua mão. O guarda congelou e começou a tremer, segurou a mão dele sem a soltar. Lágrimas rolaram pelo rosto dele. "Daniel, meu nome é Rocha. Eu adoraria ser seu amigo." Daquele dia em diante, Rocha não bateu mais em Daniel.

A Bíblia nos diz: "Se seus inimigos tiverem fome, dê-lhes de comer; se tiverem sede, dê-lhes de beber. Você amontoará brasas vivas sobre a cabeça deles, e o SENHOR o recompensará" (PROVÉRBIOS 25:21-22). É possível que o versículo se refira a um antigo ritual egípcio em que uma pessoa culpada declarava estar arrependida carregando um pote com brasas acesas sobre a cabeça. Semelhantemente, a nossa bondade constrange os nossos inimigos, o que pode levá-los ao arrependimento.

Quem é seu inimigo? Há alguém de quem você não goste? Daniel descobriu que a bondade de Cristo era forte o suficiente para transformar qualquer coração, o do inimigo e o dele próprio. Também podemos fazer esta mesma descoberta? *MIKE WITTMER*

Qual oração ou gentileza você pode fazer hoje para "amontoar brasas vivas" sobre a cabeça de seu adversário?

Querido Jesus, louvado sejas por Tua bondade, que me leva ao arrependimento e me inspira a ser gentil.

A BÍBLIA EM UM ANO: JÓ 8–10; ATOS 8:26-40

28 DE JUNHO   **SALMO 23**

SE VOCÊ ESTIVER SÓ

...tu estás ao meu lado... v.4

Era o início da noite e o senhor Rui estava em sua cozinha, comendo arroz e bolinhos de carne. A família vizinha também jantava, e a conversa animada deles atravessava o silêncio do apartamento onde Rui vivia sozinho desde que a sua esposa falecera. Acostumara-se a viver só; e com o passar dos anos, a dor cortante havia se tornado uma tristeza mais amena. Mas, naquela noite, a visão de apenas um prato e talheres solitários o feriu profundamente.

Então, antes de dormir, Rui leu o seu salmo favorito. As palavras que mais importavam para ele eram apenas cinco: "tu estás ao meu lado" (SALMO 23:4). Além das ações práticas de cuidado do Pastor pelas ovelhas, era a Sua presença e olhar amoroso para cada detalhe da vida das ovelhas (vv.2-5) que trazia paz a Rui.

Reconhecer que há alguém conosco nos traz conforto nos momentos de solidão. Deus promete a Seus filhos que o Seu amor sempre estará conosco (SALMO 103:17) e que Ele nunca nos deixará nem nos abandonará (HEBREUS 13:5). Quando nos sentirmos solitários e invisíveis, seja numa cozinha silenciosa, num ônibus a caminho de casa ou até mesmo num supermercado lotado, podemos estar certos de que o olhar do Pastor está sempre sobre nós e dizer: "Tu estás ao meu lado".

KAREN HUANG

**Em que situações você se sente solitário?
Como a leitura do Salmo 23 pode encorajá-lo?**

*Deus de amor, obrigado
porque Tu sempre estás comigo.*

Leia: "Salmo 23: Esperança e descanso vindos
do Pastor", acesse: paodiario.org

A BÍBLIA EM UM ANO: JÓ 11–13; ATOS 9:1-21

29 DE JUNHO — **MARCOS 2:13-17**

O EVANGELHO EM LUGARES INESPERADOS

*...Jesus e seus discípulos estavam
à mesa, acompanhados de [...]
outros pecadores...* v.15

Recentemente, estive num lugar que eu havia visto inúmeras vezes na televisão e em filmes: Hollywood, Califórnia. Lá, nas colinas de Los Angeles, o enorme letreiro se destacava orgulhoso na famosa paisagem que eu via da janela do hotel. E aí percebi algo mais: abaixo dele havia uma cruz proeminente que eu nunca *tinha visto* em filme nenhum. Assim que saí do meu hotel, alguns estudantes de uma igreja local começaram a me falar de Jesus. Às vezes pensamos que Hollywood é o epicentro do mundanismo, em enorme contraste com o reino de Deus. Porém, Jesus claramente estava agindo lá, surpreendendo-me com a Sua presença.

Os fariseus surpreendiam-se constantemente com os locais onde Jesus aparecia. Ele não se juntava às pessoas que os fariseus esperavam que se ajuntasse. Pelo contrário, lemos em Marcos 2 que Ele convivia com "cobradores de impostos e outros pecadores" (v.15), pessoas cujo testemunho parecia gritar: "Impuro!". Mas lá estava Jesus, junto daqueles que mais precisavam dele (vv.16-17).

Mais de 2000 anos depois, Jesus continua a semear a Sua mensagem de esperança e salvação em lugares inesperados, entre as pessoas mais inesperadas. E Ele nos convoca e capacita para participar desta missão.

ADAM R. HOLZ

**Você já percebeu a ação de Deus num lugar
que o surpreendeu? O que precisa ser mudado
em você para abrir-se à surpreendente
orientação do Espírito em lugares inesperados?**

*Pai celestial, sou grato por me surpreender
e me convocar a ser parte desta missão.*

A BÍBLIA EM UM ANO: JÓ 14–16; ATOS 9:22-43

30 DE JUNHO — 1 SAMUEL 12:1,19-24

UM CONSELHO DE DESPEDIDA

O Senhor não demora [...] ele é paciente [...]. Não deseja que ninguém seja destruído... 2 PEDRO 3:9

Ao aproximar-se do fim de sua vida, o defensor dos direitos civis John M. Perkins deixou uma mensagem para os seus: "O arrependimento é a única forma de voltar a Deus. A não ser que se arrependam, vocês todos perecerão". Essas palavras refletem a linguagem de Jesus e de outras pessoas na Bíblia. Cristo disse, "Mas, se não se arrependerem, vocês também morrerão" (LUCAS 13:3). O apóstolo Pedro falou: "Arrependam-se e voltem-se para Deus, para que seus pecados sejam apagados" (ATOS 3:19).

Já no início da Bíblia, lemos as palavras de outra pessoa que também desejava que seu povo se voltasse a Deus. Em sua despedida "a todo o Israel" (1 SAMUEL 12:1), o profeta, sacerdote e juiz Samuel disse: "Não tenham medo [...] Certamente agiram mal, mas, agora, sirvam ao SENHOR de todo o coração e não se afastem dele" (v.20). Esse foi seu chamado ao arrependimento: abandonar o mal e seguir a Deus de coração.

Todos nós pecamos e não atingimos o padrão de Deus. Por isso, precisamos nos arrepender, isto é, afastar-nos do pecado e olharmos para Jesus, que nos perdoa e capacita a segui-lo. Ouçamos a palavras destes dois homens, Perkins e Samuel, que reconheceram como Deus pode usar o poder do arrependimento para nos tornar pessoas que Ele pode usar para a Sua glória.

DAVE BRANON

Por que é importante abandonar o pecado e pedir o perdão de Deus? O que significa seguir a Deus de todo o nosso coração?

Deus, guia-me ao arrependimento genuíno. Ajuda-me a reconhecer meu pecado e confiar no Teu perdão.

Leia o artigo: "Vencendo a cultura do pecado", acesse: paodiario.org

A BÍBLIA EM UM ANO: JÓ 17–19; ATOS 10:1-23

★ TÓPICO DE JULHO / **Oração**

O MOMENTO DA ORAÇÃO

Oração é adoração. A nossa oração deve ser repleta de adoração, amor e carinho por Deus, por Ele ser quem Ele é; por ter-nos criado para ter alguém sobre quem pudesse derramar o Seu amor; por ter estendido Seus braços na cruz; por Ele ansiar, no sentido mais completo, por tornar-nos mulheres e homens plenos. Na adoração, como a palavra *digno* implica, nós declaramos aquilo que mais valorizamos. Orar é uma das melhores maneiras, no mundo, de amar a Deus.

A oração é a expressão máxima da nossa dependência de Deus. É o momento de pedir o que queremos. Podemos pedir qualquer coisa, mesmo as mais difíceis. "Não vivam preocupados com coisa alguma; em vez disso, orem a Deus pedindo aquilo de que precisam e agradecendo-lhe por tudo que ele já fez" (FILIPENSES 4:6). Qualquer coisa suficientemente grande para ocupar a nossa mente é motivo suficiente para orarmos.

A oração, porém, pela sua natureza, é *petição*; não insistência e demanda. Não podemos fazer exigências nem acordos com Deus. Os amigos não fazem exigências. Eles pedem e, em seguida, esperam. Esperemos com paciência e submissão até Deus nos conceder o que pedimos, ou algo mais.

A oração é pedir por compreensão. É o meio pelo qual entendemos o que Deus nos diz em Sua Palavra. A oração centraliza e rejunta o nosso coração fragmentado.

No tranquilo momento da oração, Deus nos consola, instrui e ouve; nós aprendemos a amá-lo e a adorá-lo.

DAVID ROPER

Além deste artigo, o tema *Oração*
é abordado nos devocionais dos dias **1, 9, 16** e **23 de julho**.

1º DE JULHO 🌱 **1 TESSALONICENSES 1:4-5; 5:19**

★ *TÓPICO DE JULHO: ORAÇÃO*

CONECTADO À FONTE DE ENERGIA

Não apaguem o Espírito...
1 TESSALONICENSES 5:19

Apesar de saber que a eletricidade não estava funcionando em nossa casa após uma forte tempestade (um inconveniente comum na vizinhança), acendi instintivamente a luz ao entrar no quarto. Claro, nada aconteceu, e continuei envolta na escuridão. O fato de esperar que a luz acendesse mesmo sabendo que a fonte de energia estava estragada traz-me à mente uma verdade espiritual. É muito comum querermos poder divino mesmo quando falhamos em confiar no Espírito.

Paulo escreve sobre a forma que Deus trouxe a mensagem do evangelho: "não o fizemos apenas com palavras, mas também com poder, visto que o Espírito Santo [nos] deu plena certeza" (1 TESSALONICENSES 1:5). E os que aceitam o perdão de Deus também têm acesso imediato ao poder do Seu Espírito na vida deles. Esse poder cultiva em nós características como amor, alegria, paz e paciência (GÁLATAS 5:22-23) e nos capacita com dons para servir à igreja, incluindo os atos de ensinar, ajudar e liderar (1 CORÍNTIOS 12:28).

Paulo adverte seus leitores de que é possível apagar o Espírito (1 TESSALONICENSES 5:19). Nós podemos restringir o poder do Espírito ao ignorar a presença de Deus ou a Sua vontade (JOÃO 16:8). Mas não precisamos viver desconectados dele. O poder de Deus está sempre disponível para os Seus filhos.

LISA SAMRA

Você já se sentiu limitado pelo poder do Espírito? Já experimentou o poder do Espírito de Deus? Como?

Deus Todo-poderoso, ajuda-me a reconhecer e sentir o poder do Teu Espírito em minha vida.

Saiba mais sobre "a vida no Espírito", acesse: paodiario.org

A BÍBLIA EM UM ANO: JÓ 20–21; ATOS 10:24–48

2 DE JULHO **SALMO 62:5-8**

NOSSO REFÚGIO

...Deus é nosso refúgio. v.8

No início, era apenas um local na América do Norte por onde os búfalos caminhavam. Os indígenas seguiam os rastros dos búfalos até a chegada dos colonos com seus rebanhos e colheitas. A mesma terra tornou-se depois local para fabricar produtos químicos após a Segunda Guerra Mundial, e, mais tarde, para a desmilitarização de armas da Guerra Fria. Mas um dia encontraram por lá muitas águias-de-cabeça-branca, dando origem ao Refúgio Nacional de Vida Selvagem, numa extensão de pouco mais de 60 mil quilômetros de pradaria, pântano e floresta nos arredores da cidade. Hoje a região é um dos maiores refúgios urbanos do país, lar seguro e protegido para mais de 300 espécies de animais como furões, corujas, águias-carecas e como você imaginou, também é o lar dos búfalos.

O salmista nos fala que "Deus é nosso refúgio" (SALMO 62:8), maior do que qualquer lugar na Terra em que possamos buscar abrigo, Deus é nosso verdadeiro santuário, uma segura e protegida presença porque "nele vivemos, nos movemos e existimos" (ATOS 17:28). Ele é nosso refúgio em quem podemos confiar "em todo o tempo" (SALMO 62:8). E Ele é o nosso santuário no qual confiantes podemos trazer nossas orações e derramar o nosso coração.

Deus é o nosso refúgio. Ele era no princípio, Ele é agora e Ele sempre será.

JOHN BLASE

O que a frase "Deus é o nosso refúgio" significa? Há algo dentro de nós que precisamos entregar a Ele?

Querido Deus, sou grato por seres meu porto seguro.

A BÍBLIA EM UM ANO: JÓ 22–24; ATOS 11

3 DE JULHO — **LEVÍTICO 19:9-18**

AME SEU PRÓXIMO

*...ame o seu próximo
como a si mesmo.* v.18

No grupo de jovens, aprendemos que em vez de trocar de vizinho era preciso amar os que estavam ao nosso redor. Todos estavam sentados em círculo, exceto a pessoa que ficava no meio. A pessoa de pé perguntava a alguém sentado: "Você ama o seu próximo?" A que estava sentada poderia responder de duas maneiras: sim ou não. Na sequência, ela decidia se gostaria de trocar de lugar.

Na realidade, talvez gostaríamos de escolher o nosso "próximo" também, não é? Principalmente quando temos um colega com quem não nos damos bem ou um vizinho que adora cortar a grama em horários inconvenientes. No entanto, temos que aprender a conviver com as pessoas difíceis ao nosso redor.

Quando os israelitas foram para a Terra Prometida, Deus lhes deu instruções importantes sobre como viver como pessoas que pertenciam a Ele. Foram instruídos a amar "o próximo como a si mesmo" (LEVÍTICO 19:18). Isso inclui: não espalhar fofocas ou boatos, não nos aproveitarmos de nossos vizinhos e confrontar diretamente as pessoas se tivermos algo contra elas (vv.9-18).

Embora seja difícil amar a todos, é possível tratarmos os outros com amor enquanto Jesus age em nosso interior e por meio de nós. Deus proverá a sabedoria e a capacidade de o fazermos enquanto procuramos viver a nossa identidade como Seu povo.

POH FANG CHIA

**Quais são os "próximos" difíceis de amar?
O que poderia ser feito para conviver melhor com eles?**

*Pai, ajuda-me a refletir o Teu amor
aos que estão ao meu redor,
até mesmo às pessoas mais difíceis.*

Leia mais sobre "o amor ao próximo", acesse: paodiario.org

A BÍBLIA EM UM ANO: JÓ 25–27; ATOS 12

4 DE JULHO • **TIAGO 1:2-8, 12-18**

DEUS IMUTÁVEL

*Feliz é aquele que suporta com paciência
as provações e tentações... v.12*

Uma foto icônica mostra as marcas da pisada de uma bota contra um fundo cinza. É a pegada do astronauta Buzz Aldrin, deixada na Lua em 1969. Os cientistas dizem que essa pegada provavelmente ainda esteja lá, inalterada após todos esses anos. Sem vento ou água, nada na Lua sofre erosão, então o que for feito na paisagem lunar torna-se imutável.

Ainda mais incrível é refletirmos sobre a presença constante do próprio Deus. Tiago escreve: "Toda dádiva que é boa e perfeita vem do alto, do Pai que criou as luzes no céu. Nele não há variação nem sombra de mudança" (TIAGO 1:17). O apóstolo coloca isso no contexto das nossas próprias lutas: "Meus irmãos, considerem motivo de grande alegria sempre que passarem por qualquer tipo de provação" (v.2). Por quê? Porque somos amados por um Deus grande e imutável!

Em tempos de dificuldade, precisamos nos lembrar da provisão constante de Deus. Talvez possamos nos lembrar das palavras da música "Tu és fiel, Senhor": "Tu és fiel, Senhor, meu Pai celeste / Pleno poder aos teus filhos darás / Nunca mudaste: Tu nunca faltaste / Tal como eras, tu sempre serás (HC 535)". Sim, nosso Deus deixou Sua marca permanente em nosso mundo. Ele sempre estará lá para nós. Grande é a Sua fidelidade.   *KENNETH PETERSEN*

**Quais são os problemas que
enfrentamos hoje? Como a compreensão
da presença imutável de Deus
pode nos auxiliar?**

*Deus, sei que estás presente e proverás.
Ajuda-me a descansar em ti.*

5 DE JULHO — ROMANOS 12:1-8

IMITAR JESUS

Não imitem o [...] mundo, mas deixem que Deus os transforme [...] em seu modo de pensar... v.2

Nas águas da Grande Barreira de Corais, Indonésia, vive um mestre do disfarce: o polvo-mímico que muda o pigmento de sua pele para misturar-se com o ambiente. Essa criatura inteligente também muda sua forma, movimento e comportamento quando ameaçada, imitando criaturas venenosas como o peixe-leão e as mortíferas serpentes marinhas.

Ao contrário do polvo-mímico, os que amam a Cristo devem se destacar no mundo que os rodeia. Podemos nos sentir ameaçados pelos que discordam de nós e tentados a nos misturar para não sermos reconhecidos como seguidores de Cristo. Entretanto, o apóstolo Paulo nos encoraja a oferecer nosso corpo como "um sacrifício vivo e santo, do tipo que Deus considera agradável" (ROMANOS 12:1), representando Jesus em todos os aspectos.

Amigos ou familiares podem tentar nos influenciar com "o comportamento e os costumes deste mundo" (v.2). Entretanto, podemos demonstrar a quem servimos ao alinhar nossa vida com as verdades que cremos como filhos de Deus. Quando obedecemos às Escrituras e refletimos sobre o caráter amoroso de Deus, nossa vida nos serve de exemplo de que as recompensas de sermos obedientes serão sempre maiores que qualquer perda. Como você imitará Jesus hoje?

XOCHITL DIXON

**Você já sentiu o desejo de misturar-se ao mundo sem ser reconhecido como cristão?
Já se sentiu alienado por ter escolhido refletir Jesus por meio de suas palavras e ações?**

Querido Jesus, por favor, dá-me coragem e confiança para refletir o Teu amor aos outros.

Saiba mais sobre "como amar a Deus", acesse: paodiario.org

A BÍBLIA EM UM ANO: JÓ 30–31; ATOS 13:26-52

6 DE JULHO — **NÚMEROS 20:2-12**

ESPERANÇA ALÉM DAS CONSEQUÊNCIAS

...Deus prova seu grande amor ao enviar Cristo para morrer por nós quando ainda éramos pecadores.
ROMANOS 5:8

Você já fez algo com raiva e depois se arrependeu? Quando meu filho estava lutando contra a adição, disse-lhe algumas coisas duras sobre suas escolhas. Minha raiva só o desencorajou mais. Mas ele encontrou cristãos que lhe falaram sobre a vida e esperança em Cristo, e com o tempo ele foi liberto.

Moisés fez algo de que mais tarde se arrependeu. Quando os israelitas estavam no deserto, reclamaram amargamente. Deus instruiu Moisés e Arão: "Enquanto eles observam, falem àquela rocha ali, e dela jorrará água" (NÚMEROS 20:8). Com ira e sem dar crédito a Deus, Moisés o deu a si mesmo e a Arão: "Ouçam, seus rebeldes! [...] Será que é desta rocha que teremos de tirar água para vocês?" (v.10). Moisés desobedeceu a Deus e "levantou a mão e bateu na rocha duas vezes com a vara" (v.11). A água jorrou, mas com consequências trágicas. Nem Moisés nem Arão tiveram permissão para entrar na terra que Deus prometeu a Seu povo. Mas o Senhor foi misericordioso e permitiu que Moisés ainda a visse de longe (27:12-13).

Assim como fez com Moisés, Deus nos encontra misericordiosamente no deserto de nossa desobediência a Ele, e pela morte e ressurreição de Jesus, o Senhor gentilmente nos oferece o perdão e a esperança. Não importa onde estivermos ou o que fizermos, se nos voltarmos a Deus, Ele nos conduzirá à vida.

JAMES BANKS

**Que bondade imerecida Deus tem nos dado?
Como compartilhar tal bondade hoje?**

*Pai amoroso, apesar das
consequências de minhas escolhas
Tu me dás esperança eterna.*

A BÍBLIA EM UM ANO: JÓ 32–33; ATOS 14

7 DE JULHO   ÊXODO 16:4-7,13-17

FLOCOS DE CHOCOLATE

Este é o pão que o SENHOR deu
a vocês para comer. v.15 NVI

Os suíços foram surpreendidos por uma chuva de raspas de chocolate que cobriram a cidade. O sistema de ventilação da fábrica de chocolate próxima estava defeituoso e espalhou e polvilhou a área com o cacau. Um verdadeiro sonho para os chocólatras!

Todavia, o chocolate não satisfaz adequadamente as necessidades nutricionais de uma pessoa. No contexto dos israelitas, Deus proveu o Seu povo com chuvas celestiais que os supriam. Ao andarem pelo deserto, eles reclamavam da variedade de alimentos que haviam deixado no Egito. Mas Deus lhes disse que faria "chover pão do céu" para sustentá-los (ÊXODO 16:4 NVI). A cada dia, quando o orvalho da manhã secava, um floco fino de alimento permanecia. Quase 2 milhões de israelitas foram instruídos a reunir o alimento necessário para o dia. Durante 40 anos de peregrinação pelo deserto, eles foram alimentados pela provisão sobrenatural de Deus em forma de maná.

Sabemos muito pouco sobre o maná, exceto que era "branco como a semente de coentro e tinha gosto de massa folhada de mel" (v.31). Talvez o maná pudesse não parecer tão atrativo quanto uma dieta à base de chocolate, porém a doçura da provisão divina para o Seu povo foi clara. O maná nos aponta para Jesus, que se descreveu como o "pão da vida" (JOÃO 6:48) que nos sustenta diariamente e nos assegura a vida eterna (v.51).

KIRSTEN HOLMBERG

De que maneira Jesus sendo o "pão da vida"
nos encoraja a confiar nele?

Deus Pai, sou grato por
suprires a minha necessidade mais profunda
em Jesus e por Teu sustento diário.

A BÍBLIA EM UM ANO: JÓ 34–35; ATOS 15:1-21

8 DE JULHO   ATOS 4:12-22

LIVRE NO ESPÍRITO

...perceberam que eram homens comuns [...]. Reconheceram também que eles haviam estado com Jesus. v.13

Os norte-americanos Orville e Wilbur Wright não tinham licença de piloto nem curso universitário. Ambos consertavam bicicletas, mas tinham o sonho e a coragem de tentar voar. Em 1903, eles revezaram-se pilotando sua máquina voadora. O voo mais longo durou um minuto e mudou o mundo para sempre.

Os apóstolos Pedro e João também não tinham licença para pregar nem tinham ido ao seminário. Eram pescadores que, cheios do Espírito Santo, proclamaram ousadamente as boas-novas: "Não há salvação em nenhum outro! Não há nenhum outro nome debaixo do céu, em toda a humanidade, por meio do qual devamos ser salvos" (ATOS 4:12).

Os vizinhos dos irmãos Wright não apreciaram a conquista. O jornal da cidade não acreditou na história e publicou que, mesmo sendo verdade, os voos tinham sido breves demais. Demorou muitos anos antes que o público reconhecesse o que eles haviam feito. Os líderes religiosos também não se agradaram de Pedro e João e lhes ordenaram que parassem de falar aos outros sobre Jesus. Pedro disse: *De jeito nenhum!* "Não podemos deixar de falar do que vimos e ouvimos!" (v.20).

Quem sabe você não tenha sido aprovado ou tenha sido desprezado. Não importa. Se você tem o Espírito Santo, está livre para viver com coragem para o Senhor!

MIKE WITTMER

Que tarefa ou pessoa o faz sentir-se inadequado? É possível confiar na presença interior do Espírito Santo para enfrentar esse desafio hoje?

Jesus, pertenço a ti. Usa-me de acordo com a Tua vontade.

Descubra mais sobre o Espírito Santo, acesse: universidadecrista.org

A BÍBLIA EM UM ANO: JÓ 36–37; ATOS 15:22–41

9 DE JULHO ■ **ISAÍAS 58:1-9**

★ *TÓPICO DE JULHO: ORAÇÃO*

UM PEDIDO DE AJUDA

*Libertem os oprimidos, removam as
correntes que prendem as pessoas.* v.6

David Willis estava no andar de cima da livraria quando desceu e descobriu que as luzes haviam sido apagadas, as portas trancadas e ele estava preso no interior da loja! Sem saber o que fazer, ele tuitou: "Olá, @Livreiros! Estou trancado no interior da sua livraria, há 2 horas. Por favor, deixe-me sair!". Logo depois do seu comentário no *twitter*, ele foi resgatado.

É bom ter uma forma de obter ajuda quando estamos com problemas. Isaías disse que há Alguém que responderá nossas súplicas quando estivermos sob um jugo que nós mesmos criamos. O profeta escreveu que Deus tinha advertido o Seu povo contra a devoção religiosa irresponsável. Eles seguiam os mandamentos da religião, mascarando sua opressão aos pobres com rituais vazios e egoístas (ISAÍAS 58:1-7). Isso não lhes trouxe favor divino. Deus escondeu deles o Seu rosto e não lhes respondeu às orações (1:15). Disse-lhes que se arrependessem e demonstrassem verdadeiros atos de amor e cuidado com os outros (58:6-7). Se fizessem isso, Ele lhes diria: "Então vocês clamarão, e o SENHOR responderá. 'Aqui estou', ele dirá. 'Removam o jugo pesado de opressão, parem de fazer acusações e espalhar boatos maldosos'" (v.9).

Aproximemo-nos dos necessitados, dizendo-lhes: "Estou aqui". Pois Deus ouve nossos pedidos de socorro e também nos diz: "Estou aqui".

MARVIN WILLIAMS

**O que pode nos impedir
de ter nossa oração respondida?
Do que precisamos nos arrepender?**

*Querido Deus, obrigado por ouvires minhas orações.
Por favor, ajuda-me a estar presente para os outros.*

A BÍBLIA EM UM ANO: JÓ 38–40; ATOS 16:1-21

10 DE JULHO ✣ **JOÃO 3:13-21**

DA ESCURIDÃO À LUZ

*Mas quem pratica a verdade
se aproxima da luz...* v.21

Nada poderia tirar Aakash de sua depressão profunda. Gravemente ferido num acidente, ele foi levado a um hospital missionário no sudoeste da Ásia. Foi operado oito vezes e não conseguia se alimentar. Sua família dependia dele para sobreviver e Aakash não podia sustentá-los. Seu mundo ficou mais sombrio. Alguém leu para Aakash o evangelho de João em seu idioma e orou por ele. Tocado pela esperança divina de perdão e salvação por meio de Jesus, Aakash depositou sua fé em Cristo. Livrou-se da depressão e, ao voltar para casa, teve medo de mencionar sobre sua recém-adquirida fé. Finalmente, porém, ele contou à família sobre Jesus, e eles também creram nele!

O evangelho de João é um farol de luz num mundo de trevas. Nele lemos: "para que todo o que nele crer não pereça, mas tenha a vida eterna" (JOÃO 3:16). Descobrimos que "quem ouve minha mensagem [Jesus] e crê naquele que me enviou [Deus Pai] tem a vida eterna" (5:24). E ouvimos Jesus dizer: "Eu sou o pão da vida. Quem vem a mim nunca mais terá fome" (6:35). De fato, "quem pratica a verdade se aproxima da luz" (3:21).

Jesus é maior do que todos os problemas que enfrentamos. Concedeu-nos "vida plena, que satisfaz" (10:10). Como Aakash, que você também coloque sua fé em Jesus, a esperança do mundo e a luz para a humanidade.

DAVE BRANON

**Como os problemas do mundo
o sobrecarregam? De que maneira a mensagem
e a presença de Jesus o encorajam?**

*Querido Pai celestial, obrigado
pela esperança encontrada em Teu Filho.*

A BÍBLIA EM UM ANO: JÓ 41–42; ATOS 16:22-40

11 DE JULHO · **HEBREUS 3:1-6**

QUEM MERECE O ELOGIO?

Pois toda casa tem um construtor, mas Deus é o construtor de todas as coisas. v.4

Da escada em espiral até o quarto bastante amplo, do piso de madeira ao carpete macio, da lavanderia enorme até o escritório bem-organizado, o corretor de imóveis mostrava um lar em potencial para um jovem casal. Em cada cômodo que entravam, eles elogiavam a beleza da casa: "Você escolheu o melhor lugar para nós. A casa é incrível!". Então o corretor respondeu com algo que eles acharam um pouco incomum, mas verdadeiro: "Vou repassar os seus elogios ao construtor. Aquele que construiu a casa merece o reconhecimento, não a casa em si ou aquele que a exibe".

As palavras do corretor de imóveis repercutem as do escritor de Hebreus: "a pessoa que constrói uma casa merece mais elogios que a casa em si" (3:3). O escritor estava comparando a fidelidade de Jesus, o Filho de Deus, com o profeta Moisés (vv.1-6). Embora Moisés tivesse o privilégio de falar com Deus face a face e ver Sua forma (NÚMEROS 12:8), ele ainda era apenas "um servo" na casa de Deus (HEBREUS 3:5). Cristo como o Criador (1:2,10) merece a honra como o divino "construtor de todas as coisas" e, como Filho, "é responsável por toda a casa de Deus" (3:4,6). A casa de Deus é o Seu povo.

Quando servimos a Deus fielmente, é Jesus, o construtor divino, que merece a honra. Qualquer louvor que nós, a casa de Deus, recebemos, pertence ao Senhor.

ANNE CETAS

O que Deus construiu em você? De que maneira você honra Jesus ao receber elogios?

Jesus, Tu mereces todo o meu louvor.
Que a minha vida e as minhas palavras
deem louvor a ti neste dia.

Saiba mais sobre como "aumentar a sua fé
e glorificar a Deus", acesse: paodiario.org

A BÍBLIA EM UM ANO: SALMOS 1–3; ATOS 17:1-15

12 DE JULHO — SALMO 51:1-7

LAVA-ME!

*Purifica-me [...] lava-me e ficarei
mais branco que a neve.* v.7

"Lava-me!" Embora essas palavras não estivessem escritas no meu carro, elas poderiam estar. Então, fui para o lava-rápido, assim como outros motoristas que queriam livrar-se da sujeira incrustada das estradas esburacadas. As filas eram longas, e o atendimento lento. Mas valia o esforço, a lavagem era grátis.

Ser limpo à custa de outra pessoa: esse é o evangelho de Jesus Cristo. Deus, por meio da morte e ressurreição de Jesus, providenciou o perdão para os nossos pecados. Quem de nós já não sentiu a necessidade de "tomar um banho" quando a "sujeira e a poeira" da vida nos marcaram? Ou quando somos manchados por pensamentos ou ações egoístas que prejudicam a nós mesmos ou aos outros e nos roubam a paz com Deus?

O Salmo 51 é um clamor do rei Davi quando a tentação triunfou em um momento de sua vida. Quando Davi foi confrontado por um mentor espiritual sobre seu pecado (2 SAMUEL 12), ele orou: "Lava-me!" oração: "Purifica-me de minha impureza, e ficarei limpo; lava-me, e ficarei mais branco que a neve" (v.7). Você está se sentindo sujo e culpado? Vá até Jesus e lembre-se destas palavras: "Mas, se confessamos nossos pecados, ele é fiel e justo para perdoar nossos pecados e nos purificar de toda injustiça" (1 JOÃO 1:9).

ARTHUR JACKSON

**O que significa clamar a Deus, dizendo: "Lava-me"?
O que nos impede de pedir Seu perdão gratuito
e purificação por meio de Jesus agora?**

*Deus eterno, sonda o meu coração, lava-me,
perdoa-me e ajuda-me a te honrar.*

A BÍBLIA EM UM ANO: SALMOS 4–6; ATOS 17:16-34

13 DE JULHO — **SOFONIAS 3:1-8**

RESPONSABILIDADE PESSOAL

*…Mas eles continuam a se levantar cedo
para praticar todo tipo de maldade.* v.7

Vi o meu medo refletido nos olhos do meu amigo. Comportamo-nos mal e estávamos acovardados diante do diretor do acampamento. Ele conhecia bem nossos pais e compartilhou, com zelo e clareza, que eles ficariam desapontados. Queríamos nos esconder ao sentir a nossa responsabilidade.

Sobre a responsabilidade individual pelo pecado, Deus concedeu uma mensagem para o povo de Judá que continha palavras poderosas (SOFONIAS 1:1,6-7). Depois de descrever os julgamentos que traria contra os inimigos de Judá (cap.2), Deus voltou os olhos para Seu povo culpado e disperso (cap.3). "Que aflição espera Jerusalém, cidade rebelde e impura", proclamou Deus (3:1). Mas eles estavam ansiosos "para praticar todo tipo de maldade" (3:7). Deus viu o coração frio de Seu povo, a apatia espiritual, a injustiça social, a ganância vil e os disciplinou com zelo, sem se importar se eram líderes, juízes ou profetas (vv.3-4). Todos eram culpados diante do Senhor.

O apóstolo Paulo escreveu aos cristãos que persistiam no pecado: "Deus, em sua justiça, castigará todos que praticam tais coisas. Uma vez que você julga outros por fazerem essas coisas, o que o leva a pensar que evitará o julgamento de Deus ao agir da mesma forma?" (ROMANOS 2:2-3). No poder de Jesus, sem remorsos, honremos nosso santo e amoroso Pai.

TOM FELTEN

Devemos assumir a responsabilidade pessoal por nossos pecados? Quais de suas escolhas trazem desonra a Deus?

*Pai celestial, por favor, ajuda-me
a buscar escolhas que agradem ao Senhor.*

Para refletir sobre "o peso do pecado", acesse paodiario.org

A BÍBLIA EM UM ANO: SALMOS 7–9; ATOS 18

14 DE JULHO — **PROVÉRBIOS 20:4-5,24–25**

ÁGUAS PROFUNDAS

*Como águas profundas, são os propósitos
do coração do homem...* v.5 (ARA)

Quando Bill Pinkney navegou sozinho ao redor do mundo, em 1992, optou pela difícil rota ao redor dos cabos da Boa Esperança, Leeuwin e Horn. Ele fez a viagem para inspirar e educar as crianças de sua antiga escola na periferia. Seu objetivo era mostrar-lhes até onde iriam se estudassem muito e assumissem um compromisso. Ele nomeou seu barco de *Compromisso*. Quando Pinkney leva seus alunos a um passeio de barco diz que: "Eles têm aquele leme na mão e aprendem sobre controle, autocontrole, trabalho em equipe e todos os fundamentos que precisam na vida para ter sucesso".

As palavras de Pinkney registram a sabedoria de Salomão. "Como águas profundas, são os propósitos do coração do homem, mas o homem de inteligência sabe descobri-los" (PROVÉRBIOS 20:5 ARA). Dessa forma, Salomão convidou outros a examinarem seus objetivos de vida. Caso contrário, Salomão disse que: "é uma armadilha prometer algo a Deus apressadamente e só depois calcular o custo" (v.25).

Pinkney tinha um propósito claro que inspirou 30 mil jovens nos Estados Unidos a aprenderem por meio dessa jornada. Ele se tornou o primeiro afro-americano no hall da fama para navegadores marítimos em seu país. "As crianças nos observam", disse ele. Com propósito semelhante, devemos definir os nossos propósitos sob a profunda instrução de Deus para nós.

PATRICIA RAYBON

**Qual é a razão de nosso trabalho e atuação?
Que legado esperamos deixar com nossas realizações?**

*Inspira-me, Deus fiel,
a comprometer-me a trabalhar
com um propósito que te glorifique.*

A BÍBLIA EM UM ANO: SALMOS 10–12; ATOS 19:1-20

15 DE JULHO 🌱 **SALMO 80**

PRECISANDO DE RESTAURAÇÃO?

Restaura-nos, ó Deus! Que a luz do
teu rosto brilhe sobre nós; só então
seremos salvos. v.3

Há algum tempo, notamos que nossa igreja precisava de uma nova pintura. Assim que começamos a obra, vimos que não seria apenas uma mudança cosmética, precisávamos verificar a condição das paredes, por causa da umidade, pois estamos sob o que era um banhado há 130 anos, quando este prédio foi construído. Necessitávamos de uma restauração.

O salmo 80 traz lições preciosas acerca de restauração. Primeiro, ela provém da radiante presença de Deus. Três vezes é dito: "Restaura-nos, ó Deus! Que a luz do teu rosto brilhe sobre nós..." (vv. 3,7,19). A presença de Deus é assim: ela traz a radiância da luz da face do Senhor. Não há restauração verdadeira quando é feita apenas como fruto de nossas buscas interiores ou nas decisões tomadas por grupos. Precisamos do carinho pastoral de Deus, para nos transformar, e de Sua majestade soberana, para conduzir tudo com perfeição.

Também, a restauração promovida por Deus remove o nosso pecado. O versículo 4 diz que o Senhor estava indignado com as orações de Seu povo. Ou seja, se nosso coração não estiver em conformidade com a vontade de Deus, precisamos ajustá-lo. Por isso, ao orar precisamos sempre incluir a confissão de pecado. A restauração que ansiamos deve provocar em nós a consciência de nosso próprio pecado, pois ele precisa ser tratado, perdoado.

JUAREZ MARCONDES FILHO

Como é bom ter a certeza de que
a nossa comunhão com Deus, a nossa vida
e o nosso louvor serão restaurados.

Pai, perdoa-me pelos meus pecados
e ajuda-me a depender de Ti para ser restaurado!

A BÍBLIA EM UM ANO: SALMOS 13–15; ATOS 19:21-41

16 DE JULHO   **SALMO 107:23-36**

★ *TÓPICO DE JULHO: ORAÇÃO*

ORAÇÃO E TRANSFORMAÇÃO

*Em sua aflição, clamaram ao Senhor, e
ele os livrou de seus sofrimentos.* v.28

O pastor Christian Führer iniciou um grupo de oração na sua igreja em 1982. Durante anos, o grupo se reuniu para pedir paz a Deus em meio à violência global e ao regime cruel da Alemanha Oriental. Embora as autoridades vigiassem as igrejas de perto, não se preocuparam até que houvesse o aumento da frequência nesses encontros, espalhando-se para reuniões fora de seus portões. Em 9 de outubro de 1989, 70 mil manifestantes se reuniram pacificamente em protesto. Seis mil policiais estavam prontos para responder a qualquer provocação, mas a multidão permaneceu pacífica. Esse é considerado um divisor histórico de águas. Um mês depois, o Muro de Berlim caiu. Uma grande transformação começou com um grupo de oração.

À medida que nós nos voltamos para Deus e confiamos em Sua sabedoria e força, tudo começa a mudar e a se refazer. Como Israel, quando clamamos "[em aflição] ao Senhor", descobrimos que apenas Deus é capaz de nos transformar profundamente, até mesmo em meio às nossas dificuldades mais terríveis e a responder às nossas perguntas mais absurdas (SALMO 107:28). Deus "Acalmou a tempestade e aquietou as ondas" e transforma "a terra seca em fontes de água" (vv.29,35). Deus concede esperança no desespero e bondade em meio ao sofrimento.

Mas é Deus, em Seu tempo, que realiza tal transformação. Nossa oração é nossa participação na obra que Ele faz.   WINN COLLIER

**Qual a ligação entre Suas ações
e as nossas orações?**

*Deus, necessito da Tua obra transformadora
como somente Tu podes transformar.*

A BÍBLIA EM UM ANO: SALMOS 16–17; ATOS 20:1-16

17 DE JULHO   2 TIMÓTEO 1:1-5

QUAL É O MEU PROPÓSITO?

Lembro-me de sua fé sincera, como era a de sua avó, Loide, e de sua mãe, Eunice... v.5

Haroldo disse que se sentia inútil, pois era viúvo e aposentado; seus filhos estavam ocupados com suas famílias e ele passava as tardes observando as sombras na parede. Haroldo falava à filha: "Estou velho e vivi plenamente. Não tenho mais propósito. Deus pode me levar a qualquer momento". Certa tarde uma conversa o fez mudar de opinião e ele disse: "Meu vizinho tinha alguns problemas com os filhos, então orei por ele. Mais tarde compartilhamos o evangelho. Foi assim que percebi que *ainda* tenho um propósito! Enquanto houver pessoas que nunca ouviram falar de Jesus, devo falar a elas sobre nosso Salvador".

Quando Haroldo reagiu a uma situação comum compartilhando sua fé, a vida do seu vizinho foi transformada. O apóstolo Paulo menciona duas mulheres que Deus usou para transformar a vida de outra pessoa: a vida do seu jovem filho na fé, Timóteo. A avó e a mãe de Timóteo, Loide e Eunice, tinham "fé sincera" e a repassaram ao jovem (2 TIMÓTEO 1:5). Por meio de fatos cotidianos em uma casa comum, o jovem aprendeu a ter a fé genuína que moldou o seu crescimento como fiel discípulo de Jesus e, por fim, seu ministério como líder da igreja em Éfeso.

Não importa qual seja a nossa idade, origem ou circunstâncias, temos um propósito: contar aos outros sobre Jesus.

KAREN HUANG

A quem podemos encorajar a crer em Jesus? Por quais oportunidades de compartilhar o evangelho podemos orar hoje?

Jesus, abre os meus olhos e mente e torna-me sensível aos que precisam conhecer o Teu amor.

A BÍBLIA EM UM ANO: SALMOS 18–19; ATOS 20:17-38

18 DE JULHO — **2 CRÔNICAS 33:10-16**

FAZENDO ALGO CERTO

Em sua angústia, Manassés buscou o Senhor, seu Deus, e se humilhou com sinceridade... v.12

A carta do presidiário "Jason" nos surpreendeu, pois nós criamos cachorros para se tornarem cães de serviço, que auxiliam pessoas com necessidades especiais. Um desses filhotes avançou no treinamento, dirigido pelos encarcerados que os treinavam. Jason expressava tristeza por seu passado, mas também dizia: *"Snickers é a 17ª entre os cães que treinei e é a melhor. Quando a vejo me olhando, sinto que estou fazendo algo certo"*.

Jason não é o único a sentir remorsos, todos nós os temos. Manassés, rei de Judá, também os tinha em abundância. Lemos sobre suas atrocidades: reconstruiu santuários idólatras para deuses pagãos, praticou feitiçaria, sacrificou seus próprios filhos e conduziu o povo de Judá por esse caminho sórdido (2 CRÔNICAS 33:3,6,9).

"O Senhor falou a Manassés e a seu povo, mas eles ignoraram seus avisos" e Deus chamou a atenção dele. Os babilônios "capturaram Manassés. Puseram um gancho em seu nariz, [...] e o levaram (vv.10-11)". Por fim Manassés fez algo certo: "buscou o Senhor, seu Deus, e se humilhou com sinceridade" (v.12). Deus o ouviu e o restaurou como rei e Manassés substituiu as práticas pagãs pela adoração ao único Deus verdadeiro (vv.15-16).

Os nossos remorsos nos ameaçam? Nunca é tarde demais! Deus nos ouve quando oramos com humildade e arrependimento.

TIM GUSTAFSON

**Você se arrepende de algo?
Podemos honrar a Deus deixando que Ele nos redima
e nos use para servi-lo?**

*Obrigado, Pai, por estares sempre pronto
a ouvir minhas orações sinceras.*

A BÍBLIA EM UM ANO: SALMOS 20–22; ATOS 21:1-17

19 DE JULHO — **PROVÉRBIOS 28:13-18**

JOGUE FORA O PECADO

Quem oculta seus pecados não prospera;
quem os confessa e os abandona recebe
misericórdia. v.13

Bolinha *sabe* que não deve mastigar sapatos, mas adotou uma estratégia astuta que chamamos de *marcha lenta*. Se Bolinha vê um sapato largado e desprotegido, ela vai como quem não quer nada em tal direção, abocanha e continua andando *lentamente*. Nada para ver aqui! Ela sai sem ninguém notar. "Ei, mãe, Bolinha acabou de sair com o seu sapato!". É evidente que às vezes pensamos que diante de Deus podemos "sair de fininho". Somos propensos a pensar que Ele não notará o nosso pecado. O que quer que seja "não é grande coisa", racionalizamos, mas é. Como Bolinha, sabemos muito bem que essas escolhas não agradam a Deus.

Como Adão e Eva no jardim, podemos tentar nos esconder devido à vergonha do nosso pecado (GÊNESIS 3:10) ou fingir que nada aconteceu. Mas as Escrituras nos convidam a fazer algo muito diferente: correr para a misericórdia e o perdão de Deus. Lemos em Provérbios: "Quem oculta seus pecados não prospera; quem os confessa e os abandona recebe misericórdia" (28:13).

Não precisamos fingir a respeito do pecado, escondendo-o e esperando que ninguém o perceba. Quando dizemos a verdade sobre as nossas escolhas, seja para nós mesmos, para Deus ou para um amigo de confiança, podemos nos libertar da culpa e da vergonha de carregar pecados secretos (1 JOÃO 1:9). ADAM R. HOLZ

De quais maneiras somos propensos
a fingir que não pecamos? Que barreiras nos impedem
de confessar os nossos pecados?

Pai, sou grato e confio em Teu perdão e misericórdia,
pois meu pecado não tem a última palavra.

Saiba mais sobre como "abandonar o pecado", acesse: paodiario.org

A BÍBLIA EM UM ANO: SALMOS 23–25; ATOS 21:18-40

20 DE JULHO — **FILIPENSES 2:5-11**

VESTINDO HUMILDADE

Em vez disso, esvaziou a si mesmo;
assumiu a posição de escravo e
nasceu como ser humano. v.7

Uma empresária disfarçou-se de funcionária e participou de um programa de TV. A peruca e a maquiagem disfarçaram sua identidade ao se tornar a "nova" funcionária. O objetivo dela era ver como as coisas realmente funcionavam no negócio. Com base em suas observações, ela conseguiu resolver alguns dos problemas que a loja enfrentava.

Jesus "esvaziou-se [de] si mesmo" (FILIPENSES 2:7). Ele se tornou humano, andou pela Terra, ensinando-nos sobre Deus e, por fim, morreu na cruz por nossos pecados (v.8). Esse sacrifício expôs a humildade de Cristo quando Ele obedientemente deu Sua vida como oferta por nosso pecado. Como homem, Ele caminhou entre nós e sentiu o que sentimos, com Seus pés no mesmo chão que caminhamos.

Como seguidores de Cristo, somos convocados a ter a "mesma atitude" do nosso Salvador, especialmente em nossos relacionamentos com outros cristãos (v.5). Deus nos ajuda a nos revestirmos de humildade (v.3) e a adotar a atitude de Cristo (v.5). Encoraja-nos a viver como servos, prontos para atender às necessidades dos outros e ter disposição para ajudar. À medida que Deus nos leva a amar os outros com humildade, ficamos em posição melhor para servir com compaixão e buscar soluções para os problemas que os outros enfrentam.

KATARA PATTON

Como podemos abordar com compaixão as necessidades e os problemas que os outros enfrentam? O que significa praticar a humildade de Jesus?

Deus, obrigado pelo sacrifício de Jesus por mim. Dá-me a humildade de Cristo para servir meus irmãos.

A BÍBLIA EM UM ANO: SALMOS 26–28; ATOS 22

21 DE JULHO — **1 REIS 19:9-14**

ESPAÇO PARA O SILÊNCIO

...E, depois do fogo, veio um suave sussurro. v.12

Se você gosta de paz e sossego, saiba que existe um local que você absorve 99,99% de todo o som! A famosa câmara anecoica (livre de eco) dos Laboratórios Orfield foi chamada de "o lugar mais silencioso da Terra". As pessoas que querem experimentar esse espaço sem nenhum som são obrigadas a sentar-se para evitar a desorientação pela falta de ruído, e ninguém jamais conseguiu passar mais de 45 minutos nele.

Poucos de nós precisam de tanto silêncio e, às vezes, ansiamos pelo silêncio num mundo barulhento e agitado. Mesmo as notícias e as redes sociais que utilizamos trazem uma espécie de "ruído" que compete por nossa atenção. Muito disso é infundido com palavras e imagens que despertam emoções negativas. Mergulhar nessas coisas pode facilmente abafar a voz de Deus.

Quando o profeta Elias foi ao encontro de Deus, no monte Horebe, não o encontrou no vento forte e destrutivo, no terremoto ou no fogo (1 REIS 19:11-12). Foi só quando Elias ouviu um "suave sussurro" que cobriu o rosto e se aventurou a sair da caverna para se encontrar com o "SENHOR, o Deus dos Exércitos" (vv.12-14).

Seu espírito pode desejar o silêncio, e sobretudo, pode desejar ouvir a voz de Deus. Busque espaço para o silêncio para que você nunca perca o "suave sussurro" de Deus (v.12). CINDY HESS KASPER

Quais são algumas das maneiras pelas quais Deus se comunica com Seus filhos? Por que é vital comunicar-se regularmente com Ele?

Pai amoroso, acalma o meu coração e a minha mente para que eu esteja pronto a encontrar-me contigo hoje.

A BÍBLIA EM UM ANO: SALMOS 29–30; ATOS 23:1-15

22 DE JULHO   ATOS 1:1-8

CHEIO DO ESPÍRITO

Não se embriaguem [...], pois ele os levará ao descontrole. [...] sejam cheios do Espírito... EFÉSIOS 5:18

O escritor Scot McKnight conta que em sua adolescência teve uma "experiência de plenitude do Espírito". Certa ocasião, um orador o desafiou a permitir que Cristo reinasse na vida dele e que se entregasse ao Espírito. McKnight então orou: "Pai, perdoa os meus pecados; Espírito Santo, habita em mim." Algo poderoso aconteceu, disse ele: "A partir daquele momento, minha vida tornou-se completamente diferente. Não perfeita, mas diferente". De repente, ele teve o desejo de ler a Bíblia, orar, encontrar-se com outros cristãos e servir a Deus.

Antes de ascender ao Céu, Jesus disse aos Seus apóstolos: "Não saiam de Jerusalém até o Pai enviar a promessa, conforme eu lhes disse antes" (ATOS 1:4). Eles receberiam "poder" para se tornar Suas "testemunhas em toda parte: em Jerusalém, em toda a Judeia, em Samaria e nos lugares mais distantes da terra" (v.8). Deus concede o Espírito Santo para habitar naquele que crê em Jesus. Isso aconteceu pela primeira vez no Pentecostes (ATOS 2); e acontece hoje sempre que alguém confia em Cristo.

O Espírito de Deus continua a habitar naqueles que creem em Jesus. Nós também, com a ajuda do Espírito, produzimos o fruto da mudança de caráter e desejos (GÁLATAS 5:22-23). Louvemos e agradeçamos a Deus por nos dar conforto, convicção, comunhão e amor.

AMY BOUCHER PYE

O Espírito Santo faz a diferença em sua vida? É possível acolher a atuação do Espírito em seu dia a dia?

Amado Deus, obrigado pela dádiva do Teu Espírito. Ajuda-me a amar-te mais e aos outros também.

A BÍBLIA EM UM ANO: SALMOS 31–32; ATOS 23:16-35

23 DE JULHO FILEMOM 1:1-4

★ *TÓPICO DE JULHO: ORAÇÃO*

LEMBRE-SE EM ORAÇÃO

Sempre dou graças a meu Deus
por você em minhas orações. v.4

Em 2021, Malcolm Cloutt recebeu da rainha Elizabeth II um prêmio por serviços prestados aos britânicos. Cloutt, 100, na época do reconhecimento, foi homenageado por ter distribuído mil Bíblias durante sua vida. Ele manteve um registro de todos os que receberam uma Bíblia e por eles orava regularmente.

A fidelidade de Cloutt em orar é um exemplo poderoso do amor que encontramos nos escritos de Paulo no Novo Testamento. Ele frequentemente assegurava aos leitores de suas cartas que orava por eles. Para seu amigo Filemom, escreveu: "Sempre dou graças a meu Deus por você em minhas orações" (FILEMOM 1:4). Para Timóteo, Paulo escreveu: "Sempre me lembro de você em minhas orações, noite e dia" (2 TIMÓTEO 1:3). Para a igreja em Roma, enfatizou: "...nunca deixo de me lembrar de vocês". Ele desejava "...ir vê-los" (ROMANOS 1:9-10).

Embora possamos não ter mil pessoas por quem orar, a oração intencional por aqueles que conhecemos é poderosa porque Deus as responde. Quando senti o chamado do Seu Espírito para orar por alguém em específico, descobri que um calendário de oração é uma ferramenta muito útil. Escrever os nomes das pessoas num calendário diário ou semanal ajuda-nos a sermos fiéis no propósito de orar. E que bela demonstração de amor quando nos lembramos de orar uns pelos outros!

LISA SAMRA

O que o ajuda a ser fiel na oração?
Você já se sentiu abençoado pelas orações de alguém?

Pai, sabendo que Tu sempre me ouves,
ajuda-me a ser fiel na oração.

A BÍBLIA EM UM ANO: SALMOS 33–34; ATOS 24

24 DE JULHO — **ATOS 17:24-32**

TODOS LOUVAM

Homens de Atenas, vejo que em todos os aspectos vocês são muito religiosos. v.22

Visitei recentemente a cidade de Atenas, na Grécia. Caminhando pela antiga Ágora, o mercado onde os filósofos ensinavam e os atenienses adoravam, encontrei altares para Apolo e Zeus, todos à sombra da Acrópole, onde um dia ficava a estátua de Atena. Podemos não nos curvar a Apolo ou Zeus hoje, mas a sociedade não é menos religiosa. O romancista David Foster Wallace exortou: "Todo mundo adora alguma coisa. Se você adora dinheiro e bens, nunca terá o suficiente. Se adora seu corpo e beleza você sempre se sentirá feio. Se adorar seu intelecto acabará se sentindo estúpido". Nossa era secular tem seus próprios "deuses", e eles não são bondosos.

Paulo disse ao visitar a Ágora: "vejo que em todos os aspectos vocês são muito religiosos" (ATOS 17:22). O apóstolo então descreveu o único Deus verdadeiro como o Criador de todos (vv.24-26) que deseja ser conhecido (v.27) e que se autorrevelou por meio da ressurreição de Jesus (v.31). Diferentemente de Apolo e Zeus, Deus não é feito por mãos humanas. Adorá-lo não nos arruinará; ao contrário, adorar o dinheiro, aparência ou inteligência, sim.

O nosso "deus" é aquilo em que confiamos para nos dar propósito e segurança. Felizmente, quando todos os deuses terrenos falham conosco, o único Deus verdadeiro está pronto para ser encontrado (v.27).

SHERIDAN VOYSEY

Que outros "deuses" a sociedade hoje adora? Em quem você confia para ter propósito e segurança?

Pai, coloco-te em meu coração e em primeiro lugar e tiro todas as coisas do mundo.

Saiba mais sobre "diferenças do cristianismo", acesse: paodiario.org

A BÍBLIA EM UM ANO: SALMOS 35–36; ATOS 25

25 DE JULHO — **APOCALIPSE 21:1-6**

LUTO NOSSO DE CADA DIA

Ele lhes enxugará dos olhos
toda lágrima... v.4

A poetisa do século 19, Emily Dickinson, escreveu: "Eu meço cada luto que encontro / Com olhar minucioso e indagador / Questiono se pesa como o meu / Ou se é mais fácil". O poema é uma reflexão comovente sobre como as pessoas carregam, de forma única, o que sofreram ao longo de sua vida. Emily conclui, hesitante, com o único consolo: o profundo conforto de ver no Calvário suas próprias feridas refletidas no Salvador: "Ainda fascinada por pressupor / Que algumas são como as minhas (tradução livre)".

As Escrituras descrevem Jesus, nosso Salvador, como um "Cordeiro que parecia ter sido sacrificado" (APOCALIPSE 5:6,12), Suas feridas ainda visíveis. Feridas conquistadas ao tomar sobre si o pecado e o desespero de Seu povo (1 PEDRO 2:24-25), para que eles pudessem ter uma nova vida e esperança.

E o Apocalipse descreve um dia futuro em que o Salvador "enxugará dos olhos toda lágrima" de cada um de Seus filhos. Jesus não minimizará a dor deles, mas verá e se importará com a dor de cada pessoa, enquanto os convida para a verdadeira e saudável nova vida em Seu reino, onde "não haverá mais morte, nem tristeza, nem choro, nem dor" (21:4). Onde a água curativa fluirá, "darei de beber gratuitamente das fontes da água da vida" (v.6; ver também 22:2).

Pelo fato de nosso Salvador ter carregado todas as nossas dores, encontramos descanso e cura em Seu reino. MONICA LA ROSE

De que maneira Deus
o conforta em tempos difíceis?

Querido Deus, obrigado por veres,
compreenderes e carregares toda a minha dor.

A BÍBLIA EM UM ANO: SALMOS 37–39; ATOS 26

26 DE JULHO   🌱 **1 PEDRO 4:7-11**

FÉ DE UM NÁUFRAGO

O fim de todas as coisas está próximo.
Portanto, sejam sensatos e
disciplinados em suas orações. v.7

Em junho de 1965, seis adolescentes saíram da ilha de Tonga onde moravam, na Polinésia, e partiram em busca de aventura. Na primeira noite, a tempestade quebrou o mastro e o leme da embarcação e eles ficaram à deriva por dias, sem mantimentos, antes de chegar à ilha desabitada de 'Ata. Foram 15 meses até serem encontrados. Os rapazes montaram uma horta, escavaram troncos de árvores para armazenar água da chuva e improvisaram uma academia. Quando um deles quebrou a perna, eles fizeram uma tala com gravetos e folhas. Resolviam suas discussões com reconciliação, começavam e terminavam o dia cantando e orando. Todos foram resgatados saudáveis e suas famílias maravilharam-se, pois já tinham antecipado os seus funerais.

Ser cristão no primeiro século pode ter sido uma experiência de isolamento. Talvez eles tenham se sentido perseguidos por sua fé, afastados da família e à deriva. Pedro os encorajou a permanecer disciplinados nas orações, amar uns aos outros e usar todas as suas habilidades para realizar a obra (1 PEDRO 4:7-8,10-11). No tempo certo, Deus os restauraria, sustentaria e os fortaleceria (5:10).

Em tempos de provação, é necessário ter a "fé como a de um náufrago". Oramos, somos solidários na obra, e Deus nos conduz.

SHERIDAN VOYSEY

Quando provados, pedimos ajuda, ou tentamos
enfrentar o problema por conta própria?
Você pode encorajar um "náufrago" ao seu redor hoje?

Deus, concede-me a "fé como a de um náufrago"
para que eu saiba enfrentar os momentos de dificuldades.

A BÍBLIA EM UM ANO: SALMOS 40–42; ATOS 27:1-26

27 DE JULHO — **EFÉSIOS 2:1-10**

GRAÇA EXTRA NECESSÁRIA

Vocês são salvos pela graça, por meio da fé. [...] Não é uma recompensa pela prática das boas obras... vv.8-9

Enquanto decorávamos a igreja para um evento especial, a pessoa responsável reclamou da minha inexperiência. Depois que ela se afastou, outra mulher se aproximou de mim dizendo: "Não se preocupe com ela. Nós a chamamos de GEN, Graça Extra Necessária". Ri e comecei a usar a sigla toda vez que tinha um conflito com alguém. Anos depois, sentei-me naquele mesmo santuário da igreja ouvindo o obituário de GEN. O pastor compartilhou como ela servira a Deus nos bastidores e era uma doadora generosa. Pedi a Deus que me perdoasse por julgar e fofocar sobre ela e qualquer outra pessoa que eu tivesse rotulado como GEN antes. Afinal, eu precisava de graça extra tanto quanto qualquer outro cristão.

O apóstolo Paulo afirma que todos os cristãos eram "por natureza, merecedores da ira, como os demais" (EFÉSIOS 2:3). Mas Deus nos deu a dádiva da salvação, uma graça que não merecemos e que nunca seríamos capazes de merecer "para que ninguém venha a se orgulhar" (v.9). Ninguém é merecedor.

À medida que nos submetemos a Deus, momento a momento, durante nossa jornada ao longo da vida, o Espírito Santo age para transformar o nosso caráter a fim de refletirmos o caráter de Cristo. Todo cristão requer "graça extra". Devemos ser gratos porque a graça de Deus é suficiente (2 CORÍNTIOS 12:9). *XOCHITL DIXON*

Você já julgou alguém que precisava de uma "graça extra"? Que área da sua vida precisa de graça hoje?

Deus Pai, ajuda-me a compartilhar Tua graça, assim como me lavaste generosamente.

Saiba mais sobre "como perdoar os outros", acesse: paodiario.org

---

A BÍBLIA EM UM ANO: SALMOS 43–45; ATOS 27:27-44

28 DE JULHO — **ÊXODO 5:1-9**

TEMPO DE DEUS

*Então o SENHOR disse a Moisés:
"Agora você verá o que vou
fazer ao faraó".* 6:1

Quando os cristãos que viviam no país de Davi sofreram opressão, os animais de suas fazendas foram massacrados. Tendo perdido o seu sustento, a família do jovem se espalhou por vários países. Por 9 anos, Davi sobreviveu num acampamento de refugiados longe dos seus familiares. Davi sabia que Deus estava com ele, mas perdeu familiares durante a separação e, portanto, sentiu muito desânimo.

Outro povo enfrentou uma opressão brutal, e Deus designou Moisés para liderar os israelitas para fora do Egito. Moisés concordou e quando ele se aproximou do faraó, o governante egípcio apenas intensificou a opressão ao povo (ÊXODO 5:6-9), dizendo: "Não conheço o SENHOR e não deixarei Israel sair" (v.2). O povo reclamou com Moisés, que reclamou com Deus (vv.20-23). No fim, Deus livrou os israelitas com a liberdade desejada, mas da maneira e tempo dele. Deus tem o Seu tempo para nos ensinar sobre o Seu caráter e nos preparar para algo ainda maior.

Davi aproveitou bem sua estadia no acampamento e fez seu mestrado num seminário de Nova Delhi. Agora ele pastoreia refugiados como ele, que também encontraram um novo lar. Ele afirma: "Minha história como refugiado formou meu caráter para liderar como servo". Em seu testemunho, Davi cita o cântico de Moisés, em Êxodo 15:2: "O SENHOR é minha força e minha canção; ele é meu salvador...". E hoje, o Senhor é nosso cântico também.

TIM GUSTAFSON

**Você confia no cumprimento
das promessas de Deus?**

*Pai celestial, sempre posso confiar em ti.
Perdoa-me quando esqueço essa verdade.*

A BÍBLIA EM UM ANO: SALMOS 46–48; ATOS 28

29 DE JULHO — **LUCAS 5:12-16**

SILÊNCIO, POR FAVOR!

*Ele, porém, se retirava para lugares
isolados, a fim de orar.* v.16

Na pequena comunidade entre as montanhas, certa cidade se assemelha a dezenas de outras menores da região, mas com uma grande exceção: nenhum dos 142 moradores possui acesso à internet. O motivo disso é para evitar interferência de *wi-fi* ou torres de telefonia celular perto de um Observatório no local cujo telescópio é constantemente apontado para o céu. Como consequência, essa pequena cidade é um dos lugares tecnologicamente mais "tranquilos" de todo o país.

Às vezes, o silêncio é o melhor ambiente para olharmos com clareza alguma situação, e é especialmente bom para nosso relacionamento com Deus. Até mesmo Jesus nos ensina exatamente isso ao se retirar para lugares quietos e solitários para conversar com o Seu Pai. Lemos que Jesus muitas vezes "se retirava para lugares isolados, a fim de orar" (LUCAS 5:16). Talvez a palavra-chave seja *muitas vezes*. Essa era a prática regular de Cristo; ela estabelece o exemplo perfeito para nós. Se o Criador do Universo estava ciente de Sua dependência de Seu Pai, imagine o quanto nós precisamos dele!

Retirar-se para um lugar tranquilo para "revigorar-nos" na presença de Deus nos capacita para prosseguirmos com Sua força renovadora. Onde encontrar um lugar assim para orar hoje? *BILL CROWDER*

> **Quais são algumas das distrações que podem
> interromper os seus momentos
> de oração? Ter um espaço tranquilo para orar
> o ajuda a manter o foco na oração?**
>
> *Pai, ajuda-me a encontrar
> um local onde eu possa afastar-me de tudo
> e desfrutar de Tua presença.*

Mais estudos sobre sobre "como falar com Jesus", acesse paodiario.org

---

A BÍBLIA EM UM ANO: SALMOS 49–50; ROMANOS 1

30 DE JULHO · **1 CORÍNTIOS 12:12-14, 21-27**

PESSOAS MAIS SIMPLES

...algumas partes do corpo que parecem
mais fracas são as mais necessárias. v.22

Um amigo meu trabalha em um navio-hospital levando assistência médica gratuita a países em desenvolvimento. A equipe atende centenas de pacientes por dia com doenças que não teriam como ser tratadas. Às vezes, equipes de TV embarcam no navio e filmam a equipe médica que corrige fendas labiais e pés tortos. Poucos descem à ala inferior do navio para entrevistar outros membros da tripulação. O trabalho que Miguel faz geralmente passa despercebido.

O engenheiro Miguel trabalha no maquinário referente à parte do esgoto do navio. Com até 40 mil litros de lixo produzidos por dia, gerenciar esse material tóxico é um negócio sério. Sem ele cuidando dos canos e bombas, a missão do navio pararia. É fácil aplaudir os que estão nas posições superiores dos ministérios cristãos e ignorar os que estão nas posições inferiores. Quando os coríntios elevaram os que tinham dons extraordinários acima dos outros, Paulo os lembrou de que todo cristão tem um papel na obra de Cristo (1 CORÍNTIOS 12:7-20), e todo dom é importante, seja a cura milagrosa ou a ajuda os outros (vv.27-31). Na verdade, quanto mais simples a função, maior honra merece (vv.22-23).

Você se considera alguém "mais simples"? Olhe para o alto, Deus honra o seu trabalho e ele é indispensável para nós.

SHERIDAN VOYSEY

O que acontece quando comparamos
os nossos dons aos dos outros? A quem podemos
reafirmar sua importância para Deus hoje?

Sou importante para ti, Deus.
Obrigado por me notares,
quer os outros façam o mesmo ou não.

A BÍBLIA EM UM ANO: SALMOS 51–53; ROMANOS 2

31 DE JULHO **DEUTERONÔMIO 5:1-11**

SOB A ORIENTAÇÃO DE DEUS

...Ouça os decretos e estatutos
[...] para que os aprendam e
os cumpram cuidadosamente! v.1

Anos atrás, um trem que transportava 218 pessoas descarrilou no noroeste da Espanha, matando 79 pessoas e hospitalizando outras 66. O maquinista não conseguiu explicar o acidente, mas o vídeo sim. O trem estava indo rápido demais antes de fazer uma curva perigosa. O limite de velocidade permitido fora criado para proteger todos a bordo. Apesar de ser um veterano com 30 anos de experiência na função, o maquinista, por algum motivo, ignorou o limite de velocidade e muitas pessoas perderam a vida naquele dia.

Moisés relembrou os israelitas sobre a aliança original de Deus para Seu povo. Ele encorajou uma nova geração a considerar a instrução divina como sua própria aliança com o Senhor (DEUTERONÔMIO 5:3). Moisés reafirmou os Dez Mandamentos (vv.7-21) repetindo-os e tirando lições da desobediência da geração anterior. O profeta convidou os israelitas a serem reverentes, humildes e atentos à Sua fidelidade. Deus preparou um caminho para o Seu povo para que eles não destruíssem a própria vida nem a dos outros. Ao ignorar a sabedoria divina, eles o fariam por sua conta e risco.

Sob a orientação de Deus, que as Escrituras sejam nossa alegria, conselho e escudo. À medida que o Espírito nos guia, mantenhamo-nos sob Sua sábia proteção e com devoção a Ele. *MARVIN WILLIAMS*

Os limites de Deus já lhe pareceram
rígidos em vez de libertadores? Como esses limites
demonstram Seu amor por nós?

Querido Deus, ajuda-me a demonstrar-te amor
por meio da minha obediência aos Teus limites.

Leia mais sobre "o amor de Deus", acesse: paodiario.org

A BÍBLIA EM UM ANO: SALMOS 54–56; ROMANOS 3

★ TÓPICO DE AGOSTO / **Misericórdia e justiça**

QUANDO A MISERICÓRDIA SE ENCONTRA COM A JUSTIÇA

Ele devia contar? Devia denunciar? Certo aluno do Ensino Médio de uma escola de elite preocupava-se sobre como devia reagir aos abusos de um amigo de outrora. Seu colega de turma o chamava frequentemente com termos ofensivos à cor de sua pele. Outro expôs pelo colégio uma foto dele, com legenda igualmente ofensiva. Ao tentar concentrar-se em suas tarefas escolares, ele jurou ignorar a humilhação. No entanto, o jovem não buscou a punição para eles, pois tinha visto estudantes expulsos da escola ficarem amargurados pela prática desse ato de justiça.

Nessa ocasião, um professor, horrorizado com o que estava acontecendo, inspirou a escola a oferecer uma solução inovadora — a justiça restaurativa. Qual o principal objetivo? Restaurar, verdadeiramente, os danos causados. Postos frente a frente para dialogar, o aluno agredido e o seu agressor conversaram honestamente e ouviram um ao outro. O ex-amigo acabou por pedir desculpas, e a amizade entre eles foi renovada. O que fez com que essa atitude se tornasse tão curativa? A misericórdia. Ela é uma maravilhosa dádiva divina. Como a nação de Israel aprendeu, quando Deus faz justiça com uma mão, com frequência, Ele oferece a misericórdia na outra.

Jesus providenciou essa preciosa combinação na cruz, sofrendo pelos nossos pecados "de uma vez por todas" (HEBREUS 10:10), satisfazendo o Deus justo e dispensando-nos a Sua bondosa misericórdia. Israel, a nação pecadora, recebeu repreensão semelhante. Eles estavam dispostos a oferecer a Deus sacrifícios vazios: ofertas queimadas, bezerros de um ano ou "rios de azeite" (MIQUEIAS 6:7). No entanto, o profeta lhes disse: "o SENHOR já lhe declarou o que é bom e o que ele requer de você: que pratique a justiça, ame a misericórdia e ande humildemente com seu Deus" (v.8). Será que oferecemos a misericórdia tão avidamente como oferecemos a justiça? É uma dádiva sagrada que vale a pena conceder a outros. **PATRICIA RAYBON**

Além deste artigo, o tema *Misericórdia e justiça* é abordado nos devocionais dos dias **1**, **9**, **16** e **23** de **agosto**.

1º DE AGOSTO

LUCAS 18:15-17

★ *TÓPICO DE AGOSTO: MISERICÓRDIA E JUSTIÇA*

FÉ INFANTIL

...Deixem que as crianças venham a mim... v.16

Minha avó adotiva estava hospitalizada após sofrer vários derrames, e os médicos não tinham certeza sobre o tanto de dano cerebral que ela havia sofrido, pois precisavam esperar até que ela estivesse melhor para testar sua função cerebral. Ela falava poucas palavras e quase incompreensíveis. Mas quando essa senhora de 86 anos me viu, abriu a boca ressecada e perguntou: "Como está a Keyla?" As primeiras palavras que ela me disse foram sobre minha filha, a quem ela tanto amou e cuidou por 12 anos.

Jesus também amava as crianças e as considerava Sua prioridade, embora os Seus discípulos desaprovassem. Alguns pais buscavam a Cristo e lhe apresentavam seus filhos. Ele escolheu abençoar as crianças ao "[colocar] as mãos sobre elas" (LUCAS 18:15). Mas nem todos se alegravam por Jesus abençoar os pequenos. Os discípulos repreenderam os pais e pediram que parassem de incomodar Jesus. Mas Ele interveio e disse: "que as crianças venham a mim..." (v.16). Jesus as chamou de exemplo de como devemos receber o reino de Deus: com simplicidade, confiança e sinceridade.

As crianças dificilmente têm alguma motivação oculta. Elas são como são. À medida que nosso Pai celestial nos ajuda a recuperar essa confiança infantil, que a nossa fé e dependência dele sejam tão sinceras quanto as de uma criança. — KATARA PATTON

Como podemos demonstrar a mesma sinceridade de uma criança em nosso relacionamento com Deus?

Pai, ajuda-me a ser tão simples e sincero quanto uma criança ao receber o Teu reino.

Leia mais sobre "a educação das crianças no caminho do Senhor", acesse: paodiario.org

A BÍBLIA EM UM ANO: SALMOS 57–59; ROMANOS 4

2 DE AGOSTO — **EZEQUIEL 34:1-12**

O PODEROSO E O FRACO

Que aflição os espera [...]. Não cuidaram das ovelhas fracas, não curaram as doentes... vv.2,4

Talvez a tradição esportiva mais emocionante que exista aconteça numa universidade muito próxima de um complexo hospitalar. Há um hospital infantil que fica ao lado do estádio e, no último andar desse hospital, as janelas vão do chão ao teto e oferecem uma ótima vista da arena de esportes. Em dias de jogo, as crianças doentes e suas famílias lotam esse espaço para assistir às partidas; ao final do primeiro tempo, treinadores, atletas e milhares de torcedores viram os rostos para o lado das janelas do hospital e acenam. Nesse momento, os olhos das crianças brilham. Com o estádio lotado e milhares assistindo pela TV, é poderoso ver que os atletas se importam.

As Escrituras instruem aqueles que têm força (e nós todos temos algum tipo de força) a cuidar dos que são mais fracos ou que estão feridos. Porém muitas vezes ignoramos os que precisam de atenção (EZEQUIEL 34:6). O profeta Ezequiel repreendeu os líderes de Israel pelo egoísmo deles, ao desconsiderarem quem mais precisava de ajuda. "Que aflição os espera...", disse Deus por meio de Ezequiel. "Não cuidaram das ovelhas fracas, não curaram as doentes nem enfaixaram as [...] feridas" (vv.2,4).

Com que frequência nossas prioridades, filosofias ou políticas econômicas demonstram pouca consideração pelos vulneráveis? Deus nos mostra um caminho diferente, onde os que têm poder cuidam dos que precisam (vv.11-12). — *WINN COLLIER*

A seu ver, como os detentores de poder cuidam dos mais fracos ou como os ignoram?

Pai celestial, ensina-me a amar como Tu amas.

Leia mais sobre "como ajudar o próximo", acesse: paodiario.org

A BÍBLIA EM UM ANO: SALMOS 60–62; ROMANOS 5

3 DE AGOSTO **TIAGO 5:13-20**

AUTÊNTICO E VULNERÁVEL

*...confessem seus pecados uns aos outros
e orem uns pelos outros para serem
curados...* v.16

Um amigo da igreja me escreveu. "Para a reunião da célula do mês, faremos como Tiago 5:16 nos ensina. Vamos criar um ambiente seguro e confidencial para compartilharmos os problemas e orarmos uns pelos outros". Por um momento, não soube como responder. Embora os membros de nossa célula já se conheçam há anos, nunca compartilhamos abertamente todas as nossas dores e problemas. Afinal de contas, é assustador ser vulnerável.

A verdade é que somos todos pecadores e todos nós temos problemas. Todos nós precisamos de Jesus. As conversas autênticas sobre a maravilhosa graça de Deus e nossa dependência de Cristo nos encorajam a continuar confiando nele. Com Jesus, podemos parar de fingir que temos uma vida sem problemas. Então eu respondi: "Sim! Faremos isso!" Inicialmente, foi estranho. Mas quando a primeira pessoa iniciou, outras seguiram. Embora alguns tenham ficado em silêncio, houve compreensão e ninguém foi pressionado. Terminamos com o que a Bíblia nos ensina: "orem uns pelos outros" (TIAGO 5:16).

Assim, experimentei a beleza da comunhão entre os cristãos. Por causa de nossa fé comum em Cristo, podemos ser vulneráveis uns com os outros e depender da ajuda dele e de outros ao enfrentarmos lutas e sofrimentos.

POH FANG CHIA

**Utilizando o seu discernimento,
você pode incentivar um ambiente de compartilhamento
de lutas e dores seguro na sua célula
ou igreja? Com quem você pode partilhar as suas dores?**

*Pai, sou grato por me colocares em Tua família
onde tenho apoio e me torno mais semelhante a Cristo.*

A BÍBLIA EM UM ANO: SALMOS 63–65; ROMANOS 6

4 DE AGOSTO — **RUTE 3:1-9**

ASAS DE REFÚGIO

Estenda as abas de sua capa sobre mim, pois o senhor é o resgatador de minha família. v.9

Felipe e Sandy, emocionados com as histórias de crianças refugiadas, abriram o seu coração e o seu lar para duas delas. Depois de buscá-las no aeroporto, dirigiram quietos e ansiosos para casa. *Questionavam se estavam preparados*, mesmo não compartilhando a mesma cultura, idioma ou religião, mesmo assim eles seriam os resgatadores para aquelas preciosas crianças.

Boaz ficou comovido com a história de Rute. Ele ouvira sobre como ela tinha deixado o seu povo para apoiar Noemi, e quando Rute veio colher em seu campo, Boaz a abençoou com esta oração: "Que o SENHOR, o Deus de Israel, sob cujas asas você veio se refugiar, a recompense ricamente pelo que você fez" (RUTE 2:12). Rute lembrou Boaz de sua bênção quando ela interrompeu seu sono uma noite. Despertado pelo movimento em seus pés, Boaz perguntou: "Quem é você?" Rute respondeu: "Sou sua serva Rute [...] Estenda *as abas de sua capa* sobre mim, pois o senhor é o resgatador de minha família" (3:9).

A palavra hebraica para *abas da capa* e *asas* é a mesma. Boaz deu refúgio a Rute casando-se com ela, e seu bisneto Davi repetiu a história deles em seu louvor ao Deus de Israel, dizendo: "Como é precioso o teu amor, ó Deus! Toda a humanidade encontra abrigo à sombra de tuas asas." (SALMO 36:7).

MIKE WITTMER

Quando alguém lhe deu refúgio, como você se sentiu? De que maneira, grande ou pequena, você provê refúgio aos outros?

Pai, eu me abrigo em ti. Usa-me para estender o Teu refúgio a outros.

A BÍBLIA EM UM ANO: SALMOS 66–67; ROMANOS 7

5 DE AGOSTO — LUCAS 10:38-42

PRIORIDADE DA PRESENÇA DE DEUS

*Quanto a Maria, ela fez
a escolha certa...* v.42

Em 2009, uma equipe de pesquisadores estudou *mais* de 200 alunos num experimento que incluía a troca entre tarefas e exercícios de memória. Descobriram que os estudantes que se viam como bons em fazer várias tarefas ao mesmo tempo se saíram pior do que quem preferia realizar uma de cada vez. Fazer múltiplas atividades ao mesmo tempo também tornou mais difícil que os alunos focassem seus pensamentos e filtrassem as informações irrelevantes. Manter o foco com a mente distraída pode ser desafiador.

Quando Jesus visitou a casa de Maria e Marta, esta ocupada distraiu-se "com seus muitos afazeres" (LUCAS 10:40). Sua irmã Maria escolheu sentar-se e ouvir o ensino de Jesus, recebendo a sabedoria e a paz que nunca lhe seriam tiradas (vv.39-42). Quando Marta pediu a Jesus que encorajasse Maria a ajudá-la, Ele respondeu: "Marta, você se preocupa e se inquieta com todos esses detalhes. Apenas uma coisa é necessária" (vv.41-42).

Deus deseja a nossa atenção. Às vezes, como Marta, distraímo-nos com tarefas e problemas. Negligenciamos a presença de Deus, embora apenas Ele possa conceder a sabedoria e a esperança que precisamos. Ao priorizarmos o tempo que passamos com o Senhor por meio da oração e meditação nas Escrituras, Ele nos dá a orientação e a força para enfrentarmos os desafios que surgem adiante.

KIMYA LODER

**O que afasta a sua atenção de Deus?
O fato de achegar-se novamente a Ele lhe traz clareza?**

*Querido Pai, ajuda-me a remover
as distrações e a apegar-me ainda mais a ti.*

Para saber mais sobre "como crescer em sua fé",

acesse:universidadecrista.org

A BÍBLIA EM UM ANO: SALMOS 68–69; ROMANOS 8:1-21

6 DE AGOSTO — ÊXODO 6:1-8

LIVRES DA ESCRAVIDÃO

*Eu os libertarei da opressão e
os livrarei da escravidão...* v.6

"Vocês são como Moisés, libertando-nos da escravidão", disse Jamila. No Paquistão, ela e a família trabalhavam com fornos de tijolos e sofriam por causa das suas dívidas. Grande parte do valor que recebiam de salário pagava apenas os juros. Mas quando foram agraciados pela doação de uma ONG que os libertou da dívida, sentiram-se imensamente aliviados. Ao agradecer ao representante da ONG por essa libertação, Jamila, que é cristã, destacou o exemplo dado por Deus ao libertar Moisés e os israelitas da escravidão.

Os israelitas trabalharam sob condições difíceis e foram oprimidos pelos egípcios por centenas de anos. Eles clamaram a Deus e lhe pediram ajuda (ÊXODO 2:23). Porém a carga de trabalho deles aumentou, pois o novo faraó ordenou que não apenas fizessem tijolos, mas também juntassem a palha para esses tijolos (5:6-8). Quando os israelitas continuaram a clamar contra a opressão, Deus reforçou a Sua promessa de ser o Deus deles (6:7). Os israelitas não seriam mais escravos, porque o Senhor os resgataria com Seu "braço poderoso" (v.6).

Sob a direção de Deus, Moisés os conduziu para fora do Egito (cap.14). Hoje Deus ainda nos livra por meio dos braços estendidos de Seu Filho, Jesus, na cruz. Somos libertos de escravidão muito maior, a do pecado que antes nos controlava. Não somos mais escravos, mas livres!

AMY BOUCHER PYE

Como Deus o libertou? De que modo você pode encorajar alguém escravizado pelo pecado hoje?

*Querido Deus, sou grato por
enviares Teu Filho para me libertar do pecado.*

Aprenda mais sobre "Relacionamento pessoal com Deus",
acesse: paodiario.org

A BÍBLIA EM UM ANO: SALMOS 70–71; ROMANOS 8:22-39

7 DE AGOSTO — EFÉSIOS 5:8-20

MIL PONTINHOS DE LUZ

*Vivam, portanto, como
filhos da luz!* v.8

O cânion *Dismals*, EUA, atrai vários turistas no verão quando as larvas dos mosquitos eclodem e se transformam em vaga-lumes. À noite, esses vaga-lumes emitem uma luminescência azul brilhante, e milhares deles juntos criam uma luz de tirar o fôlego.

O apóstolo Paulo escreve sobre os cristãos como "vaga-lumes" refletores de luz e explica "vocês estavam mergulhados na escuridão, mas agora têm a luz no Senhor" (EFÉSIOS 5:8). Mas às vezes nos perguntamos como a "minha pequena luz" pode fazer diferença? Paulo diz que isso não é um ato solitário. Ele nos chama de "filhos da luz" (v.8) e explica que "[participamos] da herança que pertence ao seu povo santo, aqueles que vivem na luz" (COLOSSENSES 1:12). Ser luz no mundo é um esforço coletivo, obra do Corpo de Cristo, obra da Igreja. Paulo reforça isso com a nossa imagem, sendo luzes, adorando e cantando juntos, "salmos, hinos e cânticos espirituais entre si e louvando ao Senhor de coração" (EFÉSIOS 5:19).

Quando ficamos desanimados, pensando que o nosso testemunho de vida é apenas um pontinho numa cultura cuja meia-noite é escura, ainda podemos crer na verdade bíblica: Não estamos sós. Juntos, conforme Deus nos guia, fazemos a diferença e brilhamos com uma luz que resplandece. Uma multidão de "iluminadores" pode atrair muito interesse.

KENNETH PETERSEN

**Você se encoraja por saber
que não está sozinho em Cristo? Como
refletir a luz de Cristo hoje?**

*Querido Deus, por favor, ajuda-me
a brilhar a Tua luz com outros que creem em Jesus.*

Saiba mais sobre: "Bases da vida espiritual", acesse:universidadecrista.org

---

A BÍBLIA EM UM ANO: SALMOS 72–73; ROMANOS 9:1-15

8 DE AGOSTO — **GÁLATAS 3:23-29**

DIFERENTES, MAS UNIDOS EM CRISTO

*Não há mais judeu nem gentio,
escravo nem livre [...] vocês são
um em Cristo Jesus.* v.28

Um analista de negócios estudou 125 vendedores para entender o sucesso deles. Surpreendeu-se que a competência não era o fator-chave. Descobriu ser mais provável que os clientes comprassem de quem tivesse a mesma opinião política, educação e até a mesma altura. A tendência de preferir quem é parecido conosco chama-se *homofilia*. Esse fenômeno está presente no trabalho e em outras áreas, optamos por criar laços de amizade e amor com quem é semelhante a nós. E embora seja natural, pode ser destrutivo quando só escolhemos os que são parecidos conosco, pois criamos divisões raciais, políticas e econômicas entre as pessoas.

No primeiro século, os judeus andavam com judeus, os gregos com gregos, e os ricos não se misturavam com os pobres. No entanto, ao citar a igreja em Roma, Paulo especifica: Priscila e Áquila (judeus), Epêneto (grego), Febe, "de grande ajuda para muitos", provavelmente rica (ROMANOS 16:1-16), e Filólogo (nome comum dado a escravos). O que aproximou todas estas pessoas? *Jesus* — nele "Não há mais judeu nem gentio, escravo nem livre..." (GÁLATAS 3:28).

É natural querer viver, trabalhar e ir à igreja com os nossos semelhantes. Mas Jesus nos faz ir além. Neste mundo fragmentado e dividido em tantas situações, o Senhor nos transforma num só povo — diferente em si mesmo, mas unido a Ele como uma família única.

SHERIDAN VOYSEY

**Como podemos nos aproximar
dos que são diferentes de nós?**

*Jesus, louvo-te por Tua atuação
unindo o nosso mundo dividido em um só.*

A BÍBLIA EM UM ANO: SALMOS 74–76; ROMANOS 9:16-33

9 DE AGOSTO — **MATEUS 12:9-14**

★ *TÓPICO DE AGOSTO: MISERICÓRDIA E JUSTIÇA*

LUTANDO O BOM COMBATE

*Quanto mais vale uma pessoa
que uma ovelha!...* v.12

Uma aluna da sexta série notou um colega cortando seu braço com uma lâmina de barbear. Tentando fazer a coisa certa, ela retirou a lâmina dele e a jogou fora. Surpreendentemente, em vez de ser elogiada, foi suspensa da escola por dez dias. Por quê? Por brevemente ter a posse do objeto e isso, na escola, era proibido. Indagada se faria isso de novo, respondeu: "Mesmo se eu tivesse problemas... faria de novo". Assim como essa garota ao tentar fazer o bem colocou-se em apuros (a suspensão foi revertida depois), o ato de intervenção de Jesus no reino o fez ter problemas com os líderes religiosos.

Os fariseus interpretaram a cura de um homem com uma mão deformada como uma violação das regras. Cristo disse a eles que se o povo de Deus tinha permissão para resgatar animais em situações terríveis no sábado: "Quanto mais vale uma pessoa que uma ovelha!" (MATEUS 12:12). Jesus é o Senhor do sábado e pode regular o que é e o que não é permitido nele (vv.6-8). Mesmo sabendo que isso ofenderia os líderes religiosos, Jesus restaurou a mão do homem (vv.13-14).

Às vezes, os cristãos passam por "boas" dificuldades fazendo o que honra a Cristo, mas que pode desagradar aos outros, à medida que ajudam os necessitados. Quando o fazemos sob a orientação de Deus, imitamos Jesus e revelamos que as pessoas são mais importantes do que normas e rituais. *MARVIN WILLIAMS*

Como demonstrar
bondade ao próximo?

*Querido Jesus, guarda-me
dos rituais que me impedem de amar os outros.*

A BÍBLIA EM UM ANO: SALMOS 77–78; ROMANOS 10

10 DE AGOSTO · **EFÉSIOS 3:12-19**

CONSERTANDO CARRINHOS

...caio de joelhos e oro ao Pai,
o Criador de todas as coisas
nos céus e na terra. vv.14-15

Quando eu era criança, meu pai e eu passamos vários sábados de manhã consertando um *kart* que havíamos encontrado. Colocamos rodas novas, instalamos um para-brisa esportivo de plástico e, sob o olhar atento de meu pai, eu realizava corridas na rua de casa com muita empolgação! Em retrospecto, percebo que o que acontecia naquela garagem era muito mais do que consertar um carrinho. Um garotinho estava sendo moldado por seu pai, e aprendendo algo sobre Deus no processo.

Os seres humanos foram feitos semelhantes à natureza do próprio Deus (GÊNESIS 1:27-28). A criação de filhos também se origina em Deus, pois Ele é o "Pai, o Criador de todas as coisas nos céus e na terra" (EFÉSIOS 3:14-15). Assim como os pais imitam a capacidade divina de gerar vida ao trazer crianças ao mundo, eles expressam qualidades provenientes do Deus Pai ao nutrir e proteger seus filhos. O Pai é o modelo, a base de toda a parentalidade.

Meu pai não era perfeito, pois às vezes falhava ao imitar o padrão celestial (como todo pai e mãe fazem). Mas nas muitas vezes em que ele imitava o Pai, eu aprendia algo de Sua proteção e cuidado. Mesmo que fosse no chão da garagem, consertando carrinhos.

SHERIDAN VOYSEY

Como uma boa parentalidade
reflete a natureza de Deus?
Como você pode imitar o Pai hoje?

Deus Pai, ajuda-me hoje a cuidar
das pessoas e protegê-las, revelando
as Tuas virtudes a elas.

A BÍBLIA EM UM ANO: SALMOS 79–80; ROMANOS 11:1-18

11 DE AGOSTO — 🌿 **ROMANOS 5:6-10**

QUEM SOU EU?

...Deus nos prova seu grande amor ao enviar Cristo para morrer por nós quando ainda éramos pecadores. v.8

Robert Todd Lincoln viveu sob a sombra do pai, o presidente norte-americano Abraham Lincoln. Muito depois da morte dele, a identidade de Robert ainda submergia pela esmagadora presença de seu pai. O melhor amigo de Lincoln, escreveu o que ele lhe falava: "Ninguém me queria como secretário de guerra, nem como ministro na Inglaterra; queriam somente o filho de Lincoln. Ninguém me queria como presidente da *Pullman Company*; queriam o filho de Abraham Lincoln". Tal frustração não se limita aos filhos de pessoas célebres. Todos nós conhecemos a sensação de não sermos valorizados pelo que somos. No entanto, em nenhum outro lugar a profundidade de nosso valor é mais evidente do que na maneira que Deus nos ama.

O apóstolo Paulo identificou quem éramos em nossos pecados e quem nos tornamos em Cristo. Ele escreveu: "Quando estávamos completamente desamparados, Cristo veio na hora certa e morreu por nós, pecadores" (ROMANOS 5:6). Deus nos ama por quem somos, mesmo em nosso pior! E ainda: "...nos prova seu grande amor ao enviar Cristo para morrer por nós quando ainda éramos pecadores" (v.8). Deus nos ama tanto que permitiu que o Seu Filho fosse à cruz em nosso lugar.

Quem somos? Somos os filhos amados de Deus. Quem poderia pedir algo mais?

BILL CROWDER

Você já se sentiu perdido na sombra dos outros? De que maneira isso o pode ensinar sobre o fato de Deus preocupar-se individualmente com você?

Pai, agradeço-te por me amares por quem sou e pelo que sou, e por me concederes o Teu perdão e amor.

Descubra mais sobre a sua "identidade em Cristo", acesse: paodiario.org

---

A BÍBLIA EM UM ANO: SALMOS 81–83; ROMANOS 11:19-36

12 DE AGOSTO   **SALMO 33:1-11**

DEUS FIEL E ETERNO

*Pois a palavra do S<small>ENHOR</small> é verdadeira e
podemos confiar em tudo que ele faz.* v.4

Quando meu filho era pequeno, eu o levava e buscava na escola. Um dia me atrasei para ir buscá-lo. Estacionei o carro, e orando corri em direção à sala de aula. Encontrei-o abraçado à mochila, sentado ao lado do professor e lhe disse. "Sinto muito, você está bem?" Ele me respondeu: "Estou bem, mas chateado porque você se atrasou". Como poderia culpá-lo? Amo meu filho, estava chateada, mas sabia que muitas vezes o desapontaria. Também sabia que um dia ele poderia se sentir assim com Deus. Logo, esforcei-me para ensiná-lo que Deus nunca quebra ou quebrará uma promessa.

O salmo 33 nos encoraja a celebrar a fidelidade de Deus com louvores alegres (vv.1-3) porque "a palavra do S<small>ENHOR</small> é verdadeira e podemos confiar em tudo que ele faz" (v.4). Usando o mundo que Deus criou como prova irrefutável de Seu poder e confiabilidade (vv.5-7), o salmista clama ao "mundo" a adorar e temer a Deus (v.8).

Quando os planos falham ou as pessoas nos decepcionam, podemos nos tornar propensos a também nos decepcionar com Deus. No entanto, podemos confiar no Senhor porque Seus planos "permanecem para sempre" (v.11). Podemos louvar a Deus, mesmo quando as coisas dão errado, pois nosso amoroso Criador sustenta a tudo e a todos. Deus é fiel para sempre.   XOCHITL DIXON

**Por que é difícil louvar a Deus
quando os seus planos falham ou as pessoas
o decepcionam? Como Deus usa o mundo que criou
para provar Sua fidelidade eterna?**

*Querido Deus, por favor,
lembra-me da Tua fidelidade do passado
no meu caminhar na fé no presente.*

A BÍBLIA EM UM ANO: SALMOS 84–86; ROMANOS 12

13 DE AGOSTO — **1 CORÍNTIOS 9:19-23**

ABORDAGEM DIFERENTE

...tento encontrar algum ponto em comum com todos, fazendo todo o possível para salvar alguns. v.22

Quando Mary Slessor navegou até à nação africana de Calabar (hoje, Nigéria), no fim do século 19, ela estava entusiasmada em continuar o trabalho missionário do falecido David Livingstone. Sua primeira missão foi lecionar enquanto vivia entre os missionários, e isso a deixou ansiosa sobre outras maneiras de servir. Logo, ela optou por uma abordagem diferente: foi morar com as pessoas a quem servia. Mary aprendeu a língua deles, alimentou-se e viveu como eles. Acolheu dezenas de crianças órfãs, e, por quase 40 anos, levou a esperança e o evangelho aos que precisavam de ambos.

O apóstolo Paulo reconhecia a importância de realmente atendermos às necessidades dos que estão ao nosso redor. E disse: "Existem tipos diferentes de dons espirituais" e "de serviço, mas o Senhor [...] é o mesmo" (1 CORÍNTIOS 12:4-5). Paulo serviu as pessoas em sua necessidade: "com os fracos, também [se tornou] fraco" (9:22).

Certa igreja anunciou recentemente o lançamento de nova abordagem a "todas as necessidades" em seu ministério, tornando o culto disponível às pessoas com necessidades especiais. Esta atitude conquista corações para que o evangelho floresça na comunidade. Ao praticarmos a nossa fé diante dos que nos cercam, que Deus nos ajude que possamos apresentá-los a Jesus de maneiras novas e diferentes.

DAVE BRANON

O que Deus colocou em seu coração sobre como ajudar alguém de maneira única e diferenciada?

Pai eterno, por favor, concede-me sabedoria para encontrar o caminho certo para ajudar aos outros.

A BÍBLIA EM UM ANO: SALMOS 87–88; ROMANOS 13

14 DE AGOSTO — **GÊNESIS 40:8-15,20-23**

SOLITÁRIO SIM, ABANDONADO JAMAIS

O chefe dos copeiros, porém, se esqueceu completamente de José e não pensou mais nele. v.23

Quando ouvimos histórias de encarcerados, fica claro que a parte mais difícil é o isolamento e a solidão. Um estudo revelou que, independentemente da duração da pena, a maioria dos presos recebe apenas duas visitas de amigos ou parentes durante todo o tempo atrás das grades. A solidão é uma realidade constante.

É uma dor que penso que José sentiu ao estar preso injustamente por um crime que não cometera. Mas havia esperança, Deus ajudou José a interpretar corretamente o sonho de um colega na prisão que servia diretamente ao faraó. José disse ao homem que ele teria sua antiga posição de volta e pediu-lhe que falasse sobre isso ao faraó para que ele também viesse a ser liberto (GÊNESIS 40:14). Mas o homem "se esqueceu completamente de José" (v.23). Por *mais dois anos*, José esperou. Naqueles anos de espera, sem nenhum sinal de que sua situação mudaria, José nunca esteve completamente só, pois Deus estava com ele. Por fim, o servo do faraó lembrou-se de sua promessa a José e ele foi libertado após interpretar corretamente outro sonho (41:9-14).

Independentemente das circunstâncias nos fazerem sentir esquecidos ou dos sentimentos de solidão que surgirem, podemos nos apegar à promessa reconfortante de Deus a Seus filhos: "eu não me esqueceria de vocês!" (ISAÍAS 49:15).

LISA SAMRA

Você já experimentou a dor de ter sido esquecido? Lembrar-se da constante presença de Deus o consola?

Pai celestial, ajuda-me a buscar-te quando me sentir só e a lembrar que Tu estás sempre comigo.

A BÍBLIA EM UM ANO: SALMOS 89–90; ROMANOS 14

15 DE AGOSTO 🕮 **HEBREUS 2:10-18**

JESUS, NOSSO IRMÃO

*Por isso Jesus não se envergonha
de chamá-los irmãos.* v.11

Bridger Walker tinha 6 anos quando um cão agressivo atacou sua irmãzinha. Bridger saltou na frente dela para a salvar e proteger do ataque do feroz animal. Após receber atendimento emergencial e 90 pontos no rosto, ele explicou: "Se alguém tivesse que morrer, preferi que fosse eu". Felizmente, os cirurgiões fizeram um bom trabalho reconstruindo sua pequenina face. O amor fraternal, espelhado em fotos recentes em que abraça a irmã, continua forte entre eles.

Idealmente, nossas famílias nos cuidam e protegem. Os verdadeiros irmãos intervêm quando temos problemas e ficam ao nosso lado ao enfrentarmos o medo e a solidão. Mas na realidade, nossos melhores irmãos são imperfeitos, alguns até nos causam mal. Entretanto, temos um Irmão que estará sempre ao nosso lado: Jesus. Lemos na carta aos Hebreus que Cristo, em ato de amor, juntou-se aos homens, compartilhando nossa "carne e sangue" para que "se tornasse semelhante a seus irmãos em todos os aspectos" (2:14,17). Como resultado, Jesus é nosso irmão mais verdadeiro; Ele não se envergonha de nos chamar de irmãos (v.11).

Falamos de Jesus como nosso Salvador, Amigo e Rei, e todas são verdadeiras. No entanto, Jesus também é nosso Irmão que experimentou todos os medos, tentações, desesperos ou tristezas humanas. Nosso Irmão está sempre conosco. *WINN COLLIER*

**Como você convive com os seus irmãos na fé?
Jesus é verdadeiramente como um irmão para você?**

*Querido Jesus, surpreendo-me
ao pensar em ti também como meu irmão.
Ensina-me, mostra-me o Teu caminho.*

Descubra: "como pertencer à família de Deus", acesse: univeridadecrista.org

---

A BÍBLIA EM UM ANO: SALMOS 91–93; ROMANOS 15:1-13

16 DE AGOSTO   🌿 **LUCAS 18:1-8**

★ *TÓPICO DE AGOSTO: MISERICÓRDIA E JUSTIÇA*

PODER DA PERSISTÊNCIA

Jesus contou [...] uma parábola para mostrar-lhes que deviam orar sempre e nunca desanimar. v.1

Em 1917, Ann Cone emocionou-se ao ser aceita numa das escolas de design de moda mais renomadas de Nova Iorque. Mas ao chegar para matricular-se, o diretor da escola não queria aceitá-la. "Para ser franco, Sra. Cone, não sabíamos que você era negra", disse-lhe. Recusando-se a sair, sussurrando orou: *"Por favor, deixa-me ficar aqui"*. Vendo sua persistência, o diretor permitiu que ficasse, porém não permitiu que entrasse na sala de aula para brancos. Ela assistia a aula do lado de fora da porta "apenas para ouvir". Talentosíssima, Ann se formou seis meses antes e atraiu clientes da alta sociedade, incluindo a ex-primeira-dama Jacqueline Kennedy, cujo vestido de noiva mundialmente famoso foi desenhado por ela. Ann fez e refez o vestido, buscando a ajuda de Deus, pois teve problemas com o encanamento em seu estúdio, arruinando o primeiro modelo feito.

Persistência como essa é poderosa, especialmente na oração. Na parábola de Jesus, uma viúva perseverante implorava por justiça a um juiz corrupto. A princípio, ele a recusou, mas como estava se irritando, decidiu "lhe fazer justiça" (LUCAS 18:5).

Com muito mais amor, "Deus não fará justiça a seus escolhidos que clamam a ele dia e noite?" (v.7). Jesus afirma que *fará* (v.8). Conforme Ele nos inspira, oremos com perseverança e jamais desistamos. Em Seu tempo e modo perfeito, Deus nos responderá.

PATRICIA RAYBON

O que o ajuda a ser perseverante na oração?

Querido Jesus, agradeço-te por responderes minhas contínuas orações, em Teu tempo e favor.

A BÍBLIA EM UM ANO: SALMOS 94–96; ROMANOS 15:14-33

17 DE AGOSTO — **2 CORÍNTIOS 5:11-20**

MAIS DO QUE EMBAIXADORES DA MARCA

...somos embaixadores [...]. Falamos
em nome de Cristo quando dizemos:
"Reconciliem-se com Deus!" v.20

A competição na era da internet é acirrada. Cada vez mais, as empresas desenvolvem maneiras criativas de atrair clientes. Os proprietários de uma determinada marca de veículos são muito leais, e a empresa os convidou a tornarem-se "embaixadores da marca". No site deles, está: "Nossos embaixadores são um grupo exclusivo de indivíduos que demonstra sua paixão e entusiasmo ao divulgar nossa marca e ajudar a moldar o futuro dela". A empresa quer que a sua marca torne-se parte integrante da identidade das pessoas: algo pelo qual sejam tão apaixonados que "compartilhem" imediatamente.

Paulo descreve um programa diferente de "embaixador": o de convidar outros a seguirem Jesus. "Assim, conhecendo o temor ao Senhor, procuramos persuadir outros" (2 CORÍNTIOS 5:11). Ele acrescenta: "E ele nos deu esta mensagem maravilhosa de reconciliação. Agora, portanto, somos embaixadores de Cristo; [...] Falamos em nome de Cristo quando dizemos: "Reconciliem-se com Deus!" (vv.19-20).

Muitos produtos prometem atender as nossas profundas necessidades; tentam oferecer uma sensação de felicidade, integridade e propósito. Mas apenas *uma* mensagem — a mensagem de reconciliação que nos foi confiada por crermos em Jesus — é *verdadeiramente* uma boa notícia. Temos o privilégio de levar esta mensagem a um mundo desesperado.

ADAM R. HOLZ

O que significa ser "embaixador de Cristo"?
De que maneira prática você
pode vivenciar esse chamado de Deus?

Querido Jesus, obrigado por me convidares
para ser Teu embaixador.

A BÍBLIA EM UM ANO: SALMOS 97–99; ROMANOS 16

18 DE AGOSTO — **DEUTERONÔMIO 16:9-16**

FESTAS DE ADORAÇÃO

Será um tempo de celebração diante do Senhor, seu Deus, no lugar que ele escolher para habitação... v.11

Participar de um grande evento pode gerar uma grande transformação em nosso interior. O pesquisador Daniel Yudkin e seus colegas, após interagirem com mais de 1.200 pessoas em reuniões no Reino Unido e nos Estados Unidos, aprenderam que grandes eventos podem impactar nossa moral e afetar a disposição de compartilhar nossos recursos. A pesquisa descobriu que 63% dos participantes tiveram uma experiência "transformadora" que os fez sentir-se mais conectados à humanidade, mais generosos com amigos, familiares e mesmo com os desconhecidos.

Quando nos reunimos com outras pessoas para louvar a Deus, experimentamos mais do que uma "transformação" social num evento: nós temos comunhão com o próprio Deus. Sem dúvida, o povo de Deus experimentou essa conexão com Ele ao se reunir em Jerusalém nos tempos antigos para suas festas sagradas ao longo do ano. Eles viajavam, sem as conveniências modernas, para estarem no Templo três vezes por ano para "a Festa dos Pães sem Fermento, a Festa da Colheita e a Festa das Cabanas" (DEUTERONÔMIO 16:16). Essas reuniões eram momentos de lembrança solene, adoração e alegria "diante do Senhor" com a família, servos, estrangeiros e outros (v.11).

Vamos nos reunir com outros para adoração, pois assim ajudamos uns aos outros a continuamente desfrutar da Sua presença e a depender de Sua fidelidade.

KIRSTEN HOLMBERG

Você já sentiu a forte presença de Deus em seu íntimo ao louvar com outras pessoas?

Deus, obrigado por convidares Teu povo para em comunhão te adorar.

A BÍBLIA EM UM ANO: SALMOS 100–102; 1 CORÍNTIOS 1

19 DE AGOSTO **MARCOS 4:35-41**

O PODER DE CRISTO

*Quem é este homem? Até o vento
e o mar lhe obedecem!* v.41

Cerca de 600 espectadores assistiram ao acrobata Nik Wallenda em 2013. Ele andou na corda bamba em um desfiladeiro de mais de 457 metros de largura. Wallenda pisou no cabo de aço e agradeceu a Jesus enquanto sua câmera apontava para baixo. Ele orou e louvou a Jesus calmamente enquanto atravessava o desfiladeiro como se estivesse caminhando numa calçada. Quando o vento ficou forte, ele parou e se agachou. Depois se levantou, recuperou o equilíbrio e agradeceu a Deus por "acalmar aquele cabo". Em cada passo, demonstrava sua dependência no poder de Cristo a todos que o ouviam, e ainda continua à medida que o vídeo é visto ao redor do mundo.

Quando os ventos da tempestade e as ondas amedrontaram os discípulos no mar da Galileia, o medo e o temor se infiltraram em seus apelos por ajuda (MARCOS 4:35-38). Após Jesus ter acalmado a impetuosa rajada, eles souberam que o seu Mestre controlava até mesmo o vento (vv.39-41). Lentamente, aprenderam a colocar a sua confiança no Senhor. As experiências deles podem auxiliar outros a reconhecer a pronta disponibilidade e o extraordinário poder de Jesus.

Ao enfrentarmos as tempestades da vida ou andarmos numa corda bamba sobre os vales da profunda aflição, demonstremos confiança e fé no poder de Cristo. Deus usará nossa caminhada de fé para inspirar outros a confiar nele.

XOCHITL DIXON

Testemunhar o poder de Cristo
na vida de outros fortalece a sua fé?

*Obrigado, Pai, por acalmares meu coração
quando confio em ti durante as tempestades da vida*

A BÍBLIA EM UM ANO: SALMOS 103–104; 1 CORÍNTIOS 2

20 DE AGOSTO   🌱 ÊXODO 33:1-4,7-11

ENCONTRANDO ESPAÇOS ABERTOS

*Ali o Senhor falava com Moisés face a face,
como quem fala com um amigo.* v.11

Em seu livro *Margem* (Editora Lan, 2021), o Dr. Richard Swenson nos alerta sobre termos algum espaço para respirar, liberdade para pensar e permissão para curar. Nossos relacionamentos sofrem por causa da velocidade; nossos filhos jazem feridos no chão, atropelados por nossas boas intenções em alta velocidade. Ele questiona: Deus agora é pró-exaustão? Não nos conduz mais às águas tranquilas? Quem saqueou os espaços abertos no passado e como recuperá-los? Mostra-nos que precisamos de uma "terra" tranquila e fértil, onde possamos descansar em Deus e nos encontrar com Ele.

Isso lhe toca? Moisés viveu essa busca por espaço. Liderou uma nação de "povo teimoso e rebelde" (ÊXODO 33:5), e se retirava frequentemente para buscar descanso e orientação na presença de Deus. E na "tenda da reunião" (v.7), "o Senhor falava com Moisés face a face, como quem fala com um amigo" (v.11). Jesus também "se retirava para lugares isolados a fim de orar" (LUCAS 5:16). Jesus e Moisés perceberam a importância de investir tempo a sós com o Pai.

Nós também precisamos criar espaços amplos e abertos para investir em descanso e na presença de Deus. Isso nos ajudará a tomar melhores decisões, criando espaços e limites mais saudáveis, para que tenhamos "uma largura maior de banda" disponível para amá-lo e também aos outros. Busquemos a Deus em espaços mais amplos hoje.

TOM FELTEN

**Você deseja criar essas "margens"
em seu dia a dia?**

*Jesus, ajuda-me a buscar os momentos
de quietude e comunhão contigo diariamente.*

A BÍBLIA EM UM ANO: SALMOS 105–106; 1 CORÍNTIOS 3

21 DE AGOSTO   **1 SAMUEL 23:14-23**

O DOM DO ENCORAJAMENTO

Portanto, animem e edifiquem uns aos outros, como têm feito. 1 TESSALONICENSES 5:11

"As abelhas estão formando um enxame!", disse minha esposa, ao me trazer a notícia que nenhum apicultor quer ouvir. Corri para fora e vi milhares de abelhas voando da colmeia para o topo de um pinheiro alto, para não mais voltarem. Eu não tinha reconhecido as pistas de que estavam prestes a enxamear, pois as tempestades anteriores atrapalharam as minhas inspeções. Na manhã em que as tempestades pararam, as abelhas partiram. A colônia era nova e saudável, e dividiu-se para começar uma nova. "Não seja duro consigo mesmo, pode acontecer com qualquer um!", um apicultor experiente me disse após ver minha decepção.

O encorajamento é um presente cativante. Quando Davi ficou desanimado porque Saul o perseguia para tirar sua vida, Jônatas, filho de Saul, encorajou Davi. "Não tenha medo", disse Jônatas. "Meu pai jamais o encontrará! Você será o rei de Israel, e eu serei o segundo no comando, como meu pai, Saul, sabe muito bem" (1 SAMUEL 23:17). Essas são palavras surpreendentemente altruístas de alguém próximo na linha de sucessão ao trono. É provável que Jônatas reconhecesse que Deus estava com Davi, portanto, ele falou com fé sincera.

Há pessoas que precisam de encorajamento ao nosso redor. Deus nos ajudará a auxiliá-los à medida que nos humilharmos diante dele e lhe pedirmos que os ame por nosso intermédio.

JAMES BANKS

**Quem ao seu redor precisa de encorajamento?
Como você os pode servir hoje?**

Querido Deus, Tu me ofereces eterno encorajamento e esperança. Ajuda-me a demonstrar Teu amor aos outros.

A BÍBLIA EM UM ANO: SALMOS 107–109; 1 CORÍNTIOS 4

22 DE AGOSTO — **EFÉSIOS 2:14-22**

A ETERNA IGREJA DE DEUS

...as forças da morte não a conquistarão. MATEUS 16:18

"Acabou a igreja?" perguntou uma jovem mãe que chegara ao nosso templo com seus dois filhos pequenos exatamente quando o culto dominical estava acabando. Mas a recepcionista disse a ela que uma igreja próxima oferecia dois cultos de domingo e o segundo começaria em breve. Perguntou-lhe se ela gostaria de uma carona até lá, e a jovem mãe disse que sim, demonstrando gratidão no caminho até a outra igreja. Mais tarde, refletindo sobre isso, a recepcionista concluiu: "A Igreja acabou? Nunca! A Igreja de Deus vive para sempre".

A Igreja não é um "prédio" frágil, e sim os fiéis que são "membros da família de Deus", escreveu Paulo, "edificados sobre os alicerces dos apóstolos e dos profetas. E a pedra angular é o próprio Cristo Jesus. [...] Por meio dele, vocês também estão sendo edificados como parte dessa habitação, onde Deus vive por seu Espírito" (EFÉSIOS 2:19-22).

O próprio Jesus estabeleceu Sua Igreja para a eternidade. Ele declarou que, apesar dos desafios ou problemas enfrentados por Sua Igreja, "as forças da morte não a conquistarão" (MATEUS 16:18).

Com esse novo olhar encorajador, podemos ver nossas igrejas locais, todos nós, como parte da igreja universal de Deus, sendo edificados "em Cristo Jesus por todas as gerações, para todo o sempre! Amém" (EFÉSIOS 3:21).

PATRICIA RAYBON

**O que o torna grato em sua igreja local?
Como você pode ajudar
a igreja universal de Deus a crescer?**

*Querido Jesus, sendo parte da Tua Igreja,
peço-te que continues edificando
a Tua morada em mim.*

A BÍBLIA EM UM ANO: SALMOS 110–112; 1 CORÍNTIOS 5

23 DE AGOSTO   🌱 **GÊNESIS 4:2-11**

★ *TÓPICO DE AGOSTO: MISERICÓRDIA E JUSTIÇA*

TESTEMUNHAS

*...O sangue de seu irmão clama
a mim da terra!* v.10

No poema *As testemunhas*, Henry Wadsworth Longfellow (1807-82) descreveu um navio negreiro afundado. Destacou os "esqueletos acorrentados" e lamentou as incontáveis vítimas anônimas da escravidão. A última estrofe traz: "Estes são os horrores da escravidão / Eles brilham do abismo / Eles choram em sepulturas desconhecidas / Nós somos as Testemunhas!" (tradução livre).

A quem essas testemunhas falam? Esse testemunho silencioso não é fútil?

Há uma Testemunha que tudo vê. Quando Caim assassinou Abel, ele fingiu que nada acontecera. "Por acaso sou responsável por meu irmão?", disse com desdém a Deus, que lhe disse: "O sangue de seu irmão clama a mim da terra! O próprio solo, que bebeu o sangue de seu irmão, sangue que você derramou, amaldiçoa você" (GÊNESIS 4:9-11). O nome de Caim persiste como aviso. "Não sejamos como Caim, que pertencia ao maligno e assassinou seu irmão", advertiu João (1 JOÃO 3:12). O nome de Abel também está presente, mas de maneira diferente. "Pela fé, Abel apresentou a Deus um sacrifício superior ao de Caim"; ele "ainda fala por meio de seu exemplo" (HEBREUS 11:4).

Abel ainda fala! Também os ossos dos escravos, há muito esquecidos. Fazemos bem em nos lembrar de todas essas vítimas e nos opor à opressão onde quer que a vejamos. Deus vê tudo. Sua justiça triunfará.

TIM GUSTAFSON

**Que situações de injustiça e opressão
você conhece? Deus lhe chama para agir?**

*Querido Pai, Tu és o Deus que tudo vê. Ajuda-nos
a ver quando ocorre a opressão e mostra-nos como combatê-la.*

A BÍBLIA EM UM ANO: SALMOS 113–115; 1 CORÍNTIOS 6

24 DE AGOSTO — **2 TIMÓTEO 1:6-14**

GENEROSIDADE DE CORAÇÃO ABERTO

...Deus não nos deu um Espírito que produz temor e covardia, mas sim que nos dá poder, amor e autocontrole. v.7

Ninguém jamais morreu dizendo: "Estou tão feliz pela vida egocêntrica, egoísta e autoprotetora que vivi". Essas são as palavras do autor Parker Palmer que discursou numa solenidade de formatura instando os graduandos a "se oferecerem ao mundo com generosidade e coração aberto". Ele afirmou também que viver assim significaria reconhecer "como sou pequeno e como é fácil falhar". Oferecer-se a serviço do mundo exigiria cultivar a "mente de principiante" para "caminhar direto para o seu 'desconhecimento' e assumir o risco de falhar e falhar, repetidamente; e, então, levantar-se para aprender de novo e de novo".

Somente quando a nossa vida é construída sobre o fundamento da graça que podemos encontrar coragem para escolher uma vida de destemida e "corajosa generosidade". Como Paulo explicou a seu protegido Timóteo, podemos "avivar a chama do dom que Deus [lhe] deu" (2 TIMÓTEO 1:6) quando nos lembramos de que é a graça de Deus que nos salva e nos chama para uma vida santa (v.9). É o Seu poder que nos dá coragem para resistir à tentação de viver timidamente em troca de "poder, amor e autodisciplina" do Espírito (v.7). E é a Sua graça que nos levanta quando caímos, para que possamos continuar a nossa jornada, fundamentando-a em Seu amor (vv.13-14).

MONICA LA ROSE

**Você vive acanhadamente?
De que maneira a graça e o poder de Deus o ajudam a viver mais corajosamente para Ele?**

*Deus, obrigado por precisarmos
viver com temor. Ajuda-nos a confiar
na coragem que nos concedes.*

A BÍBLIA EM UM ANO: SALMOS 116–118; 1 CORÍNTIOS 7:1-19

25 DE AGOSTO 🌿 JOÃO 11:25-36

GRANDE AMIGO

As pessoas que estavam por perto disseram: "Vejam como ele o amava!". v.36

Havia muito tempo que meu amigo de longa data e eu não nos víamos. Nesse período, ele teve câncer e iniciou o tratamento. Uma viagem inesperada ao seu estado me deu a chance de vê-lo novamente. Entrei no restaurante e as lágrimas encheram os nossos olhos. Fazia muito tempo desde que estivéramos no mesmo local, e, com a morte rondando lembramo-nos de como a vida é breve. As lágrimas em nossos olhos surgiram de uma longa amizade cheia de aventuras, travessuras, risos, perdas e amor fraterno. Esse amor escorreu pelos cantos dos nossos olhos ao nos vermos.

Jesus também chorou. O evangelho de João registra aquele momento, depois que os judeus disseram: "Senhor, venha e veja" (11:34), e Jesus ficou diante do túmulo de Seu amigo Lázaro. Depois lemos aquelas duas palavras que nos revelam até que ponto Cristo partilha a nossa humanidade: "Jesus chorou" (v.35). Havia muita coisa acontecendo no momento, quais coisas João viu e não escreveu? Sim! No entanto, também acredito que a reação dos judeus a Jesus é reveladora: "Vejam como ele o amava!" (v.36). Isso é motivo mais do que suficiente para pararmos e adorarmos o Amigo que conhece todas as nossas fraquezas. Jesus foi carne, sangue e lágrimas. Jesus é o Salvador que ama e compreende.

JOHN BLASE

Qual a última vez que você ponderou sobre a humanidade de Jesus? Reconhecer que Ele o compreende e compartilha as suas lágrimas o encoraja hoje?

Jesus, sou grato por seres Aquele que salvu e que compartilha as minhas lágrimas.

A BÍBLIA EM UM ANO: SALMO 119:1-88; 1 CORÍNTIOS 7:20-40

26 DE AGOSTO — SALMO 22:14-24

HUMILDE COM ESPERANÇA

*...no meio de teu povo
reunido te louvarei.* v.22

Ao convite do pastor no final do culto na igreja, Larissa foi até a frente. Quando ela foi convidada para saudar a congregação, ninguém estava preparado para as palavras pesadas e maravilhosas que ela pronunciou. Soubemos então que, em 2021, os tornados devastadores haviam tirado a vida de sete membros de sua família. "Ainda posso sorrir, pois Deus está comigo", disse ela. Embora ela estivesse ferida pelas provações, seu testemunho foi um poderoso encorajamento para aqueles que enfrentavam seus próprios desafios.

As palavras de Davi, no Salmo 22, que destacam os sofrimentos de Jesus, são as de um homem assolado que se sentiu abandonado por Deus (v.1), desprezado e insultado por outros (vv.6-8) e cercado por predadores (vv.12-13). Davi se sentia fraco e esgotado (vv.14-18), mas não sem esperança. "Ó SENHOR, não permaneças distante! És minha força; vem depressa me ajudar" (v.19). A sua provação atual, mesmo não sendo exatamente a mesma que a de Davi ou de Larissa, é igualmente verdadeira. E as palavras do versículo 24 são significativas: "ele não desprezou nem desdenhou o sofrimento dos aflitos [...] mas ouviu seus clamores por socorro". E quando recebermos a ajuda de Deus, declaremos a Sua bondade para que outros possam ouvir sobre ela (v.22). ARTHUR JACKSON

Quais são os benefícios por compartilharmos sobre a bondade de Deus? Qual a importância da comunhão entre irmãos e irmãs em Cristo?

*Pai, entrego-te o meu sentimento
de desamparo. Concede-me nova esperança
e ajuda-me a louvar-te.*

A BÍBLIA EM UM ANO: SALMO 119:89-176; 1 CORÍNTIOS 8

27 DE AGOSTO 🌱 **1 CRÔNICAS 28:2-3, 6-12**

LIDANDO COM A DECEPÇÃO

Era meu desejo construir um templo [para]
a arca da aliança do SENHOR... V.2

Depois de arrecadar dinheiro o ano todo para uma "viagem inesquecível", um grupo de alunos formandos de uma escola chegou ao aeroporto e descobriu que muitos deles haviam comprado passagens de uma empresa falsa que se passava por uma companhia aérea. "É de partir o coração", disse um administrador escolar. No entanto, mesmo tendo que mudar os planos, os alunos decidiram aproveitar o momento ao máximo. Eles apreciaram dois dias de atrações ao redor com ingressos doados.

Lidar com planos fracassados ou alterados pode ser decepcionante e desolador. Especialmente quando já investimos tempo, dinheiro ou emoção no planejamento. O rei Davi tinha o desejo de "construir um templo" para Deus (1 CRÔNICAS 28:2), mas o Senhor lhe disse: "Você não construirá um templo em honra ao meu nome [...]. Seu filho Salomão construirá meu templo e meus pátios..." (VV.3,6). Davi não se desesperou. Ele louvou a Deus por tê-lo escolhido para ser o rei de Israel e deu a Salomão os planos do Templo para serem concluídos (VV.11-13). Ao fazer isso, ele o encorajou: "Seja forte e corajoso e faça o trabalho. [...] o SENHOR Deus, meu Deus, está com você" (V. 20).

Quando nossos planos falham, não importa o motivo, podemos entregar a nossa decepção a Deus "pois ele cuida de [nós]" (1 PEDRO 5:7). Com Sua graça Ele nos ajudará a lidar com nossas decepções.

ALYSON KIEDA

Você já fez planos que não conseguiu concretizar?
O que o ajudou a lidar com a decepção?

Deus, sou grato e sei que Tuas promessas e planos nunca
falham. Ajuda-me quando os meus planos falham.

Leia mais sobre "quando surgem as decepções", acesse: paodiario.org

---

A BÍBLIA EM UM ANO: SALMOS 120–122; 1 CORÍNTIOS 9

28 DE AGOSTO JÓ 1:13-22

PERDENDO TUDO

...O Senhor me deu o que eu tinha, e o Senhor o tomou. Louvado seja o nome do Senhor! v.21

O momento não poderia ter sido pior. Depois de fazer uma pequena fortuna construindo pontes, monumentos e edifícios, César desejava iniciar um novo empreendimento. Ele vendeu seu primeiro negócio, depositou o dinheiro no banco, planejando reinvesti-lo em breve. Durante esse período, o governo apreendeu todo o dinheiro mantido em contas bancárias privadas; e num instante, as reservas dele se evaporaram. Escolhendo não culpar a injustiça como motivo de reclamação, ele pediu a Deus que lhe mostrasse o caminho a seguir e simplesmente recomeçou.

Houve um momento terrível no qual Jó perdeu mais do que apenas seus bens. Ele perdeu a maioria de seus servos e todos os seus filhos (JÓ 1:13-22), saúde (2:7-8). A resposta dele ainda nos serve de exemplo. Ele orou: "Saí nu do ventre de minha mãe, e estarei nu quando partir. O Senhor me deu o que eu tinha, e o Senhor o tomou. Louvado seja o nome do Senhor!" (1:21), e conclui: "Em tudo isso, Jó não pecou nem culpou a Deus" (v.22).

Como Jó, César escolheu confiar em Deus. Em poucos anos ele construiu um novo negócio ainda mais bem-sucedido. Isso se assemelha à história de Jó (cap. 42). Mas mesmo que César nunca tivesse se recuperado economicamente, ele reconheceria que o seu verdadeiro tesouro não estava aqui (MATEUS 6:19-20). Ele seguiria confiando em Deus.

TIM GUSTAFSON

O que o Espírito Santo lhe revelou sobre as perdas que você já teve?

Querido Deus, por favor, ensina-me algo sobre o Teu amor hoje, pois há muita coisa que não compreendo

A BÍBLIA EM UM ANO: SALMOS 123–125; 1 CORÍNTIOS 10:1-18

29 DE AGOSTO — **MATEUS 11:25-30**

QUANDO VOCÊ ESTÁ CANSADO

Venham a mim todos vocês que estão cansados e sobrecarregados, e eu lhes darei descanso. v.28

Sentei-me na quietude do fim do expediente, meu *laptop* à frente. Deveria estar feliz com o trabalho que terminei naquele dia, mas não. Eu estava cansada, meus ombros doíam com o peso da ansiedade causada por um problema no trabalho, e minha mente divagava sobre um relacionamento conturbado. Naquela noite, eu queria fugir de tudo, meus pensamentos vagavam para assistir TV. Mas fechei os olhos e sussurrei: "Senhor," sem forças para dizer mais. Todo o meu cansaço se concentrou nessa palavra. De alguma forma, soube que deveria achegar-me a Deus.

"Venham a mim", diz Jesus aos cansados e sobrecarregados, "e eu lhes darei descanso" (MATEUS 11:28). Não será o descanso de uma noite bem dormida, nem a distração que a TV oferece, nem mesmo o alívio de um problema já resolvido. Embora essas coisas possam servir como descanso temporário, a trégua que nos oferecem é curta e dependente das nossas circunstâncias.

Jesus, ao contrário, oferece-nos o descanso duradouro e garantido por Seu caráter imutável. Ele é sempre bom. Ele oferece o descanso verdadeiro para a nossa alma, mesmo em meio aos problemas, pois sabemos que tudo está sob o controle dele. Podemos confiar e nos submetemos a Ele, suportar e até prosperar em situações difíceis por causa da força e restauração que somente Ele pode conceder. Jesus nos diz: "Venham a mim". — KAREN HUANG

Quando o seu espírito está cansado, onde você busca o descanso? Como responder ao convite de Jesus que nos convida a irmos a Sua presença?

Pai celestial, lembra-me de que o verdadeiro descanso é encontrado somente em ti.

A BÍBLIA EM UM ANO: SALMOS 126–128; 1 CORÍNTIOS 10:19-33

30 DE AGOSTO   ISAÍAS 26:1-13

LIBERDADE NO CAMINHO

*...Tu, que ages com retidão, tornas
plano o caminho adiante deles.* v.7

No beisebol para cegos, os jogadores ouvem o som emitido pela bola para saber como agir. O batedor de olhos vendados (há degraus de deficiência) e o lançador são do mesmo time. Quando o batedor lança o bastão e acerta a bola, ele corre em direção à base de onde vem o barulho que ele ouve. O batedor está fora se o defensor "tocar" a bola, antes do batedor vendado chegar à base; caso contrário, o batedor pontua. Um jogador comentou que a melhor parte é "sentir-se livre para correr" por saber que o caminho está livre e a direção é clara.

Lemos nas Escrituras que Deus age com retidão e torna plano "o caminho adiante deles" (ISAÍAS 26:7). Quando isso foi escrito, o caminho para os israelitas era difícil e eles sofriam o julgamento divino por sua desobediência. Isaías os exortou a confiar e obedecer — o caminho era difícil, mas plano. Preocupar-se em "glorificar" (v.8) o nome de Deus deveria ser a intenção deles.

Como cristãos, ao obedecermos ao caminho do Senhor, passamos a conhecer mais sobre Deus e construímos nossa confiança em Seu caráter fiel. Nosso caminho na vida pode nem sempre parecer tranquilo, mas podemos ter certeza de que, ao confiarmos nele, Deus está ao nosso lado abrindo o caminho. Podemos sentir liberdade obedecendo-lhe no melhor caminho que o Senhor tem para nós.

ANNE CETAS

**Que passos de obediência precisamos dar?
Como e quando faremos isso?
Guia-nos sempre em Seu caminho.**

*Senhor, sou grato por
experimentar a liberdade em Teus bons caminhos.
Por favor, continua a orientar-me.*

A BÍBLIA EM UM ANO: SALMOS 129–131; 1 CORÍNTIOS 11:1-16

31 DE AGOSTO — **SALMO 142**

ROTA DESCONHECIDA

*Quando estou abatido, somente tu sabes
o caminho que devo seguir.* v.3

Talvez eu não devesse ter corrido com Bruno. Estávamos em um país estrangeiro e eu nada sabia sobre o local, distância e terreno onde iríamos, e ele era um corredor de velocidade. Poderia me ferir ao tentar acompanhá-lo? Confiar nele apenas por ele conhecer o caminho? Quando começamos, fiquei mais preocupado, pois a trilha era difícil, serpenteava uma floresta densa em terreno irregular. Felizmente, Bruno foi me guiando e avisando sobre as dificuldades a superar.

Talvez tenha sido assim nos tempos bíblicos, quando as pessoas entravam em território desconhecido: Abraão em Canaã, os israelitas no deserto e os discípulos de Jesus em sua missão de pregar as boas-novas. Eles não tinham ideia de como seria a jornada, exceto que certamente ela seria difícil. Mas eles tinham Alguém que os orientava e conhecia o caminho a seguir. Eles confiaram que Deus lhes daria forças para enfrentar e que cuidaria deles. Podiam segui-lo porque o Senhor sabia exatamente o que estava por vir.

Essa garantia confortou Davi quando ele estava fugindo. Apesar da grande incerteza, Davi disse a Deus: "Quando estou abatido, somente tu sabes o caminho que devo seguir" (SALMO 142:3). Haverá momentos na vida em que temeremos o que está por vir. Mas nós sabemos disto: nosso Deus, que caminha conosco, conhece o caminho.

LESLIE KOH

**O que mais o preocupa?
Como lembrar-se de que Deus caminha com você
e conhece o caminho a seguir?**

*Pai, mesmo que eu não saiba
o que acontecerá a seguir, Tu o sabes. Sei que
cuidarás de mim e me guiarás.*

A BÍBLIA EM UM ANO: SALMOS 132–134; 1 CORÍNTIOS 11:17-34

★ TÓPICO DE SETEMBRO / **A Trindade**

TRÊS DEUSES OU SOMENTE UM DEUS?

A Bíblia ensina que o Pai é Deus, o Filho é Deus, e o Espírito Santo é Deus. Deus é um Ser que existiu eternamente como três pessoas distintas, não separadas. Como pessoas distintas, cada uma funciona à Sua maneira única. O Pai é o Originador, o Filho é o Agente, e o Espírito Santo é o Aplicador. Cada pessoa é autoconsciente e se autoadministra. No entanto, uma pessoa nunca age independentemente ou em oposição às outras.

Todas as três pessoas estiveram envolvidas na criação. Foi "por meio dele", *Jesus Cristo*, que *Deus* criou todas as coisas (COLOSSENSES 1:16), e o Espírito de Deus pairou "sobre a superfície das águas" (GÊNESIS 1:2).

Na salvação, Deus [o Pai] amou o mundo e deu o Seu Filho único (JOÃO 3:16). Após a ressurreição e ascensão de Cristo ao Céu, tanto Ele como o Pai enviaram o Espírito Santo (14:16; 16:7).

A distinção entre as três pessoas era evidente depois do batismo de Cristo. O Filho sai da água, o Espírito Santo desce em forma de pomba, e o Pai declara: "Este é meu Filho amado, que me dá grande alegria" (MATEUS 3:17).

Jesus confirmou a Trindade quando ordenou aos Seus discípulos que batizassem "em nome do Pai, do Filho e do Espírito Santo" (28:19).

Um Deus em três pessoas! Nesse Deus, temos um Pai celestial que nos ama e enviou o Seu Filho para morrer pela nossa salvação; Jesus Cristo, que se tornou um de nós para receber o castigo que merecíamos; o Espírito Santo, o nosso Ajudador e Consolador divino, que vive em nós para nos conceder a vitória sobre o pecado.

Este Deus trino ouve-nos quando oramos, compreende-nos quando sofremos e nos conduz com segurança ao lar eterno.

Além deste artigo, o tema *A Trindade*
é abordado nos devocionais dos dias **1, 9, 16** e **23 de setembro**.

1º DE SETEMBRO

🕮 JOÃO 16:25-33

★ *TÓPICO DE SETEMBRO: A TRINDADE*

A ÉPICA HISTÓRIA DE DEUS

Aqui no mundo vocês terão aflições, mas animem-se, pois eu venci o mundo. v.33

Era 1968 e a capa de uma famosa revista exibia crianças famintas numa horrível fotografia da guerra civil na Biafra, Nigéria. Um menino aflito levou-a um pastor e lhe perguntou: "Deus sabe disso?" O pastor respondeu: "Sei que você não compreende, mas, sim, Deus sabe disso". O menino saiu, declarando que não estava interessado em tal Deus. Essas questões perturbam não apenas as crianças, mas todos nós. Junto a confirmação de que Deus conhece todos os mistérios, gostaria que aquele menino tivesse ouvido falar sobre a épica história que Deus continua a escrever, mesmo em lugares como Biafra.

Jesus a revelou aos Seus seguidores, que presumiram que Ele os protegeria das dificuldades. Cristo disse a eles: "Aqui no mundo vocês terão aflições…". Contudo, o que Jesus verdadeiramente ofereceu, foi Sua promessa de que esses males não seriam o fim. Na verdade, Ele já havia vencido "o mundo" (JOÃO 16:33). No final, toda injustiça será desfeita e todo sofrimento curado.

De Gênesis a Apocalipse, lemos sobre Deus destruindo todo o mal, tornando erros em acertos. Essa história nos apresenta Aquele que é amoroso, cujo interesse por nós é inquestionável. Jesus disse aos Seus discípulos: "Eu lhes falei tudo isso para que tenham paz em mim…" (v.33). Que possamos descansar em Sua paz e presença hoje.

WINN COLLIER

**A história do mundo lhe parece trágica?
A promessa de um final feliz dada por Jesus o liberta?**

Querido Deus, é difícil entender como corrigirás todos os males. Mas eu confio em ti.

Para saber mais sobre "a grande história da Bíblia", visite: universidadecrista.org

A BÍBLIA EM UM ANO: SALMOS 135–136; 1 CORÍNTIOS 12

2 DE SETEMBRO — MARCOS 1:9-11

CONHECER A DEUS

...Você é meu Filho amado, que me dá grande alegria. v.11

Em uma visita à Irlanda, impressionei-me com a abundância de trevos decorativos. A plantinha verde de três folhas pode ser encontrada em todas as lojas, e em absolutamente tudo: roupas, chapéus, joias etc! Muito mais do que apenas uma planta abundante naquele país, o trevo foi adotado por gerações como uma maneira simples de explicar a Trindade, a histórica crença cristã de que Deus existe eternamente em três pessoas distintas: Deus Pai, Deus Filho e Deus Espírito Santo. Embora todas as explicações humanas sobre o termo Trindade sejam inadequadas, o trevo é um símbolo útil, porque é uma planta feita de uma mesma substância com três folhas distintas uma da outra.

Não encontramos a palavra *Trindade* nas Escrituras, mas ela sintetiza a verdade teológica explícita em passagens onde todas as três pessoas da Trindade estão presentes ao mesmo tempo. Quando Jesus, Deus Filho, é batizado, Deus Espírito é visto descendo do céu "como uma pomba", e a voz de Deus Pai é ouvida dizendo: "Você é meu Filho amado..." (MARCOS 1:10-11).

Os cristãos irlandeses usaram o trevo porque queriam auxiliar o povo a conhecer a Deus. À medida que compreendemos mais plenamente a beleza da Trindade, isso nos ajuda a conhecer a Deus e aprofunda a nossa capacidade de adorá-lo "em espírito e em verdade" (JOÃO 4:24).

LISA SAMRA

Que outros símbolos o ajudam a entender a Trindade? Por que é essencial crermos que Deus é um?

Adoro-te Pai, Filho e Espírito, como um Deus agindo em união para estender o amor e a salvação a todos.

A BÍBLIA EM UM ANO: SALMOS 137–139; 1 CORÍNTIOS 13

3 DE SETEMBRO   **2 CORÍNTIOS 3:1-6**

A MÁSCARA ABENÇOADA

...vocês são uma carta de Cristo,
[...] escrita [...] com o Espírito
do Deus vivo... v.3

À medida que a exigência do uso da máscara diminuiu, lutei para me lembrar de manter uma à mão para usá-la onde ainda era necessário, como na escola de minha filha. Um dia, quando precisei de uma máscara, encontrei apenas uma no meu carro: aquela que eu evitava usar porque tinha a palavra *abençoada* escrita na frente.

Prefiro usar máscaras sem mensagens, e acredito que a palavra escrita naquela máscara é usada excessivamente. Não tive opção e relutantemente coloquei a máscara. E quando quase demonstrei meu aborrecimento com uma nova recepcionista da escola, contive-me, tudo por causa da palavra escrita na máscara. Não queria parecer hipócrita, andando por aí com "abençoada" escrito na minha boca, e demonstrando impaciência com alguém que tentava entender um sistema complicado.

Embora as letras na minha máscara me lembrassem do meu testemunho por Cristo, são as Escrituras guardadas em meu coração que devem recordar-me de ser paciente com os outros. Como Paulo escreveu: "...vocês são uma carta de Cristo, [...] escrita não com pena e tinta, mas com o Espírito do Deus vivo, e gravada não em tábuas de pedra, mas em corações humanos" (2 CORÍNTIOS 3:3). O Espírito Santo que "dá vida" (v.6), pode nos ajudar a viver com "amor, alegria, paz", e sim, "paciência" (GÁLATAS 5:22). Somos verdadeiramente *abençoados* por Sua presença em nós!   KATARA PATTON

Como você representa Cristo no que faz?

Querido Jesus, ajuda-me a compartilhar
o que significa viver para ti com cada pessoa
que eu interagir hoje.

A BÍBLIA EM UM ANO: SALMOS 140–142; 1 CORÍNTIOS 14:1-20

4 DE SETEMBRO — **JEREMIAS 52:31-34**

BONDADE EXTREMA

Quando Deus, nosso Salvador,
revelou sua bondade e seu
amor, ele nos salvou... TITO 3:4-5

Kevin Ford, funcionário de um restaurante de *fast-food*, não perdia um turno há 27 anos. Depois de gravarem um vídeo mostrando sua humilde gratidão, ao receber um modesto presente dado pela empresa que comemorava décadas do seu dedicado serviço, milhares de pessoas se reuniram para demonstrar-lhe bondade. "É como um sonho... um sonho tornado realidade", disse ele ao saber que em seu nome tinha sido arrecadado pouco mais de um milhão de reais em apenas uma semana.

Joaquim, rei exilado de Judá, também foi abençoado com extrema bondade. Ele tinha sido encarcerado por 37 anos, antes de a benevolência do rei da Babilônia resultar em sua liberdade. "[O rei] ...o libertou da prisão em 31 de março daquele ano. Falou com ele gentilmente e o colocou num lugar mais elevado que o de outros reis exilados na Babilônia" (JEREMIAS 52:31-32). Joaquim recebeu um novo cargo, novas roupas e uma nova morada. Sua nova vida foi totalmente custeada pelo rei.

Essa história retrata o que acontece espiritualmente quando, sem contribuições próprias ou de outros, as pessoas que acreditam na morte e ressurreição de Jesus são resgatadas do seu afastamento de Deus. Elas são trazidas das trevas e da morte à luz e à vida e para a família de Deus. São trazidas por causa da extrema bondade de Deus.

ARTHUR JACKSON

Como você se posiciona diante
da benevolência de Deus que o convida a ser parte
de Sua família baseado no que Jesus já fez?

Pai, sou grato a ti: "Jesus pagou um alto preço,
devo-lhe tudo. O pecado me manchou e Ele me purificou".

A BÍBLIA EM UM ANO: SALMOS 143–145; 1 CORÍNTIOS 14:21-40

5 DE SETEMBRO 🌿 **GÊNESIS 42:29-36**

"TODOS ESTÃO CONTRA MIM"

...Se Deus é por nós, quem será contra nós? ROMANOS 8:31

Ulysses S. Grant, ex-presidente dos EUA, no dia em que seu parceiro de negócios surripiou todas as suas economias, revelou: "Nesta manhã, pensei que tinha muito dinheiro; agora não sei se tenho um dólar". Meses depois, Grant foi diagnosticado com câncer incurável. Preocupado em sustentar sua família, aceitou uma oferta do autor Mark Twain para publicar suas memórias, o que foi completado uma semana antes de ele partir.

A Bíblia nos fala de outra pessoa que enfrentou grandes dificuldades. Jacó acreditava que seu filho José morrera "despedaçado" por um "animal selvagem" (GÊNESIS 37:33). Depois seu filho Simeão foi mantido cativo num país estrangeiro, e Jacó temia que seu filho Benjamim também lhe fosse tirado. Vencido, ele gritou: "Tudo está contra mim!" (42:36). Mas não era assim. Mal sabia Jacó que seu filho José estava bem vivo e que Deus trabalhava "nos bastidores" para restaurar a família dele. Essa história ilustra como podemos confiar no Senhor mesmo quando não podemos vê-lo em nossas circunstâncias.

As memórias de Grant tornaram-se um grande sucesso e sua família ficou bem amparada. Embora ele não tenha vivido para ver isso, sua esposa sim. Nossa visão é limitada, mas a de Deus não. E com Jesus como nossa esperança, "se Deus é por nós, quem será contra nós?" (ROMANOS 8:31). Que possamos colocar nossa confiança nele hoje.

JAMES BANKS

Você já viu Deus fazer o bem durante as dificuldades? Você confia nele?

Amado Salvador, ajuda-me a manter os olhos em ti e não nos problemas da vida. Tu és sempre fiel.

A BÍBLIA EM UM ANO: SALMOS 146–147; 1 CORÍNTIOS 15:1-28

6 DE SETEMBRO — **FILIPENSES 3:4-14**

NÃO SOU NINGUÉM! QUEM É VOCÊ?

*...as outras coisas são insignificantes
comparadas [...] [a] conhecer a Cristo
[...] e nele ser encontrado...* vv.8-9

No poema de Emily Dickinson, ela desafia divertidamente o esforço das pessoas em querer ser "alguém", defendendo a alegre liberdade do anonimato: "Não sou ninguém! Quem é você? / Que triste — ser— Alguém! / Que pública — a Fama — / Dizer seu nome — como a Rã — / Para as almas da Lama!..." (Ed. Unicamp, 2008).

Encontrar liberdade ao renunciar ao desejo de ser "alguém" se assemelha ao testemunho do apóstolo Paulo. Antes de conhecer Jesus, Paulo tinha uma longa lista de credenciais religiosas, aparentes "motivos para confiar nos próprios esforços" (FILIPENSES 3:4). No entanto, o seu encontro com Jesus mudou tudo. Quando Paulo reconheceu o quanto as suas realizações eram vazias à luz do amor sacrificial de Cristo, ele confessou: "as outras coisas são insignificantes comparadas ao ganho inestimável de conhecer a Cristo Jesus, meu Senhor [...] as considero menos que lixo, a fim de poder ganhar a Cristo" (v.8). Sua única e remanescente ambição era "*conhecer* a Cristo [...] o poder que o ressuscitou [...] participando de sua morte [...] para alcançar a ressurreição dos mortos!" (v.10).

É triste, de fato tentarmos nos tornar "alguém" por conta própria. Mas, conhecer Jesus e nos envolvermos em Sua vida e amor sacrificial, significa nele sermos encontrados (v.9), finalmente livres e completos.

MONICA LA ROSE

**De que maneira o fato de encontrar-se "em Cristo"
o liberta do orgulho e da autorrejeição?**

*Deus amoroso, obrigado por não precisar tentar
ser "alguém" para ser amado e aceito por ti.*

Para saber mais sobre "verdadeira identidade em Cristo", acesse:paodiario.org

A BÍBLIA EM UM ANO: SALMOS 148–150; 1 CORÍNTIOS 15:29-58

7 DE SETEMBRO 🌿 **RUTE 2:5-12**

ATOS DE BONDADE

O Senhor não deixou de lado
sua bondade tanto pelos vivos
como pelos mortos... v.20

Meses após perder o seu bebê durante a gravidez, Valéria decidiu vender alguns pertences. Geraldo, um artesão vizinho prontamente comprou o berço que estava à venda. Enquanto estava lá, sua esposa conversou com Valéria e soube de sua perda. Ao saber da situação dela a caminho de casa, Geraldo decidiu usar o berço para confeccionar uma lembrança. Uma semana depois, com lágrimas ele a presenteou com um lindo banco: "Existem pessoas boas por aí, e aqui está a prova", disse ela.

Como Valéria, Rute e Noemi sofreram uma grande perda. O marido e os dois filhos de Noemi tinham morrido. E agora ela e sua nora Rute não tinham herdeiros e ninguém para sustentá-las (RUTE 1:1-5). Foi aí que Boaz entrou em cena. Quando Rute foi ao campo colher restos de grãos, Boaz, o proprietário, perguntou sobre ela. Quando soube quem ela era, ele foi gentil com Rute (2:5-9). Maravilhada, Rute perguntou: "O que fiz para merecer tanta bondade?" (v.10). Ele respondeu: "...sei de tudo que você fez por sua sogra desde a morte de seu marido" (v.11).

Boaz mais tarde se casou com Rute e amparou Noemi (RUTE 4). Por meio do casamento deles, nasceu um antecessor de Davi e de Jesus. Assim como Deus usou Geraldo e Boaz para ajudar a transformar a dor do outro, Ele pode agir por nosso intermédio para demonstrar bondade e empatia aos que sofrem.

ALYSON KIEDA

Quando você praticou ou recebeu um ato de bondade? Qual o resultado?

Querido Deus, obrigado por enviares Teu Filho
para me redimir, a maior bondade de todas as bondades.

A BÍBLIA EM UM ANO: PROVÉRBIOS 1–2; 1 CORÍNTIOS 16

8 DE SETEMBRO   **MATEUS 4:18-22**

O DEUS DAS SURPRESAS

No mesmo instante, deixaram
suas redes e o seguiram. v.20

O salão escureceu e muitos universitários inclinaram a cabeça enquanto o orador nos conduzia numa oração de compromisso. Ele dava as boas-vindas aos que se sentiam chamados para servir em missões no exterior, e percebi minha amiga Lynette deixar seu assento, sabendo que ela se comprometia a viver e servir nas Filipinas. No entanto, não senti vontade de levantar-me. Vendo as necessidades de meu país, optei por partilhar o amor de Deus em minha terra natal. Uma década depois, fui morar na Grã-Bretanha, e sirvo a Deus entre as pessoas que Ele me deu como vizinhos. Mudei de ideia sobre como viver os meus dias ao perceber que Deus me convidava a vivenciar algo diferente dos meus planos.

Jesus também surpreendia a quem encontrava, incluindo os pescadores que chamou para segui-lo. Quando Ele lhes deu a missão de pescar pessoas, Pedro e André deixaram suas redes "no mesmo instante" e o seguiram (MATEUS 4:20), e Tiago e João "de imediato" abandonaram seu barco (v.22). Eles partiram para uma nova aventura com Jesus, confiando nele embora nem soubessem para onde iriam.

Deus, com certeza, chama muitos para servi-lo exatamente onde estão! Quer fiquemos ou partamos, todos podemos esperar que o Senhor nos surpreenda com experiências maravilhosas e oportunidades de viver para Ele de maneira que jamais tenhamos sonhado ser possível.

AMY BOUCHER PYE

Qual é a sua reação
ao ouvir sobre o agir de Deus?

Jesus, Tu chamas as pessoas para seguir-te
de maneiras únicas e surpreendentes.
Ensina-me a discernir a Tua voz.

A BÍBLIA EM UM ANO: PROVÉRBIOS 3–5; 2 CORÍNTIOS 1

9 DE SETEMBRO 🌿 **TIAGO 3:2-11**

★ *TÓPICO DE SETEMBRO: A TRINDADE*

ACEITANDO ORIENTAÇÃO

*...mas ninguém consegue
domar a língua.* v.8

Senti o cheiro do estábulo ao observar minha amiga Michelle ensinando a minha filha a montar cavalos. O pônei branco abriu a boca enquanto ela demonstrava como colocar o freio atrás dos dentes. Ao fixar o freio sobre as orelhas, Michelle explicou que isso era importante e permitia ao montador diminuir a velocidade do cavalo e guiá-lo.

Assim como a língua humana, o freio também é pequeno, mas importante. Ambos têm influência sobre algo grande e poderoso: no caso do freio, é o cavalo. Para a língua, são as nossas palavras (TIAGO 3:3,5).

Nossas palavras podem nos conduzir a lugares diferentes. "Às vezes louva nosso Senhor e Pai e, às vezes, amaldiçoa aqueles que Deus criou" (v.9). A Bíblia adverte que é muito difícil controlar nosso discurso porque as palavras brotam do nosso coração (LUCAS 6:45). Felizmente, o Espírito Santo, que habita em cada cristão, ajuda-nos a crescer em paciência, bondade e autocontrole (GÁLATAS 5:22-23). À medida que cooperamos com o Espírito, nosso coração e nossas palavras se transformam. A profanação se transforma em louvor. A mentira dá lugar à verdade. A crítica se transforma em encorajamento.

Domar a língua não é só treiná-la para dizer as coisas certas. Trata-se de aceitar a orientação do Espírito Santo para que as nossas palavras gerem a bondade e o encorajamento que o nosso mundo precisa.

JENNIFER BENSON SCHULDT

Como o Espírito
pode influenciar o seu discurso?

*Querido Deus, por favor, transforma o meu coração
para que minhas palavras encorajem os outros e te honrem.*

A BÍBLIA EM UM ANO: PROVÉRBIOS 6–7; 2 CORÍNTIOS 2

10 DE SETEMBRO **LUCAS 1:26-45**

PROMESSA CUMPRIDA

*Você é abençoada, pois creu no
que o Senhor disse que faria!* v.45

Nos verões da minha infância, viajávamos pouco mais de 300 km para ver meus avós. Não sabia, na época, o quanto de sabedoria eu absorvia dos meus amados avós. Suas experiências de vida e sua caminhada com Deus lhes deram perspectivas que minha mente jovem nem imaginava. Nossas conversas sobre a fidelidade de Deus me reafirmaram que o Senhor é fiel e que cumpre *todas* as Suas promessas.

Maria, mãe de Jesus, era bem jovem quando um anjo a visitou. A incrível notícia trazida por Gabriel deve ter sido avassaladora, mas Maria aceitou de bom grado e com graça a tarefa recebida (LUCAS 1:38). Possivelmente, a visita dela à sua parente idosa, Isabel, que também vivenciava uma gravidez milagrosa (alguns estudiosos creem que ela tinha 60 anos), trouxe-lhe consolo quando Isabel confirmou com entusiasmo as palavras do anjo Gabriel de que ela era a mãe do Messias prometido (vv.39-45).

À medida que crescemos e amadurecemos em Cristo, como os meus avós, aprendemos que Ele cumpre as Suas promessas. O Senhor cumpriu a promessa de um filho para Isabel e seu marido Zacarias (vv.57-58). E João Batista, filho deles, tornou-se o arauto de uma promessa feita centenas de anos antes: uma promessa que alteraria o rumo do futuro da humanidade. O Messias prometido, o Salvador do mundo, estava chegando! (MATEUS 1:21-23).

CINDY HESS KASPER

**Você confia nas promessas de Deus?
Quais delas lhe trazem mais alegria?**

*Pai amoroso, obrigado por seres confiável
e por sempre cumprires Tuas promessas.*

A BÍBLIA EM UM ANO: PROVÉRBIOS 8–9; 2 CORÍNTIOS 3

11 DE SETEMBRO   🌱 **TIAGO 3:13-18**

QUAL SABEDORIA?

Se vocês são sábios e inteligentes,
demonstrem isso [...] com a
humildade que vem da sabedoria. v.13

Pouco antes da Páscoa de 2018, um terrorista matou duas pessoas e fez uma mulher de refém num mercado. Quando os esforços para a libertar falharam, um policial ofereceu-se ao terrorista como refém em lugar daquela mulher. A oferta chocou porque ia contra a sabedoria popular. A "sabedoria" de uma cultura é conhecida pelo que ela celebra, como as famosas citações em redes sociais: "A sua maior aventura é viver os seus sonhos", ou "Coloque-se em primeiro lugar e tudo se ajeita!", e "Faça o que for preciso, por você" são exemplos de citações populares. Se o policial tivesse seguido essa "sabedoria" popular, ele teria se colocado em primeiro lugar e fugido.

O apóstolo Tiago diz que há dois tipos de sabedoria no mundo: uma "terrena" e outra "celestial". A primeira é marcada por "inveja amarga" e "ambição egoísta" (TIAGO 3:14-16); a segunda, pela humildade, submissão e pacificação (vv.13,17-18). A sabedoria terrena coloca o eu em primeiro lugar. A sabedoria celestial favorece os outros, o que implica em praticar a humildade (v.13).

O terrorista aceitou a oferta do policial. A refém foi libertada, o policial foi morto. Naquela Páscoa, o mundo viu um inocente morrendo em favor dos outros. A sabedoria celestial gera atos de humildade, pois coloca Deus acima de si mesmo (PROVÉRBIOS 9:10). Qual sabedoria você segue em seu dia a dia?   *SHERIDAN VOYSEY*

Como avaliar melhor a sabedoria que lhe é oferecida?

Deus sábio, por favor, concede-me
o tipo de sabedoria que gera
ações humildes feitas com amor.

A BÍBLIA EM UM ANO: PROVÉRBIOS 10–12; 2 CORÍNTIOS 4

12 DE SETEMBRO — SALMO 37:5-7

ESPERE NELE COM PACIÊNCIA

Aquiete-se na presença do Senhor,
espere nele com paciência... v.7

Depois que me acomodei na câmara e meu corpo flutuava confortavelmente acima da água, a sala ficou escura e a música suave que tocava ao fundo ficou em total silêncio. Eu li que os tanques de isolamento eram terapêuticos, e que ofereciam alívio para o estresse e a ansiedade. Mas isso não era nada do que eu já tivesse experimentado antes. Parecia que o caos do mundo havia parado e eu podia ouvir claramente meus pensamentos mais profundos. Senti equilíbrio e rejuvenescimento relembrando que há poder na quietude.

Podemos descansar mais confortavelmente na quietude da presença de Deus, que renova nossas forças e nos concede a sabedoria necessária para enfrentarmos os desafios de cada dia. Quando estamos quietos, silenciando o barulho e removendo as distrações da vida, Ele nos fortalece para que possamos ouvir Sua voz suave com mais clareza (SALMO 37:7).

Embora as câmaras sensoriais sejam uma forma de quietude, Deus nos oferece uma maneira mais simples de investir um momento ininterrupto com Ele. Jesus diz: "quando orarem, cada um vá para seu quarto, feche a porta e ore a seu Pai, em segredo" (MATEUS 6:6). Deus guiará os nossos passos e permitirá que Sua justiça brilhe por nosso intermédio quando buscarmos as respostas aos desafios da vida na quietude de Sua magnífica presença (SALMO 37:5-6).

KIMYA LODER

O que consome o seu tempo?
Como você pode abrir espaço para
momentos de silêncio com Deus?

Querido Pai, sei que a vida tem um ritmo acelerado.
Ajuda-me a aquietar-me e abrir espaço para ti.

Saiba mais sobre "momentos de quietude", acesse: paodiario.org

A BÍBLIA EM UM ANO: PROVÉRBIOS 13–15; 2 CORÍNTIOS 5

13 DE SETEMBRO — **DEUTERONÔMIO 10:17-20**

ACOLHENDO O ESTRANGEIRO

[Deus] Ama os estrangeiros que vivem entre vocês e lhes dá alimento e roupas. v.18

Ao fugir da guerra, milhares de ucranianos chegaram à Berlim e se depararam com uma surpresa: famílias alemãs segurando cartazes oferecendo refúgio em suas casas. "Posso hospedar duas pessoas!" e "Quarto grande [disponível]", diziam alguns. Ao ser questionada sobre o motivo de oferecer hospitalidade a estranhos, uma mulher disse que sua mãe precisou de refúgio quando fugiu dos nazistas e ela queria ajudar outros também.

No livro de Deuteronômio, Deus convoca os israelitas a cuidar dos que estão longe de sua terra natal. Por quê? Porque Ele ama o órfão, a viúva e o estrangeiro (v.18), e porque os israelitas sabiam o que significava estar vulnerável: "pois, em outros tempos, [tinham sido] estrangeiros na terra do Egito" (v.19). A empatia deveria motivá-los ao cuidado com eles.

Mas há um outro lado também. Quando a viúva de Sarepta acolheu Elias como estrangeiro em sua casa, foi abençoada (1 REIS 17:9-24). Abraão foi abençoado por seus três visitantes estrangeiros (GÊNESIS 18:1-15). Muitas vezes, Deus usa a hospitalidade para abençoar o anfitrião, não somente o hóspede.

Acolher estranhos em casa é difícil, mas essas famílias alemãs talvez sejam as verdadeiramente beneficiadas. Quando acolhemos os vulneráveis com a empatia de Deus, podemos nos surpreender com as dádivas que Ele nos dá por meio deles.

SHERIDAN VOYSEY

> **Por que Deus se importa com as viúvas, órfãos e refugiados? Você pode "dar as boas-vindas" a um estrangeiro nesta semana?**

Querido Deus, dá-me um coração tão grande quanto o Teu para a viúva, o órfão e o vulnerável.

A BÍBLIA EM UM ANO: PROVÉRBIOS 16–18; 2 CORÍNTIOS 6

14 DE SETEMBRO — SALMO 46

AQUIETEM-SE

Aquietem-se e saibam
que eu sou Deus... v.10

O dono da livraria onde Carlos trabalhava estava de férias há 2 dias, mas Carlos, seu assistente, já estava em pânico. Tudo corria tranquilo, mas Carlos andava ansioso por não fazer um trabalho tão bom supervisionando a loja. Frenético, Carlos gerenciava em excesso tudo o que podia. Finalmente, em uma videochamada, seu chefe lhe disse as seguintes palavras: "Pare com isso! Tudo o que você precisa fazer é seguir as instruções que envio por e-mail diariamente. Não se preocupe! O fardo não é seu, é meu".

Em uma época de conflito com outras nações, Israel recebeu uma palavra semelhante de Deus: "Aquietem-se" (SALMO 46:10). Disse-lhes essencialmente que se acalmassem, e apenas seguissem o que Ele dizia, pois Deus lutaria por eles. Israel não estava sendo instruída a ser passiva ou complacente, mas a manter-se calma: obedecer fielmente a Deus enquanto lhe entregava o controle da situação e deixava os resultados de seus esforços para Ele.

Somos chamados a fazer o mesmo, e podemos ser vitoriosos porque nosso Deus fiel é soberano sobre o mundo. Se "A voz de Deus troveja, e a terra se dissolve" e se Ele "Acaba com as guerras em toda a terra" (vv. 6,9), então certamente podemos confiar na segurança de Seu refúgio e força (v.1). O fardo do controle sobre nossa vida não está em nós, está em Deus.

KAREN HUANG

Como podemos renunciar a situações
que estão fora de nosso controle
e entregá-las a Deus?

Pai, Tu sabes o que me incomoda
e também o que devo fazer. Ajuda-me
a render-me à Tua liderança.

Para reflexões mais aprofundada sobre "o caráter de Deus", acesse: paodiario.org

A BÍBLIA EM UM ANO: PROVÉRBIOS 19–21; 2 CORÍNTIOS 7

15 DE SETEMBRO **GÊNESIS 2:1-20**

SOLITUDE, SIM; SOLIDÃO, NÃO

O Senhor Deus disse: "Não é bom que o homem esteja sozinho. Farei alguém que o ajude e o complete. v.18

Experimente solitude, mas evite a solidão. Esses termos não são sinônimos. Solidão envolve dor e tristeza, podemos estar cercados por pessoas e sentir solidão porque não existe conexão com ninguém. Solitude é um estado de isolamento voluntário e positivo. Paul Tilich, teólogo alemão, define solitude como a glória e a felicidade de estar sozinho. Ao praticar a solitude entramos em contato com nosso mundo interior e colocamos os pensamentos e emoções em ordem. É isto que significa o tempo a sós com Deus: nos relacionamos com o Pai celestial e estamos em contato conosco.

No entanto, Deus nos criou com a necessidade de se relacionar. No Éden, não havia inicialmente um ser igual a Adão, e ele experimenta a solidão existencial. Deus afirmou não ser bom que Adão estivesse só, e essa é a única vez que Ele diz que algo não está bom. Alguns experimentam traumas em seus relacionamentos e se revestem de armaduras que impedem relacionamentos significativos; até mesmo no casamento. Catito e Maldonado dizem: "Somos seres essencialmente relacionais e nos sentimos plenos a partir de relacionamentos significativos" (*Acontece nas melhores famílias*, Ultimato, 2017).

Deus conhece as nossas carências. Conectemo-nos com Ele, conosco mesmos, e saiamos da superficialidade nos relacionamentos interpessoais. Isso demandará tempo e esforço, mas vale a pena.

L. ROBERTO SILVADO

**Precisamos de momentos de solitude.
Permaneçamos na presença de Deus.**

*Senhor, somos-te gratos, pois Teus olhos
estão sobre os que te buscam, e Teus ouvidos
atentos às nossas petições.*

A BÍBLIA EM UM ANO: PROVÉRBIOS 22–24; 2 CORÍNTIOS 8

16 DE SETEMBRO ROMANOS 12:1-2

★ *TÓPICO DE SETEMBRO: A TRINDADE*

SEMELHANTES A JESUS

Não imitem o comportamento e os costumes deste mundo, mas deixem que Deus os transforme... v.2

Em 2014, biólogos capturaram um par de cavalos-marinhos pigmeus alaranjados, nas Filipinas, e os levaram junto com uma seção de coral da mesma cor para estudá-los. Eles queriam saber se os animais nasciam para combinar com a cor dos pais ou do ambiente. Eles deram à luz bebês marrons, e os cientistas colocaram um coral roxo no tanque. Os bebês, cujos pais eram laranja, mudaram de cor para combinar com o coral roxo. Devido à sua natureza frágil, a sobrevivência dos cavalos-marinhos dependia de uma dádiva dada por Deus: mudança de cor conforme o ambiente.

Misturar-se é um mecanismo de defesa útil na natureza. No entanto, Deus convida todas as pessoas a receber a salvação e a se destacarem no mundo pelo modo em que vivemos. O apóstolo Paulo exorta os cristãos a honrar a Deus em todos os aspectos da vida, a adorá-lo oferecendo o próprio corpo como um "sacrifício vivo" (ROMANOS 12:1). Devido à nossa fragilidade como seres humanos afetados pelo pecado, nossa saúde espiritual como cristãos depende da "renovação" de nossa mente pelo Espírito Santo e capacitação para não nos conformarmos com "os costumes desse mundo" que rejeita a Deus e glorifica o pecado (v.2).

Misturar-se ao mundo significa viver opondo-se às Escrituras. No entanto, pelo poder do Espírito Santo, nós o podemos olhar e amar como Jesus o fez!

XOCHITL DIXON

**Você tem se "misturado" ao mundo?
Como Deus o transformou?**

*Querido Deus, por favor, torna-me
mais parecido com Jesus a cada novo amanhecer.*

Saiba mais sobre como "desenvolver uma cosmovisão bíblica",

acesse: universidadecrista.org

A BÍBLIA EM UM ANO: PROVÉRBIOS 25–26; 2 CORÍNTIOS 9

17 DE SETEMBRO   **LUCAS 18:35-43**

ALGUMA PERGUNTA?

*"O que você quer que
eu lhe faça?"* v.41

Ana se reuniu com seu cirurgião dentista, conhecido de muitos anos, para um exame preliminar. Ele perguntou: "Você tem alguma pergunta?" Ela respondeu: "Você foi à igreja no domingo?". Não era uma crítica, mas simplesmente o início de uma conversa sobre a fé. O cirurgião tivera uma experiência pouco positiva com a igreja ao crescer e não a frequentava mais. Pela pergunta de Ana e da conversa que tiveram, ele reconsiderou o papel de Jesus e da igreja em sua vida. Mais tarde, Ana lhe deu uma Bíblia com seu nome impresso, e ele chorou emocionado.

Às vezes não queremos insistir ou confrontar ao partilharmos nossa fé. Mas podemos dar um testemunho atraente sobre Jesus, questionando as pessoas.

Sendo Deus e onisciente, Jesus fez várias indagações. Embora não conheçamos Seus propósitos, está claro que Suas perguntas instigaram a resposta das pessoas. Ele questionou Seu discípulo André sobre o que ele queria (JOÃO 1:38); ao cego Bartimeu: "O que você quer que eu lhe faça?" (MARCOS 10:51; LUCAS 18:41); ao paralítico: "Você gostaria de ser curado?" (JOÃO 5:6). A transformação começou a acontecer em cada um após Jesus fazer a pergunta inicial.

Há alguém com quem você gostaria de conversar sobre a fé em Cristo? Peça a Deus que lhe dê as questões certas para começar.

DAVE BRANON

**As perguntas são melhores para iniciar conversas
do que as afirmações? Quais você pode fazer
aos que precisam de ajuda espiritual?**

*Jesus, ajuda-me a alcançar
os outros de forma que os possa conduzir
à transformação que vem de ti.*

A BÍBLIA EM UM ANO: PROVÉRBIOS 27–29; 2 CORÍNTIOS 10

18 DE SETEMBRO • ÊXODO 28:1-8,40-41

O PROJETO "VESTIDO VERMELHO"

Faça para Arão roupas sagradas, trajes de grande beleza e esplendor. v.2

O projeto "Vestido vermelho" foi criado pela artista Kirstie Macleod. Durante 13 anos, 84 peças de seda natural de Borgonha vinho foram bordadas por mais de 300 mulheres e alguns homens, e agora são expostas ao redor do mundo. As peças se transformaram em um vestido, e contam as histórias de cada um que contribuiu, sendo eles em sua maioria, marginalizados e empobrecidos.

Como esse "vestido vermelho", as roupas de Aarão e seus descendentes também foram feitas por "artesãos habilidosos" (ÊXODO 28:3). As instruções de Deus para o traje sacerdotal incluíam detalhes que contavam a história de Israel. A gravação do nome das tribos em pedras de ônix às ombreiras dos coletes sacerdotais serviam de "lembrança contínua [...] diante do SENHOR" (v.12). As "túnicas, cinturões e turbantes" lhes davam "grande beleza e esplendor" enquanto serviam a Deus e conduziam o povo na adoração (v.40).

Como cristãos da nova aliança em Jesus, juntos, somos sacerdotes santos, servindo a Deus e auxiliando uns aos outros em adoração (1 PEDRO 2:4-5,9), e Jesus é o nosso Sumo Sacerdote (HEBREUS 4:14). Embora não usemos nenhuma roupa específica para nos identificarmos como Seus sacerdotes, com a Sua ajuda, revestimo-nos "de compaixão, bondade, humildade, mansidão e paciência" (COLOSSENSES 3:12).

KIRSTEN HOLMBERG

Com quais desses atributos você mais precisa se revestir? De que outra forma Deus o "equipou" para o servir?

Por favor, Jesus, reveste-me de compaixão, bondade, humildade, mansidão e paciência.

A BÍBLIA EM UM ANO: PROVÉRBIOS 30–31; 2 CORÍNTIOS 11:1-15

19 DE SETEMBRO **HEBREUS 11:32-40**

FIEL, MAS NÃO ESQUECIDO

Todos eles obtiveram aprovação
por causa de sua fé... v.39

Sílvio cresceu sabendo muito pouco sobre o que significava ter uma "família". Sua mãe morrera e seu pai vivia fora de casa. Ele, muitas vezes, sentia-se só e abandonado. Um casal de vizinhos estendeu a mão para ele, aceitando-o em sua casa, e os filhos desse casal foram para ele como "irmãos mais velhos". Isso lhe trouxe a certeza de que era amado. Eles o levaram à igreja, e Sílvio tornou-se um jovem confiante, e hoje é o líder do grupo de jovens.

Embora esse casal tenha desempenhado um papel importante na mudança de vida desse rapaz, o que eles fizeram por Sílvio não é muito conhecido pela maioria das pessoas em sua igreja. Mas Deus sabe, e acredito que a fidelidade deles será recompensada algum dia, assim como aqueles listados na Bíblia como "heróis da fé". O texto em Hebreus 11 começa com os grandes nomes das Escrituras, mas passa a falar de inúmeros outros que talvez nunca os conheçamos, mas que "obtiveram aprovação por causa de sua fé" (v.39), e o autor diz que o "mundo não era digno deles" (v.38).

Mesmo quando nossos atos de bondade passam despercebidos pelos outros, Deus os vê e sabe de cada um deles. O que fazemos pode parecer pequeno: uma ação gentil ou uma palavra encorajadora, mas Deus pode usar isso para trazer glória ao Seu nome, em Seu tempo e à Sua maneira. Ele sabe, mesmo que ninguém mais o saiba.

LESLIE KOH

Pense em algo simples que você
pode fazer por alguém hoje.

Pai celestial, mostra-me as boas obras
que tens planejado para que eu as faça em Tua honra.

A BÍBLIA EM UM ANO: ECLESIASTES 1–3; 2 CORÍNTIOS 11:16-33

20 DE SETEMBRO ● **MARCOS 10:35-45**

DANDO TIROS NOS PÉS

"Mestre, queremos que nos faça um favor". v.35

Em 2021, um engenheiro ambicionava bater um recorde: atirar uma flecha a mais de 618 metros de distância. Deitou-se de costas sob a paisagem do deserto e puxou o cordão preso aos seus pés preparando-se para lançar a flecha, esperando alcançar novo recorde a mais de 1.600 metros. Respirou fundo e soltou a flecha, mas ela nem percorreu os 618 metros. Na verdade, percorreu alguns centímetros, fincando-se no pé do atirador, ferindo-o bastante. Ai que dor!

Às vezes, devido a ambição mal direcionada podemos dar um tiro no próprio pé. Tiago e João sabiam o que significava buscar ambiciosamente coisas boas, mas por motivos errados. Eles pediram: "queremos nos sentar em lugares de honra ao seu lado, um à sua direita e outro à sua esquerda" (MARCOS 10:37). Jesus havia dito aos discípulos que eles "também se sentarão em doze tronos para julgar as doze tribos de Israel" (MATEUS 19:28), e nós compreendemos o motivo de pedirem isso. O problema era buscarem egoisticamente o poder e posição superior na glória de Cristo. Jesus lhes disse que não sabiam o que pediam e que "quem quiser ser o líder entre vocês, que seja servo" (MARCOS 10:38,43).

Ao almejarmos realizar grandes obras para Cristo, que possamos buscar a Sua sabedoria e direção, servindo humildemente aos outros como Ele o fez primeiro (v.45).

TOM FELTEN

Como transformar a nossa ambição no desejo de servir como Jesus?

Jesus, desejo fazer grandes coisas por ti, mas pelos motivos certos.

A BÍBLIA EM UM ANO: ECLESIASTES 4–6; 2 CORÍNTIOS 12

21 DE SETEMBRO · JOÃO 8:1–11

DEUS LIMPA NOSSO PECADO

E Jesus disse: "Eu também não a condeno. Vá e não peque mais". v.11

Em 1950, uma mãe solteira buscou trabalho para prover para a família, assumindo a função de datilógrafa. O problema era que ela não datilografava muito bem e cometia erros. Ao procurar maneiras de encobrir seus erros, criou o corretivo líquido que cobre erros. Depois de secar, ela podia datilografar sobre a cobertura branca como se não houvesse erro.

Jesus nos oferece uma maneira muito mais poderosa e importante para lidar com o nosso pecado: sem encobrimento, mas com perdão completo. Um bom exemplo disso aparece na história de uma mulher pega em adultério (JOÃO 8:3-4). Os mestres da lei queriam que Jesus fizesse algo sobre a mulher e seus pecados. A lei dizia que ela deveria ser apedrejada, mas Cristo não se preocupou em considerar o que a lei dizia ou não. Ele simplesmente ofereceu um lembrete de que todos pecaram (ROMANOS 3:23) e que qualquer um que não tivesse pecado poderia atirar "a primeira pedra" (JOÃO 8:7). Nenhuma pedra foi atirada.

Jesus ofereceu a ela um recomeço. Disse-lhe que não a condenava e a instruiu: "Vá e não peque mais" (v.11). Cristo deu-lhe o perdão por seu pecado para que ela pudesse "datilografar" uma nova maneira de reescrever o seu passado. Essa mesma oferta está disponível para nós por Sua graça.

KATARA PATTON

Como Jesus e o perdão concedido por Ele tem reescrito sua nova história de vida? Isso pode ajudá-lo a tratar com compaixão os outros pecadores?

Jesus, obrigado por me purificares dos meus pecados. Ajuda-me a viver uma nova vida em ti.

Saiba mais sobre "o perdão de Jesus", acesse: paodiario.org

A BÍBLIA EM UM ANO: ECLESIASTES 7–9; 2 CORÍNTIOS 13

22 DE SETEMBRO — ISAÍAS 65:16–22

BELÍSSIMA RESTAURAÇÃO

...me esquecerei das maldades cometidas no passado [...] "Vejam! Crio novos céus e nova terra". vv.16-17

O artista Makoto Fujimura escreveu *Arte e fé: Uma teologia do criar* (Thomas Nelson Brasil, 2022) que descreve sobre a arte japonesa *Kintsugi*. Nela, o artista utiliza pedaços de cerâmica, originalmente usadas como utensílios de chá, e junta os cacos com laquê, colando as rachaduras com ouro. "*Kintsugi* não apenas 'arruma' ou cola um vaso quebrado: a técnica torna a cerâmica quebrada ainda mais bonita do que a original", ele diz. O *Kintsugi* foi criado há séculos, quando a taça favorita de um general foi destruída e depois lindamente restaurada, tornando-se uma arte altamente valorizada e desejada.

Isaías descreve Deus habilmente realizando esse tipo de restauração com o mundo. Embora estejamos quebrantados por nossa rebelião e destruídos por nosso egoísmo, Deus promete criar "novos céus e nova terra" (ISAÍAS 65:17). Planeja não apenas consertar o velho mundo, mas torná-lo novo, tirar a sujeira e moldar um mundo com nova beleza. A nova criação será tão impressionante que esqueceremos "das maldades cometidas no passado" e não mais pensaremos "nas coisas passadas" (vv. 16-17). Com esta nova criação, Deus não se moverá para encobrir nossos erros, mas fluirá Seu poder de criação tornando o feio em belo e as coisas mortas viverão.

Ao olharmos nossa vida despedaçada, não devemos nos desesperar. Com habilidade, Deus a restaura.

WINN COLLIER

O que precisa de uma bela restauração? A promessa de uma nova criação lhe desperta esperança?

Querido Deus, por favor, restaura-me a mim e o mundo todo.

A BÍBLIA EM UM ANO: ECLESIASTES 10–12; GÁLATAS 1

23 DE SETEMBRO — JOÃO 14:15-26

★ *TÓPICO DE SETEMBRO: A TRINDADE*

TODAS AS RESPOSTAS

...o Espírito Santo, [...] lhes ensinará todas as coisas e os fará lembrar tudo que eu lhes disse. v.26

Dale Earnhardt Jr. descreve o momento terrível em que percebeu que seu pai, Dale Earnhardt Sr., havia falecido. O pai de Dale Jr. Havia sido uma lenda do automobilismo, mas veio a óbito em um terrível acidente, ao final de uma corrida, da qual Dale Jr. também participava. O jovem disse à imprensa: "Saiu um som gutural de mim que não consigo recriar. Foi um grito de choque, tristeza e medo". E a solitária constatação: "Tenho que seguir adiante sozinho. Ter o meu pai era como ter uma folha de instruções e, de antemão, já saber todas as respostas".

Os discípulos de Jesus aprenderam a buscar nele todas as respostas. Bem na véspera de Sua crucificação, Ele lhes assegurou de que não os deixaria sozinhos: "E eu pedirei ao Pai, e ele lhes dará outro Encorajador, que nunca os deixará. É o Espírito da verdade" (JOÃO 14:16-17). Jesus estendeu esse consolo a todos os que nele confiavam e àqueles que viriam a confiar. "Quem me ama faz o que eu ordeno", disse Ele. "Meu Pai o amará, e nós viremos para morar nele" (v.23).

Aqueles que escolhem seguir a Cristo têm dentro de si o Espírito que os "ensinará todas as coisas", lembrando-os e lhes recordando tudo o que Jesus ensinou (v.26). Não temos todas as respostas, mas temos o Espírito daquele que realiza todas as coisas.

TIM GUSTAFSON

Quais questionamentos o preocupam? De que maneira você percebe que o Espírito da verdade, o Espírito Santo o orienta a reagir?

Pai, ajuda-me a buscar-te pelas respostas que preciso. Ajuda-me a confiar e a encontrar a paz em ti.

Para outros textos sobre "o Espírito Santo", acesse: paodiario.org

A BÍBLIA EM UM ANO: CÂNTICO DOS CÂNTICOS 1–3; GÁLATAS 2

24 DE SETEMBRO   🕊 **COLOSSENSES 3:12-14**

COMPAIXÃO NA PRÁTICA

Visto que Deus os escolheu para ser seu povo santo e amado, revistam-se de compaixão... v.12

Construir bancos não é o trabalho de James Warren, mas ele começou a construí-los ao notar uma mulher sentada no chão esperando o ônibus. Isso é "indigno", preocupou-se. Assim, aos 28 anos, ele encontrou algumas madeiras, construiu um banco e o colocou no ponto de ônibus, o qual foi rapidamente utilizado. Percebendo que muitos dos pontos de ônibus em sua cidade não tinham assentos, fez outro banco, e, depois, vários outros, escrevendo: "Seja gentil", em cada um deles. Seu objetivo? "Tornar a vida das pessoas um pouco melhor, da maneira que pudesse", disse ele.

Compaixão é outra maneira de descrever tal ação. Jesus tinha compaixão, um sentimento tão forte que nos leva a agir para suprir as necessidades do outro. Quando multidões de pessoas desesperadas seguiam Jesus, ele "teve compaixão dela, pois eram como ovelhas sem pastor" (MARCOS 6:34). Transformou a Sua compaixão em ação ao curar as enfermidades delas (MATEUS 14:14).

Paulo, em Colossenses 3:12, insta-nos a nos revestirmos de compaixão. Quais os benefícios? Warren responde: "a compaixão me preenche, é o ar que me move". Ao nosso redor, há necessidades, e Deus as trará à nossa atenção. Essas necessidades podem nos motivar a praticar a compaixão, e isso encorajará outros, ao demonstrarmos a eles o amor de Cristo.

PATRICIA RAYBON

Quando você viu uma dor ou uma necessidade e, compassivamente, ajudou a resolvê-la? Como você se sentiu ao praticar a compaixão?

Deus amoroso, ao ver a dor e a necessidade, abranda o meu coração para agir com a compaixão de Cristo.

A BÍBLIA EM UM ANO: CÂNTICO DOS CÂNTICOS 4–5; GÁLATAS 3

25 DE SETEMBRO · **SALMO 118:1-7**

MOTIVOS PARA TEMER

O Senhor está comigo, portanto
não temerei; o que me podem
fazer os simples mortais? v.6

Quando eu era garoto, o pátio da escola era onde os valentões empurravam crianças como eu, sofríamos *bullying* com o mínimo de protesto. Enquanto nos encolhíamos de medo diante de nossos algozes, havia algo ainda pior: suas provocações de "Você está com medo? Medo de mim, não é? Não há ninguém aqui para te proteger!".

Na verdade, na maioria das vezes, eu estava realmente com medo e com razão. Eu tinha levado um soco no passado e sabia que não queria passar por aquilo novamente. Então, o que poderia fazer e em quem poderia confiar ao sentir medo? Quando você tem 8 anos e sofre *bullying* de uma criança mais velha, maior e mais forte, o medo é legítimo.

Quando o salmista enfrentou ataques, ele respondeu com confiança ao invés de medo, porque sabia que não enfrentava essas ameaças sozinho. Ele escreveu: "O Senhor está comigo, portanto não temerei; o que me podem fazer os simples mortais?" (SALMO 118:6). Quando menino, não tenho certeza se eu seria capaz de entender o nível de confiança dele. No entanto, como adulto, aprendi com os anos de caminhada com Cristo que Ele é maior do que qualquer ameaça indutora de medo.

As ameaças que enfrentamos na vida são verdadeiras. Todavia, não precisamos temer. O Criador do Universo está conosco e Ele é mais do que suficiente.

BILL CROWDER

O que o assusta? Peça a Deus por Sua presença,
conforto e proteção para enfrentar as dificuldades.

Pai, sou grato por estares comigo e por poder
confiar em ti e em Tua graça quando enfrento provações.

Leia sobre "encorajamento e esperança", acesse: paodiario.org

A BÍBLIA EM UM ANO: CÂNTICO DOS CÂNTICOS 6–8; GÁLATAS 4

26 DE SETEMBRO   🕮 **ISAÍAS 30:19-26**

UM CHORO MUITO DISTINTO

*[Deus] será bondoso quando
lhe pedirem ajuda...* v.19

Quando um bebê chora, é sinal de que ele está cansado ou está sentido fome, certo? Bem, de acordo com médicos, diferenças sutis no choro de um recém-nascido também fornecem pistas importantes para outros problemas. Os médicos desenvolveram um programa de computador que mede fatores de choro como tom, volume e quão claro é o som do choro para determinar se algo está errado com o sistema nervoso central do bebê.

Isaías profetizou que Deus ouviria os clamores de Seu povo, olharia no profundo do coração deles e lhes responderia com graça. Judá, em vez de consultar a Deus, ignorou Seu profeta e buscou ajuda em uma aliança com o Egito (ISAÍAS 30:1-7). Deus lhes disse que se escolhessem continuar rebeldes, Ele traria sua derrota e humilhação. No entanto, Deus também desejava que eles se voltassem "para ele, para lhes mostrar seu amor e compaixão" (v.18). O resgate viria, mas apenas por meio dos clamores por arrependimento e fé. Se o povo de Deus clamasse a Ele, o Senhor perdoaria seus pecados e renovaria a força espiritual e a vitalidade deles (vv. 8-26).

Isso vale para os que creem em Cristo hoje. Quando nossos clamores por arrependimento e confiança alcançam os ouvidos de nosso Pai eterno, Ele os ouve, perdoa-nos e renova nossa alegria e esperança nele.

MARVIN WILLIAMS

**Por que somos induzidos a nos rebelarmos
contra Deus e a buscar a ajuda de outros? O arrependimento
diante do Senhor lhe traz reconciliação e vida?**

*Querido Deus, perdoa-me por buscar segurança e proteção
longe de ti. Por favor, restaura meu amor e fé em ti.*

Mais textos sobre "as consequências do pecado", acesse: paodiario.org

A BÍBLIA EM UM ANO: ISAÍAS 1–2; GÁLATAS 5

27 DE SETEMBRO **GÊNESIS 16:1-9, 16**

DEUS O CHAMA PELO NOME

..."*Hagar, serva de Sarai, de onde você vem e para onde vai?*" v.8

Natália foi para outro país com a promessa de receber educação. Mas logo o pai em sua nova morada começou a abusar dela, física e sexualmente. Ele a forçou a cuidar de sua casa e de seus filhos sem nenhuma remuneração. E também se recusou a deixá-la sair de casa ou usar o telefone: Ela se tornou sua escrava.

Hagar era a serva egípcia de Abrão e Sarai. Nenhum dos dois a chamava pelo nome dela. Eles a chamavam de "minha serva" ou sua "serva" (GÊNESIS 16:2, 5-6). Eles queriam apenas utilizá-la para que viessem a ter um herdeiro.

Como Deus é diferente! O anjo do Senhor aparece pela primeira vez nas Escrituras ao falar com Hagar, grávida, no deserto. O anjo é o mensageiro de Deus ou o próprio Deus. Hagar crê que Ele é Deus, pois diz: "Tu és o Deus que me vê" (v.13). Se o anjo é Deus, ele poderia possivelmente ser o Filho, aquele que nos revela Deus, aparecendo precocemente pré-encarnado. Ele diz o nome dela: "Hagar, serva de Sarai, de onde você vem e para onde vai?" (v.8).

Deus viu Natália, e proveu pessoas bondosas que a resgataram. Agora, Natália está estudando para se tornar enfermeira. Deus viu Hagar e a chamou pelo nome. E Deus também o vê. Você pode ser esquecido ou ainda pior, sofrer algum abuso. No entanto, Jesus o chama pelo nome! Corra para Ele.

MIKE WITTMER

Para você, o que significa Jesus saber o seu nome? Você pode encorajar outras pessoas da mesma forma?

Obrigado, Jesus, por saberes meu nome. Descanso em Teu amor por mim.

Leia mais sobre "ter a esperança em Deus", acesse: universidadecrista.org

---

A BÍBLIA EM UM ANO: ISAÍAS 3–4; GÁLATAS 6

28 DE SETEMBRO   🌿 **CÂNTICO DOS CÂNTICOS 2:8-17**

CUIDE DO SEU JARDIM

Peguem todas as raposas, [...] antes que destruam o vinhedo do amor v.15

Estava tão animada para plantar frutas e verduras no nosso quintal, mas notei pequenos buracos no solo, e antes que a horta pudesse amadurecer, o primeiro fruto desapareceu misteriosamente. Um dia, preocupei-me ao ver nosso pé de morango completamente arrancado por coelhos e queimado ao sol. Gostaria de ter prestado mais atenção aos sinais de alerta!

O belo poema de amor, em Cântico dos Cânticos, registra uma conversa entre um rapaz e uma moça. Ao chamar sua querida, o homem a alertou severamente contra os animais que destruiriam o jardim dos amantes, uma metáfora para o relacionamento deles. "Peguem todas as raposas, [...] antes que destruam o vinhedo do amor", disse ele (CÂNTICO DOS CÂNTICOS 2:15). Talvez ele tenha visto indícios de "raposas" que poderiam arruinar seu romance, como ciúme, ira, engano ou apatia. Porque ele se agradava com a beleza de sua noiva (v.14), não tolerava a presença de qualquer mal. Ela lhe era tão preciosa "como um lírio entre os espinhos" (v.2). Ele estava disposto a investir para proteger o relacionamento deles.

Alguns dos presentes mais preciosos de Deus para nós são a família e os amigos, embora tais relacionamentos nem sempre sejam fáceis de manter. Com paciência, cuidado e proteção contra "as raposinhas", confiamos que Deus produzirá belos frutos.

KAREN PIMPO

**Você já foi complacente
num relacionamento íntimo?
Quais "raposas" você está tolerando?**

*Jesus, obrigado por
me amares verdadeiramente.*

A BÍBLIA EM UM ANO: ISAÍAS 5–6; EFÉSIOS 1

29 DE SETEMBRO — **PROVÉRBIOS 11:15-25**

O CORAÇÃO CARIDOSO

*O generoso prospera; quem revigora
outros será revigorado* v.25

No dia da despedida, minha amiga trouxe sua filha pequena para se despedir de nós. "Não quero que você vá", disse Kelly. Abracei-a e dei-lhe um leque da minha coleção, pintado à mão. "Quando sentir minha falta, use este leque e lembre-se de que eu amo você". Kelly perguntou se poderia ter um diferente, um de papel que estava em minha bolsa. "Aquele estragou. Eu quero que você tenha o *melhor*", disse. Não me arrependi de ter dado a ela meu leque favorito. Vê-la feliz me deixou mais feliz. Mais tarde, Kelly disse à mãe que estava triste porque eu guardara o leque quebrado. Resolveram me dar um elegante leque roxo. Kelly sentiu-se feliz e eu também.

Em um mundo que promove autogratificação e autopreservação, somos influenciados a acumular em vez de doar generosamente. No entanto, a Bíblia ensina: "Quem dá com generosidade se torna mais rico" (PROVÉRBIOS 11:24). Nossa cultura define prosperidade como ter sempre mais, mas as Escrituras afirmam: "O generoso prospera; quem revigora outros será revigorado" (v.25).

O amor e a generosidade ilimitados e incondicionais de Deus nos fortalecem continuamente. Podemos ter um coração caridoso e criar ciclos intermináveis de doação porque sabemos que Deus, o Criador de todas as coisas boas, nunca se cansa de prover em abundância.

XOCHITL DIXON

**A generosidade dos outros
o ajudou a se aproximar de Jesus? Como você
pode priorizar a necessidade do outro?**

*Querido Deus, ajuda-me a doar generosamente
como tens doado a mim.*

A BÍBLIA EM UM ANO: ISAÍAS 7–8; EFÉSIOS 2

30 DE SETEMBRO — JOSUÉ 2:1-4, 9-14

MENOS PROVÁVEL

...pois o SENHOR, seu Deus,
é Deus supremo em cima
no céu e embaixo na terra. v.11

O cinema nos dá grandes espiões, motoristas de carros de luxo vistosos e esportivos. Mas Jonna Mendez, ex-chefe da CIA, traz a imagem oposta a isso tudo. O agente deve ter "aparência comum", alguém que seja pouco chamativo. "Você quer que eles sejam fáceis de esquecer". Os melhores agentes secretos são os que não se parecem com agentes secretos.

Quando dois espiões de Israel se infiltraram em Jericó, Raabe os escondeu dos soldados do rei (JOSUÉ 2:4). Ela era aparentemente a pessoa menos provável para Deus empregar como agente, pois tinha três pontos contra ela: era cananeia, mulher e prostituta. No entanto, Raabe havia começado a crer no Deus dos israelitas: "Seu Deus, é Deus supremo" (v.11). Ela escondeu os espiões de Deus sob o feixe de linho no telhado, auxiliando-os em sua ousada fuga. Deus recompensou sua fé: Josué "poupou a vida da prostituta Raabe, e dos parentes" (6:25).

Às vezes, podemos sentir que somos os menos prováveis a sermos usados por Deus. Talvez tenhamos limitações físicas, não nos sintamos "chamativos" o suficiente para liderar ou tenhamos um passado nebuloso. Mas a história está cheia de cristãos "que não parecem", redimidos por Deus, pessoas que, como Raabe, receberam uma missão especial para Seu reino. Esteja certo: Ele tem propósitos divinos até mesmo para o mais improvável dentre nós.

KENNETH PETERSEN

Você se sente "em segundo plano"?
Qual a missão que Deus lhe deu?

Querido Deus, por favor, ajuda-me a estar pronto
para o Teu chamado, para a minha missão.

A BÍBLIA EM UM ANO: ISAÍAS 9–10; EFÉSIOS 3

★ TÓPICO DE OUTUBRO / **Identidade em Cristo**

O NOME ACIMA DE TODOS OS NOMES

Para encorajar a minha assimilação como mexicana-americana de primeira geração, os meus pais raramente falavam espanhol na nossa casa e utilizaram a versão inglesa do meu nome do meio para a minha matrícula escolar. Cansada de lutar para achar meu lugar, solicitei um cartão de identificação estatal quando fiz 18 anos. Queria usar o meu primeiro nome, Xochitl, e gozar os frutos da bela cultura que ficara para trás.

Uma década depois, solicitei uma cópia da minha certidão de nascimento. Quando o documento chegou, telefonei para minha mãe em pânico e lhe disse: "Erraram o meu nome!".

"Não! Foi você que errou", ela me respondeu, referindo-se à ocasião em que solicitei o cartão de identificação estatal. "Achei que você é que estava sendo criativa."

Embora, atualmente, não coloquemos muito peso nos nomes, nos tempos bíblicos, os nomes ajudavam a estabelecer o caráter, a herança e a identidade de cada um.

O apóstolo João apresentou Jesus como "a Palavra", afirmando que, a todos os que cressem no Seu *nome* e o aceitassem, seria lhes dado o direito de se tornarem "filhos de Deus" (JOÃO 1:1,12). Jesus, o Bom Pastor, chama as "suas ovelhas pelo nome" (10:3), declarando que elas têm intimidade com Ele.

Deus planejou intencionalmente os vários aspectos da nossa singularidade — etnicidade, raça, e personalidade. Mas, como filhos de Deus, a nossa cidadania está estabelecida no Céu (FILIPENSES 3:20); não precisamos de assimilação ou de procurar o sentimento de pertença. Herdamos todas as promessas asseguradas em Cristo, cujo nome está acima de todos os nomes (2:9).

XOCHITL DIXON

Além deste artigo, o tema *Identidade em Cristo* é abordado nos devocionais dos dias **1**, **9**, **16** e **23** de **outubro**.

1º DE OUTUBRO

GÊNESIS 1:14-23

★ *TÓPICO DE OUTUBRO: IDENTIDADE EM CRISTO*

PROJETO ELEGANTE

Então Deus disse: "Encham-se as águas de seres vivos, e voem as aves no céu acima da terra". v.20

Uma equipe de pesquisadores criou um drone com asas que imitam um pássaro—o andorinhão. Eles voam até 144 km/h e são capazes de pairar, mergulhar, virar e parar rapidamente. No entanto, o drone ainda é inferior ao pássaro. Um pesquisador disse que os pássaros "têm vários músculos que os permitem voar incrivelmente rápido, dobrar as asas, torcê-las, modificar a posição das penas com o bico e economizar energia". Ele admitiu que o esforço da equipe só conseguiu replicar "10% do voo biológico".

Deus deu habilidades incríveis às criaturas do nosso mundo. Observá-las e refletir sobre a sabedoria divina pode ser uma fonte de conhecimento para nós. As formigas nos ensinam sobre como coletar recursos, os coelhos silvestres nos mostram o valor de um abrigo confiável e os gafanhotos nos ensinam que a união faz a força (PROVÉRBIOS 30:25-27).

A Bíblia nos ensina que Deus: "Com seu entendimento, estendeu os céus" (JEREMIAS 10:12) e que, ao final de cada etapa do processo de criação, o Senhor confirmou que o que criara era "bom" (GÊNESIS 1:4,10,12,18,21,25,31). O mesmo Deus que criou pássaros para que "voem[...] no céu acima da terra" (v.20), deu-nos a capacidade de combinar a Sua sabedoria com o nosso raciocínio. Hoje, pense em como podemos aprender com Suas lindas criações no mundo natural.

JENNIFER BENSON SCHULDT

Que parte da criação de Deus você mais admira? Como ela reflete a Sua sabedoria?

Querido Pai, abre os meus olhos para a Tua sabedoria enquanto admiro a Tua criação.

Leia mais sobre a "maravilhosa criação de Deus", acesse: paodiario.org

A BÍBLIA EM UM ANO: ISAÍAS 11–13; EFÉSIOS 4

2 DE OUTUBRO — **EFÉSIOS 2:1-10**

A OBRA-PRIMA INTERNA

*Pois somos obra-prima de Deus,
criados em Cristo Jesus a fim de
realizar as boas obras...* v.10

Ao escrever *The Atlantic*, o autor Arthur C. Brooks relata sobre a sua visita a um museu em Taiwan onde admirou uma das maiores coleções de arte chinesa do mundo. O guia do museu lhe perguntou: "O que você imagina quando peço para que pense numa obra artística a ser ainda iniciada?". Brooks respondeu: "Uma tela vazia". O guia replicou: "Há outro jeito de pensar: a arte já existe e a tarefa dos artistas é simplesmente a revelar".

Em Efésios 2:1-10, o termo *obra-prima*, às vezes traduzido como "feitura" ou "criação", vem da palavra grega *poiēma*, da qual derivamos a palavra *poesia*. Deus nos criou como obras de arte, poemas vivos. No entanto, nossa arte tornou-se obscurecida: "Vocês estavam mortos por causa de sua desobediência e de seus muitos pecados" (v.1). Parafraseando a afirmação do guia: "Nós já existimos, e o trabalho do artista divino é nos revelar". De fato, Deus está restaurando as Suas obras-primas: "Mas Deus é tão rico em misericórdia [...], ele nos deu vida" (vv.4-5).

Ao passarmos por desafios e dificuldades, confortamo-nos ao saber que o artista divino está trabalhando em nós: "Pois Deus está agindo em vocês, dando-lhes o desejo e o poder de realizarem aquilo que é do agrado dele" (FILIPENSES 2:13). Saiba que Deus está agindo em você para revelar Sua obra-prima. *KENNETH PETERSEN*

**De que maneira, você, como obra de arte de Deus,
sentiu-se menos visível? Você reconhece
a ação divina em sua vida?**

*Deus Criador, obrigado por fazeres de mim
uma de Tuas obras-primas.*

A BÍBLIA EM UM ANO: ISAÍAS 14–16; EFÉSIOS 5:1-16

3 DE OUTUBRO   🌱 **1 CORÍNTIOS 13:4-13**

EU POSSO VÊ-LO!

Agora vemos de modo imperfeito, como um reflexo no espelho, mas então veremos tudo face a face... v.12

A optometrista ajudou André, de 3 anos, a ajustar o seu primeiro par de óculos. "Olhe no espelho", ela disse. André olhou a sua imagem e virou para seu pai com um sorriso alegre e amoroso. Então o pai enxugou gentilmente as lágrimas do rosto de seu filho e perguntou: "Algo errado?". André passou seus braços em volta do pescoço do pai: "Eu posso ver". O menino se afastou, inclinou-se e olhou nos olhos do pai: "Posso te ver, pai!"

Ao estudarmos a Bíblia em oração, o Espírito Santo nos dá olhos para ver Jesus, a "imagem do Deus invisível" (COLOSSENSES 1:15). No entanto, mesmo com nossa visão iluminada pelo Espírito, e conforme crescemos em conhecimento por meio das Escrituras, vemos apenas um vislumbre da imensidão infinita de Deus deste lado da eternidade. Quando nosso tempo aqui terminar ou quando Jesus cumprir Sua promessa de voltar, nós o veremos claramente (1 CORÍNTIOS 13:12).

Não precisaremos de óculos especiais no alegre momento quando virmos Cristo face a face e o conhecermos como Ele nos conhece, os amados membros do Corpo de Cristo: a Igreja. O Espírito Santo nos concederá a fé, a esperança e o amor necessários para permanecermos firmes, até que olhemos para o nosso amoroso e vivo Salvador e digamos: "Posso vê-lo, Jesus. Posso vê-lo!"

XOCHITL DIXON

O que o Espírito Santo lhe revelou recentemente ao ler a Bíblia? Como crescer no crescimento de Deus o transformou?

Jesus, ajuda-me a ver-te e a conhecer-te mais até o dia em que me chamares para o lar celestial.

Saiba mais sobre "os fundamentos da vida espiritual", acesse: paodiario.org

A BÍBLIA EM UM ANO: ISAÍAS 17–19; EFÉSIOS 5:17-33

4 DE OUTUBRO 🌿 **1 JOÃO 5:1-5**

ENCONTRANDO A VIDA

Todo aquele que crê que Jesus é
o Cristo é nascido de Deus. v.1

Foi natural para Bruno frequentar uma faculdade cristã, pois ele conviveu com pessoas que conheciam Jesus durante toda a vida: em casa, na escola, na igreja. Ele direcionou seus estudos universitários para uma carreira no "ministério cristão". Mas aos 21 anos, numa pequena congregação rural, ele ouviu um pastor pregar sobre 1 João e descobriu algo surpreendente. Bruno percebeu que dependia do conhecimento e das armadilhas da religião e que nunca havia recebido verdadeiramente a salvação em Jesus. Ele sentiu que Cristo tocava o seu coração com uma mensagem muito lúcida: "Você não me conhece!".

A mensagem do apóstolo é clara: "Todo aquele que crê que Jesus é o Cristo é nascido de Deus..." (1 JOÃO 5:1). Podemos vencer o mundo, como João afirma (v.4), somente se crermos em Jesus. Não é apenas sobre ter conhecimento sobre Ele, mas também sobre ter a fé profunda e sincera demonstrada quando cremos no que Jesus fez por nós na cruz. Naquele dia, Bruno pôs sua fé somente em Cristo. Hoje, o seu profundo amor por Jesus e Sua salvação não é segredo e isso se torna nítido quando ele se posiciona atrás do púlpito e prega como um pastor — meu pastor.

"Deus nos deu vida eterna, e essa vida está em seu Filho. Quem tem o Filho tem a vida" (vv.11-12). Para quem encontrou vida em Jesus, este lembrete é reconfortante!   *DAVE BRANON*

> **Qual a sua história de fé?**
> **O que o levou a entender que**
> **precisava de Jesus?**
>
> *Jesus, obrigado pela*
> *dádiva da salvação e por aqueles*
> *que me conduziram à fé em ti.*

A BÍBLIA EM UM ANO: ISAÍAS 20–22; EFÉSIOS 6

5 DE OUTUBRO • **FILIPENSES 1:21-30**

PRONTO PARA PARTIR

...quero partir e estar com Cristo, [...]
por [...] vocês, é mais importante que
eu continue... vv.23-24

Em 2020, durante a pandemia de COVID-19, muitos sofreram perdas de entes queridos. Em nossa família perdemos minha mãe, 95, mas não para o vírus. Como tantas outras famílias, não pudemos nos reunir para lamentar a perda, honrá-la ou nos encorajarmos uns aos outros. Em vez disso, usamos outros meios para celebrar sua amorosa influência sobre nós. Encontramos conforto em sua insistência de que, se Deus a chamasse, ela estava pronta para partir. Essa esperança confiante, evidenciada em grande parte da vida de mamãe, também foi como ela enfrentou a morte.

Ao enfrentar possível morte, Paulo escreveu: "Pois, para mim, o viver é Cristo, e o morrer é lucro. [...] quero partir e estar com Cristo, o que me seria muitíssimo melhor. Contudo, por causa de vocês, é mais importante que eu continue a viver" (FILIPENSES 1:21,23-24). Mesmo com seu legítimo desejo de ficar e ajudar, Paulo desejava seu lar celestial com Cristo.

Essa confiança muda a maneira como vemos o momento de nossa partida para a eternidade. Nossa esperança pode trazer grande conforto aos outros em momentos de perdas. Embora lamentemos perder aqueles que amamos, os seguidores de Cristo não sofrem como "aqueles que não têm esperança" (1 TESSALONICENSES 4:13). A verdadeira esperança é propriedade daqueles que o conhecem.

BILL CROWDER

Como responder às ameaças
em nosso mundo? A esperança intencional
pode mudar sua visão sobre a vida?

Deus de toda a esperança,
lembra-me da vitória de Jesus sobre a morte.

A BÍBLIA EM UM ANO: ISAÍAS 23–25; FILIPENSES 1

6 DE OUTUBRO **1 TIMÓTEO 4:6-16**

O QUE PODE SER MELHOR?

*Trabalhamos arduamente e continuamos
a lutar porque nossa esperança está no
Deus vivo...* v.10

Érico ouviu sobre o amor de Jesus aos 20 anos e começou a frequentar a igreja, onde conheceu alguém que o ajudou a crescer no conhecimento de Cristo. Logo, seu mentor o designou para ensinar os meninos na igreja. Ao longo dos anos, Deus o direcionou a ajudar jovens em situação de risco em sua cidade, visitar idosos e demonstrar hospitalidade aos vizinhos, para a honra de Deus. Agora, aos 50 anos, Érico sente-se grato por ter sido ensinado desde cedo a servir: "Meu coração transborda ao compartilhar a esperança que encontrei em Jesus. O que poderia ser melhor do que servi-lo?".

Timóteo era criança quando sua mãe e a avó o influenciaram na fé (2 TIMÓTEO 1:5). Quando era jovem adulto, ele conheceu Paulo, que viu nele potencial para servir a Deus, convidando-a para uma jornada ministerial (ATOS 16:1-3). Paulo se tornou o mentor de Timóteo no ministério e na vida. Ele o encorajou a estudar, a ser corajoso ao enfrentar falsos ensinos e a usar seus talentos a serviço de Deus (1 TIMÓTEO 4:6-16).

Por que Paulo queria que Timóteo fosse fiel servindo a Deus, "o Salvador de todos, especialmente dos que creem" (v.10). Jesus é a nossa esperança e o Salvador do mundo. O que poderia ser melhor do que servi-lo?

ANNE CETAS

**O que você aprendeu sobre Cristo
que outros também devam saber? Quem precisa
de sua ajuda e a quem você pode pedir ajuda hoje?**

*Querido Deus, dá-me um coração novo
para levar Tua esperança às pessoas ao meu redor*

A BÍBLIA EM UM ANO: ISAÍAS 26–27; FILIPENSES 2

7 DE OUTUBRO — **DEUTERONÔMIO 30:15-20**

A ESCOLHA

Hoje lhes dei a escolha entre a vida e a morte, entre bênçãos e maldições. [...] Escolham a vida... v.19

Poucas semanas após a morte de uma amiga querida, conversei com a mãe dela. Hesitei em perguntar-lhe como estava, pois considerei inadequado sabendo que estava de luto. Mas deixei de lado a relutância e simplesmente perguntei como ela se sentia. Sua resposta: "Eu escolho a alegria".

Suas palavras me orientaram naquele dia pois eu lutava para superar circunstâncias desagradáveis em minha vida. As palavras dela também me lembraram das de Moisés aos israelitas. Pouco antes da morte de Moisés e dos israelitas entrarem na Terra Prometida, Deus queria que soubessem que havia uma escolha. Moisés disse: "lhes dei a escolha entre a vida e a morte, entre bênçãos e maldições. [...] Escolham a vida" (DEUTERONÔMIO 30:19). Eles poderiam seguir as leis de Deus e viver bem, ou poderiam se afastar do Senhor e viver com as consequências da morte e calamidade (v.15).

Nós também devemos escolher como viver. Podemos optar pela alegria e acreditar e confiar nas promessas de Deus para nós ou podemos optar pelas partes negativas e difíceis da jornada, permitindo que elas nos roubem a alegria. Isso exigirá prática e a termos confiança no Espírito Santo, entretanto podemos escolher a alegria, sabendo que Deus faz "todas as coisas cooperarem para o bem daqueles que o amam" (ROMANOS 8:28).

KATARA PATTON

Como escolher alegria apesar das circunstâncias? Escolher a alegria é semelhante a escolher a vida?

Querido Deus, que concedes a alegria, ajuda-me a escolher seguir-te, crer e confiar em ti neste dia.

A BÍBLIA EM UM ANO: ISAÍAS 28–29; FILIPENSES 3

8 DE OUTUBRO 🌿 **PROVÉRBIOS 4:10-19**

A SABEDORIA QUE PRECISAMOS

O caminho dos perversos é como a mais
absoluta escuridão; nem sequer sabem
o que os faz tropeçar. v.19

Em seu livro *A Grande Gripe* (Intrínseca, 2020), John M. Barry conta sobre a epidemia da gripe espanhola de 1918. Revela que as autoridades sanitárias anteciparam um surto maciço. Temeram que a Primeira Guerra Mundial trouxesse novos vírus com milhares de soldados amontoados cruzando fronteiras. Mas esse conhecimento foi inútil para impedir a devastação. Líderes poderosos incitaram a guerra e a violência. Os epidemiologistas estimam que 50 milhões de pessoas morreram da gripe, somando-se a 20 milhões de mortos da carnificina da guerra.

Provamos repetidamente que o nosso conhecimento humano jamais será suficiente para nos resgatar do mal (PROVÉRBIOS 4:14-16). Embora tenhamos acumulado conhecimento e percepções notáveis, ainda não conseguimos parar a dor que infligimos uns aos outros. Não podemos interromper "o caminho dos perversos" que, tolo e repetitivo, leva à "absoluta escuridão". Apesar de nosso melhor conhecimento, não temos realmente ideia do que nos "faz tropeçar" (v.19).

É por isso que devemos obter "sabedoria e [...] ter discernimento" (v.5). A sabedoria nos ensina o que fazer com o conhecimento. E precisamos desesperadamente da verdadeira sabedoria que vem de Deus. Nosso conhecimento é insuficiente, mas a sabedoria divina provê o que precisamos.

WINN COLLIER

Onde vemos o conhecimento humano
sendo insuficiente? Como a sabedoria de Deus
pode nos instruir a vivermos melhor?

Deus, luto contra o orgulho e reconheço
que o conhecimento não me salva.
Ensina-me a Tua verdade!

A BÍBLIA EM UM ANO: ISAÍAS 30–31; FILIPENSES 4

9 DE OUTUBRO — COLOSSENSES 3:12-17

★ *TÓPICO DE OUTUBRO: IDENTIDADE EM CRISTO*

GRAÇA À MODA LENTA

...revistam-se de compaixão, bondade, humildade, mansidão e paciência. v.12

Você já ouviu falar em #*slowfashion* (moda lenta)? A *hashtag* se refere a um movimento focado em resistir à indústria dominada por roupas baratas e descartáveis chamada de *fast fashion* (moda rápida). Essas roupas saem de moda quase tão rápido quanto saem das lojas, com marcas descartando grandes quantidades de produtos todos os anos. O movimento *slow fashion* incentiva as pessoas a desacelerar e adotar uma nova postura. Em vez de se mover pela necessidade de sempre ter o visual mais recente, a *slow fashion* nos encoraja a selecionarmos menos itens, mas que sejam bem-feitos, de origem ética e duradouros.

Ao refletir sobre isso, pensei sobre as maneiras como caio nesse modo de pensar atual, sempre procurando possuir as últimas tendências. No entanto, Paulo diz em Colossenses 3, que encontrar a verdadeira transformação em Jesus não é solução rápida ou moda passageira. É uma vida inteira de lenta e gradual transformação em Cristo.

Em vez de nos vestirmos com os últimos símbolos de *status* do mundo, podemos optar por nos revestirmos com as vestes do Espírito: "compaixão, bondade, humildade, mansidão e paciência" (v.12). Podemos aprender a ter paciência uns com os outros na lenta jornada de Cristo transformando nosso coração: jornada que conduz à paz duradoura (v.15).

MONICA LA ROSE

Você busca segurança ao acompanhar as últimas tendências? Como encontrar o contentamento em Jesus?

Querido Deus, obrigado por poder trocar minha ansiedade pela paz de uma silenciosa caminhada contigo.

Saiba mais sobre "como desenvolver uma cosmovisão bíblica", acesse: universidadecrista.org

A BÍBLIA EM UM ANO: ISAÍAS 32–33; COLOSSENSES 1

10 DE OUTUBRO **SALMO 6**

ESPERANÇA PARA OS FERIDOS

Meu coração está muito angustiado; Senhor,
quando virás me restaurar? v.3

"A maioria das pessoas carrega cicatrizes que não conseguimos ver ou entender". O jogador de beisebol, Andrelton Simmons, disse essas palavras profundamente honestas quando encerrou sua carreira no final da temporada devido a problemas de saúde mental. Refletindo sobre a sua decisão, ele sentiu que precisava compartilhar sua história para encorajar outros que porventura enfrentavam algo semelhante e lembrá-los de mostrar compaixão.

Cicatrizes invisíveis são mágoas e feridas profundas que não podemos ver, mas causam dor e sofrimento reais. No Salmo 6, Davi escreveu sobre sua luta profunda: palavras dolorosamente cruas e honestas. Ele estava agoniado (v.2) e "muito angustiado" (v.3). Davi sentia-se "exausto" de tanto gemer, e sua cama ficava cheia de lágrimas (v.6). Apesar de Davi não compartilhar a causa de seu sofrimento, muitos de nós nos identificamos com a sua dor.

Podemos ser encorajados pela forma que Davi reagiu à dor. No meio de profundo sofrimento, Davi clamou a Deus. Abriu seu coração com honestidade, orou por cura (v.2), salvação (v.4) e misericórdia (v.9). Chegou a questionar: "Quando virás...?" (v.3), insistindo por sua situação, Davi permaneceu confiante de que Deus ouviria sua súplica (v.9) e agiria em Seu tempo (v.10).

Por nosso Deus ser quem é, sempre há esperança.   LISA SAMRA

Você já experimentou a cura,
a misericórdia e o resgate de Deus
ao passar por profunda angústia?

Pai, concede-me coragem
para expressar minha dor mais profunda
e acolher Sua presença e cura.

A BÍBLIA EM UM ANO: ISAÍAS 34–36; COLOSSENSES 2

11 DE OUTUBRO   **EFÉSIOS 1:15-23**

ABRE OS OLHOS DO MEU CORAÇÃO

...que Deus [...] lhes dê sabedoria espiritual e entendimento para que cresçam no conhecimento dele. v.17

Em 2001, o bebê prematuro, Christopher Duffley, surpreendeu os médicos ao sobreviver. Aos 5 meses, foi para a fila de adoção até que a família de sua tia o adotasse. Um professor percebeu que, aos 4 anos, mesmo sendo cego e diagnosticado como autista, ele tinha afinação perfeita. Seis anos depois, na igreja, o pequeno subiu no palco e cantou o hino: "Abre o coração" (HC 343). O vídeo alcançou milhões de pessoas *on-line*. Em 2020, Duffley compartilhou suas metas de defender as pessoas com deficiência. Ele continua a provar que as possibilidades são ilimitadas com os olhos do seu coração abertos ao plano de Deus.

O apóstolo Paulo elogiou a igreja em Éfeso por sua fé ousada (EFÉSIOS 1:15-16), e pediu a Deus que lhes desse o Espírito de sabedoria e revelação para que o conhecessem melhor (v.17). Ele orou para que o coração deles fosse "iluminado" ou aberto, para que pudessem entender a esperança e herança que Deus prometeu a Seu povo (v.18).

Ao pedirmos a Deus que se revele a nós, podemos conhecê-lo mais e declarar Seu nome, poder e autoridade com confiança (vv.19-23). Com fé em Jesus e amor por todo o povo de Deus, podemos viver de maneiras que provem Suas possibilidades ilimitadas enquanto pedimos que Ele continue a abrir os olhos do nosso coração.

XOCHITL DIXON

Como Deus o ajudou a superar obstáculos ou limitações? Conhecer a Sua verdade, caráter e amor muda a maneira de ver os desafios?

Pai, abre os meus olhos para que eu te conheça, viva para ti e com fé ousada leve outros a te adorar.

Para outros textos sobre a "confiança em Deus", acesse: paodiario.org

A BÍBLIA EM UM ANO: ISAÍAS 37–38; COLOSSENSES 3

12 DE OUTUBRO — 2 SAMUEL 9:1-10

CONHECER E AMAR

Quero mostrar bondade a você por causa de Jônatas, seu pai… v.7

No surpreendente artigo "Meu filho o conhece?", o jornalista de esportes Jonathan Tjarks escreveu sobre a sua batalha contra o câncer terminal e o desejo de que outros cuidassem de sua esposa e filho. Na época, ele tinha 34 anos e faleceu 6 meses depois. Tjarks era um cristão cujo pai tinha morrido quando o jornalista ainda era jovem, compartilhou passagens que falam sobre cuidar de viúvas e órfãos (ÊXODO 22:22; ISAÍAS 1:17; TIAGO 1:27). E aos seus amigos, escreveu: "Quando eu o ver no céu, apenas perguntarei: Você foi bom com meu filho e minha esposa? Meu filho o *conhece*?".

O rei Davi questionou: "Resta alguém da família de Saul, a quem eu possa mostrar bondade por causa de Jônatas?" (2 SAMUEL 9:1). Mefibosete, filho de Jônatas, era "aleijado dos dois pés" (v.3) devido a um acidente (4:4) e foi levado ao rei. Davi lhe disse: "Quero mostrar bondade a você por causa de Jônatas, seu pai. Vou lhe dar todas as terras que pertenciam a seu avô Saul, e você comerá sempre aqui comigo, à mesa do rei" (9:7). Davi demonstrou especial cuidado por Mefibosete, e é provável que com o tempo ele realmente o tenha *conhecido* (19:24-30).

Jesus nos chamou para amarmos aos outros como Ele nos ama (JOÃO 13:34). À medida que Ele atua em nós e por meio de nós, que conheçamos e amemos aos outros verdadeiramente.

TOM FELTEN

Como podemos conhecer os outros e amá-los da maneira que Deus os ama?

Pai eterno, ajuda-me a honrar-te esforçando-me a conhecer e amar os outros verdadeiramente.

A BÍBLIA EM UM ANO: ISAÍAS 39–40; COLOSSENSES 4

13 DE OUTUBRO — ISAÍAS 26:1-4

CONFIAR

Confiem sempre no S{\sc enhor}, pois o S{\sc enhor} Deus é a Rocha eterna. v.4

Abri as persianas em uma manhã de inverno; deparei-me com uma visão chocante: névoa. "Névoa congelante", foi a previsão do tempo. Ela é rara onde moramos e veio com uma surpresa ainda maior: a previsão de céu azul e sol "em uma hora". "Impossível. Mal conseguimos enxergar algo a nossa frente", disse ao meu marido. Mas sim, em menos de uma hora, a névoa sumiu, o céu abriu-se em azul claro e ensolarado. Junto à janela, ponderei sobre minha confiança quando vejo apenas neblina na vida. Perguntei ao meu marido: "Confio em Deus somente por aquilo que posso ver?"

Quando o rei Uzias morreu e alguns governantes corruptos chegaram ao poder em Judá, Isaías fez pergunta semelhante. *Em quem podemos confiar?* Deus respondeu dando a Isaías uma visão tão notável que o convenceu de que Ele pode ser confiável no presente para dias melhores à frente. Isaías louvou: "Tu guardarás em perfeita paz todos que em ti confiam, aqueles cujos propósitos estão firmes em ti" (ISAÍAS 26:3). E acrescentou: "Confiem sempre no SENHOR, pois o SENHOR Deus é a Rocha eterna" (v.4).

Quando nossa mente está centrada em Deus, podemos confiar nele mesmo em tempos confusos e encobertos. Talvez não vejamos isso claramente, mas se confiamos em Deus, temos a certeza de que a Sua ajuda está a caminho.

PATRICIA RAYBON

Quando tudo parecer confuso, onde colocaremos a nossa confiança? Como desviar a mente dos problemas e buscar nosso Deus eterno?

Querido Deus, há muita confusão ao redor, ajuda-me a fixar minha mente em ti, pois Tu és confiável.

A BÍBLIA EM UM ANO: ISAÍAS 41–42; 1 TESSALONICENSES 1

14 DE OUTUBRO — JOÃO 14:25-31

PRESENTE IMPOSSÍVEL

Eu lhes deixo um presente,
a minha plena paz... v.27

Fiquei feliz ao achar o presente perfeito para minha sogra: a pulseira tinha um pingente personalizado! Encontrar um presente perfeito é sempre um prazer absoluto. Mas e se o presente que o indivíduo precisa estiver além de nosso poder aquisitivo? Muitos de nós gostaríamos de poder dar a alguém paz de espírito, descanso ou mesmo paciência. Se ao menos os pudéssemos comprar e embrulhá-los com um laço!

Tais presentes são impossíveis para darmos a outros. No entanto, Jesus, Deus encarnado, concede aos que creem nele um presente "impossível": a dádiva da paz. Antes de subir ao Céu e deixar os discípulos, Jesus os confortou com a promessa do Espírito Santo: "O Espírito Santo [...] lhes ensinará todas as coisas e os fará lembrar tudo que eu lhes disse" (JOÃO 14:26). Ele lhes ofereceu a paz: a Sua paz, como uma dádiva duradoura e infalível para quando estivessem atribulados ou sentissem medo. Ele mesmo é a nossa paz com Deus, com os outros e interiormente.

Podemos não conseguir dar aos nossos entes queridos aquela dose extra de paciência ou melhorar a saúde deles. Tampouco está ao nosso alcance dar a eles a paz de que todos nós desesperadamente precisamos para suportar as lutas da vida. Mas podemos ser guiados pelo Espírito para lhes falar sobre Jesus, o doador e a encarnação da paz verdadeira e duradoura. *KIRSTEN HOLMBERG*

Como Cristo trouxe paz à sua vida?
A quem você pode apresentar Jesus?

Jesus, obrigado pelo conforto da Tua paz
duradoura e infalível em minha vida

A BÍBLIA EM UM ANO: ISAÍAS 43–44; 1 TESSALONICENSES 2

15 DE OUTUBRO — **1 CORÍNTIOS 1:21,29-31**

AS ESCOLHAS INESPERADAS DE DEUS

Deus escolheu as coisas que o mundo considera loucura para envergonhar os sábios... v.27

Durante o sermão, o pastor segurava as páginas perto do rosto para as ler. Ele era míope e lia as frases cuidadosamente com sua voz monótona e pouco imponente. Mas o Espírito de Deus moveu-se por meio da pregação de Jonathan Edwards, ardeu como fogo e gerou avivamento em massa: o *Primeiro Grande Despertamento* trouxe milhares à fé em Cristo.

Deus, com frequência, usa o inesperado para cumprir Seus propósitos perfeitos. Sobre Seu plano de atrair a humanidade rebelde por meio da morte de Jesus na cruz por amor a nós, Paulo escreve: "Deus escolheu as coisas que o mundo considera loucura para envergonhar os sábios, assim como escolheu as coisas fracas para envergonhar os poderosos" (1 CORÍNTIOS 1:27). O mundo esperava que a sabedoria divina se parecesse com a nossa: força irresistível. Mas Jesus veio humilde e gentilmente salvar-nos do pecado e tornou-se para nós "a sabedoria de Deus em nosso favor, nos declarou justos diante de Deus, nos santificou e nos libertou do pecado" (v.30).

Deus tornou-se um bebê humano que cresceria até a idade adulta, sofreria, morreria e ressuscitaria para nos mostrar o caminho de volta para Ele. O Senhor ama usar meios e pessoas humildes para realizar grandes coisas, que jamais alcançaríamos com nossa própria força. Se permitirmos, Ele pode nos usar também.

JAMES BANKS

Que coisas inesperadas você viu Deus fazer?
Você se colocará à disposição dele hoje?

Pai amoroso, sou grato por Teus caminhos.
Ajuda-me a seguir-te de perto e a ser usado por ti.

A BÍBLIA EM UM ANO: ISAÍAS 45–46; 1 TESSALONICENSES 3

16 DE OUTUBRO 🌿 **ÊXODO 4:1-5**

★ *TÓPICO DE OUTUBRO: IDENTIDADE EM CRISTO*

QUEM SOU EU?

Deus respondeu: "Eu estarei com você"... ÊXODO 3:12

Kizombo refletia sobre si mesmo: *"O que eu consegui?"*. A resposta veio: *"não muito"*. De volta à sua terra natal, trabalhando na escola que seu pai começara na floresta, ele tentava escrever a poderosa história de seu pai sobre como ele tinha sobrevivido a duas guerras civis. *"Quem sou eu para tentar fazer tudo isso?"*.

As dúvidas dele pareciam-se com as de Moisés. Deus tinha acabado de confiar uma missão a Moisés: "Agora vá, pois eu o envio ao faraó. Você deve tirar meu povo, Israel, do Egito" (ÊXODO 3:10). Ele respondeu: "Quem sou eu?" (v.11). Depois de desculpas esfarrapadas, Deus perguntou a Moisés: "O que você tem na mão?" (4:2). Era uma vara. Sob a direção de Deus, Moisés a jogou no chão e ela se transformou em cobra. Contra seus instintos, Moisés a pegou, e, novamente, ela tornou-se uma vara (v.4). Com Deus, Moisés podia enfrentar o Faraó. Ele tinha literalmente um dos "deuses" do Egito, a cobra, em suas mãos. Os deuses do Egito não eram uma ameaça para o Deus verdadeiro.

Kizombo pensou em Moisés e sentiu Deus lhe responder: *"Você tem a mim e a Minha Palavra"*. Ele também pensou nos amigos encorajando-o a escrever a história de seu pai, para que outros aprendessem sobre o poder de Deus na vida dele. Ele não estava só.

Por nossa conta, nossos esforços são inadequados. No entanto, servimos a Deus e Ele diz: "Estarei com você" (3:12). TIM GUSTAFSON

Como Deus o pode usar na Sua obra?

*Pai, contigo nada me falta,
não importa a situação.*

Saiba como "encontrar e seguir o chamado de Deus", acesse: paodiario.org

A BÍBLIA EM UM ANO: ISAÍAS 47–49; 1 TESSALONICENSES 4

17 DE OUTUBRO 🔖 **HEBREUS 6:16-20**

ÂNCORA DE ESPERANÇA

Essa esperança é uma âncora firme
e confiável para nossa alma... v.19

Mostrei uma foto de pessoas dormindo em um beco. "Do que eles precisam?" Perguntei à minha classe de juniores da Escola Dominical. "Comida", disse um. "Dinheiro", disse outro. "Um lugar seguro", disse um terceiro. Então uma garota falou: "Esperança".

"Esperança é esperar que coisas boas aconteçam", explicou ela. Achei interessante ela falar sobre "esperar" coisas boas quando, pelos desafios, pode ser fácil não esperar algo bom da vida. No entanto, a Bíblia fala de esperança de maneira semelhante à daquela garota. Se "A fé mostra a realidade daquilo que esperamos" (HEBREUS 11:1), nós que temos fé em Jesus, *podemos* esperar que coisas boas aconteçam.

O bem supremo que os cristãos podem confiantemente aguardar é "a promessa de que entraremos no descanso de Deus" (4:1). Para os cristãos, isso inclui: Sua paz, certeza da salvação, confiança em Sua força e a certeza de um lar celestial futuro. A garantia de Deus e a salvação por meio de Jesus é o motivo pelo qual a esperança pode ser nossa âncora, mantendo-nos firmes em tempos de necessidade (6:18-20). O mundo precisa de esperança, verdadeiramente, precisa da garantia e da verdadeira certeza de que, em tempos bons e ruins, Deus terá a palavra final e não nos decepcionará. Quando confiamos nele, sabemos que Ele fará tudo certo para nós em Seu tempo.

KAREN HUANG

De que modo
a Bíblia o encoraja e lhe traz
esperança e confiança?

Querido Deus, minha esperança em ti é firme e segura,
pois Tu és fiel em fazer o que prometeste.

A BÍBLIA EM UM ANO: ISAÍAS 50-52; 1 TESSALONICENSES 5

18 DE OUTUBRO — **ATOS 9:36-43**

USE O QUE TIVER PARA CRISTO

[Tabita] Sempre fazia o bem às pessoas e ajudava os pobres. v.36

O *Hall da fama de costura* foi criado em 2001 e reconhece pessoas que "impactaram a costura domiciliar, contribuindo de forma única e inovadora, educando pela costura e desenvolvendo produtos". O *hall* inclui pessoas como Martha Pullen, introduzida no *hall* em 2005, sendo comparada com a mulher citada em Provérbios 31, alguém que nunca deixou de reconhecer publicamente a fonte de sua força, inspiração e bênçãos.

Esse "Hall da fama" foi inventado no século 21, mas caso existisse no primeiro século em Israel, Tabita teria sido uma vencedora. Ela seguia Jesus e era costureira, passava o tempo costurando para viúvas pobres de sua comunidade (ATOS 9:36,39). Depois que adoeceu e morreu, os discípulos chamaram Pedro para ver se Deus faria um milagre por meio dele. Quando chegou, viúvas chorosas mostraram-lhe mantos e roupas feitos por Tabita para elas (v.39). Essas roupas evidenciavam que ela "sempre fazia o bem" para os pobres da cidade (v.36). Pelo poder de Deus, Tabita voltou a viver.

Deus nos chama e nos dá meios para usarmos as nossas habilidades para atender às necessidades dos que estão presentes na comunidade e no mundo. Entreguemos as nossas habilidades para servir a Jesus e assim veremos como Ele usará os nossos atos de bondade para remendar corações e vidas (EFÉSIOS 4:16).

MARVIN WILLIAMS

Quais talentos e habilidades Deus lhe deu? Como usá-los para ajudar pessoas necessitadas?

Querido Jesus, por favor, concede-me amor e compaixão para suprir as necessidades dos outros.

A BÍBLIA EM UM ANO: ISAÍAS 53–55; 2 TESSALONICENSES 1

19 DE OUTUBRO — MATEUS 6:25-34

PRIMEIRO DA LISTA

*Busquem, em primeiro lugar, o reino de
Deus e a sua justiça, e todas essas
coisas lhes serão dadas.* v.33

A manhã começou como uma competição de atletismo: praticamente, pulei da cama para cumprir as tarefas do dia! Levar as crianças para a escola: *Feito*. Ir trabalhar: *Feito*. Escrever a lista de "tarefas", onde os compromissos pessoais e profissionais misturavam-se numa ladainha feito avalanche: "...13.Editar o artigo. 14.Limpar o escritório. 15.Planejar estratégias para a equipe. 16.Escrever no *blog* sobre tecnologia. 17.Limpar o porão. 18.Orar". Cheguei no número 18 e me lembrei de que precisava de ajuda divina. Cheguei tão longe na lista e nem mesmo *percebi* que queria fazer tudo sozinho, tentando inventar o meu próprio ritmo.

Jesus sabia que em nossos dias haveria conflitos, um mar de urgências incessantes. Então Ele nos instrui: "Busquem, em primeiro lugar, o reino de Deus e a sua justiça, e todas essas coisas lhes serão dadas" (MATEUS 6:33).

É natural ouvir as palavras de Jesus como uma *ordem*. E elas são. Mas há algo mais aqui: é também *um convite*. Em Mateus 6, Jesus nos convida a trocar a inquietação do mundo (vv.25-32) por uma vida de confiança, dia após dia. Deus, por Sua graça, auxilia-nos em todos os nossos dias, mesmo quando chegamos ao número 18 em nossa lista de tarefas antes mesmo de nos lembrarmos de ver a vida sob a Sua perspectiva.

ADAM R. HOLZ

**Como colocar Deus em primeiro lugar em nossa lista?
O que o ajuda a confiar em Jesus
perante o estresse e inquietação diários?**

*Pai, sou grato por Teu convite
para eu deixar a ansiedade e aceitar
a provisão abundante que Tu me ofereces.*

A BÍBLIA EM UM ANO: ISAÍAS 56—58; 2 TESSALONICENSES 2

20 DE OUTUBRO   GÊNESIS 2:8-9; 3:16-19

NO JARDIM

*O Senhor Deus plantou um jardim no
Éden, [...] e ali colocou o homem que
havia criado.* 2:8

Meu pai amava estar ao ar livre com a criação de Deus, acampar, pescar e colecionar pedras. Ele gostava de trabalhar em seu quintal e jardim. Dava muito trabalho! Passava horas podando, capinando, plantando sementes e flores, arrancando ervas daninhas, cortando a grama e regando o jardim. Os resultados valiam a pena, gramado ajardinado, tomates saborosos e lindas rosas da paz. Todos os anos, ele podava as roseiras rentes ao solo, e elas cresciam, preenchendo os sentidos com fragrância e beleza.

Em Gênesis, lemos sobre o jardim do Éden, onde Adão e Eva viveram, prosperaram e caminharam com Deus. Ali, "Deus fez brotar do solo árvores de todas as espécies, árvores lindas que produziam frutos deliciosos" (GÊNESIS 2:9). Imagino que aquele jardim perfeito também tinha flores lindas e perfumadas, talvez até mesmo rosas sem os espinhos.

Após a rebelião de Adão e Eva contra Deus, eles foram expulsos do jardim e precisaram plantar e cuidar de seus próprios jardins, o que significava capinar terreno duro, lutar com espinhos e outros desafios (3:17-19,23-24). No entanto, Deus continuou a prover para eles (v.21), e o Senhor não deixou a humanidade sem a beleza da criação para nos atrair a Ele (ROMANOS 1:20). As flores no jardim nos lembram do contínuo amor de Deus e da promessa de uma nova criação — símbolos de esperança e conforto!   ALYSON KIEDA

A Sua criação o convidou
a louvar o Criador?

*Pai, obrigado pelos muitos lembretes
de Tua presença na criação
e pela beleza entre os espinhos.*

A BÍBLIA EM UM ANO: ISAÍAS 59–61; 2 TESSALONICENSES 3

21 DE OUTUBRO **JOÃO 1:1-14**

CRISTO, NOSSA VERDADEIRA LUZ

Jesus [...] disse: "Eu sou a luz do mundo. Se vocês me seguirem, não andarão no escuro"... 8:12

Era uma tarde de domingo e meu marido me disse: "Siga a luz!", enquanto tentávamos sair de um enorme hospital da cidade. Tínhamos visitado um amigo e, ao sair do elevador, não encontramos ninguém naquele final de tarde que pudesse nos indicar a saída. Vagando por corredores mal iluminados, finalmente encontramos um homem que ao perceber nossa confusão disse: "Os corredores parecem todos iguais, mas a saída é por este caminho". Com as instruções dele, encontramos as portas de saída, levando-nos, de fato, para a luz do sol.

Jesus convidou incrédulos perdidos e confusos a segui-lo para fora de sua escuridão espiritual: "Eu sou a luz do mundo. Se vocês me seguirem, não andarão no escuro, pois terão a luz da vida" (JOÃO 8:12). Em Sua luz, podemos ver pedras de tropeço, pecados e pontos cegos, permitindo que Ele remova essas trevas de nossa vida à medida que Ele ilumina Sua luz em nosso coração e em nosso caminho. Como a coluna de fogo que guiou os israelitas pelo deserto, a luz de Cristo nos traz a presença, a proteção e a orientação de Deus.

Como João explicou, Jesus é "a verdadeira luz" (1:9) e "a escuridão nunca conseguiu apagá-la" (v.5). Em vez de vagar pela vida, podemos buscá-lo e receber a Sua orientação enquanto Ele ilumina o caminho.

PATRICIA RAYBON

Quais áreas da sua vida precisam da luz purificadora de Cristo? Ao buscar a Sua luz, quais pedras de tropeço você deverá evitar?

Querido Jesus, neste mundo tenebroso, brilha a Tua verdadeira luz em meu coração e em meu caminho.

Leia mais sobre "a fé em Cristo", acesse: paodiario.org

A BÍBLIA EM UM ANO: ISAÍAS 62–64; 1 TIMÓTEO 1

22 DE OUTUBRO   🌿 **PROVÉRBIOS 27:8-12**

ANTEVENDO O PERIGO

O prudente antevê o perigo e toma precauções; o ingênuo avança às cegas e sofre as consequências. v.12

Em 1892, um residente de Hamburgo transmitiu acidentalmente a doença da cólera via rio Elbe para o abastecimento de água da Alemanha. Em semanas, dez mil cidadãos morreram. No entanto, 8 anos antes, o microbiologista Robert Koch tinha descoberto que a transmissão era pela água. As autoridades europeias investiram em filtragem para proteger a água, porém, as de Hamburgo não. Citando custos e duvidando da ciência, ignoraram os avisos enquanto seguiam em direção à catástrofe.

O livro de Provérbios tem muito a dizer sobre os que dentre nós veem problemas, e não agem. "O prudente antevê o perigo e toma precauções" (v.12). Quando Deus nos ajuda a ver o perigo à frente, é sensato agir com antecedência. Com sabedoria, mudamos de rumo ou nos preparamos com as precauções necessárias que Ele nos provê. Mas, fazemos *algo* a respeito, pois não agir é loucura. Todos nós podemos deixar de perceber sinais de alerta e nos inclinarmos para o desastre: "o ingênuo avança às cegas e sofre as consequências" (v.12).

Nas Escrituras e na vida de Jesus, Deus nos mostra o caminho a seguir e nos alerta sobre os problemas que enfrentaremos. Se formos tolos, seremos ludibriados, e precipitados diante do perigo. Em vez disso, à medida que Ele por Sua graça nos conduz, que possamos dar ouvidos a Sua sabedoria e mudar de rumo.

WINN COLLIER

**Você já recusou a sabedoria de Deus?
Como reagir às Suas advertências?**

*Querido Deus, por favor,
ajuda-me a ouvir-te e afastar-me do perigo.*

A BÍBLIA EM UM ANO: ISAÍAS 65–66; 1 TIMÓTEO 2

23 DE OUTUBRO   🍃 **SALMO 37:1-6**

★ *TÓPICO DE OUTUBRO: IDENTIDADE EM CRISTO*

SUBMETENDO-SE A DEUS

*Entregue seu caminho ao S*ENHOR*;*
confie nele, e ele o ajudará. v.5

Deus não ajuda aqueles que se autoajudam: Ele ajuda aqueles que confiam nele e dele dependem. Jonathan Roumie, o ator que interpreta Jesus na série *The Chosen* (O escolhido), baseada nos evangelhos, percebeu isso em 2018. Roumie já morava em Los Angeles por 8 anos, estava quase falido, tinha comida apenas para aquele dia e nenhum trabalho à vista. Sem saber como sobreviveria, o ator abriu o coração e entregou a sua carreira a Deus. Ele orou dizendo: 'Eu me rendo… me rendo!'". Mais tarde naquele dia, encontrou quatro cheques em sua caixa de correio, e, 3 meses depois, foi chamado para interpretar Jesus em *The Chosen*. Roumie descobriu que Deus ajudará àqueles que confiam nele.

Em vez de sentir inveja e nos preocuparmos com "os perversos" (SALMO 37:1), o salmista nos convida a entregar tudo a Deus. Quando centralizamos as nossas atividades diárias nele, confiamos no Senhor, fazemos o bem, buscamos a Sua alegria (vv.3-4), entregando-lhe os nossos desejos, problemas, ansiedades e os acontecimentos diários de nossa vida, Deus nos orientará e dará paz (vv.5-6). Como cristãos, é essencial que deixemos que Ele determine como a nossa vida deve ser.

Vamos nos render ao Senhor e confiar em Deus. Ao fazermos isso, Ele agirá e fará o que for necessário e melhor.   MARVIN WILLIAMS

**Quais partes de sua vida estão
fora do alcance de Deus nestes dias?
O que significa render-se a Ele hoje?**

*Querido Deus, ajuda-me a render-me a ti
livremente hoje e a experimentar Tua vida e paz.*

A BÍBLIA EM UM ANO: JEREMIAS 1–2; 1 TIMÓTEO 3

24 DE OUTUBRO — **2 CORÍNTIOS 4:16-18**

NÃO DESISTA

...nunca desistimos. Ainda que nosso exterior esteja morrendo, nosso interior está sendo renovado... v.16

Não lembro de minha mãe estar saudável. Diabética, por anos seu nível de açúcar no sangue era bastante irregular. Vieram as complicações e os rins precisavam de diálise permanente. A neuropatia e os ossos quebrados exigiram o uso de cadeira de rodas. A visão dela regrediu causando-lhe a cegueira.

Mas à medida que o seu corpo lhe faltava, a vida de oração de mamãe tornou-se mais intensa. Ela passava horas orando para outros conhecerem e experimentarem o amor de Deus. As palavras das Escrituras tornaram-se mais doces para ela. Antes de sua visão enfraquecer, ela escreveu uma carta para sua irmã com as palavras: "...nunca desistimos. Ainda que nosso exterior esteja morrendo, nosso interior está sendo renovado a cada dia" (2 CORÍNTIOS 4:16).

O apóstolo Paulo sabia como é fácil "desanimar" e ele descreve sua vida cheia de perigo, dor e privação (11:23-29). No entanto, ele considerava esses "problemas" temporários. E ele nos encorajou a pensar não apenas no que vemos, mas também no que não podemos ver: no que é *eterno* (4:17-18).

Apesar do que esteja acontecendo, nosso amoroso Deus continua a renovar o nosso interior todos os dias. Sua presença conosco é certa. Através da dádiva da oração, Ele está apenas a um fôlego de distância. Suas promessas de nos fortalecer, dar-nos esperança e alegria permanecem.

CINDY HESS KASPER

Algo o está desanimando? Quais Escrituras são encorajadoras para você?

*Precioso Pai, obrigado
por Teu fiel amor por mim
e pela certeza de Tua presença.*

A BÍBLIA EM UM ANO: JEREMIAS 3–5; 1 TIMÓTEO 4

25 DE OUTUBRO   🌿 **ROMANOS 10:8-13**

UMA PORTA PARA TODOS

*Pois "todo aquele que invocar o
nome do Senhor será salvo". v.13*

Os protocolos do restaurante na vizinhança em que cresci eram consistentes com a dinâmica social e racial do final dos anos 1950 e início dos anos 60, nos EUA. Os ajudantes de cozinha, a cozinheira Maria e os lavadores de pratos, como eu, eram negros. No entanto, os clientes eram brancos. Os clientes negros podiam comprar a comida, mas tinham que pegá-la na porta dos fundos. Tais políticas reforçavam o tratamento desigual naquela época. Embora tenhamos percorrido um longo caminho desde então, ainda temos espaço para crescer no relacionamento uns com os outros como pessoas feitas à imagem de Deus.

As Escrituras nos ajudam a ver que todos são bem-vindos na família de Deus: não há porta dos fundos. Todos entram da mesma maneira, por crer na morte de Jesus para purificação e perdão. A palavra bíblica para essa experiência transformadora é *salvo* (ROMANOS 10:8-9,13). Nem a sua classe social e status racial nem a dos outros entram nessa equação. "Como dizem as Escrituras: 'Quem confiar nele jamais será envergonhado'. Nesse sentido, não há diferença entre judeus e gentios, uma vez que ambos têm o mesmo Senhor, que abençoa generosamente todos que o invocam" (vv.11-12). Você crê na mensagem bíblica sobre Jesus? Bem-vindo à família!

ARTHUR JACKSON

**Quais evidências o fizeram crer na mensagem do perdão
por meio de Jesus? Você conhece alguém
que precisa ouvir as boas-novas sobre Cristo?**

*Pai, meu coração se alegra porque Tu amaste
tanto o mundo que enviaste Jesus.*

Saiba mais sobre "o perdão por meio de Jesus", acesse: universidadecrista.org

A BÍBLIA EM UM ANO: JEREMIAS 6–8; 1 TIMÓTEO 5

26 DE OUTUBRO ISAÍAS 61:1-4

BELEZA NAS CINZAS

*...o Senhor me ungiu [...] ele dará uma
bela coroa em vez de cinzas...* vv.1,3

Após um incêndio destruidor, um ministério cristão ofereceu ajuda às famílias para procurar itens valiosos nas cinzas. As pessoas listaram os objetos preciosos na esperança de que estivessem preservados. Pouco se salvou. Um homem falou com ternura sobre a aliança de casamento deixada sobre a cômoda em seu quarto. A casa não existia mais, tornara-se uma massa carbonizada e derretida numa única camada de detritos. Eles procuraram o anel naquele mesmo canto onde ficava o quarto, sem sucesso.

O profeta Isaías escreveu lamentando sobre a iminente destruição de Jerusalém, que ficaria arrasada. Da mesma forma, sentimos que há momentos em que a vida que construímos foi reduzida às cinzas, que não temos mais nada, emocional ou espiritualmente. Mas Isaías anuncia esperança: "Ele me enviou para consolar os de coração quebrantado [...] para dizer aos que choram que é chegado o tempo do favor do Senhor" (ISAÍAS 61:1-2). Deus converte nossa tragédia em glória: "dará uma bela coroa em vez de cinzas" (v.3), e promete: "Reconstruirão as antigas ruínas, restaurarão os lugares [...] destruídos" (v.4).

Naquele local do incêndio, uma mulher vasculhou as cinzas do lado oposto e, ainda no estojo, desenterrou a aliança de casamento. Em seu desespero, Deus alcança suas cinzas e salva a única coisa verdadeiramente preciosa: Você.

KENNETH PETERSEN

**Que experiência fez
você sentir que perdeu tudo?
Como Deus o salvou?**

*Querido Deus, por favor, transforma
as minhas cinzas em beleza.*

A BÍBLIA EM UM ANO: JEREMIAS 9–11; 1 TIMÓTEO 6

27 DE OUTUBRO   **2 CRÔNICAS 21:4-7, 16-20**

OS TRÊS REIS

*Seu povo não fez nenhuma fogueira
em sua homenagem, como havia
feito para seus antepassados.* v.19

No popular musical *Hamilton*, o rei inglês, George III, é humoristicamente apresentado como um vilão desvairado. No entanto, na nova biografia do rei, conta-se que ele não era o tirano descrito no musical ou na declaração da independência americana. Se fosse o déspota brutal que dizem que ele era, teria interrompido a busca pela independência dos EUA com medidas extremas. George foi contido por seu temperamento civilizado e bem-humorado. Será que ele morreu pesaroso? Teria o seu reinado tido mais sucesso caso tivesse sido mais duro com os súditos?

Não necessariamente. Na Bíblia, lemos sobre o rei Jeorão, que solidificou seu trono quando "matou todos os seus irmãos e outros líderes de Judá" (2 CRÔNICAS 21:4). Jeorão "era mau aos olhos do SENHOR" (v.6). Seu reinado cruel alienou seu povo, que não chorou pela morte horrível dele nem fez "fogueira em sua homenagem" (v.19).

Os historiadores podem debater se George era muito brando; sabemos que Jeorão certamente foi muito duro. Uma maneira melhor é a do Rei Jesus, que é "cheio de graça e de verdade" (JOÃO 1:14). As expectativas de Cristo são firmes (Ele exige a verdade), no entanto, Ele aceita aqueles que falham (e estende Sua graça). Jesus chama os que creem nele a seguir a Sua liderança. Então, por meio da direção de Seu Espírito Santo, Ele nos capacita.

MIKE WITTMER

**Você é líder? Como demonstrar
graça e verdade às pessoas as quais lidera?**

*Querido Jesus, sigo-te com o objetivo
de liderar outros à Tua presença.*

A BÍBLIA EM UM ANO: JEREMIAS 12–14; 2 TIMÓTEO 1

28 DE OUTUBRO • **1 PEDRO 2:4-10**

MAIS PRECIOSO QUE OURO

...[aproxime-se] de Cristo, a pedra viva.
[...] Deus o escolheu para lhe conceder
grande honra. v.4

Você já viu itens baratos em brechós, sonhando encontrar algo de valor? Isso aconteceu nos Estados Unidos, quando uma antiga tigela chinesa foi comprada por 35 dólares e vendida em um leilão, em 2021, por 700 mil dólares. A peça era do século 15, rara e historicamente significativa. Isso nos serve como lembrete de que só porque algumas pessoas pensam que algo não vale nada, não significa que aquilo não seja valioso.

Escrevendo aos cristãos espalhados pelo mundo de então, Pedro explicou que a fé que tinham em Jesus era a crença naquele que foi rejeitado pela cultura da época. Desprezado pela maioria dos líderes religiosos judeus e crucificado pelo governo romano, Cristo foi rejeitado por muitos porque não atendeu às suas expectativas e desejos. Embora outros tenham rejeitado o valor de Jesus, "Deus o escolheu para lhe conceder grande honra" (1 PEDRO 2:4). Seu valor para nós é infinitamente mais precioso do que ouro ou prata (1:18-19). E temos a garantia de que quem escolhe confiar em Jesus nunca se envergonhará de sua escolha (2:6).

Enquanto outros rejeitam o valor de Jesus, olhemos de outro modo. O Espírito pode nos ajudar a ver o dom imensurável de Cristo, que oferece a todas as pessoas o inestimável convite para tornar-se parte da família de Deus (v.10).

LISA SAMRA

Por que as pessoas esquecem
o valor real de Jesus? Como compartilhar
as bênçãos recebidas ao confiar nele?

Querido Jesus, sou grato por viver
uma vida de obediência e,
assim, fazer parte da Tua família.

A BÍBLIA EM UM ANO: JEREMIAS 15–17; 2 TIMÓTEO 2

29 DE OUTUBRO ● **SALMO 9:7-10**

VOCÊ PODE CONFIAR EM DEUS

Quem conhece teu nome
confia em ti... v.10

Quando meu gato Mickey teve infecção no olho, usou colírio diariamente. Assim que era colocado na bancada, ele se sentava, olhava-me com olhos assustados e se preparava para o colírio. "Bom menino", eu murmurava. Embora ele não entendesse o que eu fazia, ele nunca pulou, rosnou ou me arranhou. Em vez disso, buscava o conforto encostando-se em mim. Ele sabia em quem podia confiar.

Ao escrever o Salmo 9, Davi provavelmente já havia experimentado muito do amor e da fidelidade de Deus. Davi voltou-se para Deus buscando proteção contra os seus inimigos, e o Senhor agiu a seu favor (vv.3-6). Durante os momentos de necessidade de Davi, Deus não falhou com ele. Resultante disso, Davi soube como o Senhor era: poderoso e justo, amoroso e fiel. E portanto, Davi confiou em Deus, reconhecendo que Ele era confiável.

Cuidei do Mickey em suas várias doenças desde quando o encontrei como um gatinho miúdo e faminto na rua. Ele sabe que pode confiar em mim, mesmo quando faço coisas que ele não entende. De maneira semelhante, lembrarmo-nos da fidelidade de Deus para conosco e do Seu caráter nos ajuda a confiar nele quando não conseguimos entender o que o Senhor está fazendo. Que possamos continuar confiando em Deus nos momentos difíceis.

KAREN HUANG

Você se lembra de alguma situação difícil
em que Deus lhe mostrou Seu amor e fidelidade? O que você
aprendeu sobre o caráter de Deus? Isso o encoraja hoje?

Pai, Tu és sempre fiel, ajuda-me a confiar em ti.
Que os tempos difíceis me aproximem de ti.

A BÍBLIA EM UM ANO: JEREMIAS 18–19; 2 TIMÓTEO 3

30 DE OUTUBRO — ÊXODO 34:1-8

COMPAIXÃO NO CELULAR

*Javé! O Senhor! O Deus de compaixão e
misericórdia! Sou lento para me irar
e cheio de amor e fidelidade.* v.6

O entregador se atrasou? Use o celular e dê-lhe apenas uma estrela. A lojista foi grosseira? Escreva uma crítica negativa. Embora os celulares nos permitam fazer compras, manter contatos, eles também nos dão o poder de avaliar os outros. Isso pode ser um problema. Classificar uns aos outros é problemático, pois os julgamentos podem ser feitos sem contexto. O entregador é mal avaliado por atraso devido às circunstâncias fora do seu controle. A lojista recebe críticas quando passou a noite em claro com uma criança doente. Como evitar avaliar os outros de maneira injusta?

Imitando o caráter de Deus, que se descreve como : "Deus de compaixão e misericórdia", dizendo que Ele não julgará nossas falhas sem contexto; Ele é "lento para [se] irar", pois não nos criticaria após uma única experiência ruim; Ele é "cheio de amor", ou seja, Sua disciplina é para o nosso bem, não para vingança; e "[perdoa] o mal, a rebeldia e o pecado", significando que nossa vida não precisa ser definida por nossos piores dias (ÊXODO 34:6-7). O caráter de Deus nos serve de exemplo (MATEUS 6:33), podemos evitar a dureza com que os *smartphones* nos possibilitam agir, optando por reagir como Deus o faria.

Todos nós podemos avaliar os outros com severidade. Mas que o Espírito Santo nos capacite a agir com um pouco mais de compaixão.

SHERIDAN VOYSEY

**Como demonstrar compaixão pelos outros?
Que característica divina você precisa imitar?**

*Espírito Santo, cultiva o fruto
do caráter divino em mim,
especialmente quando estou on-line.*

A BÍBLIA EM UM ANO: JEREMIAS 20–21; 2 TIMÓTEO 4

31 DE OUTUBRO — **SALMO 61**

SOB TUAS ASAS

*Permite-me viver para sempre
em teu santuário, seguro sob
o abrigo de tuas asas!* v.4

Existem várias famílias de gansos canadenses com filhotes no lago próximo do nosso condomínio. Os pequeninos gansos são tão fofos que é difícil não os observar quando vou passear ou correr ao redor daquele lago. Mas aprendi a evitar o contato visual e a ficar longe dos gansos; caso contrário, corro o risco de um papai ganso protetor suspeitar que sou uma ameaça e me perseguir!

A imagem de um pássaro protegendo seus filhotes é uma daquelas que as Escrituras usam para descrever o amor protetor e terno de Deus por Seus filhos (SALMO 91:4). Davi parece ansiar por esse cuidado de Deus (SALMO 61). Ele havia experimentado o refúgio divino: "és meu refúgio e minha fortaleza" (61:3), mas em desespero clamava agora: "dos confins da terra", implorando que: "[o levasse] à rocha alta e segura" (v.2). Davi ansiava novamente por Deus, por estar "seguro sob o abrigo de tuas asas" (v.4).

Ao entregar a Deus sua dor e desejo de ser curado, Davi consolou-se em saber que o Senhor o ouviu (v.5). Por causa da fidelidade divina, ele sabia que "[cantaria] para sempre louvores" ao Senhor Deus (v.8).

Como o salmista, quando nos sentirmos distantes do amor de Deus, podemos correr aos Seus braços, para termos a certeza de que, mesmo em nossa dor, o Senhor está conosco, protegendo, amparando e cuidando-nos tão ferozmente quanto uma mãe pássaro protege os seus filhotes.

MONICA LA ROSE

**Encoraja-o lembrar-se
do cuidado protetor de Deus?
Você já o experimentou?**

*Pai, sou grato por Teu amor sempre ousado e protetor.
Ajuda-me a descansar seguro sob Teu cuidado.*

A BÍBLIA EM UM ANO: JEREMIAS 22–23; TITO 1

★ TÓPICO DE NOVEMBRO / **Adoração**

OS BENEFÍCIOS DA ADORAÇÃO

O Breve Catecismo de Westminster afirma: "O fim principal do homem é glorificar a Deus e alegrar-se nele para sempre". Glorificar a Deus — isso é adoração! Usufruir dele para sempre inclui a recompensa que abrange os seguintes benefícios:

Perdão. Os verdadeiros adoradores reconhecem a santidade de Deus e aceitam o Seu perdão (ROMANOS 5:1; 1 JOÃO 1:9). Eles são purificados por meio da adoração.

Orientação. Aos que honram o Senhor será concedida sabedoria, e receberão a Sua orientação dia após dia (SALMO 25:4-12; PROVÉRBIOS 1:7; 3:5-6).

Provisão. Jesus disse que Deus satisfará as nossas necessidades materiais se lhe dermos o primeiro lugar em nossa vida (MATEUS 6:33; SALMO 23; 37:3-6).

Amor. O amor de Deus é vivenciado no coração de todos os que são verdadeiros adoradores (SALMO 63:3; JOÃO 14:21, 23; ROMANOS 5:5).

Poder. A todos os que dão a Deus a glória que Ele merece, o Senhor dá a capacidade de realizar aquilo que exige deles (2 CORÍNTIOS 12:7-10; EFÉSIOS 3:14-21; FILIPENSES 4:13).

Proteção. Ele vela fielmente por todos os que o reconhecem e guarda-os em todas as circunstâncias transformadoras da vida (SALMO 5:11-12; 1 PEDRO 1:5).

Glória. Todos os verdadeiros adoradores serão, um dia, glorificados. Herdarão um novo céu e uma nova terra e se juntarão à companhia dos filhos de Deus e anjos, em adoração perfeita e ininterrupta (2 PEDRO 3:13; 1 JOÃO 3:2; APOCALIPSE 19:1-10).

Além deste artigo, o tema *Adoração*
é abordado nos devocionais dos dias **1**, **9**, **16** e **23** de **novembro**.

1º DE NOVEMBRO

LUCAS 14:25-33

★ *TÓPICO DE NOVEMBRO: ADORAÇÃO*

VALE A PENA SEGUIR JESUS

Da mesma forma, ninguém pode se tornar meu discípulo sem abrir mão de tudo que possui. v.33

Rute veio de uma família religiosa não-cristã que discutia sobre espiritualidade academicamente e disse: "Continuei orando, mas sem ouvir a Deus". A jovem começou a estudar a Bíblia e lenta, mas firmemente avançou em direção à fé em Jesus como o Messias. Rute descreve o momento decisivo: "Ouvi uma voz clara em meu coração dizendo: 'Você já ouviu o suficiente, já viu o suficiente. É hora de apenas crer'". No entanto, Rute enfrentou um problema: seu pai reagiu como se o vulcão Vesúvio tivesse entrado em erupção.

Quando Jesus andou na Terra, multidões o seguiram (LUCAS 14:25). Não sabemos exatamente o que eles procuravam, mas Jesus buscava por discípulos. E isso tem um custo. "Se alguém que me segue amar pai e mãe, esposa e filhos, irmãos e irmãs, e até mesmo a própria vida, mais que a mim, não pode ser meu discípulo", disse Jesus (v.26). Ele contou uma história sobre a construção de uma torre: "Quem começa a construir [...] sem antes calcular o custo...?" (v.28). O ponto de Jesus não era que devemos literalmente odiar a família; ao contrário, devemos escolhê-lo acima de tudo. Ele disse: "ninguém pode se tornar meu discípulo sem abrir mão de tudo que possui" (v.33).

Rute ama profundamente a sua família, mas conclui: "Seja qual for o custo, vale a pena". O que você precisa renunciar para seguir a Jesus?

TIM GUSTAFSON

Em que momento você compreendeu que Jesus é real? O que lhe custou segui-lo?

Pai, por favor, ajuda-me a escolher Teu Filho acima de tudo que este mundo tem a oferecer.

A BÍBLIA EM UM ANO: JEREMIAS 24–26; TITO 2

2 DE NOVEMBRO — **1 TESSALONICENSES 4:13-18**

ESPERANÇA NO SOFRIMENTO

...que não se entristeçam como aqueles que não têm esperança. v.13

Luísa era alegre e brincalhona e trazia sorrisos a todos que encontrava. Sua morte trágica e repentina aos 5 anos, devido a uma doença rara, foi um choque para seus pais e para todos nós que trabalhamos com eles. Juntos, todos nós nos entristecemos.

No entanto, os pais encontraram forças para continuar. Ao lhes perguntar como estavam, a mãe disse que eles tiravam forças lembrando-se de que a filha estava nos braços amorosos de Jesus: "Encontramos alegria em saber que ela está nos braços do Pai eterno. Pela graça e força de Deus, podemos lidar com o sofrimento e, com esperança, prosseguir no que Ele nos confiou para fazer".

O conforto para Day Day, mãe de Luísa, vem de sua confiança no amor de Deus que se revelou por meio de Jesus. A esperança bíblica é muito mais do que simples otimismo; é a certeza baseada na promessa de Deus, a qual Ele jamais quebrará. Em nossa tristeza, podemos nos apegar a essa poderosa verdade, da mesma maneira que Paulo encorajou aqueles que lamentavam a morte de amigos: "Porque cremos que Jesus morreu e foi ressuscitado, também cremos que Deus trará de volta à vida, com Jesus, todos os que morreram" (1 TESSALONICENSES 4:14). Que a certeza nessa esperança nos dê força e consolo hoje, mesmo durante o sofrimento.

LESLIE KOH

Como podemos nos fortalecer com as promessas de Deus? Você pode consolar alguém que esteja sofrendo por causa de um ente querido ou amigo?

Pai, obrigado por Tua esperança e conforto. Fortalece-me e encoraja-me a compartilhar o Teu amor.

Saiba mais sobre "como lidar com o luto e o sofrimento", acesse: paodiario.org

A BÍBLIA EM UM ANO: JEREMIAS 27–29; TITO 3

3 DE NOVEMBRO · **MATEUS 5:14-16**

REFLETINDO A LUZ DO FILHO

Vocês são a luz
do mundo... v.14

Depois que tive um conflito com a minha mãe, ela finalmente concordou em me encontrar a mais de uma hora de distância de minha casa. Mas quando cheguei lá, descobri que ela havia saído antes que eu chegasse. Na minha raiva, escrevi uma mensagem para ela. Mas a revisei depois que senti Deus me cutucando para que eu respondesse com mais amor. Depois que minha mãe leu minha mensagem revisada, ela me ligou. "Você mudou," ela disse. Deus usou minha mensagem para permitir que minha mãe me perguntasse sobre Jesus e, eventualmente, ela o recebeu como seu Salvador.

Em Mateus 5, Jesus afirma que os Seus discípulos são a luz do mundo (v.14), e diz também: "Da mesma forma, suas boas obras devem brilhar, para que todos as vejam e louvem seu Pai, que está no céu" (v.16). Assim que recebemos a Cristo como nosso Salvador, recebemos o poder do Espírito Santo. Ele nos transforma para que sejamos testemunhas que refletem alegremente a verdade e o amor de Deus por onde quer que formos.

Por intermédio do poder do Espírito Santo, podemos ser alegres luzes de esperança e paz que se parecem mais com Jesus dia a dia. Cada coisa boa que fazemos torna-se um ato de grato louvor, que atrai os outros e pode ser visto como exemplo de fé vibrante. Rendidos ao Espírito Santo, podemos honrar o Pai refletindo a Luz do Filho — Jesus.

XOCHITL DIXON

> **Você já observou a luz de Jesus**
> **brilhando por intermédio**
> **de outra pessoa?**
>
> *Jesus, brilha a Tua luz de amor*
> *em minha vida para que*
> *eu honre o Pai e encoraje outros.*

A BÍBLIA EM UM ANO: JEREMIAS 30–31; FILEMOM

4 DE NOVEMBRO SALMO 40:1-4

RESGATE DIVINO

Tirou-me de um poço de desespero,
[...]. Pôs meus pés sobre uma rocha
e firmou meus passos. v.2

Um voluntário foi chamado de "anjo da guarda" por seus esforços heroicos. Jake Manna instalava painéis solares quando se juntou a uma busca urgente atrás de uma menina de 5 anos que desaparecera. Enquanto os vizinhos vasculhavam garagens e quintais, ele seguiu um caminho que o levou a uma área arborizada, onde avistou a garota presa até a cintura num pântano. Manna entrou na lama pegajosa para salvá-la do perigo e a trouxe enlameada, mas sem ferimentos, à sua mãe agradecida.

Como aquela garotinha, Davi também experimentou libertação. O cantor esperava "com paciência" que Deus respondesse aos seus clamores por misericórdia (SALMO 40:1). E Deus o ouviu, inclinou-se, prestou atenção ao seu pedido de ajuda e respondeu resgatando-o do "atoleiro de lama" de suas circunstâncias (v.2), dando a Davi uma base segura para viver. Os resgates anteriores dos pântanos da vida reforçaram o desejo de Davi de entoar louvores, confiar em Deus e compartilhar sua história com os outros (vv.3-4).

Quando enfrentarmos os desafios da vida como: dificuldades financeiras, problemas no casamento e sentimentos de inadequação, clamemos a Deus e esperemos pacientemente que Ele nos responda (v.1). Ele está lá, pronto para nos ajudar em nossos momentos de necessidade e nos prover um lugar seguro para nos firmarmos.

MARVIN WILLIAMS

Deus já o livrou de um "pântano lamacento"?
Os Seus resgates anteriores o encorajam?

Amoroso Deus, quando eu
enfrentar as provações, esperarei
pacientemente por Teu socorro.

A BÍBLIA EM UM ANO: JEREMIAS 32–33; HEBREUS 1

5 DE NOVEMBRO — 1 JOÃO 3:1-3

BEM-VINDO À CASA DE DEUS

Vejam como é grande o amor do Pai
por nós, pois ele nos chama de filhos,
o que de fato somos! v.1

Depois que Sherman Smith recrutou Deland McCullough para jogar futebol americano na universidade, ele acabou tornando-se o pai que McCullough nunca teve. O rapaz tinha grande admiração por seu treinador e desejava ser como ele. Décadas depois, quando McCullough rastreou sua mãe biológica, ela lhe deu a notícia: "O nome do seu pai é Sherman Smith". Sim, a *mesma* pessoa. O treinador ficou surpreso ao saber que tinha um filho, e McCullough surpreendeu-se ao saber que essa figura paterna era literalmente seu pai!

Ao se encontrarem, abraçaram-se e Smith disse: "Meu filho". McCullough nunca tinha ouvido isso antes, mas sabia que Smith "dizia isto com orgulho: 'Este é meu filho'", e encantou-se com a situação.

Nós também devemos nos maravilhar pelo amor perfeito de nosso Pai celestial. João escreveu: "Vejam como é grande o amor do Pai por nós, pois ele nos chama de filhos, o que de fato somos!" (1 JOÃO 3:1). Estamos tão perplexos quanto o jogador, que nunca pensou que alguém como seu treinador poderia ser seu pai. É verdade? João insiste: sim, "o que de fato somos!" (v.1).

Se você crê em Jesus, o Pai dele também é seu Pai. Você pode se sentir órfão, sozinho no mundo, mas a verdade é que você tem um Pai, o Único perfeito, e Ele tem orgulho de o chamar de filho Seu.

MIKE WITTMER

O que significa para você ter sido escolhido
para ser filho de Deus? A quem
você pode demonstrar amor como mentor?

Obrigado, Deus, por seres meu Pai. Ajuda-me a viver
como um filho que pertence a Tua família.

A BÍBLIA EM UM ANO: JEREMIAS 34–36; HEBREUS 2

6 DE NOVEMBRO ● GÁLATAS 6:2-10

PERSISTÊNCIA E PIZZAS

Portanto, não nos cansemos
de fazer o bem... v.9

Ibrahim chegou da África à Itália como imigrante aos 12 anos e sem saber uma palavra de italiano. Ele lutou contra a gagueira e enfrentou a rejeição aos imigrantes. Nada o impediu de abrir uma pizzaria em Trento quando era um jovem de 20 anos. Seu pequeno negócio conquistou céticos e está listado entre as melhores 50 pizzarias do mundo.

Sua esperança era ajudar a alimentar as crianças famintas nas ruas italianas. Ele lançou a "pizza de caridade" expandindo a tradição de comprar um café extra para os necessitados, para a compra de uma pizza extra. Incentiva as crianças imigrantes a superarem o preconceito e a não desistirem.

Essa persistência lembra as lições de Paulo sobre fazer o bem a todos. "...não nos cansemos de fazer o bem. No momento certo, teremos uma colheita de bênçãos..." (GÁLATAS 6:9). Paulo continuou: "Por isso, sempre que tivermos oportunidade, façamos o bem a todos, especialmente aos da família da fé" (v.10).

Ibrahim, um imigrante que enfrentou preconceitos e barreiras linguísticas, criou uma oportunidade de fazer o bem. A comida tornou-se "uma ponte" que conduz à tolerância e à compreensão. Inspirados por tal persistência, nós também podemos buscar oportunidades para praticar o bem. Deus, então, recebe a glória enquanto Ele age por meio de nossas contínuas tentativas.   *PATRICIA RAYBON*

A sua persistência glorifica a Deus?
É possível ser mais piedoso,
caridoso e amoroso?

Querido Deus, inspira-me
a perseverar em ti
quando eu pensar em desistir.

A BÍBLIA EM UM ANO: JEREMIAS 37–39; HEBREUS 3

7 DE NOVEMBRO GÊNESIS 3:1-10

DESTRUIÇÃO CONSUMADA

Então o SENHOR Deus chamou o homem e perguntou: "Onde você está?" v.9

"Os passarinhos voarão amanhã!", dizia minha esposa, Cari, feliz com o progresso que os pardais faziam num cesto pendurado em nossa varanda. Ela os observava todo dia, tirando fotos enquanto a mãe trazia comida para o ninho. Cari levantou-se cedo no dia seguinte para vê-los, afastou um pouco a folhagem que cobria o ninho, mas em vez de ver filhotes de pássaros, viu os olhos de uma serpente que escalou a parede, deslizou para dentro do ninho e devorou todos eles. Ela estava com o coração partido e com raiva e eu fora da cidade, daí chamou uma amiga para retirarem juntas a cobra. Mas o dano estava feito.

As Escrituras falam de outra serpente que causou destruição em seu caminho. A serpente no jardim do Éden enganou Eva sobre o fruto que Deus a advertira para não comer: "É claro que vocês não morrerão!", mentiu a serpente, "Deus sabe que, no momento em que comerem do fruto, seus olhos se abrirão e, como Deus, conhecerão o bem e o mal" (GÊNESIS 3:4-5).

O pecado e a morte entraram no mundo como resultado da desobediência de Adão e Eva a Deus, e o engano causado pela "antiga serpente, que é o diabo" continua (APOCALIPSE 20:2). Mas Jesus veio "para destruir as obras do diabo" (1 JOÃO 3:8); e, por meio dele, fomos restaurados para termos relacionamento com Deus. Um dia, Ele fará "novas todas as coisas" (APOCALIPSE 21:5). JAMES BANKS

Jesus já destruiu a obra do diabo em seu coração e vida?

Jesus, por favor, livra-me do engano do diabo. Deus Salvador, dá-me a graça de viver para ti!

A BÍBLIA EM UM ANO: JEREMIAS 40–42; HEBREUS 4

8 DE NOVEMBRO   🕮 **JOÃO 10:1-10**

CONHEÇA A VOZ DO BOM PASTOR

*Depois de reuni-las, vai adiante
delas, e elas o seguem porque
conhecem sua voz.* v.4

Quando menino, morei numa fazenda e passava tardes gloriosas vagando com meu melhor amigo. Caminhávamos pela floresta, andávamos de pônei, visitávamos a arena de rodeios e nos aventurávamos no celeiro para ver os vaqueiros trabalharem. Mas sempre que eu ouvia o apito do meu pai, aquele som claro cortando o vento e todo o barulho, imediatamente eu largava tudo o que estava fazendo e voltava para casa. O sinal era inconfundível e eu sabia que meu pai estava me chamando. Décadas depois, eu ainda reconheceria aquele apito.

Jesus disse aos Seus discípulos que Ele era o Pastor e Seus seguidores eram as ovelhas: "as ovelhas reconhecem sua voz". Jesus continua: "Ele chama suas ovelhas pelo nome e as conduz para fora" (JOÃO 10:3). Numa época em que numerosos líderes e mestres procuravam confundir os discípulos de Cristo, reafirmando sua autoridade, Jesus declarou que a Sua voz amorosa podia ser ouvida claramente, mais distinta do que todas as outras: As ovelhas "o seguem porque conhecem sua voz" (v.4).

Sejamos cuidadosos ao ouvir a voz de Jesus e evitemos ignorá-la, pois a verdade fundamental permanece: o Bom Pastor fala claramente e Suas ovelhas ouvem Sua voz. Talvez por meio de um versículo das Escrituras, das palavras de um amigo cristão ou do toque do Espírito: Jesus fala e nós o ouvimos. *WINN COLLIER*

**Você acha complicado ouvir a voz de Deus?
O que o Bom Pastor está dizendo para você hoje?**

*Pai, lembra-me de que Tu falas
e de que eu te ouço. Ajuda-me a prestar atenção,
a ouvir-te e responder-te.*

A BÍBLIA EM UM ANO: JEREMIAS 43–45; HEBREUS 5

9 DE NOVEMBRO ❦ **2 CRÔNICAS 20:15-22**

★ *TÓPICO DE NOVEMBRO: ADORAÇÃO*

A GRANDE VITÓRIA DE JESUS

No momento em que começaram a cantar e louvar, o SENHOR trouxe confusão sobre os exércitos... v.22

Durante a Segunda Guerra Mundial, alguns pianos foram lançados de avião a fim de suprir as saudades que os soldados europeus sentiam de suas casas. Os pianos foram fabricados contendo 10% da quantidade normal de metal, com cola especial resistente à água e tratamentos anti-insetos. Eram instrumentos robustos e simples, mas forneciam entretenimento para os soldados, que se reuniam e cantavam canções familiares longe de seus lares.

Cantar, especialmente canções de louvor, é uma das maneiras pelas quais os cristãos podem encontrar paz na batalha. O rei Josafá descobriu isso ao enfrentar vastos exércitos invasores (2 CRÔNICAS 20). Aterrorizado, o rei convocou todo o povo para orar e jejuar (vv.3-4). Em resposta, Deus lhe disse para liderar os soldados para enfrentarem o inimigo, prometendo que eles "não [teriam] de lutar" (v.17). Josafá creu em Deus e agiu com fé. Ele designou cantores para irem à frente dos soldados e cantarem louvores a Deus pela vitória que eles acreditavam que veriam (v.21). E quando a música deles começou, o Senhor milagrosamente derrotou seus inimigos e salvou Seu povo (v.22).

A vitória nem sempre vem quando ou como queremos. Mas sempre podemos proclamar a vitória suprema de Jesus sobre o pecado e a morte que já foi conquistada para nós. Podemos escolher descansar em espírito de louvor mesmo em meio a uma zona de guerra.

KAREN PIMPO

Você louva a Deus onde Ele o colocou?

Querido Deus, Tu és mais forte que meus inimigos. Elevo o Teu nome com fé hoje.

A BÍBLIA EM UM ANO: JEREMIAS 46–47; HEBREUS 6

10 DE NOVEMBRO LUCAS 6:27-31

AMAR POR MEIO DA ORAÇÃO

*Abençoem quem os amaldiçoa, orem
por quem os maltrata.* v.28

Durante anos, João foi alguém desagradável na igreja: mal-humorado, exigente e muitas vezes rude. Ele reclamava constantemente de não ser "bem servido" e de voluntários e funcionários não fazerem o seu trabalho. Era complicado amá-lo. Quando soube que ele foi diagnosticado com câncer, achei difícil orar por ele. Memórias de suas palavras duras e caráter desagradável me vieram à mente. Entretanto, lembrando-me do amor de Jesus, comecei a orar por João todos os dias. Alguns dias depois, pensei com menos frequência sobre suas qualidades desagradáveis. *Ele deve estar sofrendo muito*, pensei. *Talvez esteja se sentindo realmente perdido agora.*

A oração, percebo, abre a nós mesmos, nossos sentimentos e relacionamentos com os outros para Deus, permitindo que Ele entre e traga Sua perspectiva para tudo. O ato de submeter nossa vontade e sentimentos ao Senhor em oração permite que o Espírito Santo transforme o nosso coração, lenta, mas seguramente. Não é de admirar que o chamado de Jesus para amar nossos inimigos esteja intimamente ligado a um convite à oração: "abençoem quem os amaldiçoa, orem por quem os maltrata" (LUCAS 6:28).

Tenho que admitir, ainda luto para pensar bem de João. Mas, com a ajuda do Espírito, estou aprendendo a vê-lo com os olhos e o coração de Deus, como uma pessoa a ser perdoada e amada.

LESLIE KOH

**Por que é importante orar até mesmo
pelas pessoas "difíceis" em sua vida?**

*Pai, Tu sabes o que sinto em relação aos que me feriram.
Dá-me graça e compaixão para orar por eles.*

Leia sobre como "aprofundar a sua vida de oração", acesse: paodiario.org

---

A BÍBLIA EM UM ANO: JEREMIAS 48–49; HEBREUS 7

11 DE NOVEMBRO 🌿 **1 SAMUEL 4:1-11**

BOTAS DA SORTE

Eu sou o Senhor; este é meu nome!
Não darei minha glória a ninguém...
ISAÍAS 42:8

Tomás ouviu o "clique" arrepiante sob suas botas de combate e saltou instintivamente movido à adrenalina. O dispositivo mortal escondido no subsolo não detonou. Mais tarde, uma equipe da artilharia desenterrou 30 quilos de explosivos do local. Tomás usou aquelas botas até que se desfizessem e dizia que eram as suas "botas da sorte". Talvez Tomás se apegou àquelas botas por lembrarem-no do seu escape por muito pouco. Muitas vezes, as pessoas consideram algum objeto como "de sorte" ou até mesmo "de abençoado". O perigo surge quando creditamos a um objeto ou símbolo que isso seja fonte da bênção de Deus.

Os israelitas aprenderam isso da maneira mais difícil. O exército filisteu os derrotou em batalha. Enquanto Israel revisava o fracasso, alguém pensou em levar a "arca da aliança do Senhor" para uma revanche (1 SAMUEL 4:3). Parecia uma boa ideia (vv.6-9). Afinal, a arca da aliança era um objeto sagrado. Mas os israelitas tinham a perspectiva errada. Por si só, a arca não poderia lhes trazer nada. Colocando sua fé em um objeto em vez de na presença do único Deus verdadeiro, os israelitas sofreram uma derrota ainda pior, e o inimigo capturou a arca (vv.10-11).

As recordações que nos lembram de orar e agradecer a Deus por Sua bondade são boas, mas jamais são a fonte de bênçãos. Deus é a fonte! Deus — somente Ele.

TIM GUSTAFSON

Ao se deparar com uma crise, você se apega à direção de Deus?

Pai amoroso, perdoa-me quando deixo
de depositar minha fé somente no Senhor.

A BÍBLIA EM UM ANO: JEREMIAS 50; HEBREUS 8

12 DE NOVEMBRO **MATEUS 9:18-22**

APEGAR-SE A JESUS

...pois pensava: "Se eu apenas tocar em seu manto, serei curada". v.21

Tive tontura na escada do prédio do escritório e agarrei o corrimão porque a escada parecia girar. Enquanto meu coração batia forte e minhas pernas fraquejavam, agarrei-me ao corrimão, grata por poder me amparar. Os exames médicos apontaram anemia. Embora a situação não fosse grave e logo foi resolvida, nunca esquecerei como me senti fraca naquele dia.

É por isso que admiro a mulher que tocou em Jesus. Ela não apenas se moveu no meio da multidão naquele estado de fraqueza, mas também demonstrou fé e ousadia para se aproximar dele (MATEUS 9:20-22). Ela tinha boas razões para ter medo: a lei judaica a definia como impura e, ao expor outras pessoas à sua impureza, ela enfrentaria sérias consequências (LEVÍTICO 15:25-27). Mas seu pensamento *"Se eu apenas tocar em Seu manto"* a fez seguir. A palavra grega traduzida como "tocar", em Mateus 9:21, não significa apenas tocar, quer também dizer "agarrar-se" ou "apegar-se". A mulher agarrou-se firmemente a Jesus, pois creu que Ele poderia curá-la.

Jesus viu, no meio de uma multidão, a fé desesperada de uma mulher. Quando nós somos ousados na fé e nos apegamos a Cristo em meio às nossas necessidades, Ele nos acolhe e vem em nosso auxílio. Podemos contar-lhe a nossa história sem medo de rejeição ou punição. Hoje, Jesus nos diz: "Apegue-se a mim".

KAREN HUANG

O que lhe causou sofrimento e medo? A quem você recorreu? Como apegar-se a Jesus ainda hoje?

Pai, sou grato por Teu amor. Não sinto vergonha e medo. Tu me aceitas e me chamas de Teu filho.

A BÍBLIA EM UM ANO: JEREMIAS 51–52; HEBREUS 9

13 DE NOVEMBRO   2 REIS 20:1-7

A CARTA E O JOGADOR

Quando Ezequias ouviu isso, virou o rosto
para a parede e orou ao SENHOR. v.2

A recém-viúva ficou preocupada. Para receber uma apólice de seguros, ela precisava de informações sobre o acidente que tirara a vida de seu marido. Ela havia falado com um policial que disse que a ajudaria, mas ela perdera o cartão de visita dele. Então, ela orou, implorando a ajuda de Deus. Pouco depois, em sua igreja, passando por uma janela, viu um cartão no parapeito. Era o mesmo que havia perdido. Ela não entendeu como isso acontecera, mas sabia o *porquê*.

Ela levava a oração a sério. E por que não? As Escrituras dizem que Deus ouve os nossos pedidos. "Os olhos do Senhor estão sobre os justos, e seus ouvidos, abertos para suas orações" (1 PEDRO 3:12).

A Bíblia nos dá exemplos de como Deus respondeu à oração. Um deles é Ezequias, o rei de Judá, que adoeceu e até mesmo recebeu uma mensagem do profeta Isaías, dizendo que ele morreria. O rei sabia o que fazer: "orou ao SENHOR" (2 REIS 20:2). Imediatamente, Deus disse a Isaías para dar ao rei a Sua mensagem: "Ouvi sua oração" (v.5). Ezequias recebeu mais 15 anos de vida.

Deus nem sempre responde às orações com coisas como um cartão no peitoril da janela, mas Ele nos assegura de que, quando surgem situações difíceis, não as enfrentamos sozinhos. Deus nos vê e está conosco, atento às nossas orações.

DAVE BRANON

O que mais o preocupa? Como entregar
as suas preocupações a Deus,
pedindo Sua orientação e ajuda?

Pai, sou grato por estares comigo
e por ouvires minhas orações.

Leia mais sobre o tema "oração", acesse: paodiario.org

LAMENTAÇÕES 1–2; HEBREUS 10:1-18

14 DE NOVEMBRO **JEREMIAS 31:27-34**

PECADOS NÃO MAIS LEMBRADOS

E eu perdoarei sua maldade e nunca mais me lembrarei de seus pecados. v.34

Senti que estava deslizando, mas não vi o gelo, enquanto dirigia a camionete do meu avô a parte traseira derrapou. Uma guinada, duas, três: e eu no ar, voei de uma encosta de 5 metros. Lembro-me de pensar: *Seria emocionante, se eu não fosse morrer*. Um momento depois, a camionete bateu na encosta íngreme e rodopiou até o chão. Eu rastejei ileso para fora do automóvel amassado. O veículo foi totalmente destruído naquela manhã de dezembro de 1992. Deus tinha me poupado. E o meu avô? O que *ele* diria? Na verdade, ele nunca disse uma única palavra sobre o veículo. Nenhuma. Não houve repreensão, nenhum plano de reembolso, nada. Apenas perdão. E o sorriso de um avô por ver que eu estava bem.

A atitude dele me relembra da graça de Deus. Apesar das tremendas falhas do povo de Deus, o Senhor promete restaurar o relacionamento com eles, dizendo: "...perdoarei sua maldade e não me lembrarei mais de seus pecados" (JEREMIAS 31:34).

Tenho certeza de que meu avô nunca *esqueceu* que eu bati sua camionete. Mas ele agiu exatamente como Deus faz aqui, não *lembrando* disso, não me envergonhando, não me fazendo trabalhar para pagar a dívida que, por direito, era minha. Assim como Deus diz que fará, meu avô escolheu não se lembrar mais disso, como se a coisa destrutiva que fiz nunca tivesse acontecido.

ADAM R. HOLZ

Como o perdão de Deus afeta a forma como você vê suas falhas? Como podemos demonstrar graça aos outros?

Pai, sou grato por Teu perdão. Ajuda-me a lembrar que, em Cristo, Tu esqueces o meu pecado.

Saiba mais sobre "a importância de perdoar os outros", acesse: paodiario.org

A BÍBLIA EM UM ANO: LAMENTAÇÕES 3–5; HEBREUS 10:19-39

15 DE NOVEMBRO — LUCAS 10:38-42

TUDO O QUE PRECISAMOS

*Marta, você se preocupa e se inquieta
com todos esses detalhes. Apenas
uma coisa é necessária...* vv.41-42

Certo fim de semana, conduzi um retiro com o tema de Maria e Marta, irmãs de Lázaro, de Betânia, os quais Jesus amava (JOÃO 11:5). Estávamos num local remoto ao longo da costa. Nevou inesperadamente e muitos participantes comentaram sobre como aquele dia extra juntos significava poder praticar o ato de sentar-se aos pés de Cristo, como Maria o fez. Eles queriam buscar "Apenas uma coisa [...] necessária" (LUCAS 10:42), a mesma que Jesus orientou com amor a Marta — escolher se aproximar e aprender dele.

Quando Jesus visitou a casa de Marta, Maria e Lázaro, Marta não sabia com antecedência sobre a Sua vinda, então podemos entender a chateação dela com Maria por esta não ajudar nos preparativos para alimentar o Senhor e os Seus discípulos. Mas Marta perdeu de vista o que realmente importava, que era receber Jesus enquanto aprendia com Ele. Cristo não a repreendeu por querer servi-lo, mas sim a lembrou de que ela estava perdendo o que era mais importante.

Quando as interrupções nos irritam ou nos sentimos sobrecarregados com as muitas coisas que queremos realizar, podemos parar e nos lembrar do que realmente importa na vida. À medida que desaceleramos, imaginando-nos sentados aos pés de Jesus, podemos pedir-lhe que nos encha com Seu amor e vida. Podemos nos deleitar em sermos discípulos amados.

AMY BOUCHER PYE

**Que distrações o impedem de usufruir
da presença de Jesus e de sentar-se aos Seus pés?**

*Jesus, sou grato por saber que gostas de me ensinar.
Ajuda-me a não me distrair e sempre te servir.*

A BÍBLIA EM UM ANO: EZEQUIEL 1–2; HEBREUS 11:1–19

16 DE NOVEMBRO   🌿 **SALMO 66:5-12, 16-20**

★ *TÓPICO DE NOVEMBRO: ADORAÇÃO*

FALE SOBRE A BONDADE DE DEUS

Venham e ouçam, todos vocês que temem a Deus, e eu lhes contarei o que ele fez por mim. v.16

Temos um momento do culto em nossa igreja em que damos nossos testemunhos e as pessoas compartilham como Deus tem agido na vida delas. Certa irmã era conhecida por louvar muito em seus testemunhos. Nas ocasiões em que ela compartilhava sua história de conversão, sabíamos que ela ocuparia boa parte do culto. Seu coração transbordava de louvores a Deus, que com Sua graça mudara a vida dela!

Da mesma forma, o testemunho do escritor do Salmo 66 está repleto de louvor à medida que ele testifica sobre o que Deus fez por Seu povo. "Venham e vejam as obras de Deus! Que feitos notáveis ele realiza em favor das pessoas!" (v.5). Seus feitos incluíram resgate milagroso (v.6), preservação (v.9), provações e disciplina que fizeram Seu povo ser levado a um lugar melhor (vv.10-12). Embora tenhamos experiências divinas em comum com outros cristãos, também temos experiências singulares em nossa jornada individual. Em sua vida, houve momentos em que Deus apresentou-se de modo único a você? São experiências que valem a pena ser compartilhadas com pessoas que precisam ouvir sobre como Ele agiu em sua vida. "Venham e ouçam, todos vocês que temem a Deus, e eu lhes contarei o que ele fez por mim" (v.16).

ARTHUR JACKSON

O que você pode testemunhar sobre a bondade divina em sua vida? De que maneira você sentiu-se inspirado a confiar mais em Deus ao ouvir o testemunho de outras pessoas?

Pai, regozijo-me nas diversas formas que demonstras a Tua bondade. Ajuda-me a compartilhá-la.

A BÍBLIA EM UM ANO: EZEQUIEL 3–4; HEBREUS 11:20-40

17 DE NOVEMBRO **EFÉSIOS 1:3-14**

A AVENTURA

...em Cristo nós nos tornamos herdeiros [...]. O propósito [...] era que [...] louvássemos a Deus... vv.11-12

Certa jovem me disse: "Cristianismo não é para mim. É chato. Um dos meus valores é viver aventuras. Isso é viver". Entristeci-me ao saber que ela ainda não descobrira a alegria e o entusiasmo que nos acompanha ao escolhermos seguir Jesus, uma aventura sem igual. Com entusiasmo, falei-lhe sobre Jesus e como encontramos a verdadeira vida apenas nele.

As palavras são simplesmente inadequadas para descrever a aventura de conhecer e caminhar com Jesus, o Filho de Deus. O apóstolo Paulo nos oferece um pequeno, mas poderoso vislumbre sobre o que significa viver com Ele. Deus nos concede bênçãos espirituais diretamente do Céu (EFÉSIOS 1:3), "para sermos santos e sem culpa diante dele" (EFÉSIOS 1:4) e adoção "como filhos por meio de Jesus Cristo" em Sua família real (v.5). Ele nos abençoa com o generoso dom de Seu perdão e graça (vv.7-8), dá-nos compreensão do mistério de Sua vontade (v.9) e um novo propósito de viver para que louvemos a Deus e lhe demos glória (v.12). O Espírito Santo vem habitar em nós para nos capacitar e guiar (v.13), e Ele garante a eternidade na presença de Deus para sempre (v.14).

Quando Jesus Cristo entra em nossa vida, descobrimos que o conhecer e segui-lo mais de perto é a maior das aventuras. Busque-o agora e todos os dias para viver verdadeiramente. ANNE CETAS

Como descrever alguém que conhece e caminha com Jesus? Com quem Deus deseja que você compartilhe isso?

Jesus, deste-me mais do que imaginei, sei que me amas, caminhas comigo. Compartilharei o Teu amor.

18 DE NOVEMBRO GÊNESIS 4:1-12

AMOR QUE CONFRONTA

"Por que você está tão furioso?", o Senhor perguntou a Caim... v.6

Ele era uma boa pessoa em muitos aspectos, mas todos viam a dificuldade dele em lidar com a raiva. Como ele era eficiente e cumpria bem o seu papel, a ira dele nunca foi confrontada, nem tratada adequadamente. Com o tempo, isso feriu muitas pessoas e finalmente antecipou o fim de uma carreira que poderia ter sido muito melhor para esse irmão em Cristo, se ao menos eu tivesse escolhido confrontá-lo com amor anos antes.

Deus nos provê a maneira perfeita sobre como confrontarmos o pecado de alguém com amor. Caim enfureceu-se e, sendo agricultor, ele "apresentou parte de sua produção como oferta ao Senhor" (GÊNESIS 4:3). Mas Deus deixou claro que a oferta não era aceitável; rejeitou-a, e Caim "se enfureceu e ficou transtornado" (v.5). No entanto, Deus o confrontou e disse: "Por que você está tão furioso?" (v.6). O Senhor disse a Caim para que abandonasse seu pecado e buscasse o que era bom e certo. Infelizmente, Caim ignorou as palavras de Deus e cometeu um ato horrível (v.8).

Embora não possamos forçar os outros a abandonar seus pecados, podemos confrontá-los com compaixão. Podemos falar "a verdade em amor" para que ambos nos tornemos "cada vez mais parecidos com Cristo" (EFÉSIOS 4:15). E, da mesma maneira que Deus nos dá ouvidos para ouvir, também podemos receber duras palavras de verdade de outras pessoas.

TOM FELTEN

Por que é importante praticar o confronto com amor?

Pai, ajuda-me a confrontar os outros com amor e a saber ouvir palavras duras e verdadeiras, com graça.

A BÍBLIA EM UM ANO: EZEQUIEL 8–10; HEBREUS 13

19 DE NOVEMBRO **2 CORÍNTIOS 12:2-10**

REUNINDO FORÇAS EM DEUS

Minha graça é tudo de que você precisa.
Meu poder opera melhor na fraqueza. v.9

Grainger McKoy é um artista que estuda e esculpe pássaros, capturando a graça, a vulnerabilidade e a capacidade deles. Uma das suas obras chama-se *Recovery* (Recuperação) e mostra a asa direita de um pato *pintail*, bem esticada e em posição vertical. Abaixo, uma placa descreve a recuperação da ave como "o momento de maior fraqueza durante o voo, mas também o de reunir forças para a jornada à frente". Grainger inclui este versículo: "Minha graça é tudo de que você precisa. Meu poder opera melhor na fraqueza" (2 CORÍNTIOS 12:9).

O apóstolo Paulo escreveu essas palavras à igreja em Corinto. Nessa época, sobrecarregado com lutas pessoais, Paulo suportou e implorou a Deus que removesse o que descreveu como "um espinho na carne" (v.7). Sua aflição pode ter sido uma doença física, ou uma oposição espiritual, como foi com Jesus no jardim, na noite anterior à Sua crucificação (LUCAS 22:39-44). Paulo repetidamente pediu a Deus que removesse seu sofrimento. O Espírito Santo respondeu assegurando-lhe de que lhe daria a força necessária, e Paulo aprendeu: "quando sou fraco, então é que sou forte" (2 CORÍNTIOS 12:10).

Ah, os espinhos que experimentamos nesta vida! Como um pássaro reunindo forças para a jornada à frente, podemos pedir a força de Deus para nos auxiliar. Em Sua força, encontramos a nossa.

ELISA MORGAN

Você se sente fraco hoje?
Como, nessa mesma fraqueza, reunir a força
de Deus em sua jornada?

Querido Pai, ajuda-me a reunir as minhas forças
com as Tuas ao enfrentar o que está por vir.

A BÍBLIA EM UM ANO: EZEQUIEL 11–13; TIAGO 1

20 DE NOVEMBRO ● **PROVÉRBIOS 17:12-22**

NÃO TEM PREÇO

*O coração alegre é um
bom remédio...* v.22

Durante o ano letivo, por três anos, Camila fantasiou-se diferente para cumprimentar suas crianças que desciam do ônibus escolar todas as tardes. Isso alegrava a todos no ônibus, até o motorista: "Ela traz tanta alegria para as crianças; é incrível! Amo isso". Os filhos de Camila concordam. Tudo começou quando Camila começou a ser mãe social. Sabendo o quanto é difícil distanciar-se dos pais e frequentar uma escola nova, ela começou a cumprimentar as crianças estando fantasiada. Após três dias, as crianças não queriam que ela parasse. Camila continuou e investiu tempo e dinheiro em brechós, e como descreveu uma repórter, trouxe um "resultado inestimável: felicidade".

Um pequeno versículo no livro de conselhos sábios e espirituosos, em grande parte do rei Salomão para seu filho, resume os resultados das brincadeiras dessa mãe: "O coração alegre é um bom remédio, mas o espírito abatido consome as forças" (PROVÉRBIOS 17:22). Ao trazer alegria para todos os seus filhos (biológicos, adotivos ou amparados), ela esperava evitar a tristeza de coração.

Deus, por meio do Espírito Santo, é a fonte da alegria verdadeira e duradoura (LUCAS 10:21; GÁLATAS 5:22). O Espírito nos permite refletir a luz de Deus ao tentarmos levar alegria aos outros, alegria que oferece esperança e força para enfrentar as provações.

ALYSON KIEDA

Alguém já lhe fez algo para lhe trazer alegria? Qual foi o resultado?

*Querido Pai, sou grato por me concederes alegria.
Ajuda-me a espalhá-la aos outros.*

A BÍBLIA EM UM ANO: EZEQUIEL 14–15; TIAGO 2

21 DE NOVEMBRO · **ISAÍAS 43:1-7**

PRECIOSO PARA DEUS

...Pois você é precioso para mim,
é honrado e eu o amo. v.4

Quando menino, Mário achava o seu pai severo e distante. Até quando adoecia e precisava ir ao pediatra, seu pai resmungava. Durante uma briga, ouviu e soube que seu pai queria que ele tivesse sido abortado. O sentimento de ser indesejado o acompanhou até a idade adulta. Quando ele se tornou cristão, achou difícil relacionar-se com Deus como seu Pai, embora já o conhecesse como Senhor de sua vida.

Se, como ele, não nos sentimos amados por nossos pais terrenos, podemos enfrentar dúvidas semelhantes em nosso relacionamento com Deus e talvez nos questionemos: *Sou um fardo para Ele? Deus se importa comigo?* Mesmo se nossos pais terrenos tiverem sido severos e distantes, Deus, nosso Pai celestial, nos diz: "Eu o amo" (ISAÍAS 43:4).

Deus fala como Criador e como Pai. Se você deseja saber se Ele quer que você viva sob Seu cuidado como parte de Sua família, ouça o que Ele disse ao Seu povo: "Tragam de volta meus filhos e filhas, desde os confins da terra" (v.6). Se você questiona seu valor para Ele, ouça Sua afirmação: "você é precioso para mim, é honrado e eu o amo" (v.4).

Deus nos ama tanto que enviou Jesus para pagar o preço do pecado a fim de que nós, que cremos nele, possamos estar com o Senhor para sempre (JOÃO 3:16). Por causa do que Deus diz e do que Jesus fez por nós, podemos ter plena confiança de que o Senhor nos quer e nos ama.

JASMINE GOH

**Como é o seu relacionamento
com Deus como Pai?**

*Pai, quero viver todos os dias como Teu filho,
precioso e honrado aos Teus olhos.*

A BÍBLIA EM UM ANO: EZEQUIEL 16–17; TIAGO 3

22 DE NOVEMBRO · **FILIPENSES 2:12-16**

ESTRELAS BRILHANTES

...como filhos de Deus, brilhando como luzes [...]. Apeguem-se firmemente à mensagem da vida. vv.15-16

Ao chegar à cidade, vi jogos de azar, lojas de cannabis, lojas "só para adultos" e propagandas enormes para advogados oportunistas. Embora eu já tivesse visitado muitas cidades vulgares antes, naquela, o nível parecia baixo demais. Meu humor só melhorou quando falei com um motorista de táxi na manhã seguinte: "Peço a Deus que me envie as pessoas que Ele quer que eu ajude", disse ele. "Jogadores adictos em jogos de azar, prostitutas, pessoas com lares destruídos contam-me os seus problemas chorando. Daí paro o carro, escuto-os e oro por eles. Este é o meu ministério".

Depois de descrever a vinda de Jesus ao nosso mundo caído (FILIPENSES 2:5-8), Paulo chama a atenção dos cristãos. Ao buscarmos a vontade de Deus (v.13) e nos apegarmos à "mensagem da vida", o evangelho (v.16), seremos "filhos de Deus [...] resplandecentes num mundo cheio de gente corrompida e perversa" que brilham "como luzes resplandecentes" (v.15). Como o motorista de táxi, devemos trazer a luz de Jesus à escuridão.

O historiador Christopher Dawson disse que "o cristão só precisa viver com fé para mudar o mundo, pois exatamente no ato de viver está contido todo o mistério da vida divina". Peçamos ao Espírito Santo de Deus que nos capacite a viver fielmente como povo de Jesus, refletindo Sua luz nos lugares mais sombrios do mundo.

SHERIDAN VOYSEY

Como você pode servir a Cristo e não a este turbulento mundo hoje?

Jesus, sou grato por seres a Luz do mundo que me tira das trevas.

A BÍBLIA EM UM ANO: EZEQUIEL 18–19; TIAGO 4

23 DE NOVEMBRO   🍂 **ROMANOS 12:9-21**

★ *TÓPICO DE NOVEMBRO: ADORAÇÃO*

HABILIDADE DE COMPAIXÃO

Amem-se com amor fraternal [...].
Sejam pacientes nas dificuldades
e não parem de orar. v.10,12

No século 14, Catarina de Siena escreveu: "Um espinho encravou em seu pé; é por isso que às vezes você chora à noite". Continuou: "Há pessoas que podem removê-lo. Elas aprenderam com Deus essa habilidade". Catarina dedicou sua vida a cultivar essa *habilidade* e ainda é lembrada por sua extraordinária empatia e compaixão. A ideia da dor como um espinho enraizado que precisa de ternura e habilidade para removê-lo permanece comigo. É um vívido lembrete de que somos complexos, estamos feridos, e que devemos nos aprofundar na busca por desenvolver compaixão pelos outros e por nós mesmos.

Ou, como o apóstolo Paulo nos diz, amar os outros como Jesus exige mais do que boas intenções requer que tenhamos "*prazer em honrar* uns aos outros" (ROMANOS 12:10), devemos "[Alegrar-nos] em nossa esperança. [Sermos] pacientes nas dificuldades e não [pararmos] de orar" (v.12). Requer disposição, não apenas ao nos alegrar "com os que se alegram", mas também para chorar "com os que choram" (v.15). Exige tudo que somos.

Neste mundo conturbado, ninguém escapa ileso, pois as mágoas e cicatrizes estão profundamente enraizadas em nós. Mas ainda mais profundo é o amor encontrado em Cristo; amor terno o suficiente para arrancar espinhos com o bálsamo da compaixão, disposto a abraçar o amigo e o inimigo (v.14) para encontrarmos a cura juntos.

MONICA LA ROSE

Como você pode cultivar
uma comunidade acolhedora e curativa?

Amado Deus, sou grato por Tua compaixão.
Ajuda-me a amar os outros.

A BÍBLIA EM UM ANO: EZEQUIEL 20–21; TIAGO 5

24 DE NOVEMBRO SALMO 18:1-6

DIGNO DE TODO O LOUVOR

Eu te amo, SENHOR;
tu és minha força. v.1

Muitos consideram Ferrante e Teicher como o maior dueto de pianistas de todos os tempos. Suas apresentações eram tão precisas que o estilo deles era descrito como quatro mãos e uma mente. Ao ouvir suas músicas, é possível entender o quanto de esforço foi necessário para aperfeiçoar a técnica. Eles amavam o que faziam. Na verdade, mesmo depois de se aposentarem, apareciam ocasionalmente em uma loja de pianos apenas para fazer um concerto improvisado. Ferrante e Teicher simplesmente adoravam música.

Davi também adorava fazer música, mas ele se uniu a Deus para dar à sua música um propósito maior. Seus salmos confirmam sua vida cheia de lutas e seu desejo de viver em profunda dependência de Deus. No entanto, em meio às falhas e imperfeições pessoais, seu louvor expressava uma espécie de "tom espiritual" perfeito, reconhecendo a grandeza e a bondade de Deus, mesmo em tempos sombrios. O profundo desejo de Davi em seus louvores está declarado no Salmo 18:1, que diz: "Eu te amo, SENHOR; tu és minha força".

Davi continuou: "Clamei ao SENHOR, que é digno de louvor" (v.3) e voltei-me para Ele "em minha aflição" (v.6). Independentemente de nossa situação, podemos também elevar o nosso coração para louvar e adorar nosso Deus. Ele é digno de todo louvor!

BILL CROWDER

Como você compartilha seu amor por Deus com Ele e com os outros? O que pode estar atrapalhando seu louvor?

Pai, Tu colocaste uma nova canção em minha boca.
Que o meu louvor expresse a Tua bondade e grandeza.

Conheça melhor a Bíblia, acesse: universidadecrista.org

A BÍBLIA EM UM ANO: EZEQUIEL 22–23; 1 PEDRO 1

25 DE NOVEMBRO 🕮 **HEBREUS 11:1-8**

VENDO POR MEIO DA FÉ

*A fé mostra a realidade daquilo que
esperamos; ela nos dá convicção
de coisas que não vemos.* v.1

Em minha caminhada matinal, vi o brilho do sol atingir as águas do lago em um ângulo que gerou uma vista deslumbrante. Pedi ao meu amigo para parar e esperar por mim, enquanto posicionava a câmera para tirar uma foto. Por causa da posição do Sol, não consegui ver a imagem na tela antes de tirar a foto. Mas, já tendo feito isso antes, senti que seria uma ótima foto. E disse a meu amigo: "Não podemos ver agora, mas fotos como essa sempre saem boas".

Nesta vida, andar pela fé costuma ser como tirar aquela foto. Nem sempre é possível ver os detalhes na tela, mas isso não significa que a imagem deslumbrante não esteja lá. Você nem sempre vê Deus agindo, mas pode confiar que Ele está. Assim como o escritor de Hebreus escreveu: "A fé mostra a realidade daquilo que esperamos; ela nos dá convicção de coisas que não vemos" (11:1). Pela fé, colocamos nossa confiança e segurança em Deus, especialmente quando não podemos ver ou entender o que Ele está fazendo.

Com fé, o fato de não podermos ver não nos impede de "dar nosso melhor". Isso pode nos fazer orar mais e buscar a direção de Deus. Também podemos confiar no que aconteceu no passado, quando outros andaram pela fé (vv.4-12), assim como por meio de nossas próprias histórias. O que Deus fez antes, Ele pode fazer de novo.

KATARA PATTON

**Há algo que você confia que Deus fará,
mesmo que você não o veja agora? Como Ele
libertou você ou um familiar no passado?**

*Pai, agradeço-te pela Tua provisão e ajuda-me a andar pela fé,
mesmo que eu não veja tudo o que Tu fazes.*

A BÍBLIA EM UM ANO: EZEQUIEL 24–26; 1 PEDRO 2

26 DE NOVEMBRO — 1 CRÔNICAS 29:14-20

QUEM SOU EU?

*...quem sou eu, e quem é meu povo, para
que pudéssemos lhe dar alguma coisa?
Tudo [...] vem de ti... v.14*

Como parte da liderança de um ministério, era necessário convidar pessoas para serem líderes de discussão em grupo. Meus convites descreviam as exigências do compromisso e como os líderes deveriam se envolver com os participantes de seus pequenos grupos: tanto em reuniões como em telefonemas regulares. Muitas vezes, eu relutava em me impor aos outros, ciente do sacrifício que eles fariam ao tornarem-se líderes. No entanto, suas reações me surpreendiam demais: "Eu ficaria honrado". Em vez de citarem motivos legítimos para recusar, descreviam sua gratidão a Deus por tudo que Ele faz e fez na vida deles, como o motivo de estarem ansiosos por retribuir.

Quando chegou a hora de dar recursos para a construção de um templo para Deus, Davi teve uma resposta semelhante: "quem sou eu, e quem é meu povo, para que pudéssemos te dar alguma coisa? Tudo que temos vem de ti" (1 CRÔNICAS 29:14). A generosidade de Davi expressa a sua gratidão a Deus por Ele envolver-se em sua vida e na do povo de Israel. Sua resposta demonstra humildade e o reconhecimento da Sua bondade em relação aos "estrangeiros e peregrinos" (v.15).

Nossa doação para a obra de Deus, em tempo, talento ou dinheiro, reflete nossa gratidão ao Pai, que nos proveu desde o início. Tudo o que temos vem de Sua mão (v.14); em resposta, podemos doar gratos a Ele.

KIRSTEN HOLMBERG

**Deus se envolve em sua vida?
Como você pode ser doador em suas ações?**

*Querido Pai, por favor, ajuda-me a responder
ao Teu amor e cuidado com generosidade.*

A BÍBLIA EM UM ANO: EZEQUIEL 27–29; 1 PEDRO 3

27 DE NOVEMBRO ● **NÚMEROS 3:5-9**

SERVIR POR AMOR A DEUS

Cuidarão de todos os utensílios
da tenda do encontro e servirão
no tabernáculo... v.8

Quando a rainha Elizabeth II faleceu, em 2022, milhares de soldados marcharam na procissão fúnebre. Suas participações individuais devem ter sido quase imperceptíveis na grande multidão, mas muitos viram isso como a maior honra. Um deles disse que era "uma oportunidade de cumprir o último dever deles para Sua Majestade". Para ele, não importava *o que* fazia, mas para *quem* o fazia; isso tornava o trabalho importante.

Os levitas designados para cuidar do tabernáculo tinham objetivo similar. Ao contrário dos sacerdotes, os gersonitas, coatitas e meraritas receberam tarefas aparentemente rotineiras: limpar os móveis, candelabros, cortinas, postes, estacas e cordas (NÚMEROS 3:25-26, 28,31,36-37). No entanto, Deus os designou especificamente para essas tarefas e, eles também "[serviam] no tabernáculo" (v.8). A Bíblia registra isso para a posteridade.

Que pensamento encorajador! Hoje, o que fazemos no trabalho, em casa ou na igreja pode parecer insignificante para um mundo que valoriza cargos e salários. Mas Deus vê isso de forma diferente. Se trabalhamos e servimos por amor a *Ele*, buscando a excelência e fazendo isso para *Sua* honra, até mesmo na menor das tarefas, então nosso trabalho é importante porque estamos servindo ao nosso grande Deus.

LESLIE KOH

Reconhecer que o seu trabalho é para Deus,
muda a sua perspectiva? Como trabalhar com orgulho
e excelência por amor a Deus?

Pai, sou grato pela oportunidade
de servir-te. Ajuda-me a ser fiel com o que
me dás para realizar a Tua obra.

A BÍBLIA EM UM ANO: EZEQUIEL 30–32; 1 PEDRO 4

28 DE NOVEMBRO   **LUCAS 14:12-14**

UMA BÊNÇÃO DE AÇÃO DE GRAÇAS

...convide os pobres, os aleijados, os mancos e os cegos.[...] você será recompensado... VV.13-14

Em 2016, Wanda Dench enviou uma mensagem convidando o neto para o jantar de Ação de Graças, sem saber que ele tinha recentemente mudado o número de telefone. O texto foi para um estranho, Jamal. O jovem não tinha planos e, depois de esclarecer quem era, perguntou se ainda poderia ir ao jantar. Wanda disse: "Claro!". Jamal juntou-se ao jantar em família, e isso tornou-se uma tradição para ele. Um convite errado transformou-se em bênção.

A gentileza de Wanda em convidar um estranho para o jantar lembra-me do encorajamento de Jesus no evangelho de Lucas. Durante um jantar com um "líder fariseu" (LUCAS 14:1), Jesus notou quem foi convidado e como eles disputavam os melhores lugares (v.7). Ele disse a Seu anfitrião que convidar pessoas com base no que elas podem fazer por ele em troca (v.12) significava uma bênção limitada. Em vez disso, Jesus instruiu que, ao oferecer hospitalidade a quem não tinha recursos para retribuir, traria bênçãos ainda maiores (v.14).

Para Wanda, convidar Jamal para juntar-se à família no jantar de Ação de Graças trouxe uma bênção inesperada, e a amizade duradoura que lhe foi de grande apoio após a morte do marido dela. Quando estendemos a mão para os outros, não pensando no que podemos receber, mas por causa do amor de Deus fluindo em nós, recebemos bênçãos e encorajamento muito maiores.

LISA SAMRA

Um convite inesperado já o encorajou e abençoou?

Pai celestial, que meus convites reflitam o desejo de abençoar outros conforme a Tua orientação.

Leia mais sobre "abençoar os outros", acesse: paodiario.org

A BÍBLIA EM UM ANO: EZEQUIEL 33–34; 1 PEDRO 5

29 DE NOVEMBRO   JÓ 26:7-14

APENAS UM SUSSURRO

*...um mero sussurro
de sua força...* v.14

A parede sussurrante na Estação Central de Nova Iorque é como um "oásis acústico". Isso permite que as pessoas transmitam mensagens silenciosas à distância de 10 m. Quando alguém na base do arco de granito sussurra junto à parede, as ondas sonoras viajam por sobre a pedra curva até o ouvinte do outro lado.

Jó ouviu o sussurro de uma mensagem quando sua vida estava cheia de ruídos e diversas tragédias (JÓ 1:13-19; 2:7). Seus amigos opinavam, seus pensamentos estavam confusos e os problemas haviam invadido todos os aspectos de sua existência. Ainda assim, a majestosa natureza lhe sussurrou suavemente sobre o poder divino de Deus. O esplendor dos céus, o mistério da Terra suspensa no espaço e a estabilidade do horizonte lembraram a Jó de que o mundo estava na palma da mão de Deus (26:7-11). Mesmo o mar revolto e a atmosfera estrondosa o levaram a dizer: "Isso é apenas o começo de tudo que ele faz, um mero sussurro de sua força; quem pode compreender o trovão de seu poder?" (v.14).

Se as maravilhas do mundo representam apenas um fragmento das atribuições e poder de Deus, fica claro que Seu poder excede a nossa capacidade de entendê-lo. Em tempos de dor, isso nos dá esperança. Deus pode fazer qualquer coisa, inclusive o que Ele fez por Jó ao sustentá-lo durante o sofrimento.

JENNIFER BENSON SCHULDT

**O poder de Deus o conforta?
Quais partes da natureza o inspiram
a maravilhar-se com Deus?**

*Pai, quando minhas provações
parecem enormes, lembra-me de que
Tu és maior e nada te é impossível.*

A BÍBLIA EM UM ANO: EZEQUIEL 35–36; 2 PEDRO 1

30 DE NOVEMBRO **SALMO 20**

CONFIAR EM DEUS

*Alguns povos confiam em carros de guerra, outros, em cavalos, mas nós confiamos no nome do S*ENHOR*...* v.7

Precisei de dois medicamentos com urgência, um para as alergias de minha mãe e o outro para o eczema da minha sobrinha. O desconforto delas piorava, e eu não encontrava os tais remédios nas farmácias. Desesperada e impotente, orei sem parar: *Senhor, por favor, ajude-as*. Semanas depois, seus quadros tornaram-se administráveis. Deus parecia dizer: "Há momentos em que uso remédios para curar, mas os remédios não têm a palavra final. Eu tenho, confie em mim".

No Salmo 20, o rei Davi consolou-se pela confiabilidade de Deus. Os israelitas tinham um exército poderoso, mas sabiam que sua força vinha do "nome do SENHOR" (v.7). Eles colocaram sua confiança no nome de Deus: em quem Ele é, em Seu caráter imutável e em Suas promessas infalíveis. Eles se apegaram à verdade de que Deus é soberano e poderoso sobre todas as situações, e ouviria suas orações e os livraria dos inimigos (v.6).

Embora Deus possa usar os recursos deste mundo para nos ajudar, ainda assim, a vitória sobre nossos problemas vem dele. Quer Ele nos dê a firmeza ou a graça para perseverar, podemos confiar que Ele será para nós tudo o que Ele diz que é. Não precisamos nos sobrecarregar com nossos problemas, podemos enfrentá-los com Sua esperança e paz.

KAREN HUANG

Em quem você confia ao enfrentar suas batalhas pessoais? De que maneira o fato de confiar em Deus pode mudar sua atitude ao lidar com os desafios?

Pai celestial, dá-me coragem para confiar em ti. Ajuda-me a crer que Tu és tudo o que prometeste ser.

A BÍBLIA EM UM ANO: EZEQUIEL 37–39; 2 PEDRO 2

★ TÓPICO DE DEZEMBRO / **Participação na igreja**

IGREJA: COMUNIDADE DOS QUE CREEM EM CRISTO

Comunidade. Quais imagens essa palavra lhe traz à mente? Jesus orou para que a Sua Igreja fosse conhecida pela unidade, alegria, crescimento na verdade e urgência da missão (JOÃO 17).

Unidade: "...protege-os [...] para que eles estejam unidos, assim como nós estamos" (v.11). Jesus pediu ao Pai que a unidade fosse a marca definidora da Igreja. Unidade não significa uniformidade; todos nós trazemos as nossas respectivas personalidades à mistura. No entanto, mesmo em nossa diversidade, ainda podemos demonstrar amor ao mundo que nos rodeia.

Alegria: "...para que eles tenham a minha plena alegria em si mesmos" (v.13). Um dos maiores benefícios da comunidade é o encorajamento que ela traz. Os amigos cristãos nos lembram de que a nossa alegria só pode ser plenamente satisfeita pelo nosso Criador.

Crescimento na verdade: "...peço [...] que os protejas do maligno" (v.15). A comunidade cristã à qual pertencemos tem a capacidade única de nos confrontar e corrigir quando nos desviamos da verdade. É papel da nossa comunidade nos ajudar a fixar novamente os nossos olhos no evangelho.

Urgência da missão: "...eu os envio ao mundo" (v.18). Os cristãos nunca devem apartar-se do mundo exterior. Não, Jesus nos chama para vivermos em comunidade (MATEUS 28:18-20). Os nossos relacionamentos com outros cristãos dão peso e urgência aos outros relacionamentos (com amigos não cristãos). Reunimo-nos para orar juntos e uns pelos outros; depois, saímos da igreja para servir, amar e convidar outros para cultivar um relacionamento pessoal com Jesus.

DANNY FRANKS

Além deste artigo, o tema *Participação na igreja*
é abordado nos devocionais dos dias **1**, **9**, **16** e **23** de **dezembro**.

1º DE DEZEMBRO   🌿 **MATEUS 11:27-30**

★ *TÓPICO DE DEZEMBRO: PARTICIPAÇÃO NA IGREJA*

CORAÇÃO DE DEUS

Venham a mim todos vocês que estão cansados e sobrecarregados, e eu lhes darei descanso. v.28

Dan, 9 anos, chegou com seu melhor amigo Arthur na festa de aniversário de outro colega. Quando a mãe do aniversariante viu Arthur, não o deixou entrar, dizendo: "Não há cadeiras suficientes". Dan se ofereceu para sentar-se no chão e dar lugar ao amigo, que era negro, mas a senhora recusou. Abatido, Dan deixou os presentes com aquela mãe e voltou para casa com Arthur, com a dor da rejeição de seu amigo queimando o seu próprio coração. Décadas depois, Dan é um professor que mantém uma cadeira vazia em sua sala de aula. Quando os alunos perguntam o motivo, ele explica que é um lembrete para "sempre ter espaço na sala para qualquer pessoa".

O coração de Jesus está aberto e acolhe a todos. Ele diz: "Venham a mim todos vocês que estão cansados e sobrecarregados, e eu lhes darei descanso" (MATEUS 11:28). Esse convite pode parecer que vai contra a ideia de "primeiro os judeus" do ministério de Jesus (ROMANOS 1:16), mas a dádiva da salvação é para todos que põem sua fé em Cristo. Paulo escreve: "isso se aplica a todos que creem, sem nenhuma distinção" (3:22).

Alegremo-nos o com o convite de Cristo a todos: "Tomem sobre vocês o meu jugo. Deixem que eu lhes ensine, pois sou manso e humilde de coração, e encontrarão descanso para a alma" (MATEUS 11:29). Ele acolhe de coração aberto a todos que o buscam.

PATRICIA RAYBON

Você já aceitou a dádiva da salvação de Deus? Conhece alguém cujo coração Jesus está chamando?

Jesus, chamaste-me quando outros me ignoravam. Sou grato por ofereceres-me salvação e amor.

Saiba mais sobre "o legado da fé", acesse: paodiario.org

A BÍBLIA EM UM ANO: EZEQUIEL 40–41; 2 PEDRO 3

2 DE DEZEMBRO   **EFÉSIOS 4:15-16, 22-32**

CULTIVAR A BOA VONTADE

...o corpo [de Cristo] [...] ajuda [...] para que todo o corpo se desenvolva e seja saudável em amor. v.16

Ao pensarmos na melhor prática de negócios, o que vem à mente não são qualidades como bondade e generosidade. Mas o empresário James Rhee diz que deveriam ser. Na experiência dele como CEO de uma empresa à beira da ruína financeira, priorizar a "boa vontade", o "cultivo da bondade" e um espírito de doação, salvou a empresa e a fez prosperar novamente. O enfoque nessas qualidades trouxe a esperança e a motivação necessárias para unificar as pessoas, inovar e resolver problemas. Rhee explica que a "boa vontade é um ativo ou bem real que pode ser elaborado e amplificado".

Também na vida cotidiana, é fácil pensar que qualidades como a bondade são vazias ou intangíveis, e não as consideramos como prioridade. Mas, como o apóstolo Paulo ensinou, essas qualidades são as mais importantes.

Escrevendo aos novos cristãos, Paulo enfatizou que o propósito da vida dos cristãos é a transformação, por intermédio do Espírito, em membros maduros do Corpo de Cristo, (EFÉSIOS 4:15). Para esse fim, toda palavra e ação só tem valor se edificar e beneficiar outros (v.29). A transformação por Jesus só pode acontecer se priorizarmos diariamente a bondade, a compaixão e o perdão (v.32).

Quando o Espírito Santo nos atrai a outros cristãos, crescemos e amadurecemos quando aprendemos uns com os outros.

MONICA LA ROSE

**Por que deixamos de ver
o impacto tangível da "boa vontade"?
Podemos crescer priorizando a bondade?**

*Deus, ensina-me diariamente
que o que realmente importa é o amor
derramado por meio de Teu Filho.*

A BÍBLIA EM UM ANO: EZEQUIEL 42–44; 1 JOÃO 1

3 DE DEZEMBRO 🟢 **JEREMIAS 38:17-23**

RENDENDO-SE A JESUS

*Você não será entregue a eles
se obedecer ao Senhor. Sua
vida será poupada, e tudo lhe
irá bem.* v.20

Em 1951, o médico de Stalin o aconselhou a reduzir a carga de trabalho para preservar a saúde, mas o governante da antiga União Soviética o acusou de espionagem e o prendeu. O tirano que oprimira tantos com mentiras não suportou a verdade e, como tantas vezes fizera, destituiu quem a revelou. A verdade venceu e Stalin morreu em 1953.

O profeta preso por suas profecias e estando acorrentado (JEREMIAS 38:1-6;40:1), revelou ao rei o que aconteceria a Jerusalém: "Você não será entregue a eles se obedecer ao Senhor", disse ele ao rei de Judá, Zedequias (38:20). Ele o alertou de que não se render ao exército que cercava a cidade pioraria tudo. "Todas as suas esposas e todos os seus filhos serão levados pelos babilônios, e você não escapará" (v.23). Zedequias falhou e ignorou essa verdade. Por fim, os babilônios capturaram o rei, mataram seus filhos e queimaram a cidade (cap.39).

Em certo sentido, todo ser humano enfrenta o dilema de Zedequias. Estamos presos dentro das paredes de nossa vida de pecado e más escolhas. Com frequência, pioramos as coisas ao evitarmos aqueles que nos dizem a verdade sobre nós mesmos. Tudo o que nós precisamos é nos render à vontade daquele que disse: "Eu sou o caminho, a verdade e a vida. Ninguém pode vir ao Pai senão por mim" (JOÃO 14:6).

TIM GUSTAFSON

**Como as suas escolhas de vida
se alinham com as reivindicações de Jesus?
O que o impede de entregar-se a Ele?**

*Deus misericordioso, perdoa-me
por causa do orgulho que me afasta de ti.*

A BÍBLIA EM UM ANO: EZEQUIEL 45–46; 1 JOÃO 2

4 DE DEZEMBRO — **SALMO 23**

LUZ DE DEUS EM MEIO ÀS SOMBRAS

Feliz é o povo que ouve o [...] chamado para adorar, pois andará na luz de tua presença, SENHOR. 89:15

Quando Elaine foi diagnosticada com um câncer avançado, ela e o seu marido, Carlos, sabiam que não demoraria muito até ela partir para estar com Jesus. Ambos valorizavam a promessa do Salmo 23, de que Deus estaria com eles, até mesmo ao andarem pelo vale mais profundo e difícil dos seus 54 anos de casados. O casal se confortou com base no fato de que Elaine sentia-se pronta para encontrar-se com Jesus e isso lhes trouxe esperança, pois ela tinha colocado a sua fé nele há décadas.

No serviço fúnebre de sua esposa, Carlos compartilhou que ele *ainda* estava viajando "pelo escuro vale da morte" (SALMO 23:4). A vida de sua esposa no lar eterno já havia começado. Entretanto, ele e outros que muito a amavam ainda estavam passando pelo "escuro vale da morte".

Ao viajarmos pelo vale escuro, onde podemos encontrar nossa fonte de luz? O apóstolo João declara: "Deus é luz, e nele não há escuridão alguma" (1 JOÃO 1:5). E Jesus também proclamou: "Eu sou a luz do mundo. Se vocês me seguirem, não andarão no escuro, pois terão a luz da vida" (JOÃO 8:12).

Sendo pessoas que creem em Jesus, nós "[andamos] na luz de [Sua] presença" (SALMO 89:15). Nosso Deus prometeu estar sempre conosco e ser nossa fonte de luz, mesmo quando viajamos pelo vale escuro da morte.

CINDY HESS KASPER

**Por qual vale você tem andado?
Quais promessas de Deus trazem luz para sua jornada?**

Deus, sou grato por andares comigo. Confio em ti como minha força, minha provisão e minha alegria.

Conheça o livro devocional "As promessas de Deus",
acesse: publicacoespaodiario.com.br

A BÍBLIA EM UM ANO: EZEQUIEL 47–48; 1 JOÃO 3

5 DE DEZEMBRO 🌿 **JOSUÉ 1:1-9**

COMPROMISSO RECONFORTANTE DE DEUS

*Seja forte e corajoso! Não tenha medo
nem desanime, pois o SENHOR, seu
Deus, estará com você...* v.9

Anos atrás, nossa família visitou um local onde quatro estados delimitam suas fronteiras. Meu marido estava em um estado. Nosso filho mais velho, em outro; o mais novo segurou minha mão ao pisarmos num terceiro estado da federação. Quando corri para me posicionar no último estado, o quarto, meu filho menor, falou: "Mamãe, você me deixou sozinho aqui!" Estávamos todos juntos *e* ao mesmo tempo separados, e nossas risadas eram ouvidas em quatro estados diferentes. Nossos filhos, agora adultos, cresceram e saíram de casa, e sinto um maior e mais profundo apreço pela promessa de Deus de estar presente com *todo* o Seu povo por onde quer que andarem.

Após a morte de Moisés, Deus chamou Josué para liderar, garantindo-lhe a Sua presença à medida que Ele expandisse o território israelita (JOSUÉ 1:1-4), dizendo: "estarei com você, assim como estive com Moisés. Não o deixarei nem o abandonarei" (v.5). Sabendo que ele lutaria contra a dúvida e o medo como o novo líder de Seu povo, Deus lhe deu esperança com estas palavras: "Seja forte e corajoso! Não tenha medo nem desanime, pois o SENHOR, seu Deus, estará com você por onde você andar" (v.9).

Não importa onde Deus nos leve, nós ou os nossos entes queridos, mesmo em tempos difíceis, o Seu compromisso mais reconfortante nos garante de que Ele está *sempre* presente.

XOCHITL DIXON

**Deus o conforta com Sua presença
quando você está longe daqueles que ama?**

*Deus sempre presente, sou grato por confortar-me
com a promessa de Tua presença constante.*

A BÍBLIA EM UM ANO: DANIEL 1–2; 1 JOÃO 4

6 DE DEZEMBRO — MATEUS 1:18-25

LEMBRANDO O NATAL

*A virgem ficará grávida! Ela dará à luz
um filho, e o chamarão Emanuel, [...]
'Deus conosco'.* v.23

O homem conhecido hoje como *São Nicolau* nasceu por volta de 270 d.C. em uma rica família grega. Tragicamente, seus pais morreram quando era muito novo, e ele viveu com um tio, que o ensinou a seguir a Deus. Diz a lenda que, quando jovem, ele viu três irmãs que não tinham dote para o casamento e logo ficariam desamparadas. Querendo seguir o ensino de Jesus sobre ajudar aos necessitados, Nicolau usou sua herança dando a cada irmã um saco de moedas de ouro. Ao longo dos anos, usou o restante do dinheiro para alimentar os pobres e cuidar dos outros. Nicolau foi homenageado por sua generosidade e inspirou o personagem que hoje é chamado de "Papai Noel".

Embora a publicidade e o brilho possam ameaçar as nossas celebrações, a tradição de presentear permanece. A generosidade de Nicolau sustentava-se em sua devoção a Jesus e ele reconhecia que Cristo representava a generosidade inimaginável, trazendo-nos a dádiva mais profunda: *Deus*. Jesus é "Deus conosco" (MATEUS 1:23) e nos trouxe o dom da vida. Em um mundo de morte, Ele "[salva] seu povo dos seus pecados" (v.21)

Quando cremos em Jesus, desenvolvemos a generosidade sacrificial. Atendemos às necessidades dos outros com alegria, assim como Deus nos provê. Essa é a história de Nicolau, mas mais do que isso, é uma história sobre o amor de Deus.

WINN COLLIER

**De que maneira a vida de Jesus
transforma a sua compreensão sobre a generosidade?**

*Deus, quero ser generoso, mas me é difícil.
Ajuda-me a praticar a verdadeira generosidade.*

A BÍBLIA EM UM ANO: DANIEL 3–4; 1 JOÃO 5

7 DE DEZEMBRO **ROMANOS 12:1-3**

SACRIFÍCIO DOADOR DE CRISTO

*...irmãos, suplico-lhes que entreguem seu
corpo a Deus, por causa de tudo que ele
fez por vocês.* v.1

Em 1905, quando o autor O. Henry escreveu a história de Natal, "O presente dos magos" (Cosac & Naify, 2004), ele lutava para recuperar-se de problemas pessoais. Ainda assim, ele escreveu uma história inspiradora que destaca o *sacrifício* como parte do caráter cristão. Nela, uma esposa pobre vende seus lindos cabelos longos na véspera de Natal para comprar uma corrente de ouro para o relógio de bolso do marido. Mais tarde, ela descobre que o seu marido vendera seu relógio de bolso para comprar um conjunto de pentes para o seu lindo cabelo. O maior presente um para o outro? Sacrifício. O gesto dos dois demonstrou muito amor.

Da mesma maneira, isso representa os presentes amorosos que os reis magos deram ao menino Jesus após Seu nascimento sagrado (MATEUS 2:1,11). Mais do que presentes, o menino Jesus cresceria e um dia daria Sua vida pelo mundo inteiro.

Em nosso cotidiano, como cristãos podemos refletir a grande dádiva de Cristo oferecendo aos outros o sacrifício de nosso tempo, bens e um temperamento que demonstre amor. Paulo nos adverte: "Portanto, irmãos, suplico-lhes que entreguem seu corpo a Deus, por causa de tudo que ele fez por vocês. Que seja um sacrifício vivo e santo" (ROMANOS 12:1). Não há presente melhor do que se sacrificar pelos outros por meio do amor de Jesus.

PATRICIA RAYBON

**Você já recebeu um presente sacrificial de alguém
demonstrando-lhe o amor de Cristo? Como retribuir?**

*Deus, que em minha vida
eu apresente Jesus aos outros, sacrificando
minhas necessidades pela deles.*

A BÍBLIA EM UM ANO: DANIEL 5–7; 2 JOÃO

8 DE DEZEMBRO — JOÃO 1:43-51

O PRECONCEITO E O AMOR DE DEUS

Nazaré!", exclamou Natanael. "Pode vir alguma coisa boa de Nazaré?" v.46

"**V**ocê não é o que eu esperava. Achei que o odiaria, mas não o odeio." As palavras do jovem soavam duras, mas na verdade ele se esforçava para ser gentil. Eu estudava no país dele, um país que décadas antes lutara contra o meu. Participávamos juntos de uma discussão em grupo na sala de aula e notei que ele parecia distante. Quando perguntei se o ofendera de alguma forma, ele respondeu: "De jeito nenhum, só que meu avô foi morto nessa guerra, e eu odiei seu povo e seu país por isso. Mas agora vejo o quanto temos em comum e isso me surpreende. Não vejo por que não podemos ser amigos".

O preconceito é tão antigo quanto a raça humana. Há dois milênios, quando Natanael ouviu pela primeira vez que Jesus morava em Nazaré, seu preconceito tornou-se evidente: "'Nazaré!', exclamou Natanael. 'Pode vir alguma coisa boa de Nazaré?'" (JOÃO 1:46). Natanael vivia na região da Galileia, como Jesus. Ele pensou que o Messias de Deus viria provavelmente de outro lugar; pois até mesmo outros galileus menosprezavam Nazaré porque o local parecia ser um lugar pequeno e comum.

É claro que a reação de Natanael não impediu que Jesus o amasse, e ele foi transformado ao se tornar discípulo de Jesus. Mais tarde, Natanael declarou: "o senhor é o Filho de Deus" (v.49). Não há preconceito que possa resistir ao amor transformador de Deus.

JAMES BANKS

**Quais preconceitos você já enfrentou?
Como o amor de Jesus o ajuda a lidar com eles?**

*Deus, ajuda-me a superar
os preconceitos que eu possa ter
e a amar os outros com o amor divino.*

A BÍBLIA EM UM ANO: DANIEL 8–10; 3 JOÃO

9 DE DEZEMBRO — **HEBREUS 10:19-25**

★ *TÓPICO DE DEZEMBRO: PARTICIPAÇÃO NA IGREJA*

SEJA A IGREJA

Pensemos em como motivar uns aos outros [...]. E não deixemos de nos reunir, como fazem alguns... vv.24-25

Durante a pandemia de COVID 19, Davi e Carla passaram meses procurando uma igreja onde pudessem cultuar. Seguir as orientações de saúde sobre o distanciamento dificultava tudo. Eles desejavam conectar-se com outros cristãos. Carla me escreveu: "É um momento difícil para encontrar uma igreja", e então percebi crescer em mim o desejo de me reunir com minha família da igreja. "É um momento difícil para *ser* a Igreja", respondi. Naqueles dias, nossa igreja ofereceu comida nos bairros vizinhos, fez cultos *on-line* e telefonou para os membros oferecendo apoio e oração. Meu marido e eu participamos, e nos questionamos sobre o que mais poderíamos fazer para "ser Igreja" nesta nova realidade.

O escritor de Hebreus exorta o povo a não negligenciar o ato de "nos reunir, como fazem alguns, mas [encorajarmo-nos] mutuamente" (10:25). Talvez devido à perseguição (vv.32-34) ou simplesmente pelo cansaço (12:3), os primeiros cristãos tinham dificuldades e precisavam de incentivo maior para continuar indo ao templo.

Às vezes, preciso de encorajamento também. E você? Quando as circunstâncias mudam a forma como experenciamos a igreja, continuaremos a *ser* Igreja? Vamos encorajar e edificar uns aos outros conforme Deus nos orienta. Compartilhar os nossos recursos, apoiarmo-nos mutuamente via mensagens de texto, reunirmo-nos como pudermos, orarmos uns pelos outros. *Sejamos* a Igreja.

ELISA MORGAN

Você pode ajudar alguém impossibilitado de frequentar o templo hoje?

Querido Deus, mostra-me como ser Igreja.

A BÍBLIA EM UM ANO: DANIEL 11–12; JUDAS

10 DE DEZEMBRO ISAÍAS 49:13-18

DEUS NÃO O ESQUECERÁ

...eu não me esqueceria de vocês! v.15

Quando criança, eu colecionava selos postais. Quando o meu *angkong* ("avô" em nosso dialeto) ouviu sobre meu *hobby*, ele começou a guardar os selos postais de seu escritório todos os dias. Sempre que eu os visitava, meu *angkong* me dava um envelope cheio de belos e variados selos. Certa vez, ele me disse: "Embora eu esteja sempre ocupado, não vou me esquecer de você".

Meu *angkong* não demonstrava o seu afeto abertamente, mas eu sentia profundamente o seu amor. De forma ainda infinitamente mais profunda, Deus demonstrou o Seu amor por Israel quando declarou: "eu não me esqueceria de vocês!" (ISAÍAS 49:15). Sofrendo na Babilônia por idolatria e desobediência no passado, Seu povo lamentava: "o Senhor se esqueceu de nós" (v.14). Mas o amor de Deus por Seu povo não tinha mudado. O Senhor lhes prometeu perdão e restauração (vv.8-13).

Assim como Deus nos diz hoje, Ele disse a Israel: "escrevi seu nome na palma de minhas mãos" (v.16). Ao ponderar sobre as Suas palavras que trazem segurança, lembrei-me das mãos de Jesus marcadas pelos pregos e estendidas em amor por nós e por nossa salvação (JOÃO 20:24-27). Como os selos de meu avô e suas palavras gentis, Deus estende a Sua mão misericordiosa como um símbolo eterno de Seu amor. Sejamos agradecidos por Seu amor imutável. Ele nunca nos esquecerá.

KAREN HUANG

O amor imutável de Deus lhe traz esperança e a segurança de que Ele nunca o esquecerá?

Amado Pai, sou grato por Teu amor e presença constante.

A BÍBLIA EM UM ANO: OSEIAS 1–4; APOCALIPSE 1

11 DE DEZEMBRO RUTE 4:9-17

DEUS É MAIS DO QUE O SUFICIENTE

As mulheres da vizinhança disseram:
"Noemi tem um filho outra vez!",
e lhe deram o nome de Obede. v.17

Helena tinha um salário apertado e alegrou-se ao receber um bônus de Natal. Isso lhe seria o suficiente, mas ao depositar o dinheiro surpreendeu-se: Como presente de Natal, o banco tinha depositado um bônus extra em sua conta corrente. Agora o casal podia pagar suas dívidas e abençoar alguém com uma surpresa natalina!

Deus tem maneiras de nos abençoar além do que esperamos. Noemi tornou-se amarga e arrasada com a morte do marido e filhos (RUTE 1:20-21). No entanto, Boaz, um parente que se casou com sua nora Rute, providenciou um lar para ambas e resolveu essa situação desesperadora (4:13).

Talvez tenha sido o suficiente para Noemi, mas Deus ainda abençoou Boaz e Rute com um filho. Agora Noemi tinha um neto para "[restaurar] seu vigor e [cuidar dela] em sua velhice" (v.15). *Isso* já teria sido o suficiente, como falaram as mulheres de Belém: "Noemi tem um filho outra vez!" (v.17). O pequeno Obede cresceu e se tornou "o pai de Jessé, pai de Davi" (v.17). A família de Noemi pertencia à linhagem real de Israel, a dinastia mais importante da história! *Isso* já teria sido o suficiente! entretanto, Davi tornou-se o ancestral de Jesus.

Se cremos em Cristo estamos em posição semelhante à de Noemi. Nada tínhamos até Ele nos redimir. Hoje somos plenamente aceitos por nosso Pai, que nos abençoa para abençoarmos os outros. Isso e muito mais do que o suficiente. MIKE WITTMER

Como Deus demonstrou a você
que Ele é mais do que o suficiente?

Jesus, Tu és mais do que suficiente para mim.

A BÍBLIA EM UM ANO: OSEIAS 5–8; APOCALIPSE 2

12 DE DEZEMBRO · **PROVÉRBIOS 18:10-15**

CONFIANÇA EM DEUS

O nome do Senhor é fortaleza segura; o justo corre para ele e fica protegido. v.10

Estávamos em um parque aquático tentando navegar numa pista de obstáculos de plataformas infláveis. Elas eram escorregadias, e seguir em frente era quase impossível. Ao cambalear por rampas, montes e pontes infláveis, gritávamos ao cair na água. Depois de completar o percurso, minha amiga, exausta, encostou-se numa das "torres" para recuperar o fôlego. Quase imediatamente, a torre cedeu sob o peso dela, derrubando-a novamente na água.

Diferentemente das torres frágeis do parque aquático, nos tempos bíblicos a torre era uma fortaleza para defesa e proteção. Lemos, em Juízes 9:50-51, sobre como o povo de Tebes fugiu para "uma torre forte" para se esconder do ataque de Abimeleque à cidade. O autor do livro de Provérbios usou a mesma imagem da torre forte para descrever o Senhor Deus: Aquele que salva os que confiam nele (PROVÉRBIOS 18:10).

Às vezes, ao invés de confiarmos na torre forte de Deus, quando estamos cansados ou abatidos, buscamos segurança e apoio em outras coisas: uma carreira, relacionamentos ou conforto físico. Não somos diferentes do homem rico que buscava força em seus bens (v.11). Mas assim como a torre inflável que não pôde sustentar o peso da minha amiga, essas coisas não podem nos dar o que realmente precisamos. Deus que é Todo-poderoso tem o controle de todas as situações e provê o verdadeiro conforto e segurança.

JASMINE GOH

**Em quem você confia?
Como lembrar-se de buscar a Deus, a torre forte?**

*Querido Deus, ajuda-me a correr para ti
em vez de recorrer a outros por conforto e segurança.*

A BÍBLIA EM UM ANO: OSEIAS 9–11; APOCALIPSE 3

13 DE DEZEMBRO — GÊNESIS 50:15-21

VENCER AS PROVAÇÕES

Vocês pretendiam me fazer o mal, mas Deus planejou tudo para [...] salvar a vida de muitos. v.20

Anne cresceu na pobreza e na dor. Dois dos seus irmãos morreram na infância. Aos 5 anos, uma doença a deixou quase cega, sem poder ler ou escrever. Quando ela tinha 8 anos, sua mãe morreu de tuberculose. Pouco depois, seu pai abusivo abandonou os seus três filhos sobreviventes. Seu irmão mais novo foi morar com parentes, mas Anne e seu irmão Jaime, foram para um orfanato malcuidado e superlotado onde Jaime morreu meses depois.

As circunstâncias melhoraram quando ela tinha 14 anos e foi para uma escola de cegos, onde fez uma cirurgia. Sua visão melhorou e ela aprendeu a ler e a escrever. Lutou para se enturmar, destacou-se academicamente e formou-se como oradora da turma. Hoje a conhecemos como Anne Sullivan, a professora e amiga de Helen Keller. Com esforço, paciência e amor, Anne ensinou Helen, que era cega e surda, a falar, ler Braille e a formar-se na faculdade.

José aos 17 anos também teve que superar provações extremas. Ele foi vendido como escravo por seus irmãos invejosos e mais tarde preso injustamente (GÊNESIS 37;39–41). No entanto, Deus o usou para salvar o Egito e sua família da fome (50:20).

Todos nós enfrentamos provações e problemas. Mas, assim como Deus ajudou José e Anne a superarem e impactarem profundamente a vida de outros, Ele pode nos ajudar e nos capacitar para praticar o bem. Busque-o para ajuda e orientação. O Senhor o vê e ouve.

ALYSON KIEDA

De que modo Deus o ajudou quando você passou por provações?

Querido Deus, ajudaste-me a passar por provações. Ensina-me a ajudar aos outros.

Leia mais sobre "o cuidado espiritual", acesse: paodiario.org

A BÍBLIA EM UM ANO: OSEIAS 12–14; APOCALIPSE 4

14 DE DEZEMBRO — **SALMO 131**

APETITE PARA DISTRAÇÃO

Pelo contrário, acalmei e aquietei a alma, como criança desmamada que não chora mais... v.2

Desliguei meu telefone, cansado do constante bombardeio de imagens, ideias e notificações que a telinha transmite. Logo o peguei e liguei novamente. *Por quê?*

Em seu livro "A geração superficial" (2019, Agir), Nicholas Carr descreve como a internet moldou nosso relacionamento com a quietude, parafraseando: "O que a internet parece fazer é minar a minha capacidade de concentração e contemplação. Estando *on-line* ou não, minha mente espera receber informações em um fluxo de movimento rápido como a internet as distribui. Já fui um mergulhador no mar das palavras, hoje corro pela superfície como quem se move de *jet ski*".

Viver a vida num *jet ski* mental não parece saudável. Mas como começar a desacelerar e a mergulhar em águas espirituais profundas e tranquilas? As palavras de Davi lembram-me de que tenho essa responsabilidade: "acalmei e aquietei a alma" (SALMO 131:2). A mudança de hábitos começa com *minha* escolha de aquietar-me, mesmo que tenha que fazer essa escolha repetidamente. Porém, lentamente, Deus nos convence de Sua bondade. Como uma criancinha, descansamos plenamente satisfeitos, lembrando-nos de que somente Ele oferece esperança (v.3), a satisfação da alma que nenhum aplicativo de telefone pode dispor e nenhuma mídia social pode entregar.

ADAM R. HOLZ

Como a tecnologia o impede de aquietar-se diante da presença de Deus? O seu telefone contribui ou não para a sua satisfação?

Pai, o mundo traz distrações que não satisfazem minha alma. Enche-me do Teu genuíno contentamento.

A BÍBLIA EM UM ANO: JOEL 1–3; APOCALIPSE 5

15 DE DEZEMBRO ROMANOS 3:21-26

IGUAIS PERANTE DEUS

*O rico e o pobre têm isto em comum: o
Senhor criou os dois.* PROVÉRBIOS 22:2

Durante as férias, minha esposa e eu passeamos de bicicleta. Uma rota nos levou a um bairro de casas milionárias. Vimos os moradores passeando com cachorros, ciclistas e trabalhadores construindo novas casas ou cuidando dos jardins. Era uma mistura de todas as esferas sociais e isso me lembrou de uma realidade valiosa. Não há verdadeira distinção entre nós. Ricos ou pobres. Abastados ou trabalhadores. Conhecidos ou desconhecidos. Todos nós naquela rua e manhã éramos iguais. "O rico e o pobre têm isto em comum: o Senhor criou os dois" (PROVÉRBIOS 22:2). Independentemente das diferenças, todos fomos feitos à imagem de Deus (GÊNESIS 1:27).

Mas há algo mais: ser igual diante de Deus também significa que não importa a nossa situação econômica, social ou étnica, todos nós nascemos sob a condição de pecado: "Pois todos pecaram e não alcançam o padrão da glória de Deus" (ROMANOS 3:23). Somos todos desobedientes e igualmente culpados perante Ele, e precisamos de Jesus.

Frequentemente, dividimos as pessoas em grupos por vários motivos. Mas, na verdade, todos nós fazemos parte da raça humana. E embora estejamos todos na mesma situação, pecadores que precisam de um Salvador, podemos ser "justificados gratuitamente (ARA)", declarados justos — reconciliados com Deus por Sua graça (v.24).

DAVE BRANON

**Ao reconhecer que somos iguais perante Deus,
como isso o ajuda a amar mais os outros?
Como Jesus o preenche?**

*Pai, somos gratos por enviares
Jesus à Terra para viver em perfeição
e pelo sacrifício dele por nós.*

A BÍBLIA EM UM ANO: AMÓS 1–3; APOCALIPSE 6

16 DE DEZEMBRO ATOS 2:38-47

★ *TÓPICO DE DEZEMBRO: PARTICIPAÇÃO NA IGREJA*

COMUNIDADE EM CRISTO

*Todos se dedicavam
de coração...* v.42

Nas Bahamas, há um pedaço de terra chamado *Ragged Island* que no século 19 era uma salina. Todavia, com o declínio dessa indústria de sal, muitos emigraram para ilhas próximas. Em 2016, menos de 80 pessoas viviam lá, e a ilha tinha três denominações religiosas; no entanto, todos se reuniam em um só lugar para adoração e comunhão semanal. Com tão poucos residentes no local, o senso de comunidade era importante para eles.

As pessoas da igreja primitiva também tinham a necessidade crucial e desejo de comunhão. Eles sentiam-se encorajados em sua fé recém-descoberta, que se tornara possível pela morte e ressurreição de Jesus. Sabiam também que Ele não estava mais fisicamente com eles, e que precisavam uns dos outros. Os novos cristãos se dedicaram aos ensinamentos dos apóstolos, à companhia e à comunhão (ATOS 2:42), reunindo-se em casas para adoração, refeições e cuidando das necessidades do próximo. A igreja é descrita assim: "Todos os que creram estavam unidos em coração e mente" (4:32). Cheios do Espírito Santo, louvaram a Deus continuamente e trouxeram as necessidades da igreja a Ele em oração.

A comunidade é essencial para o nosso crescimento e apoio, não tente fazer tudo sozinho. Deus desenvolverá esse senso de comunidade à medida que compartilharmos lutas e alegrias uns com os outros e nos aproximarmos dele.

ANNE CETAS

**Você investe o seu tempo
com outros cristãos?**

*Deus, preciso de ti e do Teu povo;
ajuda-me a viver uma vida
mais plena no Senhor.*

A BÍBLIA EM UM ANO: AMÓS 4–6; APOCALIPSE 7

17 DE DEZEMBRO

PROVÉRBIOS 3:5-18

DILEMA DE NATAL

Esses perversos são detestáveis para o SENHOR,
mas aos justos ele oferece sua amizade. v.32

Deus chamou Davi e Ângela para mudarem-se para o exterior, e o ministério frutífero que se seguiu confirmava esse chamado. Porém, a desvantagem dessa mudança era os pais idosos de Davi ficarem sozinhos no Natal. O casal tentou mitigar a solidão dos pais enviando presentes mais cedo e telefonando na manhã de Natal. Mas o que os pais de Davi queriam era a presença deles. Com a renda de Davi permitindo apenas uma viagem ocasional, o que poderiam fazer? Eles precisavam de sabedoria.

Temos um curso rápido sobre a busca de sabedoria em Provérbios 3. Vemos como recebê-la, levando nossas situações a Deus (vv. 5-6), e a descrição de várias qualidades, como amor e fidelidade (vv.3-4,7-12), e também seus benefícios como paz e longevidade (vv.13-18). Uma nota comovente diz que Deus concede essa sabedoria quando nos "oferece sua amizade" (v.32). O Senhor sussurra Suas soluções aos que estão próximos a Ele.

Davi orou e teve uma ideia. No dia do Natal, ele e Ângela vestiram suas melhores roupas, enfeitaram a mesa e serviram o jantar. Os pais de Davi fizeram o mesmo. Com um *laptop* em cada mesa, comeram todos juntos durante uma chamada de vídeo. Quase parecia que estavam na mesma sala e isso tornou-se uma tradição familiar.

Deus tratou Davi com amor e lhe concedeu sabedoria. O Senhor se deleita em sussurrar soluções criativas para nossos problemas.

SHERIDAN VOYSEY

Qual dilema você está enfrentando?
Que solução amorosa Deus pode lhe dar?

Deus Pai, por favor, sussurra
ao meu coração a Tua solução criativa
para o meu problema.

A BÍBLIA EM UM ANO: AMÓS 7–9; APOCALIPSE 8

18 DE DEZEMBRO — **FILIPENSES 4:4-7**

MEU DEUS ESTÁ PRÓXIMO

Lembrem-se de que o Senhor virá em breve [...], orem a Deus pedindo aquilo de que precisam... vv.5-6

Lourdes, professora de canto, sempre deu aulas presenciais. Quando teve de ministrar aulas *on-line*, ficou ansiosa. "Não sou boa com computadores", ela contou: "Meu *laptop* é antigo e não estou familiarizada com chamadas de vídeo". Talvez possa parecer algo pequeno para alguns, mas era estressante para ela. "Moro sozinha, não tenho ninguém para me ajudar, preocupo-me que os alunos desistam e preciso dessa renda", disse ela. Antes de cada aula, Lourdes orava para que tudo funcionasse corretamente. "Filipenses 4:5-6 era o papel de parede da minha tela; apeguei-me àquelas palavras" disse ela.

Paulo nos exorta a não nos preocuparmos com nada, pois "o Senhor virá em breve" (FILIPENSES 4:5). A promessa divina sobre a presença de Deus é algo para nós nos apegarmos. Quando descansamos no Senhor e lhe entregamos os nossos problemas em oração, Sua paz guarda o nosso " coração e [...] mente em Cristo Jesus" (v.7).

"Deus me orientou a ler sites informativos sobre conserto de *bugs* no computador. Ele também me deu alunos pacientes que entenderam minhas limitações tecnológicas", disse Lourdes

A presença, a ajuda e a paz de Deus são nossas para as desfrutar enquanto o seguimos durante todos os dias da nossa vida. Podemos dizer confiantes: "Alegrem-se sempre no Senhor. Repito: alegrem-se!" (v.4).

KAREN HUANG

Saber que Deus está próximo traz paz ao seu coração? Quais problemas específicos você pode entregar ao Senhor?

Deus, sou grato por estares próximo. Com Teu amor, Tua ajuda e Tua paz, não fico mais ansioso.

A BÍBLIA EM UM ANO: OBADIAS; APOCALIPSE 9

19 DE DEZEMBRO — **GÊNESIS 32:22-32**

APRENDENDO COM AS CICATRIZES

O sol estava nascendo quando Jacó partiu de Peniel, mancando por causa do quadril deslocado. v.31

Flávia tocou as cicatrizes da cirurgia para remover o câncer de esôfago e estômago. Desta vez, os médicos retiraram parte de seu estômago, deixando uma cicatriz irregular revelando a extensão da cirurgia. Ela disse ao marido: "As cicatrizes representam a dor do câncer ou a cura. Escolhi que serão o símbolo de cura".

Jacó enfrentou escolha semelhante em sua luta à noite com Deus. O atacante divino deslocou o quadril dele e o deixou exausto e mancando perceptivelmente. Meses depois, eu ainda questiono sobre o que Jacó pensou quando massageou o seu quadril sensível?

Será que Jacó tinha se arrependido de sua incredulidade que resultou na fatídica luta? O mensageiro divino tinha arrancado a verdade dele, recusando-se a abençoá-lo até que Jacó confessasse quem era. Jacó confessou que ele era aquele que nasceu com "a mão agarrada ao calcanhar" do irmão (GÊNESIS 25:26). Jacó trapaceou o seu irmão Esaú e mentiu ao seu sogro Labão, enganando-os para obter vantagens. O lutador divino disse que o novo nome de Jacó seria "Israel, pois lutou com Deus e com os homens e venceu" (32:28).

O mancar ou claudicar de Jacó representou a morte de sua antiga vida de engano e o início de sua nova vida com Deus. O fim de Jacó e o começo de Israel. Sua limitação física o levou a confiar em Deus, que agora se movia poderosamente nele e por meio dele.

MIKE WITTMER

As suas cicatrizes espirituais simbolizam o começo de algo bom?

Pai, tenho a confiança de que a minha limitação é um sinal do Teu amor.

Leia sobre "como encontrar Deus na dor", acesse: paodiario.org

A BÍBLIA EM UM ANO: JONAS 1–4; APOCALIPSE 10

20 DE DEZEMBRO — ISAÍAS 43:18-25

PERDOAR E ESQUECER

*Eu, somente eu, por minha própria causa,
apagarei seus pecados e nunca mais
voltarei a pensar neles.* v.25

Jill Price nasceu com hipertimesia: a capacidade de lembrar-se detalhadamente tudo o que já lhe aconteceu. Ela pode relembrar-se da ocorrência exata de qualquer acontecimento que tenha experimentado.

Um programa de TV apresentava uma policial com hipertimesia, e isso lhe era de grande vantagem na resolução de crimes. Mas para Jill essa condição não é muito divertida. Ela não consegue esquecer os momentos da vida em que recebeu críticas, sofreu perdas ou mesmo de algo pelo qual já se arrependeu. Ela revê essas cenas em sua memória continuamente.

Nosso Deus é onisciente (algo como uma hipertimesia divina): a Bíblia nos diz que o Seu entendimento é ilimitado. No entanto, descobrimos algo muito reconfortante: "Eu, somente eu, por minha própria causa, apagarei seus pecados e nunca mais voltarei a pensar neles" (ISAÍAS 43:25). O livro de Hebreus reforça isso: "que [fomos] santificados pela oferta do corpo de Jesus Cristo" e o Senhor diz que "nunca mais" voltará a pensar em nossos pecados (HEBREUS 10:10,17).

Ao confessarmos os nossos pecados a Deus, podemos parar de pensar neles. Precisamos abandoná-los, assim como Ele diz: "Esqueçam tudo isso, não é nada comparado ao que vou fazer" (ISAÍAS 43:18). Em Seu grande amor, Deus escolhe não se lembrar de nossos pecados contra nós. Lembremo-nos *disso*. KENNETH PETERSEN

> **Há memórias do passado das quais
> você precisa se livrar e entregá-las a Deus?**
>
> *Querido Deus, sou grato por me perdoares
> e esqueceres dos meus pecados.*

A BÍBLIA EM UM ANO: MIQUEIAS 1–3; APOCALIPSE 11

21 DE DEZEMBRO   **SALMO 42**

A LUZ DA ESPERANÇA

Espere em Deus! Ainda voltarei a louvá-lo,
meu Salvador e meu Deus! v.11

A cruz deveria estar pendurada ao lado da cama de minha mãe no centro de tratamento de câncer. E eu deveria estar me preparando para visitá-la nos feriados entre seus tratamentos. Tudo o que eu queria de presente de Natal era ter mais um dia com minha mãe. Em vez disso, eu estava em casa, pendurando numa árvore falsa uma cruz que pertencera a ela. Quando meu filho acendeu as luzes, sussurrei: "Obrigada" e ele me respondeu: "De nada". Ele não sabia que eu estava agradecendo a Deus pelas luzes piscantes que direcionavam meus olhos para Jesus — a eterna Luz da esperança.

O escritor do Salmo 42 expressou suas genuínas emoções a Deus (vv.1-4). Ele reconheceu sua alma "abatida" e "triste" antes de encorajar os leitores: "Espere em Deus! Ainda voltarei a louvá-lo, meu Salvador e meu Deus!" (v.5). Embora estivesse dominado por ondas de tristeza e sofrimento, a esperança dele brilhou ao lembrar-se da fidelidade de Deus (vv.6-10). Finalizou questionando suas dúvidas e afirmando a resiliência de sua fé, agora refinada: "Por que você está tão abatida, ó minha alma? Por que está tão triste? Espere em Deus! Ainda voltarei a louvá-lo, meu Salvador e meu Deus" (v.11).

O Natal desperta alegria e tristeza em muitos de nós. Felizmente, mesmo as emoções confusas podem ser reconciliadas e redimidas por meio das promessas da verdadeira Luz de esperança: Jesus.

XOCHITL DIXON

Você pode apoiar alguém que esteja sofrendo ou em luto neste Natal?

Querido Jesus, sou grato por me carregares
tanto na alegria quanto na tristeza ao longo do ano.

A BÍBLIA EM UM ANO: MIQUEIAS 4–5; APOCALIPSE 12

22 DE DEZEMBRO 🌿 **EFÉSIOS 2:11-22**

DESTRUIR MUROS EM FAVOR DA UNIÃO

[Cristo] uniu judeus e gentios em um só povo ao derrubar o muro de inimizade que nos separava. v.14

As famílias e amigos tinham permanecido separados pelo Muro de Berlim desde que o governo da Alemanha Oriental o erguera em 1961. Essa barreira impedia que os cidadãos fugissem para a Alemanha Ocidental. Na verdade, de 1949 até o dia em que a estrutura foi construída, estima-se que mais de 2,5 milhões de alemães conseguiram ir para o lado ocidental. O presidente dos Estados Unidos, Ronald Reagan, de frente para o muro, em 1987, disse: "Derrubem este muro!". Suas palavras geraram uma onda de mudanças que permitiram a sua queda, em 1989, e a gloriosa reunificação da Alemanha.

Paulo escreveu sobre um "muro de inimizade" derrubado por Jesus (EFÉSIOS 2:14). O muro existia entre os judeus (povo escolhido de Deus) e os gentios (os outros povos). Era simbolizado pelo *soreg* (parede divisória) no antigo templo erguido por Herodes o Grande, em Jerusalém. Impedia os gentios de irem além dos pátios externos do templo, embora dali pudessem ver os pátios internos. Mas Jesus trouxe "paz" e reconciliação entre judeus e gentios; entre Deus e todos os povos. Jesus fez isso "ao derrubar o muro de inimizade que nos separava" por "sua morte na cruz" (vv.14,16). As "boas-novas de paz" possibilitam a união de todos pela fé em Cristo (vv.17-18).

Muitas coisas nos dividem, mas pela graça de Deus esforcemo-nos para viver a paz e a união encontradas em Jesus (vv.19-22).

TOM FELTEN

Como agir sob a força do amor de Cristo?

Jesus, por favor, ajuda-me a derrubar os muros que negam a Tua verdade e amor.

A BÍBLIA EM UM ANO: MIQUEIAS 6–7; APOCALIPSE 13

23 DE DEZEMBRO   🌿 **1 TESSALONICENSES 5:11-15**

★ *TÓPICO DE DEZEMBRO: PARTICIPAÇÃO NA IGREJA*

COMUNHÃO EM CRISTO

*Portanto, animem e edifiquem uns
aos outros, como têm feito.* v.11

Não sei quem é o responsável por apagar as luzes e trancar o prédio da igreja após o culto de domingo, mas sei de algo sobre essa pessoa: a refeição de domingo dela atrasará. Acontece isso porque muitas pessoas gostam de permanecer, após o culto, para conversar sobre as decisões da vida, seus problemas, lutas diárias e outros assuntos. É uma alegria olhar ao redor e ver que, mesmo 20 minutos depois do culto, ainda há tantas pessoas desfrutando da companhia umas das outras.

A comunhão é componente-chave da vida cristã. Sem a ligação que surge no ato de investir tempo com outros irmãos na fé, perderíamos alguns benefícios por ser cristãos.

Por exemplo, Paulo diz que podemos "[animar] e [edificar] uns aos outros" (1 TESSALONICENSES 5:11). O autor de Hebreus concorda, dizendo-nos para não deixarmos de nos reunir, porque precisamos "[nos encorajar] mutuamente" (10:25). Diz também que, quando estamos juntos, motivamos "uns aos outros na prática do amor e das boas obras" (v.24).

Como pessoas dedicadas a viver para Cristo, preparamo-nos para sermos fiéis e para servirmos à medida que encorajamos "os desanimados" e somos "pacientes com todos" (1 TESSALONICENSES 5:14). Viver dessa maneira, à medida que Ele nos auxilia, permite-nos desfrutar da verdadeira comunhão e "fazer o bem uns aos outros e a todos" (v.15).

DAVE BRANON

**Quais os benefícios por vivermos em comunhão?
Como ajudar outros a experimentarem
a comunhão em Cristo?**

*Pai, ajuda-me a ser "boa companhia", alguém que
generosamente encoraja outros com amor e compaixão.*

A BÍBLIA EM UM ANO: NAUM 1–3; APOCALIPSE 14

24 DE DEZEMBRO — MATEUS 2:1-5,7-12

A ESTRELA DE NATAL

Quando viram a estrela, ficaram muito alegres. v.10

"Se você encontrar aquela estrela, sempre poderá encontrar o caminho de casa." Essas foram as palavras de meu pai, ao me ensinar a localizar a Estrela do Norte, quando criança. Papai tinha servido nas Forças Armadas durante a guerra e houve momentos em que a vida dele dependia de capacidade de navegar sob o céu noturno. Ele garantiu que eu soubesse os nomes e localizações de várias constelações, mas encontrar a estrela Polar era o mais importante. Saber a localização dessa estrela significava adquirir o senso de direção onde quer que estivesse e encontrar o meu caminho.

As Escrituras falam de outra estrela de essencial importância. Alguns sábios do Oriente (área que hoje pertence ao Irã e Iraque) estavam atentos às estrelas no céu que indicavam o local do nascimento de quem seria o rei de Deus para o Seu povo. Eles vieram a Jerusalém perguntando: "Onde está o recém-nascido rei dos judeus? Vimos sua estrela no Oriente e viemos adorá-lo" (MATEUS 2:1-2).

Os astrônomos não sabem o que causou o aparecimento da estrela de Belém, mas a Bíblia revela que Deus a criou para que o mundo se voltasse para Jesus: "a brilhante estrela da manhã" (APOCALIPSE 22:16). Cristo veio para nos salvar de nossos pecados e nos guiar de volta a Deus. Siga-o e você encontrará o caminho de casa.

JAMES BANKS

De que maneira prática você seguirá Jesus hoje? O que você fará para compartilhar o amor de Jesus?

Jesus, sou grato por seres o caminho para o meu lar na eternidade. Ajuda-me a seguir a Tua luz hoje!

Leia mais sobre "confiança em Deus", acesse: paodiario.org

A BÍBLIA EM UM ANO: HABACUQUE 1–3; APOCALIPSE 15

25 DE DEZEMBRO LUCAS 2:1-7

A PROMESSA DO NASCIMENTO DE CRISTO

...você, ó Belém Efrata, [...] um governante de Israel, [...] sairá de você em meu favor.
MIQUEIAS 5:2

Em novembro de 1962, o físico John W. Mauchly disse: "Não há razão para supor que o menino ou a menina não possam aprender a usar um computador pessoal". Na época, tal previsão parecia fantástica, mas foi incrivelmente precisa. Hoje, usar um computador ou dispositivo eletrônico é uma das primeiras habilidades que uma criança aprende.

Embora a predição de Mauchly tenha se concretizado, previsões muito mais importantes também aconteceram. São as previsões sobre a vinda de Cristo que são registradas nas Escrituras. Por exemplo: "Mas você, ó Belém Efrata, é apenas uma pequena vila entre todo o povo de Judá. E, no entanto, um governante de Israel, cujas origens são do passado distante, sairá de você em meu favor" (MIQUEIAS 5:2). Deus enviou Jesus, que chegou à pequena Belém, identificando-o como da linhagem real de Davi (LUCAS 2:4-7).

A mesma Bíblia que previu acuradamente a primeira vinda de Jesus também promete o Seu retorno (ATOS 1:11). Jesus prometeu aos Seus seguidores que voltará para buscá-los (JOÃO 14:1-4).

Neste Natal, enquanto ponderamos sobre os acontecimentos previstos com exatidão a respeito do nascimento de Jesus, que possamos também considerar a Sua volta prometida, permitindo que Ele nos prepare para o majestoso momento em que o veremos face a face!

BILL CROWDER

Como reagir com louvor à veracidade das profecias sobre o nascimento de Cristo? A Sua promessa de vir nos buscar o impacta?

Pai, sou muito grato pelo nascimento de Jesus e pela missão dele em nos resgatar e redimir.

A BÍBLIA EM UM ANO: SOFONIAS 1–3; APOCALIPSE 16

26 DE DEZEMBRO 🌿 **LUCAS 2:15-20**

O DIA DEPOIS DO NATAL

*Maria, porém, guardava todas
essas coisas no coração e
refletia sobre elas.* v.19

Depois das alegrias do Natal, o dia seguinte parecia decepcionante. Passamos a noite com amigos, mas não dormimos bem. Nosso carro quebrou na volta para casa. Começou a nevar. Abandonamos o carro e fomos de táxi na neve e granizo sentindo o *desânimo*. Não somos os únicos que se sentem desanimados após o dia de Natal. Seja o excesso de comida, o sumiço das canções natalinas das mídias, ou os presentes que compramos na semana anterior estarem agora pela metade do preço. A magia do Natal pode desaparecer rapidamente!

A Bíblia não nos fala sobre o dia após o nascimento de Jesus. Mas podemos imaginar que Maria e José deveriam estar exaustos depois de caminhar até Belém, procurar por acomodação, pelas dores do parto que Maria sentiu ao dar à luz e pelos sábios aparecerem sem avisar (LUCAS 2:4-18). No entanto, posso imaginar Maria embalando seu recém-nascido e refletindo sobre a visitação angelical (1:30-33), a bênção de Isabel (vv.42-45) e sua própria compreensão do destino de seu bebê (vv.46-55). Maria "guardava" essas coisas em seu coração (2:19), o que pode ter aliviado o cansaço e a dor física daquele dia.

Todos nós temos dias "de desânimo", talvez até mesmo no dia seguinte ao Natal. Como Maria, vamos enfrentá-los refletindo sobre Aquele que veio ao nosso mundo, para iluminá-lo para sempre com a Sua presença.

SHERIDAN VOYSEY

**Você já sentiu "desânimo" após a "euforia"?
O que Jesus trouxe ao mundo?**

*Querido Jesus, louvo-te por entrares
em nosso mundo escuro,
iluminando meus dias com Tua presença.*

A BÍBLIA EM UM ANO: AGEU 1–2; APOCALIPSE 17

27 DE DEZEMBRO **PROVÉRBIOS 11:24-31**

A SABEDORIA DIVINA SALVA VIDAS

O fruto do justo é árvore de vida;
o sábio conquista pessoas. v.30

Uma entregadora de cartas ficou preocupada ao ver a correspondência de uma das casas nas quais entregava correspondências, acumular-se. Ela sabia que a idosa morava sozinha e que pegava a correspondência todos os dias. A carteira sabiamente comunicou a sua preocupação a uma vizinha, que alertou outro vizinho, o qual tinha uma chave reserva da casa dessa senhora. Juntos, eles entraram na casa dela e a encontraram caída no chão. A senhora havia caído 4 dias antes e não conseguia se levantar ou pedir ajuda. A sabedoria, a preocupação e a decisão de agir daquela carteira provavelmente salvou a vida da idosa.

Provérbios diz: "o que ganha almas é sábio" (11:30 ARA). O discernimento que vem ao fazermos o certo e vivermos de acordo com a sabedoria divina pode abençoar não só a nós mesmos, mas também aos outros. O fruto que recebemos por praticarmos o que honra a Deus e os Seus caminhos pode produzir uma vida boa e revigorante. E nosso fruto também nos impulsiona a cuidarmos dos outros e buscarmos o seu bem-estar.

O autor de Provérbios afirma ao longo do livro que a sabedoria é encontrada na confiança em Deus: "Pois a sabedoria vale muito mais que rubis; nada do que você deseja se compara a ela" (8:11). A sabedoria que Deus provê existe para nos guiar durante nossa vida. Isso pode ganhar uma alma para a eternidade. *KATARA PATTON*

Você valoriza a sabedoria?
Pode usá-la para ajudar alguém hoje?

Amado Pai, dá-me sabedoria para seguir Teu caminho
e Tuas orientações. Ajuda-me a cuidar dos outros.

Saiba mais sobre "o chamado de Deus para você", acesse: universidadecrista.org

A BÍBLIA EM UM ANO: ZACARIAS 1–4; APOCALIPSE 18

28 DE DEZEMBRO — ÊXODO 22:22-27

ATENDENDO ÀS NECESSIDADES DE OUTROS

Se tomar a capa do seu próximo como garantia para um empréstimo, devolva-a antes do pôr do sol. v.26

O pai de Felipe sofre de doença mental severa e saiu de casa para viver nas ruas. Depois de um dia de procura por ele, Cíntia e seu jovem filho Felipe estavam preocupados com o bem-estar dele. Felipe questionou sua mãe se o seu pai e outras pessoas sem-teto estariam bem agasalhadas. Eles decidiram lançar uma campanha de coleta e distribuição de cobertores e agasalhos para as pessoas em situação de rua da região. Por mais de uma década, Cíntia considera que esse é o trabalho de sua vida, creditando ao filho e a sua profunda fé em Deus o despertar nela as dificuldades de se viver sem um lugar quente para dormir.

Há muito tempo, a Bíblia nos ensina a atender às necessidades dos outros. Moisés registra os princípios para orientar nossa interação com os que carecem de recursos. Quando somos movidos a suprir as necessidades dos outros, não devemos cobrar "juros visando lucro, como fazem os credores" (ÊXODO 22:25). Se a capa de alguém fosse levada como garantia, deveria ser devolvida até o pôr do sol, pois "Talvez a capa seja a única coberta que ele tem para se aquecer. Como ele poderá dormir sem ela?" (v.27).

Peçamos a Deus que abra os nossos olhos e coração para vermos como aliviar a dor de quem sofre. Quer procuremos atender às necessidades de muitos ou a de uma única pessoa, nós o honramos tratando-os com dignidade e cuidado. KIRSTEN HOLMBERG

Deus já supriu suas necessidades por meio de outros?

Pai celestial, por favor, abre os meus olhos às necessidades dos outros.

A BÍBLIA EM UM ANO: ZACARIAS 5–8; APOCALIPSE 19

29 DE DEZEMBRO — **TIAGO 1:1-12**

A COROA DA VIDA

*Feliz é aquele que suporta
com paciência as provações
e tentações...* v.12

LeeAdianez Rodriguez-Espada, 12 anos, não queria se atrasar para uma corrida de 5 km. Sua ansiedade a fez largar com um grupo de corredores, 15 minutos antes do horário de sua largada, junto aos participantes da meia-maratona (21 km). Ela entrou passo a passo no ritmo dos outros corredores. No 4º km, sem a linha de chegada à vista, percebeu que estava numa corrida mais longa e difícil. Em vez de desistir, continuou correndo e completou a corrida de 21 km em 1.885º lugar entre 2.111 finalistas. Isso sim é perseverar!

Enquanto sofriam perseguição, muitos dos primeiros cristãos queriam desistir da corrida por Cristo, mas Tiago os encorajou a continuar em frente. Se suportassem pacientemente a provação, Deus lhes daria uma recompensa maior (TIAGO 1:4,12). Primeiro, "é necessário que [a perseverança] cresça, pois quando estiver plenamente desenvolvida vocês serão maduros e completos, sem que nada lhes falte" (v.4). Em segundo lugar, Deus lhes daria a "coroa da vida", vida em Jesus no presente e a promessa de estar em Sua presença na eternidade (v.12).

Às vezes, a corrida cristã parece não ser aquela para a qual nos inscrevemos, pois ela é mais longa e difícil do que esperávamos. Mas, à medida que Deus supre o que precisamos, podemos perseverar e continuar seguindo adiante.

MARVIN WILLIAMS

Quais as suas dificuldades?
O que fazer para permanecer fiel a Deus
ao passar por provações?

*Querido Deus, minhas pernas
estão cansadas e tenho vontade de desistir.
Por favor, fortalece-me.*

A BÍBLIA EM UM ANO: ZACARIAS 9–12; APOCALIPSE 20

30 DE DEZEMBRO — JOÃO 12:27-32

ALMAS CONTURBADAS, ORAÇÕES SINCERAS

Pai, glorifica teu nome! v.28

Três dias antes da explosão de uma bomba que abalou a sua casa, em 1957, Martin Luther King Jr. passou por um momento que o marcou para sempre. Depois de receber um telefonema ameaçador, King se viu pensando numa estratégia para sair do movimento pelos direitos civis. Então, brotaram orações em sua alma: "Estou defendendo o que acredito ser certo. Mas agora tenho medo, não tenho nada e não posso enfrentar isso sozinho". Depois de orar, sentiu uma silenciosa certeza. King observou: "Quase imediatamente meus medos começaram a sumir. Minha incerteza desapareceu e eu estava disposto a enfrentar tudo".

Em João 12, Jesus reconheceu: "minha alma está angustiada" (v.27). Ele foi transparentemente honesto sobre Sua disposição interna, ainda assim Ele exaltou a Deus em Sua oração. "Pai, glorifica teu nome!" (v.28). A oração de Jesus foi de rendição à vontade de Deus.

Como é humano de nossa parte sentirmos medo e desconforto quando nos deparamos com a opção de honrar ou não honrar a Deus, quando a sabedoria exige que tomemos decisões difíceis sobre os nossos relacionamentos, hábitos ou outros padrões (bons ou maus). Não importa o que confrontemos, ao orarmos ousadamente a Deus, o Senhor nos dará forças para superarmos nosso medo e desconforto e fazermos o que o glorifica — para o nosso bem e para o bem dos outros.

ARTHUR JACKSON

Quais experiências o motivaram a orar de maneira a honrar e glorificar a Deus?

Pai, ajuda-me a enfrentar os desafios com honestidade e oração, pois sei que trarão glória ao Senhor.

A BÍBLIA EM UM ANO: ZACARIAS 13–14; APOCALIPSE 21

31 DE DEZEMBRO — **HEBREUS 13:14-21**

A CIDADE SANTA

Que ele produza em vocês[...] tudo que é agradável a ele... v.21

Na véspera do Ano-Novo, as autoridades municipais abriram uma cápsula do tempo de 100 anos. Dentro dela estavam previsões esperançosas dos líderes da cidade com as suas visões de prosperidade. Entretanto, a mensagem do prefeito trazia uma ideia diferente: "Que possamos expressar uma esperança que seja superior a de outros, que vocês possam perceber como nação, povo e cidade, que vocês cresceram em retidão, pois é isso que exalta uma nação".

Mais do que o sucesso, a felicidade ou paz, o prefeito desejou que os futuros cidadãos crescessem naquilo que significa ser verdadeiramente justo e correto. Talvez ele tenha se inspirado em Jesus, que abençoou os que anseiam por Sua justiça (MATEUS 5:6). Mas é fácil nos desencorajarmos quando consideramos o padrão perfeito de Deus.

Louvado seja Deus por não precisarmos confiar em nosso próprio esforço para crescer. O autor de Hebreus disse: "que o Deus da paz [...] os capacite em tudo que precisam para fazer a vontade dele. Que ele produza em vocês, [...] tudo o que e agradável a ele" (13:20-21). Nós que estamos em Cristo somos santificados pelo Seu sangue no momento em que cremos nele (v.12), porém, Ele faz crescer o fruto da justiça em nosso coração por toda a vida. Tropeçaremos muitas vezes na jornada, mas ainda esperamos pela "cidade por vir" (v.14) onde a justiça de Deus reinará.

KAREN PIMPO

Como encorajar outras pessoas a buscar a justiça de Deus?

Querido Deus, trabalha em mim o que é agradável a ti.

A BÍBLIA EM UM ANO: MALAQUIAS 1–4; APOCALIPSE 22

ÍNDICE TEMÁTICO

JANEIRO A DEZEMBRO

TEMA	DATA
Adoração	abr. 2; mai. 29; out. 11; nov. 1,9,16,23
Amizade	fev. 11; abr. 8; mai. 20; ago. 25
Amor pelos outros	jan. 19,20; fev. 14,27; mar. 14,26; abr. ,2,3,16,23; mai. 13; jun. 20,27; jul. 3,23; ago. 1; set. 7,13,24,28; out. 12,18,30; nov. 3,10,18,28; dec. 1,21,23,28
Apologética	mai. 2,8,15,22
Arrependimento	fev. 19; mar. 18
Bem-aventuranças	fev. 2,8,15,22
Bíblia	mar. 1,9,16,21,23; abr. 6; set. 12,15
Comunhão	jun. 22
Confrontamento	mar. 12; set. 16; nov. 18
Contentamento	mar. 20; jun. 26
Crescimento espiritual	jan. 4,16,21; fev. 20,21; mar. 21; abr. 9,19,27; mai. 12,27; jun. 2,5,8,15,25; jul. 5,13; ago. 6,17,20,24; set. 9,16,18; nov. 17,18,25; dec. 1,14,29,31
Criação	jan. 6; abr. 13,21; mai. 15
Cristo, caráter	fev. 1,9,16,23
Cristo, identidade em	mar. 5,13; abr. 5,15; jun. 24; ago. 11; out. 1,9,16,23
Cristo, morte	abr. 13,16,18,20
Cristo, nascimento	dec. 24,25,26
Cristo, pessoa e obra	jan. 1,7,9,12, 16,23; mai. 26; jun. 24; ago. 2,9,15,30; set. 21; out. 21; dec. 26
Cristo, ressurreição	abr. 20
Cristo, Salvador/Messias	mai. 7; jun. 22; dec. 6,11
Cristo, vida/ensino	fev. 1,12; abr. 26; jun. 29; out. 19,28
Culpa	jul. 18
Decisões, tomada de	mai. 1; jun. 12; jul. 13; set. 20; out. 7
Depressão	jan. 22; ago. 29; out. 10,24
Descanso	fev. 4; mar. 2,8,15,22,31; jun. 9; ago. 20
Deus, amor de	jan. 8,20,22,27,30,31; fev. 3,10; mar. 6,8,25; abr. 10,14,21,23,24; mai. 8,19,21,22,24; jun. 3,28; jul. 4; ago. 4,12,14,25,27,29,31; set. 13,27; out. 26; nov. 4,5,14,21,24; dec. 5,10,11,13
Deus, caráter de	jan. 3,4; fev. 23; abr. 6; mai. 15,17; jun. 1,9,16,23; out. 30,31; nov. 14; dec. 5,12,18,20

TEMA	DATA
Deus, comunhão com	jul. 21; set. 1
Deus, comunhão com	mar. 17; abr. 4
Deus, confiança em	jan. 11,14,22,30; fev. 13,14; mar. 3,4,8,15; abr. 3,7,21,29; mai. 4,5,11,19,29,30; jun. 10,17; jul. 1,26; ago. 10,19,26,27; set. 10; out. 13,19,20,29; nov. 30; dec. 4,5,12,18
Deus, doutrina de	jul. 31; set. 1,23
Deus, esperando em	jul. 28; ago. 19,29; set. 14
Deus, esperar em	dec. 13
Deus, família de	ago. 2,8,15,22; out. 12,31; dec. 23
Deus, onisciência	dec. 20
Deus, provisão de	jun. 17
Deus, reverência por	nov. 11
Disciplinas espirituais	mar. 1; mai. 20; jul. 29; set. 12
Dons espirituais	abr. 3; jul. 30
Encorajamento	fev. 5; mar. 10; abr. 12; jun. 21; jul. 26; ago. 21; out. 11; nov. 19; dec. 1,23,26
Envelhecimento	mai. 3; jun. 13
Escatologia	jul. 25; out. 3; dec. 25
Esperança	abr. 14,28; mai. 31; jun. 13; jul. 6,24,25; set. 5; out. 5,7,17; nov. 3,20,29; dec. 5,21

TEMA	DATA
Espírito Santo	mar. 5,21,24; mai. 28; jun. 3; jul. 2,8,15,17,22; ago. 30; set. 3,15,23
Eternidade	jan. 5; mai. 3; jun. 11
Evangelismo	jan. 13,23; fev. 1,25; mar. 16,19; abr. 5,11; mai. 2,22;jun. 14; jul. 17; ago. 13,17; set. 17; out. 14; nov. 22
Falsos mestres	mar. 24
Fazendo discípulos	nov. 2,8,15,22
Fé	jun. 10; nov. 12
Fruto do Espírito	jan. 17; mar. 12
Generosidade	set. 29
Gratidão	abr. 6,28; mai. 6; jul. 11; nov. 26,28
História da Bíblia	mar. 23; jun. 12
Humanidade	set. 22
Humildade	jan. 1,24; fev. 22; jul. 20
Idolatria	jan. 18; mai. 10; jun. 6; nov. 11
Igreja, participação	dec. 1,9,16,23
Igreja, unidade	ago. 8,22; dec. 2
Influenciando outros	out. 12
Justiça	jan. 16; fev. 15; mar. 8; ago. 1,9,16,23; out. 30
Liderança	out. 27
Luto	fev. 5; mai. 31; jun. 13; jul. 24; nov. 2 dec. 4
Mentoreamento	mai. 14; ago. 5; out. 6
Misericórdia	fev. 8,15,28; ago. 1,9,16,23; set. 13; out. 30
Mordomia	jan. 28; fev. 11; out. 18; nov. 26; dec. 7

TEMA	DATA
Morte	fev. 5; jun. 13; nov. 2
Obediência	fev. 26; mar. 24,30; mai. 12
Oração	jan. 15,29; fev. 18,24; mar. 27; abr. 12; mai. 4,5,20; jul. 1,9,16,18,21,23,29; ago. 3; nov. 10,13; dec. 30
Parentalidade	jan. 25; mai. 11; ago 10
Páscoa	abr. 19,20,21
Pecado	mar. 18,30; abr. 25; ago. 3; nov. 7
Perdão dos pecados	jan. 7,10,23,27; fev. 17; mar. 7; jul. 12,27; dec. 19,20
Perdoando outros	jan. 26,27; abr. 15,19,22; jun. 7,30; set. 26; nov. 10
Perseguição	jan. 13; jun. 4,14,27; jul. 8,26
Preocupação	mar. 28; dec. 18
Raça, multicultura	ago. 8,16; out. 25; dec. 2,8,15,22
Reconciliação	jan. 26; fev. 7; jun. 7
Relacionamentos	jan. 11,26; fev. 7,8; mar. 3; jun. 18
Sabedoria	mar. 4,23; ago. 18; set. 11; out. 2,8,15,22; dec. 17,27
Salvação	jan. 1,7,9,12,16,10,23; fev. 17,23; mar. 29; abr. 15,19,20,25; mai. 7; jun. 11,19,30; jul. 10,12,19; ago. 6; set. 4,21; out. 4,14,25,28; nov. 7,17; dec. 3
Santidade	mar. 4; abr. 1;

TEMA	DATA
	jun. 12
Servir	fev. 11,27,28; abr. 16,17; mai. 14; jul. 14,30; ago. 5; set. 7,8,24,30; out. 6,18,24; nov. 6,24; dec. 28
Sofrimento	jan. 2,3,8,14,15,30; fev. 2,7,10,13; mar. 3,11,28; abr. 2; mai. 2,19,29,30,31; jul. 25; ago. 26,28; set. 2,5; out. 7,20,26; nov. 29; dec. 4,5,21
Solidão	fev. 6; jun. 28; ago. 14; dec. 17
Temor	set. 25
Tentação	jan. 25; mar. 30
Teologia da missão	set. 2,8,15,22
Traição	abr. 30
Trindade	set. 1,9,16,23
União com Cristo	mar. 2; mai. 1,9,16,23; ago. 15,20; nov. 25; dec. 22,29
Unidade	jun. 1
Vida eterna	jun. 11; jul. 7
Vivendo como Cristo	jan. 9,19; fev. 16; abr. 30; mai. 8; jul. 5,8; set. 6,11,14,16,18,28; out. 24,27; nov. 3,27
Vivendo entre outros cristãos	jan. 21; mar. 26; ago. 18; dec. 23
Vivendo por Cristo	jan. 24; fev. 9,16,25; abr. 26,27; mai. 1,25; jun. 4,19,29; ago. 7; set. 8,19,30; nov. 12,20